Das Feinschmecker Handbuch

Käse

Das Feinschmecker Handbuch

Käse

Brigitte Engelmann

Peter Holler

h.f.ullmann

Weinempfehlungen von Markus Del Monego
(gekennzeichnet durch „Empfehlung MDM“).

MIX
Paper from
responsible sources
FSC® C008047

Sonderausgabe

Idee und Grundkonzeption: André Dominé
Verantwortliche Autorin: Brigitte Engelmann
Textbeiträge: Peter Holler, Elke Hoffmann und Bettina Offermann
Projektleitung: Ulrike Reihn-Hamburger
Fachlektorat: Peter Holler und Bettina Offermann
Korrektorat: Tobias Büscher und Christina Kuhn
Bildredaktion: Brigitte Engelmann, Anne Williams und Felicitas Pohl
Buchgestaltung: e.fritz, berlin 06
Layout: e.fritz, berlin 06 und Agilmedien GbR
Covervorderseite, Hintergrund Coverrückseite: Kompe Images, Berlin
Coverrückseite (von links nach rechts):
Consorcio del Formaggio Parmigiano-Reggiano/The Swaledale Cheese Company/
Fotolia.com (Ewa Brozek)/Landesvereinigung der Bayrischen Milchwirtschaft (LVBM)
Coverdesign: Simone Sticker

Gesamtherstellung: h.f.ullmann publishing GmbH, Potsdam

Printed in China, 2013

ISBN 978-3-8480-0478-2

10 9 8 7 6 5 4 3 2 1
X IX VIII VII VI V IV III II I

www.ullmann-publishing.com
newsletter@ullmann-publishing.com

VORWORT

Käse ist eines der ältesten Lebensmittel der Menschheit. Kaum hatte man vor Jahrtausenden herausgefunden, dass man Muttertiere melken kann, gab es auch schon den ersten Käse aus geronnener Milch. Man musste ihn nur pressen und ihm ein paar Tage Zeit geben. Noch heute ist dies das Grundprinzip der Käseherstellung.

Über die Jahrtausende hat sich die Käseherstellung überall dort verbreitet, wo man Milchtiere hielt. So ist Käse nach Wein dasjenige natürliche Produkt, das die größte Vielfalt aufweist.

Obwohl es heute eine weltweite Käseindustrie gibt, behaupten sich glücklicherweise immer noch traditionelle Käsereien. Rohmilchkäse ist das Nonplusultra unter den Käsen: nicht pasteurisierte, nicht keimtot gemachte Käse bleiben lebendig und vollziehen eine natürliche Entwicklung und Reifung, die jeden Feinschmecker fasziniert.

Verlangt die Herstellung von Käse großes Wissen, absolute Disziplin und eine gesunde Hygiene, fordert seine Reifung (frz. affinage) ein fast wissenschaftliches Verständnis der Käsechemie sowie die entsprechenden Einrichtungen. Auch an Nase und Geschmack des Affineurs werden hohe, ja geniale Anforderungen gestellt, um jeden einzelnen Käse zu seinem degustativen Höhepunkt zu führen.

Kein anderes Lebensmittel bietet einen so vielfältigen und differenzierten Genuss: von zarten, floralen Aromen über verhaltene Fruchtigkeit und Nussnoten bis zu den höchst intensiven, einmalig komplexen Duft- und Geschmacksnoten völlig ausgereifter Käse. Käse ist nicht nur Genuss, er ist eine Schule des Lebens.

PURE MILK

KÄSEGEHEIMNISSE

Kulturgeschichte des Käses

Wann aus der Milch domestizierter Tiere erstmals Käse hergestellt wurde, wird wohl für immer ungewiss bleiben. Doch zumindest finden sich recht gesicherte Hinweise darauf, dass in Thessalien und Mazedonien um 6500–5000 v. Chr. Vieh gemolken wurde. Als erste Nahrung des Menschen wurde Milch in den frühesten Schöpfungsmythen verehrt. Ein indischer Mythos erklärt die Entstehung des Kosmos mit dem Bild der gerinnenden Milch. In der nordischen Sage bringt die kosmische Kuh Audumla den ersten Menschen zur Welt und säugt den Riesen Ymir. In der griechischen Mythologie kommt der Ziege, ihrer Milch und ihrem Käse besondere Bedeutung zu; so zieht die Ziege Amaltheia heimlich den Säugling Zeus auf und schützt ihn vor seinem Vater Kronos. In der römischen Sage säugt eine Wölfin mit ihrer Milch Romulus und Remus, die Gründer der Ewigen Stadt.

Auch die Käseherstellung ist schon seit mehreren Jahrtausenden bekannt. Den Hirten schrieb man magische Kräfte zu. Käse diente als Opfergabe, um die Götter gnädig zu stimmen, und von geweihtem Käse versprach man sich Heilung von Krankheiten. Vermutlich waren die ersten Käse, die der Mensch zu sich nahm, Sauermilchkäse und aus dem Zufall geboren: Man entdeckte, dass Milch bei bestimmten Temperaturen nach einiger Zeit gerinnt, die Molke sich vom Bruch trennt und Letzterer trockener wurde, wenn man ihn in geflochtene Körbe zum weiteren Abtropfen gab. Ebenso war die Entdeckung des Labs wahrscheinlich eher ein Zufall: Die üblichen Trinkbehälter für unterwegs waren oft aus dem Magen von Lämmern oder Zicklein gefertigt.

Linke Seite: Untrennbar verbunden: Der Hirte und seine Herde.

Unter dem Einfluss von Temperatur und durch Schütteln auf dem Pferde- oder Kamelrücken wurde wohl aus der Milch im Hautbeutel wie von selbst Labkäse. Aus diesen »Zufallsergebnissen« entwickelte sich etwa um das Jahr 5000 v. Chr. in Mesopotamien, im biblischen Palästina, im Gebiet des Schwarzen Meeres, in Kleinasien, Ägypten und Nordafrika eine Kultur der Käseherstellung. Die ersten bildlichen Überlieferungen über die Gewinnung und Verarbeitung von Milch finden sich in Mesopotamien: So spielten Viehzucht und Milchprodukte bereits bei den alten Sumerern eine Rolle: Ein Relief im Tempel von Ur (2500 v. Chr.) zeigt Kuhställe, das Melken und das Buttern, Letzteres nach einer noch heute im Gebiet von Euphrat und Tigris praktizierten Methode. In frühgeschichtlicher Zeit pflegte man im Vorderen Orient also schon das Wissen um die Käseherstellung, lange bevor die Römer ihre Liebe zum Käse entdeckten. Weiterhin ist bekannt, dass die Menschen der Bronzezeit (2000–1000 v. Chr.) gelochte Töpfe zur Käseherstellung verwendeten. Und auch nördlich

Oben und rechts: In vielen Ländern betreibt man Viehzucht und Milchwirtschaft wie früher. Oben in der Mongolei, rechts in der Sahelzone.

Linke Seite: Schon in vorchristlicher Zeit dienten Schafe und Ziegen den Menschen als wichtige Milchlieferanten zur Käseherstellung.

des Schwarzen Meeres fand man in vereisten Gräbern Käsespuren in Pelzbeuteln des Reiterstammes der Skythen (1. Jahrtausend v. Chr.), die wie auch andere Reitervölker, etwa Kirgisen, Kalmücken und Tataren, eine Art Käse herstellten.

Bei den alten Griechen und später bei den Römern tauchte Käse dann in der Literatur auf. Käse war ein wichtiges Tauschmittel, unverzichtbares tägliches Nahrungsmittel, Leckerbissen für Festgelage, Opfergabe und Aphrodisiakum zugleich. So berichtet Homer um 800 v. Chr. in seiner »Odyssee« von köstlichem Käse und in der »Ilias« darüber, dass sich die Helden der Schlacht von Troja mit Wein stärkten, über den Käse gerieben wurde. Der griechische Arzt Hippokrates (um 460–375 v. Chr.) kannte schon Ziegenkäse, und der Philosoph Aristoteles (384–322 v. Chr.) erwähnte einen Käse aus Ziegen- oder Schafsmilch, der man Stuten- oder Eselsmilch beimischte. Im 5. Jahrhundert v. Chr. gab es in Athen Käsekuchen, Törtchen und Käsegerichte mit Honig, und auf Samos aß man – ebenfalls bereits in vorchristlicher Zeit – eine Art heißen Käsekuchen. Sogar in der Bibel finden sich Hinweise auf Käse als Nahrungsmittel. Im 1. Buch Samuel schickt Isai seinen Sohn David zu den im Kampf mit den Philistern liegenden Brüdern: »Nimm für deine Brüder … diese zehn Brote und lauf ins Heer zu deinen Brüdern, und diese zehn frischen Käse und bringe sie dem Hauptmann.«

Aristoteles, nicht nur Philosoph, sondern auch Naturforscher, beschäftigte sich ausgiebig mit Käseherstellung und Milchqualität. Zu seiner Zeit galt Hirschlab als Dickungsmittel der Wahl, gebräuchlich war aber auch Lab aus Kälber- und Zickleinmägen oder aus Blüten und Säften verschiedener Pflanzen.

Die alten Griechen stellten ihren Käse »tyrós« mit allerlei geschmacklichen Zutaten wie Pfeffer, Kümmel oder Pinienkernen her. Man kannte bereits verschiedene Affinierungsverfahren, legte den Käse in ein Salz-, Essig- oder Mostbad oder räucherte ihn. Es gilt als sicher, dass die alten Griechen die Kunst des Käsemachens weiterentwickelten und diese nach Sizilien, Süditalien und über Massilia, dem heutigen Marseille, nach Frankreich brachten.

Durch den Handel mit griechischen Sklaven lernten auch die alten Römer den Käse kennen. Der Dichter Vergil pries den Käse mit folgenden Worten: »Was frühmorgens gemolken und tagsüber, presst man noch spät am Abend zu Quark, was im Dämmer gemolken bei sinkender Sonne, früh geht's fort, im Käsekorb bringt's der Hirt in die Städte. Oder man salzt es ein wenig und hebt es auf für den Winter.«

Die Römer liebten auf ihren Tafeln Frischkäse mit Feigen, es gab aber auch mit Käse zubereitetes Gebäck oder Salat. Der Käse wurde über Strohfeuer geräuchert, man legte ihn in Salzlake ein, gönnte ihm ein Bad im Apfelmost oder würzte die Milch mit Kräutern oder Pinienzapfen. Käse, Oliven und Rosinen bildeten die eiserne Ration der römischen Krieger, und Käse war beim einfachen Volk genauso beliebt wie bei Hofe. Der Landwirt Columella beschreibt in seinem Buch über den Landbau um 60 n. Chr. unter anderem die Herstellung eines Hartkäses, die große Ähnlichkeit mit der Herstellung des Emmentalers aufweist.

Wie es scheint, haben Frankreich und die Alpenländer den Kelten die Weiterentwicklung ihrer Käsekunst in vorchristlicher Zeit zu verdanken. Das Siedlungsgebiet der Kelten reichte von Gallien, dem heutigen Frankreich, über den Alpenraum bis zur italienischen Poebene, wo sie mit den Etruskern mehr oder weniger friedlich zusammentrafen. Die Kelten galten als handwerklich geschicktes und kulturell hoch entwickeltes Volk, außerdem waren sie mit der Viehwirtschaft bestens vertraut. Wie in Rom gab es auch im keltisch-gallischen Raum eine eigenständige Käsekultur, und zwischen römischen und keltischen Stämmen fand vermutlich ein reger Käsehandel statt.

Weniger Fantasie beim Käse entwickelten die Germanen. Obwohl sie während der ständigen Scharmützel mit Römern und Kelten auch deren Art des Käsens kennenlernten, stand bei den Germanen weiterhin lediglich Dickmilch und fetter Quark auf dem täglichen Speiseplan. Gleichwohl waren auch den Germanen die Käseher-

Rechts: Das tägliche Melken war eine anstrengende Tätigkeit. Heute erledigen dies meist Melkmaschinen.

Unten: Noch vor dem Frühstück führt der erste Weg in den Stall, um die Tiere zu melken und zu füttern.

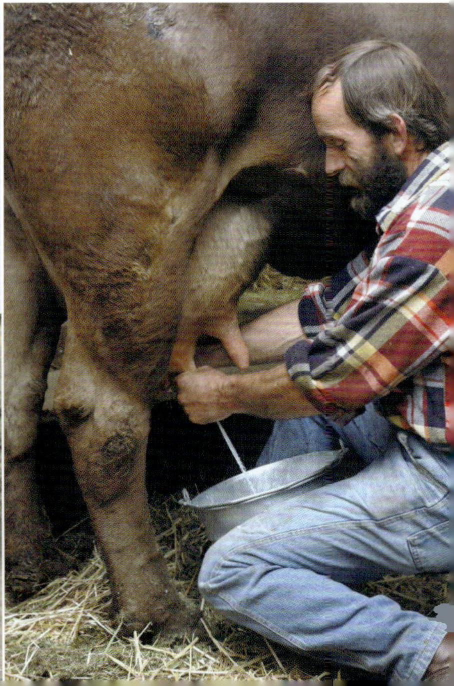

stellung mit Lab und geformter Käse nicht unbekannt. Auch bei den nordischen Völkern dominierte zunächst Sauermilchkäse. Auf Island, im frühen Mittelalter in norwegischem Besitz, weist eine Erzählung aus der im 10. Jahrhundert verfassten Njal-Saga, die im Übrigen auch über altes germanisches Brauchtum berichtet, auf in früherer Zeit geformte große Käselaibe hin.

Zwischen römischer Kaiserzeit und Karolingerzeit wurde die Käseherstellung trotz aller politischen und wirtschaftlichen Wirrungen weitergepflegt, wenn auch nicht nennenswert weiterentwickelt. Auch in den Herrschaftsräumen der Ost- und Westgoten sowie der Langobarden und deren Provinzen wurde mit Käse gehandelt. Käseproduktion und -handel begannen in größerem Stil erst etwa um das Jahr 1000, als auch größere Ansiedlungen und Städte entstanden.

MITTELALTER UND NEUZEIT

Einen wahren Schub sollte die Käseherstellung im Laufe des Mittelalters erfahren, nicht zuletzt durch Karl den Großen, einen begeisterten Käseliebhaber, der die Verbreitung des damals vorhandenen Wissens tatkräftig unterstützte. In dieser Zeit nahm die bis heute bestehende Käsevielfalt ihren Anfang. Bereits seit der Römerzeit existieren in Italien Käsesorten wie Parmigiano, Gorgonzola, Taleggio oder Pecorino sowie die Filata-Käse. In der Schweiz gab es schon um das Jahr 1000 den Schabziger und Sbrinz.

Bereits seit der Römerzeit kennt man in Italien Parmigiano Reggiano …

… oder Edelschimmelkäse wie den Gorgonzola.

Greyerzer und Emmentaler aus den Alpenländern können bis ins 12. Jahrhundert nachverfolgt werden. Seit 1282 ist der Appenzeller namentlich belegt. In Frankreich ist nicht nur der berühmte Roquefort im Jahr 1070 urkundlich erwähnt, auch viele Weichkäse aus Nordfrankreich hinterlassen bis ins 12. Jahrhundert ihre Spuren. An der Nordsee, namentlich in den heutigen Niederlanden und in Belgien, war die Käseproduktion in dieser Zeit ein wichtiger Wirtschaftszweig. So eroberten beispielsweise holländischer Gouda und Edamer die Welt – bereits 1148 waren diese Käse auf den Pariser Märkten vertreten. Heute erinnert der im holländischen Alkmaar wöchentlich stattfindende Käsemarkt noch an diese Tradition.

Die Klöster standen zwischen dem 11. und 14. Jahrhundert im Mittelpunkt der Käsekunst. Mönche waren es auch, die teure Kupferkessel zur Käseerzeugung anstatt die bis dahin üblichen Stein- und Lehmbehälter benutzten. Allmählich entwickelte sich Käse zu einem wichtigen Handelsgut und zum Zahlungsmittel für den Zehnten (Zins) an die Klöster. In den Gebirgsgegenden kauften sich beispielsweise die Bauern von den Klöstern frei, um gemeinschaftlich ihre Almen zu bewirtschaften und großformatige Käse wie Appenzeller (Schweiz), Beaufort (Frankreich) oder Fontina (Italien) herzustellen, wie wir sie heute noch kennen. Als der internationale Handel im 14. Jahrhundert aufzublühen begann, wurden besonders die Hartkäse zur wichtigen Handelsware. Weichkäse blieben dagegen wegen ihrer

Der Weichkäse Taleggio geht ebenfalls auf die Zeit der Römer zurück.

Bis ins 12. Jahrhundert geht die Hartkäseproduktion im Alpenraum zurück.

Oben: Trotz industrieller Herstellung hat die Käserei noch handwerklichen Charakter.

Links: Hochmoderne Technik kennzeichnet die heutige Käseindustrie.

geringeren Haltbarkeit und der damit verbundenen Untauglichkeit, sie über weite Strecken zu transportieren, eine lokale Spezialität. Vom 14. bis zum Ende des 17. Jahrhunderts wurden weite Teile Europas durch die Kriegsgeschehen (Religionskriege, Hundertjähriger Krieg, Bauernkrieg und Dreißigjähriger Krieg) und deren Nachwirkungen in ihrer Wirtschaftskraft erheblich geschwächt. Dies bedeutete auch für die Käsewirtschaft einen schweren Rückschlag. Die Weiden waren verwüstet, der Viehbestand dezimiert und die Bauern verarmt.

Ab dem 18. Jahrhundert sollten in Europa Käseproduktion und -handel wieder einen Aufschwung erfahren. Wissenschaftliche Forschungen brachten im Zeitalter der Aufklärung neue Erkenntnisse über die Bestandteile von Milch und Käse und den Entstehungsprozess von Käse mit sich. Im 19. Jahrhundert machten sich Wissenschaftler wie Cohn, Pasteur, Liebig, Metchnikov und Tyndall daran, die geheimnisvollen Vorgänge bei der Käserei zu erforschen. Zunehmend wusste man mehr über das Wirken von Mikroorganismen, Bakterien, über die Reifung sowie die Geschmacks- und Aromabildung des Käses. Mit in Laboren hergestellten Starterkulturen und Lab zur Säuerung und Dicklegung der Milch nahm schließlich die industrielle Käseproduktion ihren Anfang. Das Aufkommen der Eisenbahn machte auch den Transport von empfindlichen Weichkäsesorten über weite Entfernungen möglich und damit Genießern in ganz Europa zugänglich.

Viele Käse werden heute noch nach traditionellen Methoden und Rezepturen hergestellt, auch wenn der Verarbeitungsprozess mithilfe von Maschinen leichter geworden ist. Der Käsemeister spielt nach wie vor eine wichtige Rolle. Viele besondere Käsespezialitäten sind oder waren vom Markt verschwunden. Dem Engagement traditions- und heimatverbundener Produzenten, aber auch dem wiedererwachten Bewusstsein des Verbrauchers und dessen Wunsch nach natürlichen und unverfälschten Nahrungsmitteln ist es zu verdanken, dass Käsespezialitäten vom Bauernhof, von der Alm oder vom Kloster eine Renaissance erleben dürfen.

AM ANFANG IST DIE MILCH

Wie die Säugetiere ernährt sich auch der Mensch in den ersten Wochen seines Lebens ausschließlich von Milch. Muttermilch enthält alle lebenswichtigen Stoffe: Mineralien, Nährstoffe, Zucker und Fett. Somit ist Milch nicht nur ein Getränk, sondern ein vollwertiges Lebensmittel. Für unseren Körper ist sie ein wichtiger Kalziumlieferant und damit unbedingt notwendig für den Knochenaufbau.

In Mittel- und Nordeuropa spielt Milch in der Ernährung eine viel wichtigere Rolle als auf anderen Kontinenten. Ganzen Völkern in Afrika, Asien und Südamerika mangelt es zum Beispiel an dem milchzuckerspaltenden Enzym Laktase im Darm, ohne das der Mensch die Milch nicht abbauen kann. Dies rührt daher, dass dieses Enzym nach dem Abstillen im Körper nicht mehr produziert wird, wenn in der Folgezeit keine Milch oder keine Milchprodukte konsumiert werden.

DIE BAUSTEINE DER MILCH

Die einzelnen Bestandteile der Milchinhaltsstoffe nimmt das Tier über die Nahrung auf. In den Milchdrüsen von Kuh, Ziege und Schaf wandeln sich die aus den Pflanzen und Kräutern aufgenommenen Rohstoffe in Milch um. Zwei Milchdrüsen besitzen Schaf und Ziege, bei der Kuh sind es vier, bei anderen Tieren noch mehr. Bei den Wiederkäuern setzen Bakterien die mit der Nahrung aufgenommenen Stoffe zunächst im Pansen um. Die Zellulose wird aufgeschlossen, aus weniger wertvollen werden hochwertige Stoffe aufgebaut, beispielsweise mindere Aminosäuren in hochwertige umgewandelt. Aus Pflanzeneiweiß entsteht im Magen von Kuh, Schaf und Ziege mithilfe

Linke Seite: Alle Inhaltsstoffe der Milch nimmt das Tier über die Nahrung auf.

von Bakterien hochwertiges tierisches Eiweiß. Die einzelnen Stoffe gelangen über die Blutbahn in die Zellen und werden dort zu Milcheiweiß, Milchfett und Milchzucker zusammengefügt. Salze und Mineralien gelangen direkt in die winzigen Hohlkörper in den Drüsenzellen.

Neben Eiweiß, Fett und Kohlehydraten liefert Milch lebenswichtige Mineralstoffe, insbesondere Phosphor, Kalzium, Kalium und Magnesium, diverse Spurenelemente und vor allem Vitamine wie A, D, E und K sowie Vitamine des B-Komplexes, Enzyme und Wasser. Dabei sind die Anteile der einzelnen Inhaltsstoffe bei den verschiedenen Tierarten unterschiedlich gewichtet.

Der Fettgehalt der Milch hängt von Rasse, Fütterung und Haltung der Tiere, dem Laktationsstadium (der Stillzeit, während der die Muttertiere Milch geben) und dem Melken ab. Die Milch am Ende der Laktationszeit ist die fettreichste. Das Milchfett findet sich in Form kleiner Kügelchen, umgeben von einer Eiweißhülle, in der Milch vor.

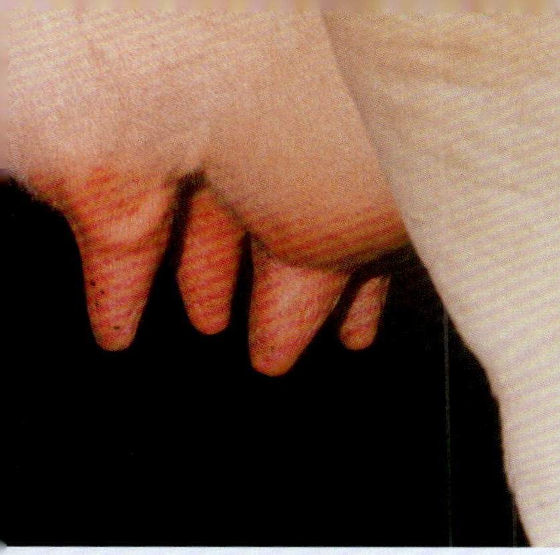

Oben: Am Ende der Laktationszeit ist die Milch am gehaltvollsten und fettreichsten.

Rechts: Kein Lebensmittel wird so streng kontrolliert wie die Milch.

Linke Seite: Milchprodukte liefern lebenswichtige Mineralstoffe und Vitamine.

Die durchschnittliche Größe dieser Kügelchen beträgt 0,005 mm. Lässt man die Milch stehen, steigen die Kügelchen wegen des geringeren spezifischen Gewichts des Milchfettes nach oben und bilden die Rahmschicht. Um die Aufrahmung zu beschleunigen, wärmt man bei der industriellen Verarbeitung die Milch auf 40–50 °C an, bevor sie in der Zentrifuge entrahmt und dabei so schnell geschleudert wird, dass sich die Fettkügelchen als Rahm abscheiden. Zurück bleibt die Magermilch. Um den gewünschten Fettgehalt der Milch exakt einzustellen, fügt man der Magermilch gegebenenfalls wieder einen Teil des Rahms hinzu. Im Normalfall unterteilt man in Vollmilch (3,5 % Fett), fettarme Milch (1,5–1,8 % Fett) und Magermilch (0,3 % Fett). Je weniger Fett die Milch enthält, desto stärker sinkt ihr Gehalt an fettlöslichen Vitaminen A, D, E und K. Fettarme Milch hat etwa 60 % dieser Vitamine eingebüßt. Der genaue Fettgehalt für einen fertigen Käse lässt sich letztlich nur im Rahmen industrieller Fertigung bestimmen, bei der Produktion auf dem Bauernhof ist dies im

Allgemeinen nicht möglich, weil die technischen Möglichkeiten zur genauen Einstellung des Fettgehaltes fehlen.

Dort arbeitet man vorzugsweise mit natürlichem Fettgehalt. Daher ist die Angabe des Fettgehaltes in der Trockenmasse bei Käse vom Bauernhof immer nur ein ungefährer Wert.

Zum Aufbau des Milcheiweißes oder der Proteine dienen Aminosäuren. Auch der Eiweißgehalt ist stark von der Rasse, Haltung, Fütterung und dem Laktationsstadium abhängig. Milcheiweiß besteht aus Kasein, dem eigentlichen Käsestoff, und Molkeneiweiß (Albumin und Globulin). Während das Eiweiß im Kasein durch Säuerung gewonnen wird, kann Molkeneiweiß nur durch Erhitzung auf mindestens 70 °C ausgefällt werden. Wenn bei der Käseherstellung Flüssigkeit (Molke) entzogen wird, reichert sich das Eiweiß je nach Menge des Flüssigkeitsentzuges an. Der Austritt der Molke kann unterschiedlich gefördert werden: durch Zerschneiden der dickgelegten Milch, durch Temperaturführung, durch den Zeitablauf und die Art der Säuerung. Je nach Kombination dieser Faktoren erhält man einen weicheren oder festeren Käse.

Milchzucker oder Laktose dient als Nährstoff für die Milchsäurebakterien. Diese Bakterien sind bei der Herstellung von Käse beteiligt und haben einen positiven Einfluss auf Haltbarkeit und Qualität. Milchsäurebakterien wandeln den Milchzucker in Milchsäure um, und diese sorgt wiederum für die Ausfällung des Milcheiweißes. Das ist besonders bei der Herstellung von Sauermilchprodukten wichtig, aber auch bei der Käseerzeugung beeinflusst dieser Vorgang Geschmack und Konsistenz, es muss also eine ausreichend hohe Menge an Milchzucker zur Verfügung stehen.

Für die Käseerzeugung hat der Kalziumgehalt der Milch eine besondere Bedeutung. Hätte die Milch kein Kalzium, könnte man sie nicht mit Lab dicklegen. Auch der Gehalt an Mineralsalzen hängt vom Futter der Tiere ab. Das in der Milch enthaltene Lecithin fungiert als natürlicher Emulgator, der erforderlich ist, weil Fett und Wasser sich nicht von allein verbinden. Das Lecithin umschließt die Fetttröpfchen in der Milch und hält sie im Wasser in der Schwebe.

HOMOGENISIEREN, PASTEURISIEREN, STERILISIEREN

Erst Pasteurisieren, Sterilisieren und moderne Kühltechnik ermöglichten eine Ausweitung der Käseherstellung. Für die industrielle Produktion sind der Transport und die Lagerung großer Milchmengen aus verschiedenen Regionen notwendig, wodurch das Pasteurisieren unerlässlich wird. Der Nachteil dabei: Den Geschmack von roher, frischer Milch kennt heute fast niemand mehr. Das Erhitzen der Milch reduziert die Schadkeime auf ein Minimum und tötet alle eventuell vorhandenen krankheitserregenden Keime ab. Erhitzte Milch stellt sicher, dass sich bei hygienischer Verarbeitung nur erwünschte, zugesetzte Milchsäurebakterien entfalten. Zur industriellen Käseherstellung ist dann aber die Zugabe von Kalziumchlorid notwendig, weil das natürlich vorhandene Kalzium in der Milch, das für die Dicklegung durch Labzugabe nötig ist, beim Erhitzen gebunden wird. Bei wärmebehandelter Milch ist der arttypische Geschmack abgeschwächt. Man kann es auch drastischer aus-

Rechts: Anlagen aus Edelstahl sichern eine hygienische Verarbeitung.

Unten: Die frische Milch wird vom Bauern sofort zur Molkerei gebracht.

drücken, wie im Käsekompendium der »Grands Seigneurs du Fromage«: »Pasteurisierte Milch ist tote Milch, und aus toter Milch kann man keinen lebenden Käse machen.« Mit den unerwünschten Keimen wird beim Erhitzen leider auch nahezu die gesamte Mikrobenflora der Milch zerstört, die den charakteristischen Geschmack der Milch und damit auch des Käses prägt. Doch trotz Pasteurisieren entstehen heute hervorragende Käse. Industriell hergestellte Edamer oder Gouda müssten wir sonst vom Teller weisen.

Bei Milch, die innerhalb von 24 Stunden verkäst werden kann, ist das Pasteurisieren eigentlich überflüssig. Die Rohmilch, die zum Käsen verwendet wird, muss besonders hochwertig sein.

Wie beim Wein sprechen die Franzosen als große Verfechter der Rohmilchkäse auch beim Käse vom »terroir«, dem idealen Zusammenspiel von Tierrasse, Weideland und Klima. Und so verwundert es nicht, dass die besten Käse dort entstehen, wo die Milchtiere auf saftigen Weiden kräftiges und gesundes Futter finden. Die Pflanzenarten der Weiden sind für ein kräftiges und würziges, art- und regionaltypisches Aroma des späteren Käses entscheidend.

Allerdings machen es nicht nur Brüsseler EU-Beamte kleinen Traditionsbetrieben recht schwer bis unmöglich, aus ihrer rohen, naturbelassenen Milch einen köstlichen, charaktervollen Käse zu machen. Die Auflagen zur Herstellung von Rohmilchkäse gehören zu den strengsten, die in der Käserei denkbar sind. Es bedarf hier eines besonders strengen Augenmerks auf Hygiene sowie auf die Haltung und Gesundheit der Tiere.

HOMOGENISIEREN

Wenn die Milch auf dem Bauernhof einige Stunden steht, setzt sich die Rahmschicht an der Oberfläche ab. Um dies zu verzögern, homogenisiert man die Milch. Dabei presst man sie bei 50–70 °C durch feine Düsen. Die großen Fettkügelchen werden jetzt sehr fein zerschlagen und erhalten dabei eine einheitliche (homogene) Größe. Das Lecithin kann nun als Emulgator von Fett und Wasser leichter seine Aufgabe erfüllen. Ein weiterer Vorteil des Homogenisierens besteht darin, dass die Milch durch die einheitlich großen Fettkügelchen vollmundiger im Geschmack wird.

PASTEURISIEREN UND STERILISIEREN

Auch bei hygienischsten Bedingungen sind Keime in der Milch nicht immer zu vermeiden. Gelangen sie in die Milch und vermehren sich, können sie Krankheiten und Infektionen auslösen. Durch Pasteurisieren und Sterilisieren, also durch Erhitzen der Milch, ist ein wirksamer Schutz gegen krankheitserregende Bakterien gegeben. Eventuell vorhandene Keime werden abgetötet, gleichzeitig wird die Milch haltbarer.

Pasteurisierte Trinkmilch ist, mit Ausnahme der ultrahocherhitzten, etwa drei bis vier Tage gekühlt haltbar. Der Verlust an wasserlöslichen Vitaminen beträgt bis zu 10 %.

BEIM PASTEURISIEREN UNTERSCHEIDET MAN VIER VERFAHREN:

– Dauererhitzung:
Über einen Zeitraum von einer halben Stunde wird die Milch auf 62–65 °C erhitzt.

– Kurzzeiterhitzung:
Über einen Zeitraum von 15–30 Sekunden wird die Milch auf 72–75 °C erhitzt.

– Hocherhitzung:
Über einen Zeitraum von 4 Sekunden wird die Milch auf mindestens 85 °C erhitzt.

– Ultrahocherhitzung:
Über die Dauer von 2–6 Sekunden wird die Milch auf 135–150 °C erhitzt. Man erhält die sogenannte H-Milch, die etwa sechs Wochen haltbar ist. Dabei ist mit Vitaminverlusten zwischen 5–20 % zu rechnen.

Bei der Sterilisierung erhitzt man die Milch etwa 20 Minuten auf 120 °C. Diese Milch ist über mehrere Monate haltbar, hat aber im schlimmsten Fall bis zu 99 % ihrer Vitamine verloren.

KÄSEHERSTELLUNG

Wie aus Milch Käse wird

Käse ist wohl das köstlichste Ergebnis einer Methode, um schmackhafte und gesunde Milch zu verfestigen und haltbar zu machen. Damit aus Milch Käse wird, müssen die festen (Eiweiß, Fett, Milchzucker, Vitamine und Mineralstoffe) und flüssigen Bestandteile der Milch voneinander getrennt werden. Das geschieht durch die Säuerung und Dicklegung der Milch, wobei das in der Milch enthaltene Eiweiß, das Kasein, gerinnt. Ein Vorgang, der sowohl auf natürlichem Wege durch die in der Milch enthaltenen Milchsäurebakterien ausgelöst werden kann oder durch das Hinzufügen eines pflanzlichen oder tierischen Enzyms, dem sogenannten Lab.

Schon die Art der Säuerung entscheidet, welcher Käse später aus der geronnenen Milch entsteht. Beim Labkäse gerinnt das Kasein durch Labzusatz. Sobald die Milch dickgelegt ist, beginnt das eigentliche Käsemachen. Die nunmehr gallertartige Masse wird durch Schneiden oder Rühren in sogenannte Bruchkörner zerkleinert, um den flüssigen Teil der Milch, das Serum oder die Molke, abzuscheiden. Für Hart- und Schnittkäse wird der zerkleinerte Bruch zusätzlich noch erhitzt (brennen). Dabei schrumpfen die Bruchkörner, und weitere Molke kann abfließen. Die meisten Käse sind Labkäse, zum Beispiel Emmentaler, Blauschimmelkäse, Camembert oder Schnittkäse wie Gouda oder Edamer.

Sauermilchkäse entstehen durch die Säuerung der Milch mit Milchsäurebakterien. Nach dem Ablaufen der Molke bleibt Sauermilchquark zurück. Er ist das Ausgangsprodukt für Frischkäse (diese werden heute teilweise zusätzlich auch mit Lab dickgelegt). Diese

Linke Seite: Käsestoff und Molke trennen sich, wenn die dickgelegte Milch geschnitten wird.

Die Gallerte wird geschnitten (1), Molke entsteht als Nebenprodukt (2). Beim Hartkäse wird der Bruch nochmals erhitzt (3). Der Bruch wird geformt und tropft ab (4, 5 und 6). Das Salzbad vor der Reifung (7) fördert die Rindenbildung des Käses.

Käsemasse kann sowohl frisch oder leicht gereift verzehrt werden. Die bekanntesten Vertreter dieser Käse sind Frischkäse, Harzer, Mainzer, Handkäse und Kochkäse.

Auch aus der abgeflossenen Molke wird Käse gewonnen. Sie enthält noch genug Eiweißstoffe, die sich verfestigen können, um daraus Molkekäsespezialitäten wie Zieger (Schweiz), Ricotta (Italien), Manouri (Griechenland) oder Brocciu (Frankreich/Korsika) zu machen.

Der Bruch wird in gelochte Formen gegeben, in denen die Molke abfließen kann. Bei Schnitt- und Hartkäse wird das Ablaufen der Molke noch durch Pressen verstärkt. Die geformten Käse werden mit Salz bestreut oder in ein Salzbad getaucht. Das Salz entzieht dem Bruch weitere Flüssigkeit und sorgt dafür, dass der Käse würziger wird und sich die Rinde verfestigt. Nach dem Salzen trocknen die Käse und reifen bei unterschiedlichen Temperaturen, Luftfeuchtigkeit und Umgebung. Während der Reifung sorgen schließlich Mikro-

organismen (Bakterien, Edelschimmel und/oder Hefen) dafür, dass sich das Eiweiß und das Fett aufschließen und Aromastoffe bilden. Typisch sind zum Beispiel Rotschmierebakterien für das kräftige Aroma von Munsterkäse, weiße Edelschimmelkulturen beim Camembert oder Brie und Blauschimmel bei Roquefort.

Welche Art der Milch verwendet wurde – ob Rohmilch oder erhitzte Milch, entrahmte oder Vollmilch – welche Art der Säuerung gewählt wurde, welche Temperatur die Milch beim Gerinnungsprozess hatte, ob der Käsebruch noch einmal erwärmt wurde, die Form und Größe der Käse, der Druck beim Pressen, die Salzung, Art, Ort und Dauer der Reifung, ob und welche Bakterien- oder Schimmelpilzkulturen zugesetzt wurden – all diese Faktoren tragen zur Ausbildung sortentypischer Eigenschaften beim Käse bei. Die Variation und Kombination dieser Faktoren ermöglicht es, eine unglaubliche Vielzahl unterschiedlicher Käse herzustellen.

Die Größe und Festigkeit der Bruchkörner spielt eine wichtige Rolle für die Konsistenz des späteren Käses. Je kleiner die Bruchkörner, umso mehr Molke kann entweichen und umso fester wird der spätere Käse. Je größer die Bruchkörner, umso weicher der spätere Käse. Bei manchen besonders geschmeidigen Käsen kommt die dickgelegte Milch direkt in löchrige Formen, ohne dass der Bruch geschnitten wird. Für Hartkäse haben die Bruchkörner etwa die Größe eines Reiskorns, für Schnittkäse müssen die Bruchkörner etwa haselnussgroß sein, für Weichkäse muss ein Bruchkorn mindestens die Größe einer Walnuss aufweisen.

Um die Bruchkörner für extrem lange haltbare Hartkäse noch stärker zu verfestigen und Flüssigkeit zu entziehen, erwärmt man die Bruchmasse. Je höher die Erwärmung, umso härter der spätere Käse. Hartkäse, die ohne zusätzliche Erwärmung der Bruchmasse hergestellt wurden, müssen, abhängig von der Größe, über Monate und Jahre reifen, um die in den Bruchkörnern eingeschlossene Flüssigkeit zu verlieren.

Auch die Stärke der Pressung entscheidet über den späteren Käse. Für die Herstellung von Weichkäse reicht der Eigendruck der Käsemasse aus, um die Bruchmasse zu verfestigen. Je härter der spätere Käse sein soll, umso stärker muss gepresst werden, um dem Käse die Molke zu entziehen.

Die Grundzutaten – Milch, Milchsäurebakterien, Lab

Damit aus Milch Käse werden kann, muss die Milch zuerst gerinnen. Die Gerinnung geschieht entweder von selbst durch die in der Milch enthaltenen Milchsäurebakterien oder durch Zusatz von Kulturen oder Enzymen.

MILCHSÄUREBAKTERIEN UND KULTUREN

In der Käserei sind Kulturen eine Mischung ausgewählter Mikroorganismen, die bei der Käseherstellung eine bestimmte Aufgabe übernehmen. Zu den wichtigsten Mikroorganismen einer Kultur zählen die Milchsäurebakterien, die in der frischen Milch und der Umgebungsluft von Natur aus vorhanden sind. Je wärmer die Umgebungstemperatur, desto schneller vermehren sich diese Keime. Mikroorganismen ermöglichen die Umwandlung von Milchzucker in Milchsäure. Ab einer gewissen Konzentration lässt die Milchsäure dann das Milcheiweiß ausfallen, bringt die Milch zum Gerinnen und schützt den Käse gleichzeitig vor Fäulnisbakterien. Milchsäurebakterien sind maßgeblich an der Aromen- und Lochbildung im reifenden Käse beteiligt. Von all diesen Bakterien gibt es verschiedene Stämme, die sich in ihren Eigenschaften unterscheiden. Die Züchtung von Hochleistungsmilchlieferanten hat dazu geführt, dass zwar genügend Milch zur Verfügung steht, für die Käseherstellung jedoch oft natürliche Milchsäurebakterien fehlen. Vor der Käseherstellung muss die Milch deshalb künstlich mit Bakterienkulturen beimpft werden. Oftmals wird die Arbeit der Milchsäurebakterien auch durch Enzyme unterstützt. Kulturen können neben den Milchsäurebakterien auch spezielle Mikroorganismen enthalten, die

Rechts: Analyse, Kontrolle und Überwachung im Labor vor und nach der Käseherstellung.

Rechts unten: Der Fettgehalt bestimmt sich nach dem Anteil in der Trockenmasse.

Unten: Mikroorganismen und Bakterienkulturen sind für die moderne Käserei unerlässlich.

nur bei bestimmten Käsesorten eingesetzt werden. Als Beispiel seien hier die Propionsäurebakterien genannt. Dieser Bakterienstamm sorgt durch seine Fähigkeit, Kohlensäuregase zu bilden, für auffällig große Löcher im Käse. Der Käse ist zu diesem Zeitpunkt noch elastisch, das Gas kann nicht entweichen und bildet im Inneren, ähnlich wie beim Hefeteig, Blasen.

LAB

Labferment ist ein Enzym, das man traditionell aus dem Kälbermagen gewinnt. Labferment ist aber auch im Magen anderer Jungtiere vorhanden. Die Geschichte des Labkäses ist schon sehr alt, auch wenn die wissenschaftliche Erklärung erst sehr viel später erfolgte. Die Hirten füllten ihre Tagesration an Milch in Beutel aus getrockneten Tiermägen. Weil sich in diesen Beuteln aber immer noch die Reste des Verdauungsenzyms Lab befanden, wandelte sich die mitgeführten Milch früher oder später in Käse um. Die Magenschleimhaut des Kalbes produziert den Stoff Prochymosin, der im sauren Milieu des Mageninhaltes in Labenzym gespalten wird und dem jungen Tier hilft, die Milch der Mutter besser zu verdauen. Das Labenzym kann Milch innerhalb kurzer Zeit in einen gallertartigen Zustand umsetzen. Das Eiweiß der Milch fällt aus – die Milch gerinnt und wird dick. Je mehr Lab zugesetzt wird und je höher die Temperatur der Milch, umso fester wird der spätere Käse.

Neben tierischen Labsorten verwendet man bei der Käseherstellung auch Milchgerinnungsenzyme pflanzlicher Herkunft, vor allem im Mittelmeerraum. Pflanzenextrakte, wie zum Beispiel der Saft des Feigenbaumes oder die Blütenblätter von Dis-

VORREIFEN DER MILCH

Die Vorreifung der Milch erhöht die Labungseigenschaften, was bei manchen Käsen erwünscht ist. Um die Milch vorzureifen, genügt es, etwas Milchsäurebakterienkultur (Sauermilch, Buttermilch oder Joghurt) der gekühlten Milch zuzusetzen. So können sich die Milchsäurebakterien akklimatisieren und in geringem Maß vermehren.

telgewächsen, wurden schon im Altertum als Gerinnungshelfer der Milch benutzt. Auch das echte Labkraut (Galium verum) bringt die Milch zum Gerinnen. Pflanzliches Lab spielt bei der Käseherstellung aber eine eher untergeordnete Rolle.

Mikrobielles Lab verwendet man seit fast 40 Jahren in der Käserei. Dieser Labersatzstoff besteht aus Enzymen, die auf mikrobiellem Weg aus Schimmelpilzen gewonnen werden und in beliebiger Menge hergestellt werden können. Käse, der mit mikrobiellem Lab erzeugt wurde, ist auch für Vegetarier geeignet. Bei industriell hergestelltem Käse hat der Einsatz von mikrobiellem Lab große Bedeutung erlangt, da die steigende Käseproduktion über tierisches Naturlab gar nicht mehr abgedeckt werden könnte.

Gentechnisch hergestellte Labaustauschstoffe gibt es seit 1990. In den USA häufig zur Käseherstellung verwendet, ist dieser Labaustauschstoff in Europa immer noch umstritten.

Prinzipiell bringen alle Labsorten die Milch zum Gerinnen, sie haben jedoch unterschiedliche Labungseigenschaften und eignen sich auch nicht für alle Käsesorten.

VITAMINE UND MINERALSTOFFE

In jedem Stück Käse stecken die Inhaltsstoffe der Milch in konzentrierter Form. Viele Nährstoffe sind deshalb im Käse in größeren Mengen vorhanden als in der Milch. Käse liefert dem Körper hochwertiges Milcheiweiß, lebenswichtige Vitamine (A, D, E und K), leicht verdauliches Milchfett, wertvolle Mineralstoffe und Proteine. Als Kalzium- und Eiweißspender ist Käse unschlagbar.

Vor allem Hartkäse nimmt als Kalziumlieferant eine überragende Stellung ein. Der Grund ist einfach: Um 100 g Hartkäse herzustellen, braucht man viel mehr Milch als zur Herstellung von Joghurt oder Frischkäse – die Konzentration des Kalziums ist also sehr viel höher. Die Herstellung von 100 g Hartkäse erfordert im Schnitt 1,2 l Milch, die gleiche Menge Extrahartkäse sogar 1,3 l. Wegen des geringen Wassergehaltes sind Mineralstoffe und Eiweiße im Hartkäse stärker konzentriert. Je härter, also wasserärmer, und je fettärmer ein Käse ist, umso höher ist die Nährstoffdichte. Ein weiterer Gesundheitsfaktor beim Hartkäse ist der geringe Milchzuckergehalt. Durch die lange Reifung über Monate, ja sogar Jahre, kann die Laktose (Milchzucker) vollständig abgebaut werden. Das ist besonders wichtig für Menschen mit Milchzuckerunverträglichkeit.

DER FETTGEHALT

Das geheimnisvolle Kürzel »Fett i.Tr.« bedeutet „Fett in der Trockenmasse" und gibt Aufschluss über den Fettgehalt des Käses. Nur – der Fettgehalt in der Trockenmasse hat mit dem absoluten Fettgehalt des Käses wenig gemeinsam. Gerade dieser absolute Fettgehalt aber ist es, der den Verbraucher viel mehr interessiert und ihm sagt, wie viel Fett sein Käse denn nun wirklich enthält. Warum beim Käse nicht einfach der prozentuale Fettgehalt des Produktes angegeben wird wie bei anderen Lebensmitteln auch, ist schnell erklärt. Käse verändert sich ständig, er verliert beim Reifen Feuchtigkeit und damit auch Gewicht. Der Fettanteil nimmt im Verhältnis zum Wasseranteil also im Laufe der Reifung zu – er ist keine feste Größe. Die Trockenmasse, bestehend aus Fett und Eiweiß, verändert sich jedoch praktisch nicht während der Reifung. Außer für die Konsistenz spielt der Fettgehalt der Käse eine große Rolle für Nährwert, Geschmack und Aroma, denn die meisten Aromen können nur durch Fett zur Entfaltung kommen.

Es gibt insgesamt acht Fettgehaltsstufen. Der Fettgehalt oder die Fettgehaltsstufe muss bei allen Käsesorten gekennzeichnet sein, außer bei Sauermilchkäse, der immer zur Magerstufe gehört.

Doppelrahmstufe	mind. 60 % Fett i.Tr. max. 85%
Rahmstufe	mindestens 50 % Fett i.Tr.
Vollfettstufe	mindestens 45 % Fett i.Tr.
Fettstufe	mindestens 40 % Fett i.Tr.
Dreiviertelfettstufe	mindestens 35 % Fett i.Tr.
Halbfettstufe	mindestens 20 % Fett i.Tr.
Viertelfettstufe	mindestens 10 % Fett i.Tr.
Magerstufe	weniger als 10 % Fett i.Tr.

FETTER KÄSE IST GAR NICHT SO FETT

Auf den ersten Blick könnte man meinen, dass ein schöner, cremiger Weichkäse mit 70 % Fett i.Tr. für figurbewusste Konsumenten gar nicht infrage kommt. Doch diese Sorge ist unbegründet, weil der tatsächliche Fettgehalt eines Käses viel niedriger liegt.

Doch wie lässt sich der absolute Fettanteil denn nun berechnen? Wenn man den durchschnittlichen Trockenmasseanteil der unterschiedlichen Käsegruppen kennt, ist das ganz einfach. Um den tatsächlichen Fettgehalt näherungsweise zu ermitteln, gibt es eine praktische Formel. Dafür muss die angegebene Prozentzahl von Fett i. Tr. mit den folgenden Werten multipliziert werden: Bei Frischkäse mit 0,3, bei Mozarella mit 0,4, bei Weichkäse mit 0,5, bei Schnittkäse mit 0,6 und bei Hartkäse mit 0,7. Für alle, die es ganz genau wissen wollen: Als Faustregel gilt: (Fett i.Tr. x Trockenmasse) ÷ 100 = absoluter Fettgehalt in %.

Ein Beispiel: Der besagte Weichkäse mit 70% Fett i.Tr. hat einen durchschnittlichen Trockenmassegehalt von 50 %. Der absolute Fettgehalt dieses Weichkäses beträgt also nur 35 % (70 x 50) ÷ 100 = 35.

Hartkäse	ca. 70 %
Schnittkäse	ca. 60 %
Halbfester Schnittkäse	ca. 55 %
Weichkäse	ca. 50 %
Schmelzkäse	ca. 50 %
Frischkäse	ca. 30 %

Die Reifung und die Kunst der Affinage

Erst durch die Reifung entwickelt ein Käse seinen sortentypischen Charakter. Je nach Form, Größe, Alter und Käsetyp reifen Käse auf höchst individuelle Weise. Während dieser Zeit verwandeln Mikroorganismen das Nahrungsmittel Käse in ein köstliches Genussmittel. Während der Reifung sind Bakterien, Enzyme, Hefen und Schimmelpilze kräftig am Werk, gemeinsam sorgen sie für die Umsetzung verschiedener Inhaltsstoffe, dienen als Nährboden für Reifebakterien, bauen Fettsäuren ab und spalten das Milcheiweiß in wertvolle Aminosäuren. Der Käse wird leichter verdaulich, erhält Konsistenz, sortentypischen Geschmack und Aroma. Am besten schmeckt ein Käse, wenn er seinen idealen Reifegrad erreicht hat. Das kann je nach Käse schon nach wenigen Stunden oder Tagen sein, das kann aber auch erst nach vielen Monaten, manchmal sogar mehreren Jahren der Fall sein.

Je handwerklicher die Käseherstellung, je naturbelassener die Milch und je natürlicher der Reiferaum, desto mehr beeinflusst der Reifeprozess das spätere Endprodukt Käse. In natürlichen Höhlen, wie zum Beispiel den berühmten Höhlen von Roquefort, herrscht ein

Mit dem Käsebohrer entnimmt der Fachmann eine Probe und prüft den Reifegrad.

Temperatur und Luftfeuchtigkeit sind entscheidend für den Reifungsvorgang.

ganz bestimmtes Mikroklima. Bei der industriellen Herstellung wird versucht, ein solch spezielles Mikroklima in modernen Reiferäumen nachzuempfinden. Teilweise setzt man aber auch solche in der Natur vorkommenden speziellen Hefen, Bakterien oder Pilzsporen bereits der für den Käse bestimmten Milch, der Bruchmasse oder dem jungen Käse zu, um dem unter natürlichen Bedingungen entstandenen Originalprodukt so nahe wie möglich zu kommen.

Höhere oder niedrigere Temperaturen im Reiferaum oder unterschiedliche Feuchtigkeit fördern bestimmte Bakterien. Ein Weichkäse mit flaumiger Rinde wie der Camembert braucht 95 % Luftfeuchtigkeit, für einen Hartkäse reichen 80 %, und ein Ziegenkäse kommt mit genügsamen 75 % Luftfeuchtigkeit aus. Die Propionsäurebakterien, die durch das Freisetzen von Kohlensäuregasen für die Löcher im Käse verantwortlich sind (siehe Kasten), nehmen ihre Arbeit erst bei einer bestimmten Temperatur auf. Bei relativ warmen Temperaturen wird mehr Kohlensäure freigesetzt, und die Löcher im Käse werden größer.

Für die richtige Abstimmung des Reifeprozesses vom Ausgangs- bis hin zum Endprodukt ist der Reifemeister der Käserei verantwortlich. Die hohe Kunst des Reifens verstehen aber auch die sogenannten Affineure, meist leidenschaftliche Käsehändler. Ein Affineur versteht sich gewissermaßen als Künstler, der den jungen Käse bei den besten Produzenten kauft und ihn nach seinen eigenen Geheim-

Die regelmäßige Pflege und Reinigung der Rinde ist ein absolutes Muss.

Die Rinde wird mit Salzwasser gebürstet, um Schimmelbildung zu vermeiden.

rezepten im eigenen Reifekeller mit Hingabe bis zur Vollendung pflegt. Jeder Käse verlangt sorgsame Behandlung. Manche wollen in Salzlauge, Bier oder Schnaps gewaschen werden, andere werden mit Holzasche bestäubt oder reifen in Blättern, Heu oder Kräutern. Viele werden einfach nur regelmäßig abgerieben, gebürstet, gewaschen und gewendet. Ein Blick, eine Berührung, und der Käsemeister weiß, woran es noch fehlt und wann der Käse seinen optimalen Reifegrad erreicht hat. Ein Camembert muss nur etwa drei Wochen gepflegt und gehegt werden, ein halbfester Cantal bis zu sechs Monate. Nur gewissenhafte Pflege garantiert einen ausgewogenen Geschmack, intensives Aroma, optimale Textur und ansprechendes Äußeres. Darin besteht der Unterschied zwischen einem Meisterwerk eines Affineurs und einem einfachen Molkereiprodukt.

Bei der Reifung des Käses unterscheidet man nach Käsesorten, die von außen nach innen und von innen nach außen reifen. Von außen nach innen reifen Sauermilchkäse oder Labkäse mit Außen-

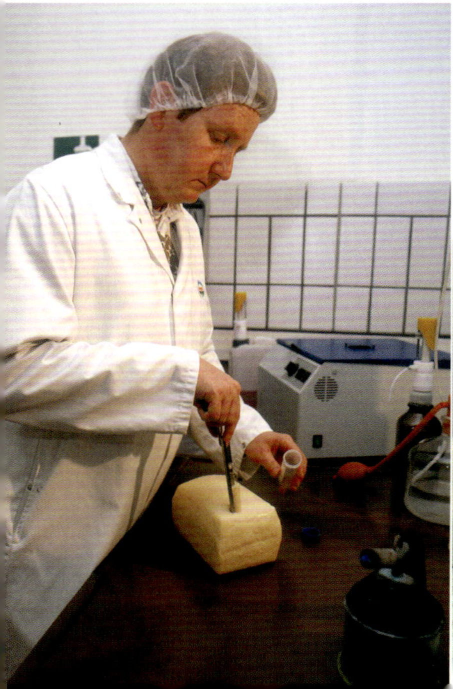

Rechte Seite: Käse mit Innenschimmel reifen von innen nach außen.

Links: Reifeprüfung zur Beurteilung von Aroma, Lochung und Konsistenz

Unten: In natürlichen Höhlen herrscht ein ganz bestimmtes Mikroklima.

schimmel, wie der Camembert oder Brie, oder solche mit Schmierenbildung, wie Munsterkäse oder Limburger. Bei der Reifung von außen nach innen vermehren sich die Mikroorganismen an der Oberfläche sehr schnell und bilden eiweißspaltende Enzyme, die dann in den Käse eindringen. Durch den Eiweißabbau wird die Käsemasse im Innern weich.

Käse mit Innenschimmel reifen von innen nach außen. Das bekannteste Beispiel ist der Roquefort, dessen Schimmelkulturen auch bei vielen anderen Edelpilzkäsen Verwendung findet. Diese Käse werden mit zunehmender Reifung nicht weich, sondern bleiben halbfest.

DIE KÄSEFAMILIEN

Fragt man verschiedene Käsefachleute danach, wie viele Käsesorten es gibt, wird man jedes Mal eine andere Zahl zur Antwort bekommen. Der Grund: Manche Käse werden sowohl frisch als auch einige Monate gereift verzehrt, können damit als Frischkäse aber auch – je nach Wassergehalt – als Weich-, Schnitt- oder gar Hartkäse erhältlich sein. Ein extremes Beispiel bildet der italienische Ricotta, der, nur wenige Stunden alt, frisch verzehrt werden kann. Genauso gut, falls er bei der Herstellung gesalzen wird, kann Ricotta nach einigen Monaten Reife als Hartkäse gerieben werden. Davon unabhängig lassen sich jedoch Basiskategorien festlegen.

Die Einteilung nach der Gerinnungsart ist die älteste, sie unterscheidet in Sauermilchkäse und Labkäse. Heute sind diese Grenzen fließend, da beide Gerinnungsmethoden oft miteinander kombiniert werden. Eine weitere Unterscheidung lässt sich nach dem »Milchlieferanten« (Kuh, Schaf oder Ziege) treffen. Eine internationale, einigermaßen einheitliche Zuordnung wird erreicht, wenn man den Wassergehalt in der fettfreien Käsemasse und damit die Konsistenz zugrunde legt. Dabei steht das Kürzel »wff« für »water fatfree«. Nach diesem internationalen Kriterium unterscheidet man in sechs Gruppen.

KÄSEGRUPPE	WFF
Hartkäse	bis 56 %
Schnittkäse	54–63 %
Halbfester Schnittkäse	61–69 %
Weichkäse	60–73 %
Schmelzkäse	> 67 %
Frischkäse	> 73 %

Linke Seite: Eine unglaubliche Vielfalt an Käsesorten lässt keine Wünsche offen.

Die Einteilung nach dem Wassergehalt in der fettfreien Käsemasse gilt nicht für Molkenkäse und Molkeneiweißkäse, Käse, der aus oder in Flüssigkeit verkauft wird (Käse in Salzlake, Molke oder Öl), und Pasta Filata.

Deutschland teilt seine Käsegruppen nach dem Wassergehalt in der fettfreien Käsemasse (wff) in Hart-, Schnitt-, halbfeste Schnitt-, Weich-, Frisch-, Schmelz- und Sauermilchkäse ein. Demgegenüber hat sich Frankreich bei den Käsegruppen für Kriterien wie Aussehen, Milchart und Herstellungsweise entschieden. Dort gibt es folgende Käsegruppen: Frischkäse, Weichkäse mit weißem Edelpilz, Weichkäse mit gewaschener Rinde, Schnittkäse, halbfester Schnittkäse, Hartkäse, Blauschimmelkäse, Schmelzkäse, Ziegenkäse, Sauermilchkäse.

FRISCHKÄSE

Frischkäse wurde wegen seiner geringen Haltbarkeit früher nur für den Eigenverbrauch erzeugt, dank der heutigen Kühlmöglichkeiten hat sich der Vertrieb der einzelnen Frischkäse aus der Region heraus auf Landes- und sogar internationale Ebene ausgedehnt.

Frischkäse bedürfen keiner Reifezeit und sind unmittelbar nach der Herstellung verzehrbereit. Sie können jedoch auch leicht gereift verzehrt oder durch Salzen, Räuchern und Trocknen haltbarer gemacht werden. Frischkäse besteht meist aus Kuh- oder Ziegenmilch. In der Regel erfolgt die Herstellung auf folgende Weise: Die Milch wird meist durch Milchsäurebakterien gesäuert und dickgelegt. Bei Verwendung von vollfetter Milch gibt man noch etwas Lab hinzu, bei entrahmter Milch bedarf es eines Säureweckers, um die Milchsäurebakterien zu ihrer Arbeit anzuregen. Bei niedriger Temperatur (etwa 20 °C) gerinnt die Milch sehr langsam. Die Dicklegung dauert je nach Temperatur zwischen zehn und 24 Stunden. Man schneidet die nun entstandene gallertartige Masse recht großzügig, lässt sie etwas abstehen und füllt die Käsemasse dann in Formen, wo sie über weitere sechs bis acht Stunden abtropfen kann. Für etwas festeren Quark presst man die abgetropfte Masse leicht aus. Der Wassergehalt des Frischkäses ist sehr hoch, dementsprechend kurz ist die Haltbarkeit (ein bis drei Wochen bei etwa 4 °C). Der Fettgehalt kann deutlich variieren, je nachdem, ob entrahmte oder mit Rahm angereicherte Milch verwendet wird.

Abweichend vom hier beschriebenen Herstellungsprozess gibt es einige Ausnahmen. Beim Mascarpone beispielsweise wird erhitzter Rahm mit Zitronensäure dickgelegt, Ricotta oder Zieger erhält man durch das Erhitzen der Molke. Zu den Frischkäsen zählen Cottage Cheese (auch Hüttenkäse), Rahm- und Doppelrahmfrischkäse sowie Quark (in Österreich nennt man ihn Topfen) in verschiedenen Fettstufen.

Schichtkäse ist kein Quark im eigentlichen Sinne, er besteht aus Frischkäseschichten mit unterschiedlichem Fettgehalt, die per Hand geschöpft werden. Eine spezielle Art des Frischkäses stellt der Hüttenkäse oder Cottage Cheese dar. Er besitzt eine typisch körnige Struktur, für die das Eiweiß ohne Labzusatz mittels reiner Säuerung in der Magermilch ausgefällt wird. Der typische Geschmack wird erreicht, indem man den so entstandenen Käsekörnern Rahm bei-

Die Herstellung von Speisequark: Nach dem Dicklegen mit Lab läuft die Molke ab, der frische Käse wird verrührt und zum Verkauf abgefüllt.

mischt. Teilweise saugen die Bruchkörner den Rahm auf und werden außen vom Rahm »umhüllt«. Cottage Cheese wird aus Magermilch hergestellt, erst nachträglich wird der Fettgehalt durch die Rahmzugabe erhöht. Auf dem Bauernhof erstreckt sich die Hüttenkäseherstellung über etwa drei Tage, während derer sich die Produktion in vier Schritten vollzieht: Säuern, Bruchbereitung und Nachwärmen, Waschen des Bruchs, Auffetten mit Rahm.

Frischkäse sollte mild-säuerlich und aromatisch schmecken, die Konsistenz sollte zart und cremig sein. Er hat keinen starken Eigengeschmack und lässt sich bestens mit frischen und rohen Zutaten verbinden. In diesem Fall spricht man von Frischkäsezubereitungen. Immer wieder kommen neue Frischkäsekreationen auf den Markt, verfeinert mit Kräutern, Gewürzen, Gemüse, Nüssen oder Obst.

WEICHKÄSE

Dem hohen Wasseranteil verdanken die Weichkäse ihre geschmeidige Konsistenz. Weichkäse erreichen ihre optimale Reife und Geschmack in recht kurzer Zeit und sind im Vergleich zum Hartkäse weniger lange haltbar.

Weichkäse sind klein und meist flach, was ein schnelles Durchreifen bis zum Kern ermöglicht. Der Geschmack reicht von sahnig-mild bis herzhaft-würzig, die Konsistenz von elastisch bis fließend. Charakteristisch für einen Weichkäse ist die Rindenbildung, wobei man zwischen Weichkäse mit Weißschimmelbildung und solchen mit Schmierebildung bzw. gewaschener Rinde unterscheidet.

Beim Weichkäse geht die Reifung von der Rinde aus, erfolgt also von außen nach innen. Auf der Rindenflora befinden sich eiweißspaltende Enzyme – Bakterien oder Schimmelpilze –, die in die

Käsemasse eindringen und sie mit zunehmender Reife weich werden lassen. Wird der Reifeprozess durch Schimmelpilze ausgelöst, spricht man von Weichkäse mit Schimmelbildung oder Außenschimmel. Weichkäse, die durch Bakterien reifen, nennt man auch Rotschmier- oder Rotkulturkäse, weil die salzliebenden Bakterien einen schmierigen Belag bilden. Es gibt aber auch Weichkäse, die durch Bakterien und Schimmelpilze gleichzeitig reifen.

Die Herstellung der Weichkäse folgt dem Prinzip der Labkäseherstellung. Sie werden aus Kuh-, Ziegen- oder Schafsmilch gemacht, die unter Zugabe von Lab gerinnt. Dabei kann teilentrahmte, volle oder auch mit Rahm angereicherte Milch verwendet werden. Für die Erzeugung von 1 kg Käse benötigt man etwa 8 l Milch. Bei Temperaturen von 28–30 °C wird die Milch eingelabt und dickt bei dieser Temperatur in etwa 2 Stunden ein. Der von der Molke getrennte Bruch wird gar nicht oder nur großzügig geschnitten und anschließend in mehreren Durchgängen vorsichtig in gelochte Formen geschöpft, damit die Molke gut abfließen kann. Nach einigen Stunden wird der Käse in der Form gewendet und verbleibt dort zum weiteren Abtropfen. Jetzt ist der Käse fest genug, um aus der Form genommen und eventuell schon gesalzen zu werden. In der Trockenkammer ruht er anschließend mehrere Tage auf Käsehorden, wird dabei regelmäßig gewendet und mit Schimmelkultur besprüht. Wenn sich nach ungefähr einer Woche auf der Oberfläche des Käses ein feiner Schimmelflaum gebildet hat, kommt der Käse in einen 8–10 °C kühlen Reifekeller. Damit sich der Oberflächenschimmel gleichmäßig entwickeln kann, müssen die jungen Käse regelmäßig gewendet werden. Die optimale Reife ist, je nach Größe und Form, in zwei bis fünf Wochen erreicht: Nun ist der Teig elastisch, und auf dem weißen Schimmelflor zeigen sich rötliche Flecken.

Beim Weichkäse mit gewaschener Rinde ist die Herstellungsweise bis auf einige Punkte ähnlich der oben beschriebenen Weise. Nach der Dickungszeit schneidet man den Bruch in etwa walnussgroße Stücke und gibt ihn anschließend in die Form. Manchmal stellt man diese übereinander, um eine leichte Pressung zu erreichen. Etwa nach vier Tagen kann der unter regelmäßigem Wenden gut abgetropfte Käse aus der Form genommen und gesalzen werden, um dann mehrere Tage abzutrocknen. Im 10–14 °C kühlen Reifekeller bei etwa 95 % Luftfeuchtigkeit werden die Käse regelmäßig mit einer Koch-

salzlösung abgewaschen oder gebürstet und gewendet. Das Abwaschen mit Salzwasser verhindert die Schimmelbildung und fördert die Bildung der Linens-Bakterien, die je nach Bakterienstamm eine rötliche oder auch gelbliche, trockene bis feuchte Schmiere bilden. Zur Unterstützung kann der Bakterienstamm schon der Milch vor dem Einlaben hinzugegeben werden. Bei manchen Käsen setzt man der Salzlösung auch Bier, Wein, Schnaps oder Kräuter hinzu. Ein Käse mit gewaschener Rinde reift je nach Größe und Form zwischen vier Wochen und vier Monaten. Er ist kräftiger im Geschmack und weist nicht den typisch milchsäuerlichen Geschmack eines Weichkäses mit Außenschimmel auf. Der Grund: Die Bakterien zehren die Milchsäure im Käse auf. Der etwas kräftigere Geruch rührt vom Oxidieren der Fettsäuren her.

SCHNITTKÄSE

Schnittkäse besitzen einen elastischen, festen Teig und lassen sich gut schneiden. In manchen Ländern bezeichnet man die Schnittkäse auch als halbharte oder halbweiche Käse. Auch Schnittkäse sind in erster Linie Labkäse. Bei den Schnittkäsen unterscheidet man nicht nur zwischen der Konsistenz (Wassergehalt), sondern auch

danach, wie die Rinde gebildet ist. Schnittkäse gibt es mit oder ohne Rinde, mit Rotschmiere, mit Außenschimmel oder Hefen auf der Rinde oder auch überzogen mit Wachs, Paraffin oder Plastik. Ob ein Schnittkäse halbfest oder halbhart ist, hängt in erster Linie vom Wassergehalt in der fettfreien Trockenmasse ab. Je höher der Wassergehalt, umso feuchter und weicher sind sie. Schnittkäse reift kürzer als ein Hartkäse, aber länger als ein Weichkäse. Der Übergang zur einen oder anderen Käsegruppe ist dabei fließend. Je nach Reifezeit und Größe und damit dem Wassergehalt im endgültigen Käse rücken manche Schnittkäse dann in die Nähe der Weichkäse, manche sind dann schon als Hartkäse einzuordnen. Trotzdem wird man immer wieder in der Literatur Schnittkäse einmal als Weichkäse, ein anderes Mal als Hartkäse definiert finden. Darüber hinaus ist zu bedenken, dass in verschiedenen Ländern der Wasseranteil für bestimmte Käse variieren kann, wodurch ein Käse dann im einen Land als Hartkäse, im anderen noch als Schnittkäse definiert ist. Den Schnittkäsearten gemeinsam ist bei der Herstellung das leichte Nachwärmen des Bruchs, der manchmal zuvor gewaschen wird.

Halbfeste Schnittkäse (Halbweichkäse, semi-soft cheese, fromage à pâte demi-molle) liegen in ihrer Konsistenz zwischen dem von Schnitt- und Weichkäse. Zu der Gruppe der halbfesten Schnittkäse zählen zum Beispiel französischer Reblochon oder Saint-Nectaire oder deutscher Butterkäse. In Italien nennt man die halbfesten Schnittkäse, wie Taleggio oder Bel Paese, formaggi stagionati maturi (gereifte Weichkäse). Zu der Gruppe der halbfesten Schnittkäse zählen auch Käse mit Innenschimmel, wie Roquefort, Gorgonzola, Stilton oder verschiedene Bleus.

Die zweite Gruppe bilden die Schnittkäse (Halbhartkäse, semihard cheese, fromage à pâte demi-dure). Der Übergang zu jungem Hartkäse gestaltet sich bei ihnen fließend. Klassische Schnittkäse sind beispielsweise holländischer Gouda und Edamer oder der deutsche Tilsiter. Beim Schnittkäse wird der Molkeablauf durch zusätzliches Pressen gefördert. Schnittkäse werden weniger stark gepresst als Hartkäse, jedoch stärker als halbfester Schnittkäse.

HARTKÄSE

Auch die Hartkäse gehören zur großen Gruppe der Labkäse. Sie weisen den niedrigsten Wassergehalt auf. Der Wassergehalt verringert sich mit zunehmender Reife, wodurch Hartkäse sehr gut haltbar und lange lagerfähig sind. Hartkäse besitzen einen festen bis sehr festen, bisweilen auch harten Teig. Den meisten Hartkäsen gemeinsam ist das starke Nachwärmen des Bruchs, das sogenannte »Brennen«. Nicht nachgewärmt werden Hartkäse, die durch eine besondere Bearbeitung des Bruchs entstehen, wie zum Beispiel Cheddar, Cantal oder Colby. Auch ursprüngliche Schnittkäse, die sehr lange reifen, können zum Hartkäse werden ebenso wie Brüh- und Knetkäse (Mozarella, Kaschkawal) oder sogar Frischkäse (Ricotta), die durch Salzzugabe und lange Reifung hart werden (siehe betreffende Kapitel).

Entscheidend ist des Weiteren, dass Hartkäse gleichmäßig durch den ganzen Teig reifen. Der Reifeprozess erfolgt in beide Richtungen, sowohl von außen nach innen als auch von innen nach außen. Ein Hartkäse erlangt erst nach langer Lager- und Reifezeit, die je nach Käsesorte von einigen Monaten bis zu mehreren Jahren dauern kann, sein geschmacklich volles und stets charakteristisch ausgeprägtes Aroma. Bei dieser Käsekategorie denkt man sofort an Klassiker wie Emmentaler, Bergkäse, Cheddar oder Parmigiano Reggiano, aber auch Käse wie der italienische Pecorino, der Provolone oder der im osteuropäischen Raum verbreitete Kaschkawal zählen zu dieser Gruppe. Die Hartkäse gliedern sich darüber hinaus in zwei Varianten: Käse mit Lochbildung (Appenzeller, Bergkäse, Emmentaler, Greyerzer) und solche ohne bzw. mit kaum sichtbarer Lochbildung (Parmigiano Reggiano, Grana Padano, Sbrinz oder Pecorino). Auch Käse, die eine Wärmebehandlung mit heißem Wasser, Kneten des Bruchs und anschließendem Ziehen (siehe Brüh- und Knetkäse) erfahren, zählen nach entsprechender Reifezeit zur Gruppe der Hartkäse.

Beim Hartkäse findet sich eine Vielzahl von Käse, die sich in Form, Konsistenz, Rindenbeschaffenheit und Geschmack unterschei-

den. Die Größe der Bruchkörner und die Stärke des Pressdrucks beeinflussen die spätere Konsistenz: Je geringer der Pressdruck, umso weicher der spätere Käse, je stärker, desto härter. Der Käse wird trocken oder im Salzbad gesalzen. Nach dem Abtrocknen salzt man die Käse noch einmal, damit sich eine feste Rinde bilden kann.

Die frischen Käselaibe reifen im feuchten Keller bei unterschiedlichen Temperaturen und werden regelmäßig gewendet. Je nach Untergruppe werden die Käse danach weiterbehandelt. Das Waschen mit ungesalzenem Wasser verhindert die Bildung von Schimmel und von Rotkulturen. Dieses Verfahren wendet man beispielsweise beim Tamié, beim Asiago oder bei manchen Trappistenkäsen an. Eine andere Möglichkeit besteht in der trockenen Reinigung der Rinde durch Abbürsten, wie man es beim Cantal oder Cheddar macht. Das Waschen mit schwach gesalzenem Wasser erlaubt die Bildung einer geringen Rotschmiere, die anschließend mit Schimmel überwächst.

Manche Käse lässt man auch langsam austrocknen, während die Rinde regelmäßig trocken abgerieben oder abgebürstet wird. Bei manchen Käsen lässt man einen leichten Oberflächenschimmel heranwachsen und drückt diesen, wie beim Tomme de Savoie zum Beispiel, dann von Hand an. Dadurch wird die Rinde dicker.

BERGKÄSE

Viele Hartkäse kommen ursprünglich – mit Ausnahme des Parmigiano Reggiano – aus den Bergregionen. Für diese Käse wurde die Milch der verschiedenen Bauernhöfe während des Almbetriebes von Juni bis September gesammelt und in einer Sammelstelle zusammengeführt. Diese gemeinsame Milchmenge wurde dort zu wagenradgroßen Käsen verarbeitet und nach vollendeter Reife am Ende der Saison auf die Bauernhöfe aufgeteilt. Für einen Hartkäse, wie zum Beispiel den Emmentaler, erwärmt man Vollmilch oder entrahmte Milch auf 32 °C. Dann setzt man der Milch eventuell noch Propionsäurebakterien (s. u.) hinzu, um die Lochbildung zu fördern. Nach dem Hinzufügen des Labs dickt die Milch etwa 30 Minuten ein. Dann wird der Bruch sehr klein zerteilt, gerührt und noch einmal auf etwa 53 °C erwärmt. Durch die Erwärmung wird dem kleinen Bruchkorn weitere Flüssigkeit entzogen, und es wird elastischer. In einem großen Leinentuch hebt man den Bruch auf einmal aus dem Kessel und presst ihn im Tuch unter mehrmaligem Wenden etwa 24 Stunden lang. Der Pressdruck ist dabei enorm hoch, bei einem Käse von 120 kg kann er ohne Weiteres bis 2 t betragen. Durch das starke Auspressen der Bruchmasse ist der Milchbedarf sehr hoch; aus 100 l Milch erhält man etwa nur 6–8 kg Hartkäse.

Nach dem Pressen kommt der Käse für etwa eine Woche in ein Salzbad. Der Käse wird auch nach dem Salzbad noch einige Male gesalzen, damit er Geschmack annimmt und eine bessere Rindenbildung erzielt wird. Nach einer Trockenzeit von zehn bis 14 Tagen kommen Käselaibe, die später Löcher aufweisen sollen (Emmentaler, Greyerzer, Appenzeller oder Bergkäse), in den warmen Gärkeller, wo sich bei 22–24 °C die Propionsäurebakterien entwickeln können und sich die typischen Löcher bilden.

Alle anderen Käse kommen direkt in den Reifekeller. Die eigentliche Reifung erfolgt bei hoher Luftfeuchtigkeit von 90 % und wesentlich kühlerer Temperatur, nämlich bei 12–14 °C . Während der Käse reift, wird er regelmäßig mit Wasser abgerieben oder abgebürstet. Manche Sorten, etwa den Gruyère, wäscht man gezielt weiter mit Salzwasser ab, damit die Bildung von Rotkulturen gefördert wird.

Hartkäse ist nahe der Rinde besonders hart, und hier ist der Geschmack durch die Behandlung während der Reifung auch intensiver. Im Innern ist er eher weich und mild. Die optimale Reifezeit ist nach sechs bis zwölf Monaten gegeben, nämlich dann, wenn sich in den Rissen oder Löchern im Käseteig ein wenig Salzwasser gesammelt oder das Salz auskristallisiert hat und dann kleine weiße Punkte oder Löcher im Teig bildet.

BRÜH-, KNET- UND FILATA-KÄSE

Das wesentliche Herstellungsmerkmal der Brüh-, Knet- und Filata-Käse ist das Brühen des gesäuerten, wieder zerkleinerten Bruchs mit heißem Wasser und das anschließende Kneten der nun plastischen Käsemasse.

Das Brühen und Kneten der Käsemasse ergibt eine typisch faserige bis blättrige Struktur. Bei jungen Käsen ist diese Struktur noch gut zu erkennen, bei älteren Käsen verliert sich die blättrige Struktur, der Käse erscheint geschichtet bis körnig. Das Abbrühen mit heißem Wasser reduziert die im Käse enthaltene Mikroflora und verleiht den Brüh- und Knetkäsen ihren eigenen, typischen Geschmack. Das Brühen und Kneten macht die Käsemasse darüber hinaus plastisch und formbar. Zur Gruppe der Brüh- und Knetkäse gehören auch die italienischen Pasta-Filata-Käse, das sind Käse mit »gezogenem« Teig. Um diese Käse herzustellen, zieht man die gebrühte und geknetete Käsemasse zu Bändern und Strängen aus (filare) und zerschneidet diese in der gewünschten Länge, bevor sie dann geflochten, in Formen gepresst oder vom Strang in kleinen Stücken abgeschlagen (mozzare) werden. Die bekanntesten Vertreter der italienischen Pasta-Filata-Käse (Formaggi a pasta filata) sind natürlich Mozzarella, daneben aber auch Scamorza, Provolone, Caciocavallo oder Ragusano.

Brüh- und Knetkäse stellt man keineswegs nur in Italien her, auch in Südosteuropa ist diese Herstellungsart weitverbreitet. Hier entfällt aber in den meisten Fällen der Schritt des Ausziehens. Die Masse wird geknetet und umgeschichtet, anschließend presst man die plastische Käsemasse meist in runde Formen. Als Beispiele seien genannt der Kaschkawal (Rumänien, Bulgarien, ehemaliges Jugoslawien), der Kasseri (Griechenland), der Oštiepork (Slowakei), der Păpuşi de caş (Rumänien) oder der Kaşar peyniri (Türkei). Die Laibe werden gesalzen und reifen dann meist über mehrere Monate. Manchmal wird die Bruchmasse, die man aus dem gesäuerten, zerkleinertem und wieder zusammengepressten Bruch gewinnt, auch frisch verzehrt. Im südosteuropäischen Raum ist diese Masse unter der Bezeichnung Caş oder Kaş (Kasch) bekannt.

Zwar sind die Pasta-Filata-Käse in Italien am stärksten verbreitet, das Ausziehen der plastischen Käsemasse kennt man aber auch in Osteuropa, wie zum Beispiel beim Parenica (Slowakei) oder beim Parenyica (Ungarn). Auch in den USA ist die Herstellung der Pasta-Filata-Käse weitverbreitet. Hier bezeichnet man diese Käse als Stretched curd-type cheese. Beliebt ist hier auch der sogenannte String-Cheese, der geräuchert oder ungeräuchert in Stangenform als Imbiss angeboten wird. In Kanada nennt man die Mozzarella-Käse mit wenig Fettanteil übrigens ganz einfach Pizza.

KÄSE MIT INNENSCHIMMEL

Käse mit Innenschimmel bestehen meist aus Kuh- oder Schafsmilch, in wenigen Fällen auch aus Ziegenmilch. Es sind Käse, die mit blauem oder grünem Edelpilz durchwachsen oder durchsetzt sind. In Frankreich nennt man sie Bleu oder Fromage bleu, Persillée oder Fromage persillé, in den angelsächsischen Ländern spricht man vom Blue oder Blue cheese, vom Blue veined cheese oder auch vom Blue-green veined cheese. Im spanischen Raum kennt man diese Käse unter Azul oder Queso azul. Bei dem Schimmel, der sich im Innern des Käses ausbreitet, handelt es sich um verschiedene Arten des Penicillium roqueforti.

Traditionell verwendet man für die Käse mit Innenschimmel Vollmilch, die Käse sind dementsprechend fetthaltig, meist besitzen sie um die 50 % Fett i. Tr. Aus 10 l erhält man etwa 1 kg Käse. Die Milch wird bei einer Temperatur von 28–32 °C eingelabt, die Ausdickungszeit beträgt etwa eine Stunde. Dann wird der Bruch vorsichtig zerteilt und anschließend leicht gerührt. Käse mit Innenschimmel zählen gemeinhin zu der Gruppe der halbweichen Schnittkäse, der Bruch wird hier jedoch nicht gepresst. Das Bruchkorn muss elastisch bleiben, damit sich später der Schimmel gut im Käse verteilen kann. Anschließend schöpft man die Bruchmasse in zylindrische Formen. Darin tropft der Käse drei bis vier Tage ab und wird währenddessen mehrmals gewendet. Nach dem Herausnehmen aus der Form salzt man den Käse trocken ein und lässt ihn vier bis sechs Tage trocknen. Jetzt ist der Zeitpunkt des Impfens gekommen. Mit langen Nadeln durchsticht man den Käselaib und impft ihm gleichzeitig die gewünschten Blau- oder Grünschimmelkulturen ein. Durch die eingestochenen Luftkanäle kann Luft von außen in den Käse eindringen, dort zirkulieren und so das Schimmelwachstum von innen fördern. Bei einigen Käsen werden die Schimmelkulturen bereits der eingelabten Milch oder dem Käsebruch zugegeben. Dann entfällt später zwar das Einimpfen der Schimmelkulturen, das Einstechen der Luftkanäle ist jedoch weiterhin notwendig.

Nach dem Impfen reift der Käse je nach Sorte über mehrere Wochen bis mehrere Monate bei einer Temperatur von 8–10 °C und hoher Luftfeuchtigkeit (90–95 %). Oft geschieht dies in natürlichen Höhlen oder Grotten, wo bestimmte Mikroorganismen beheimatet sind. Während dieser Zeit erfolgt die Reifung von innen nach außen. Wenn der Schimmel sich bis an den Rand durchgearbeitet hat, verpackt man den Käse in Aluminiumfolie und stoppt somit das weitere Schimmelwachstum. In der Folie reift der Käse weiter. Dabei wird Käseeiweiß weiter abgebaut, der Teig wird cremig und schmelzend und nimmt eine butterartige Konsistenz an. Während dieses Reifevorgangs entstehen etwa 100 verschiedene Aromastoffe. Bei stark gesalzenem Käse (wie Roquefort) ist es notwendig, die Rinde zwischendurch abzuschaben, damit sich die salzliebenden Rotschmierebakterien nicht ausbreiten können. Beim Gorgonzola dagegen fördert man genau diese Rotschmierbildung, indem man den Käse mit Salzwasser abwäscht.

SAUERMILCHKÄSE UND LAKEKÄSE

Gesäuerte Milchprodukte sind die am längsten bekannten Käse. Als Ausgangsprodukt für den Sauermilchkäse dient Sauermilchquark, der je nach Typ gereift oder frisch verarbeitet wird. Sauermilchquark wird ohne Labzusatz hergestellt, er enthält kein Fett und weist eine höhere Trockenmasse als Speisequark auf. Bekannte Sauermilchkäse sind zum Beispiel Kochkäse und Olmützer Quargel, Harzer oder Handkäse.

Zur Gewinnung der Basismasse erwärmt man Magermilch auf 22–26 °C und gibt Sauer-, Buttermilch oder gefriergetrocknete Kulturen hinzu. Danach bleibt die Masse 14–18 Stunden stehen. Für den Bruch schneidet man die Gallerte in etwa 1 cm große Stücke und lässt die Masse eine halbe Stunde ruhen. Nachdem sich die Molke abgesetzt hat, beginnt man langsam mit dem Nachwärmen im Wasserbad und rührt etwa 15–30 Minuten, damit sich der Bruch verfestigt. In einem Tuch tropft der Sauermilchquark ab und wird dabei leicht gepresst. Bevor die Quarkmasse mit einem Fleischwolf fein gemahlen wird, gibt man ihr nun Kochsalz und Speisenatron hinzu. Anschließend wird sie mithilfe einer Formzange in Formen geschichtet. In den folgenden Stunden beginnen die Hefen in dem locker geschichteten Quark mit dem Säureabbau. Je nach Käsesorte muss der Käse für zwei bis vier Tage bei einer Temperatur von 20–25 °C und hoher Luftfeuchtigkeit »schwitzen«, das heißt, er gibt wegen des eingemischten Salzes Flüssigkeit ab. Aus diesem Grund wird er häufiger gewendet und auf eine neue Unterlage gegeben. Manchmal kommt der Käse auch direkt in den Reifekeller, dann dauert der Reife- und Entsäuerungsvorgang etwas länger. Nach fünf bis sechs Tagen sind die Käse an der Oberfläche glasig geworden. Jetzt werden sie mit Salzlösung und Rotkultur gewaschen und kommen bei 15 °C in den Reiferaum, wo sie weiterhin regelmäßig mit der Lösung abgerieben und gewendet werden. Wenn der innere Kern des Käses nicht mehr weiß ist, ist der Käse reif.

Lakekäse sind Weißkäse, die ursprünglich meist aus Schafsmilch gekäst wurden. Sie sind typisch für die wärmeren Länder des Balkans und des östlichen Mittelmeeres. Lakekäse reifen in einer Salzlake von 4–10 % Salzgehalt heran. Die gesalzenen Frischkäse werden in Behälter aus Holz, Blech oder Plastik eingeschichtet, luftdicht verschlossen und teilweise mehrere Monate gereift. Bekannte Lakekäseproduzenten sind Bulgarien, Griechenland (Feta) oder Rumänien, aber auch die Türkei, wo etwa der milde, leicht salzige Schafskäse

Beyaz Peynir weitverbreitet ist. Ähnliches gilt ebenfalls für die Länder der ehemaligen Sowjetunion. Weißkäse werden heute auf dem ganzen Globus hergestellt, dann aber meist aus Kuhmilch.

KOCHKÄSE

Auch für Kochkäse – in Österreich kennt man ihn z.B. als Glundner Käse, in Frankreich als Cancaillotte – verwendet man gereiften Sauermilchquark, den man durch Kochen zum Schmelzen bringt. Aus diesem Grund ordnet man die Kochkäse auch den Schmelzkäsen zu.

Damit der Quark reifen kann, wird er mit Hefen entsäuert. Dazu schichtet man den zerbröselten Quark etwa 5 cm hoch in eine Reifekiste. Um die Entsäuerung zu beschleunigen, kann etwas Speisenatron zugegeben werden. Bei warmer Raumtemperatur bleibt der Quark mit einem feuchten Tuch abgedeckt drei bis vier Tage stehen und wird in dieser Zeit zwischendurch aufgelockert. Der Quark ist gereift, wenn die Teilchen in der Masse glasig geworden sind. Nun erfolgt das Kochen, dabei werden zur Geschmacksgebung Butter, Salz und Gewürze hinzugefügt. Unter ständigem Rühren wird die Masse auf 75–90 °C erhitzt, bis sie homogen ist und eine honigartige Konsistenz aufweist. Nun füllt man die heiße Käsemasse in kleine Behälter. Der auf diese Weise gewonnene dünnflüssige Kochkäse ist im abgekühlten Zustand streichfähig.

Schmelzkäse und Schmelzkäsezubereitungen werden aus Käse durch Erhitzen – mit oder ohne Zusatz von Schmelzsalzen – hergestellt. Schmelzkäse gibt es in allen Fettstufen, in Scheiben, Ecken, Würfeln oder in Tortenform. Je nach Sorte sind sie von geschmeidiger, streichfähiger oder schnittfester Konsistenz. Als Geschmackszutaten dienen Pilze, Paprika, Schinken, Kräuter, Walnüsse und viele andere Zutaten. Zwischenschichten oder Umhüllungen mit Zutaten ergeben oft einen aparten Gegensatz von mildem Schmelz und pikantem Aroma. Schmelzkäse wurde gezielt erfunden, um eine Käsezubereitung problemlos zu konservieren und zu transportieren.

In den ersten Jahren des 20. Jahrhunderts, bevor es Schmelzkäse gab, behandelte man Holländer Käse schon mit Wärme und machte sie in Blechdosen tropenfest. Etwa zur gleichen Zeit hatte sich der Kieler Chemiker Hermann Laessig beim Kieler Patentamt ein Verfahren zur Herstellung von Schmelzkäse ohne Einsatz von Schmelzsalzen patentieren lassen. Er brachte Magerkäse mit Butter und Vollmilch bei mäßiger Wärme zum Schmelzen, füllte die Masse in Formen und ließ sie erstarren. Einige Jahre später kamen auch die Schweizer Walter Gerber und Fritz Stettler aus Thun auf die Idee, einen Emmentaler mit Hitze haltbar zu machen. Sie brachten 1911 einen Emmentaler Schachtelkäse auf den Markt, den sie mithilfe von Schmelzsalzen (damals waren das Salze der Zitronensäure) herstellten. Wenige Jahre später stellte der deutschstämmige Amerikaner J. L. Kraft mit Monophosphaten als Schmelzsalzen einen Cheddar-Schmelzkäse her. Ab diesem Zeitpunkt begann der Siegeszug des Schmelzkäses um die ganze Welt.

Für die Käsemasse wird junger und gereifter Käse fein zermahlen. Die Masse wird heute mit Natriumphosphaten oder anderen Schmelzsalzen (Polyphosphate) unter hohem Druck bei einer Temperatur von 120 °C erhitzt und verflüssigt. Die geschmolzene Masse wird in Formen gefüllt und erstarrt beim Abkühlen. Die Hitzebehandlung und der Zusatz von Schmelzsalzen macht Schmelzkäse physikalisch, chemisch und bakteriologisch stabil. Als Rohstoffe für die Verarbeitung kommen meist Käse aus Überproduktion oder solche, die wegen kleiner Schönheitsfehler nicht in den Verkauf gelangen, zum Einsatz. Schmelzkäse ist ein hochwertiges Fertigprodukt, das hitzestabil bleibt und selbst tropische Temperaturen gut übersteht.

MOLKE- UND ZIEGERKÄSE

Für Molkekäse entzieht man der Molke das Wasser und setzt ihr Sahne, Butter oder auch frische Milch hinzu. Unter Molkeneiweißkäse (Ziegerkäse) versteht man eine quarkähnliche Masse, die durch Säuern und Erhitzen von Molke oder Magermilch oder einem Gemisch daraus gewonnen wird. In Molken- und Ziegerkäse sind alle ernährungsrelevanten hochwertigen Molkeneiweiße der Milch enthalten. In Schweden gibt es eine alte Tradition für Molkenkäse aus Ziegenmilch (Gjetost), ebenso in Norwegen. Andere bekannte Molkekäse kommen aus Italien (Ricotta), aus Korsika (Brocciou) oder aus Griechenland (Manouri). In der Schweiz kennt man bereits seit dem 13. Jahrhundert den Schabziger.

SCHAFSKÄSE

Einige der berühmtesten und beliebtesten Käse bestehen aus Schafsmilch, genannt seien der französische Roquefort, der italienische Pecorino und der griechische Feta. Die sahnige Schafsmilch, fast doppelt so fett wie Kuhmilch, eignet sich ganz ausgezeichnet zum Käsen. Käse aus Schafsmilch kommt zum großen Teil aus heißen und trockenen Regionen.

Die Herstellung von Schafskäse ist im Grundsatz vergleichbar mit der von Kuhmilchkäse. Schafsmilch wird aber im Gegensatz zur Kuhmilch immer als Vollmilch verarbeitet. Oft mischt man Schafs- mit Kuh- oder auch Ziegenmilch. Die Zugabe von Kuhmilch dient in erster Linie dazu, die knappe und nur zu bestimmten Zeiten zur

Verfügung stehende Schafsmilch ergiebiger zu machen, die Zugabe von Ziegenmilch verfeinert den Geschmack. Wegen des höheren Milchzuckergehaltes sind Schafsmilchkäse immer etwas säurebetonter im Geschmack als zum Beispiel Kuhmilchkäse. Während der Laktationszeit der Schafe lässt sich Schafskäse auch als Frisch- und Weichkäse genießen. Um jedoch auch in der übrigen Zeit Schafskäse zur Verfügung zu haben, wird ein Teil der Milch zu lange haltbarem Hartkäse verarbeitet.

ZIEGENKÄSE

Wie Schafsmilch wird auch Ziegenmilch vor dem Käsen nicht entrahmt und manchmal aus Geschmacksgründen mit Schafs- oder Kuhmilch gemischt. In Frankreich, wo ja einige der bekanntesten Ziegenkäsespezialitäten her stammen, nennt man solche mit Schafs- oder Kuhmilch gemischten Ziegenkäse, »mi-chèvre«. Dann sind sie zur Hälfte aus Ziegenmilch erzeugt. Käse aus reiner Ziegenmilch heißen dagegen »chèvre«. Das typische Aroma von Ziegenkäse kommt von spezifischen Fettsäuren, die einige Zeit nach dem Melken entstehen. Ganz frisch verarbeitete Ziegenmilch schmeckt neutral, entsprechend dezent ist der Käsegeschmack. Der typisch »bockelnde« Geschmack von Ziegenkäse gehört dank moderner Verarbeitungsmöglichkeiten der Vergangenheit an.

In der Herstellung unterscheidet sich Ziegenkäse nicht wesentlich von seinen Verwandten aus Kuhmilch. Weil die geronnene Ziegenmilch weicher ist, muss die Käserei besonders vorsichtig gehandhabt werden. Der zarte Käsebruch ist auch der Grund dafür, dass Ziegenkäse meist kleinformatig hergestellt werden und eine sehr cremige Konsistenz besitzen.

Die Milch der Ziegen wird mit Milchsäurebakterien und/oder mit Lab zum Gerinnen gebracht, die Molke wird abgetrennt und der Bruch geschnitten. Nach dem Abtropfen erhält man so Frischkäse mit mildem, feinsäuerlichem Charakter. Soll der Käse weiterreifen, wird er mit Salzlösung eingerieben und gelagert. Manchen Käsesorten werden spezielle Schimmelpilzkultuen zugesetzt. Die Reifezeit, die ein bis zwei Wochen aber auch mehrere Monate dauern kann, richtet sich nach der Größe des späteren Käses und dem gewünschten Aroma. Je länger der Käse reift, desto pikanter das Aroma.

Ein besonderes Affinierungsverfahren beim Ziegenkäse ist das Bestreuen mit Asche. Oft stammt die Asche aus dem verbrannten Holz von Rebstöcken. Die Asche wird mit etwas Salz vermischt und über den Käse gestreut. So werden Feuchtigkeit kompensiert und die Rindenbildung begünstigt. Asche auf der Rinde des Ziegenkäses ist völlig unbedenklich. Manchmal wickelt man Ziegenkäse auch in Blätter ein oder legt sie in würziges Olivenöl.

ROHMILCHKÄSE

Käseliebhaber schwören auf Rohmilchkäse, denn nur diese zeigen den ganzen Charakter der Milch. Zur Herstellung wird naturbelassene Milch verwendet, die weder pasteurisiert noch entrahmt oder homogenisiert, sondern so, wie sie gemolken wurde, zu Käse verarbeitet wird. Die Milch für Rohmilchkäse darf nicht über 40 °C erhitzt werden, denn nur so bleibt die natürliche Bakterienflora erhalten. Diese Bakterienflora der Milch ändert sich je nach Jahreszeit, Mikroklima und Futter der Tiere und ist verantwortlich für den typischen Geschmack des jeweiligen Käses. Die Milch der Tiere, die sich von frischen Gräsern im Frühjahr und Sommer auf der Weide ernähren, schmeckt anders als jene, die das Vieh im Stall liefert, wenn es von

Heu und Silofutter ernährt wird. Für viele Rohmilchspezialitäten wird die Milch von ganz bestimmten Milchtierrassen verwendet. Bei Bergkäse sind das besonders robuste Kuhrassen, die sich dem Gebirgsklima gut anpassen. Die Milch hat deshalb eine höhere bakteriologische und physiochemische Qualität, der Milchertrag ist jedoch wesentlich geringer.

Die Auflagen zur Herstellung von Rohmilchkäse gehören zu den strengsten, die in der Käserei denkbar sind. Es bedarf hier eines besonderen Augenmerks auf Hygiene sowie auf die Haltung und Gesundheit der Tiere. Milch für Rohmilchkäse wird täglich bei den Bauern eingesammelt, in manchen Gebieten bringt der Bauer sogar morgens und abends die Milch in die Käserei. Käserei und Affinage erfolgen bei der Herstellung von Rohmilchkäse in der Regel nach alten handwerklichen Methoden.

BIOKÄSE

Hersteller von Biokäse verzichten auf viele in der konventionellen Käseproduktion übliche Zusatz- und Hilfsstoffe. So wird zum Beispiel die Rinde nicht mit Konservierungsstoffen behandelt. Neben Biomilch stammen auch andere Zutaten wie Kräuter und Gewürze aus biologischem Anbau. Die verwendeten Kulturen, Enzyme und Zutaten dürfen nachweislich nicht gentechnisch verändert worden sein.

UMGANG MIT KÄSE

Käse ist gesund

Käse schmeckt nicht nur gut, er tut auch unserer Gesundheit gut. Als wahres Multitalent unter den Nahrungsmitteln enthält es hochwertiges Eiweiß und leicht verdauliches Fett. Während der Käse reift, wird Milchzucker (Laktose) abgebaut, was zur Folge hat, dass die meisten Käsesorten praktisch keine Kohlehydrate enthalten. Deshalb vertragen auch die Menschen, die unter Milchzuckerunverträglichkeit leiden, die meisten Käsesorten ohne Probleme. Käse liefert viele lebenswichtige Vitamine und Mineralstoffe, denn in jedem Stück Käse stecken die Inhaltsstoffe der Milch in konzentrierter Form. Dies gilt besonders für Hartkäse, denn wegen des geringen Wassergehaltes ist die Nährstoffkonzentration höher als bei Frischkäse mit einem höheren Wassergehalt.

HOCHWERTIGES EIWEISS

Milch- und Käseeiweiß besitzen eine hohe biologische Wertigkeit und enthalten viele essenzielle Aminosäuren (Eiweißbausteine). Milcheiweiß erhöht gleichzeitig die biologische Wertigkeit anderer Nahrungseiweiße, zum Beispiel die aus Brot oder Kartoffeln. Ein Käsebrot oder ein Käse-Kartoffel-Auflauf liefern so essenzielle Aminosäuren in optimaler Ergänzung.

FETT ALS GESCHMACKSTRÄGER

Das in Milch und Milchprodukten enthaltene Milchfett ist besonders leicht verdaulich, wird schnell im Darm aufgenommen und enthält zudem noch die fettlöslichen Vitamine A, D und E. Viele Aromastoffe die die verschiedenen Käsesorten so charakteristisch machen, sind fettlöslich. Aus den Fettsäuren entstehen während der Reifung des Käses Aromastoffe, deshalb ist Fett im Käse ein wichtiger Geschmacksträger.

LEBENSWICHTIGE MINERALSTOFFE UND VITAMINE

Kalzium, unverzichtbar für den Aufbau und Erhalt von Knochen und Zähnen, ist von allen im Käse enthaltenen Mineralstoffen der wichtigste. Kalzium wird auch in vielen Stoffwechselprozessen benötigt und hat bei der Vorbeugung der Osteoporose große Bedeutung. In keinem anderen Lebensmittel ist Kalzium so reichlich und in so gut verwertbarer Form enthalten wie in Milch und Milchprodukten und natürlich in Käse. Mit dem Verzehr von 100 g Schnitt- oder Hartkäse täglich kann ein Erwachsener seinen Tagesbedarf an Kalzium decken.

Milch und Käse zählen zu den magnesiumreichen Lebensmitteln. Magnesium erfüllt lebenswichtige Aufgaben bei der Muskelarbeit und beim Zusammenspiel von Nerven und Muskeln.

Vitamin A ist besonders wichtig für die Augen, aber auch für die Funktionsfähigkeit der Schleimhäute und für ein normales Wachstum. Käse liefert sowohl Vitamin A als auch die Vorstufe Betacarotin, die im Körper in Vitamin A umgewandelt wird. Die ebenfalls im Käse enthaltenen B-Vitamine sind sogenannte Zell-Vitamine. Sie helfen dem Körper bei der Energiegewinnung aus Eiweiß, Fett und Kohlehydraten, bei der Blutbildung und dem Aufbau körpereigener Stoffe.

Kinder mögen's mild

Für heranwachsende Kinder ist eine ausreichende Kalziumversorgung besonders wichtig. Von diesem lebenswichtigen Nährstoff steckt jede Menge in den von Kindern geliebten Sorten Allgäuer Emmentaler, Gouda, Edamer und Butterkäse. Schon 100 g Käse dieser Art decken den Tagesbedarf eines Schulkindes. Was der Mensch gern isst, entscheidet sich schon im Kindergartenalter. Das haben Wissenschaftler der Universität Dijon herausgefunden. Um Kinder auf den Geschmack des urgesunden Lebensmittels Käse zu bringen, sollten Eltern deshalb frühzeitig mit ihren Sprösslingen „üben". Dabei ist es wichtig, das Kind nicht mit zu geschmacksintensiven Sorten zu überfordern. Ideal für den Einstieg sind milde Käsesorten vom Butterkäse- und Goudatyp, aber auch Frischkäse und Schmelzkäse sind beliebte Brotaufstriche. Kinder mögen von Natur aus gern weiche Nahrungsmittel, die sich leicht kauen lassen. Käse ist auch in solchen Gerichten zu finden, für die alle Kinder der Welt zu haben sind: Pizza, Cheeseburger oder Spaghetti mit geriebenem Käse. Was Kinder mit den Händen essen dürfen, schmeckt natürlich besonders gut. Deshalb sind Käsespieße, Mozzarella-Sticks oder panierte und gebratene Emmentaler-Scheiben ideal, um Kinder spielerisch an Käse heranzuführen.

Käsekauf ist Vertrauenssache

Um Käse wirklich genießen zu können, muss die Qualität stimmen. Bei der Vielzahl an Käsesorten und Marken ist es aber immer schwieriger, sich im Angebot zurechtzufinden. Deshalb sollte man in erster Linie auf den Fachmann vertrauen, denn Käseeinkauf ist Vertrauenssache. Eine kompetente Beratung ist vor allem bei internationalen und seltenen Käsespezialitäten wichtig. Der Käsefachmann im Fachgeschäft oder Feinkostladen kennt sein Sortiment und weiß, aus welcher Käserei die Käse kommen. Er verkauft Ihnen den gewünschten Käse im optimalen Reifezustand und berät Sie bei der Auswahl. Gut sortierte Käsetheken mit fachlicher Beratung sind aber durchaus auch in anspruchsvollen Fachabteilungen mancher Supermärkte zu finden. Hier finden Sie in erster Linie die gängigsten Sorten und können vor der Kaufentscheidung den einen oder anderen Käse probieren. In den Kühlregalen der großen Supermärkte ist die Auswahl begrenzt. Weil ein normaler Supermarkt aus Personalgründen gar keine eigene Käsefachberatung stellen kann, greift man hier auf vorverpackte Ware aus meist industrieller Herstellung zurück.

Eine kompetente Beratung ist besonders bei internationalen Käsen wichtig.

Gut sortierte Käsetheken sind auch in manchen Supermärkten zu finden.

Käsequalität beurteilen

Doch mit Augen, Nase, Ohr, Tastsinn und Gaumen kann auch ein „normaler" Käseliebhaber die Qualität eines Käses beurteilen. Dabei stehen Kriterien wie Aroma, Teigqualität, Reifegrad und Rinde im Vordergrund.

SEHEN

Das Äußere des Käses verrät schon einiges über seine inneren Werte. Die Form sollte regelmäßig sein, Oberfläche und Seiten sollten eben, also weder eingefallen noch aufgebläht sein. Die Rinde sollte keine Risse und Falten aufweisen, sondern geschlossen den ganzen Käse umgeben. Dies ist ein Hinweis auf sorgfältige Herstellung. Beim Käse mit Oberflächenschimmel sollte die Schimmelflora gleichmäßig über den ganzen Käse verteilt sein. Die Farbe des Oberflächenschimmels kann von Schneeweiß bis Creme über Ockergelb variieren, je nach Sorte und Reifezustand des Käses. Auf keinen Fall aber sollte sie von den für den jeweiligen Käse üblichen Farben abweichen. Der Käseteig sollte auch an der Schnittfläche die charakteristische Konsistenz der Käsesorte aufweisen.

Der Käsefachmann kennt sein Sortiment und berät gern bei der Auswahl.

Das Äußere des Käses verrät schon einiges über seine inneren Werte.

HÖREN UND FÜHLEN

Die Qualität eines Käses lässt sich auch mit dem Gehör feststellen. Zugegebenermaßen bedarf es dafür einiger Übung. Kennt man einmal den charakteristischen Ton, der beim Klopfen mit der Faust, dem Finger oder einem Hämmerchen auf die Rinde eines relativ harten, ideal gereiften und sorgfältig hergestellten Käses hörbar ist, dann hat man bei der Prüfung des nächsten Käses einen Vergleich. Ein dumpfer Ton deutet auf zu große Hohlräume im Käse hin. Bei einem matten Ton ist der Käseteig vermutlich zu kompakt geraten. Beim Weichkäse kann man sehr gut per Fingerdruck auf die Rinde die Elastizität des Teiges und den Reifezustand prüfen. Je mehr die Rinde dem Druck nachgibt, umso reifer ist der Käse, je mehr sie zurückfedert, umso frischer ist er.

RIECHEN UND SCHMECKEN

Nase und Gaumen verraten Ihnen viel über Geschmack und Aroma des Käses. Für diese Beurteilung darf der Käse auf keinen Fall zu kalt sein, denn sonst haben sich die Aromen noch nicht entfaltet. Am besten machen Sie diese Probe ein bis zwei Stunden nachdem Sie den Käse aus dem Kühlschrank genommen haben. Beim Käse unterscheidet man zwischen angenehmen, klaren, frischen, süßlichen, und säuerlichen Aromen, bei manchen Käsesorten sind aber auch schimmlige, grasige oder ammoniakartige Aromen charakteristisch. So verschieden die charakteristischen Aromen sein mögen, das Aroma der verwendeten Milch muss immer wahrnehmbar sein, denn jede Milchart, sei es von der Kuh, dem Schaf oder der Ziege, hat ihr eigenes Aroma. Durch die Geschmacksknospen auf der Zunge lassen sich die Grundrichtungen süßlich, milchsäuerlich, salzig und bitter wahrnehmen. Die verschiedenen Geschmacks- und Aromakomponenten des Käses vereinen sich erst im Gaumen und auf der Zunge durch den Duft, die Aromen und den Geschmack zu einem komplexen Genusserlebnis.

EU SCHÜTZT REGIONALE SPEZIALITÄTEN

Beim Einkauf von Käsespezialitäten aus anderen Ländern sind Güte- und Qualitätssiegel eine große Hilfe. Viele europäische Käsespezialitäten gehören zum exklusiven Kreis der EU-weit geschützten Lebensmittel. Je nach Eigenschaft können regionale Produkte als »geschützte Ursprungsbezeichnung«, »geschützte geographische Angabe« oder »garantiert traditionelle Spezialität« im Register der EU eingetragen und damit vor Nachahmung geschützt werden. Insgesamt sind rund 750 Lebensmittel und Agrarerzeugnisse aus 21 EU-Staaten geschützt. Die Palette reicht von Käse, Fleisch und Fleischerzeugnissen, Fisch und Schalentieren über Obst, Gemüse, Oliven, Essig und Öl bis hin zu feinen Backwaren und Bier. In Frankreich genießen allein 44 Käsesorten den Herkunftsschutz der EU, in Italien sind es 33, in Spanien 19 Sorten, um nur einige traditionelle Käseländer zu nennen. Käse, die einen Herkunftsschutz genießen, sind in den einzelnen Länderkapiteln deutlich gekennzeichnet.

Das Produkt muss in der genannten Region erzeugt, verarbeitet und hergestellt werden. Die verwendeten Rohstoffe müssen aus der Region stammen.

Das Produkt wird entweder in der betreffenden Region erzeugt und/oder hergestellt und/oder verarbeitet. Die Rohstoffe müssen nicht aus der Region stammen.

Produkte müssen aus traditionellen Rohstoffen, nach traditioneller Zusammensetzung oder traditioneller Herstellungs- bzw. Verarbeitungsmethode produziert werden.

Mit dem Schutz will die EU-Kommission dem Verbraucher eine Orientierungshilfe geben. »Angesichts der Vielfalt der im Handel befindlichen Erzeugnisse sollte dem Verbraucher eine klar und knapp formulierte Auskunft über die Herkunft gegeben werden, damit er die beste Wahl treffen kann«, heißt es aus Brüssel. Mit der geografischen Angabe und Ursprungsbezeichnung wird also kenntlich gemacht, dass ein Produkt aus einem bestimmten Gebiet stammt und ein Zusammenhang zwischen der Qualität, dem Renommee oder den Besonderheiten des Erzeugnisses und seinem geografischen Ursprung besteht. Viele der EU-weit geschützten Produkte werden nach traditioneller Rezeptur hergestellt. Neben der Rezeptur können aber auch klimatische und geografische Eigenarten der Region den Geschmack der Produkte auf besondere Weise prägen. Der charakteristische Geschmack, die besondere Herstellung und eine lange Tradition machen jedes Lebensmittel mit Herkunftsschutz zum kulinarischen Erlebnis.

Wie man Käse am besten aufbewahrt

Käse ist ein lebendiges Naturprodukt, das ab dem Tag der Herstellung kontinuierlich weiterreift. Käse mag es kühl, aber nicht kalt. Käsefett ist lichtempfindlich, bei Lichteinwirkung verändert Käse seinen Geschmack. Deshalb sollte man Käse immer vor Lichteinwirkung geschützt aufbewahren.

KÜHLUNG

Da die wenigsten Haushalte heutzutage über eine wohltemperierte Speisekammer oder einen ebensolchen Keller verfügen, wird der Käse zumeist im Kühlschrank aufbewahrt. Damit man das volle Käsearoma auch genießen kann, sollte der Käse mindestens eine Stunde vor dem Verzehr aus dem Kühlschrank genommen werden.

Feuchtigkeit bei der Lagerung kann die Qualität des Käses beeinflussen, ebenso wie wechselnde Temperaturen. Temperaturschwankungen führen zu einer nassen Oberfläche des Käses. Ist es zu warm, reift der Käse zu schnell weiter. Weil sich bei warmen Temperaturen mehr Bakterien bilden, kann Käse bei zu warmer Lagerung auch einen bitteren Geschmack annehmen. Aber auch zu viel Kälte kann den Käse bitter machen. Während der Lagerung muss der Käse vor dem Austrocknen geschützt werden. Eine Umgebungsfeuchtigkeit von 80–90 % ist für den Käse optimal. Generell eignet sich das Gemüsefach des Kühlschranks zur Aufbewahrung von Käse am besten. Verfügt man über einen kühlen, gut belüfteten Naturkeller oder eine ebensolche Speisekammer mit einer konstanten Temperatur von etwa 10 °C, sollte der Käse auf einem Lattenrost gelagert werden. Perfekt ist ein leicht mit Wein oder Salzwasser befeuchtetes Tuch, das auf einem Gestell über dem Käse ausgebreitet wird, ohne diesen zu berühren.

WEITERREIFEN

Bei Lagertemperaturen zwischen 3 ° und 9 °C erreicht ein Käse seinen Reifehöhepunkt am Ende der auf der Packung angegebenen Aufbrauchfrist. Weichkäse schmecken am besten, wenn sie gut durchgereift sind. Ab diesem Zeitpunkt halten sie sich allerdings nur noch wenige Tage. Bei zu kalter Lagerung wird der Reifeprozess unterbrochen. Frischkäse reift nicht weiter und soll auch möglichst frisch verzehrt werden. Deshalb liegt er am besten recht kühl unterhalb des Gefrierfachs bei etwa 2 °C. Leicht gereifte Frischkäse fühlen sich in der Mitte des Kühlschranks bei etwa 4–7 °C wohl. Auch Schmelzkäse verträgt eine kühle Lagerung sehr gut.

GUTER UND SCHLECHTER SCHIMMEL

Edelschimmel bei Käse, ob Oberflächen- oder Innenschimmel, sind harmlose Kulturschimmelpilze, die speziell für die Herstellung verschiedener Käsesorten gezüchtet werden. Die gesundheitsgefährdenden Lebensmittelschimmel, die bei zu langer und unsachgemäßer Lagerung von Obst, Gemüse oder Brot entstehen und auch noch an unsichtbaren Stellen des Lebensmittels vorhanden sind, kommen bei Milchprodukten selten vor. Unerwünschten wilden Schimmel bei Hart- oder Schnittkäse sollte man immer großzügig entfernen. Verschimmelte Frisch-, Weich- oder Schnittkäse gehören in den Abfalleimer.

Käsesorten mit Edelschimmel sollten stets getrennt eingepackt werden, damit sich die Pilzsporen nicht auf den anderen Käse übertragen. Werden verschiedene Käse zusammen in eine Folie gepackt, so kann der Schimmel auf den anderen Käse überspringen. Wird zum Beispiel ein Schnittkäse zusammen mit einem Weichkäse mit Oberflächenschimmel gelagert, kann der Schnittkäse an der rindenlosen Oberfläche mit Schimmel zuwachsen. Das passiert auch bei einem angeschnittenen Käse, wo der Oberflächenschimmel in die Schnittfläche des Käses hineinwachsen kann. Diese Ansteckung ist allerdings harmlos und beeinträchtigt den Geschmack nicht.

EINFRIEREN

Käse lässt sich zwar einfrieren, das sollte aber nur im Notfall und für kurze Zeit geschehen. Besser ist es, den Käse frisch an der Käsetheke zu besorgen. Die Kälte unterbricht den Reifeprozess und beeinträchtigt Geschmack und Aroma vor allem bei Weichkäse. Am wenigsten schadet das Einfrieren den Hartkäsen, weil sie am wenigsten Wasser enthalten. Es bilden sich weniger Eiskristalle, und die Struktur des Käses verändert sich nicht so stark; allerdings können sie durch den Kälteschock krümelig werden. Zum Einfrieren verpackt man das Käsestück einzeln in einen Gefrierbeutel und drückt soweit möglich die Luft heraus. Der Käse hält sich je nach Fett- und Wassergehalt (je mehr Fett- und Wassergehalt, umso kürzer) bis zu einem halben Jahr. Zum Auftauen lässt man das einzelne Käsestück möglichst im Kühlschrank über Nacht auftauen.

Luftdicht schließende Plastikdosen eignen sich zur Aufbewahrung von Käse.

Ein frisches Stück Tomate oder Apfel unter der Glocke sorgt für ausreichend Luftfeuchtigkeit.

Weichkäse mit Schmierebildung fühlen sich in ihrer Originalverpackung am wohlsten.

VERPACKEN

Am besten kauft man Käse am Stück. Ein Stück Käse mit Rinde trocknet nicht so schnell aus und hält sich viel besser als einzelne Scheiben. Bei einem angeschnittenen Käse ist es wichtig, die Schnittfläche vor dem Austrocknen zu schützen, ohne dabei dem ganzen Käse die Luft zum Atmen zu nehmen. Schnittkäse und halbfeste Schnittkäse werden in der Regel mit einer Wachs- und Paraffinschicht umhüllt, die sie vor dem Austrocknen schützen, es müssen also nur die Schnittflächen geschützt werden. Frische Schnittflächen am besten mit Alufolie (Blau-, Grün- und Weißschimmelkäse) oder atmungsaktiver Klarsichtfolie (Schnitt-, Hart- und Sauermilchkäse) abdecken. Für eine kurzfristige Lagerung sollte jede Käsesorte einzeln in Aluminium-, Klarsichtfolie oder in Käsepapier gewickelt werden. Die Klarsicht- oder Alufolie sticht man mit einer Nadel ein paarmal ein, damit die Luft besser zirkulieren kann. Weichkäse mit Schmierebildung und Sauermilchkäse fühlen sich in ihrer Originalverpackung am wohlsten, sollten nach Anbruch aber noch einmal in Folie oder beschichtetes Papier gewickelt werden.

Passiert es doch einmal, dass ein Käse durch unsachgemäße Lagerung »ins Schwitzen« geraten (Fetttröpfchen an der Oberfläche) oder zu trocken geworden ist: Die Tröpfchen lassen sich abwischen, und ein trockener Käse kann immer noch zum Reiben und Überbacken verwendet werden.

EMPFINDLICHE KÄSE

Die sensiblen Weichkäse brauchen »richtige« Verpackungen, denn sie haben keinen ureigenen Schutz. Darüber hinaus muss die Verpackung den weiteren Reifungsverlauf begünstigen. Weichkäse fühlt sich in papierkaschierter Aluminiumfolie, zusätzlich geschützt durch eine Holzspan- oder Kartonschachtel, besonders wohl. Der empfindliche Käse wird vor Druck geschützt und kann gleichzeitig atmen. Weichkäse, den man ohne Verpackung gekauft hat, wickelt man am besten in Käsepapier. Frischhaltefolie eignet sich nur für kurzfristige Lagerung, weil die Rinde darin schnell schmierig werden kann. Eine Möglichkeit ist es, die Frischhaltefolie mit einer Nadel einzustechen, damit die Luft zirkulieren kann, und dann in ein feuchtes Tuch zu packen. Denn feuchte Tücher schützen den Käse zwar vor dem Austrocknen, durch den direkten Kontakt der Feuchtigkeit mit dem Käse könnte die Rinde aber weich und schmierig werden.

»DUFTENDE« KÄSE

So mancher Weichkäse verströmt ein duftiges Aroma, das alle anderen Lebensmittel im Kühlschrank »erschlägt«. Deshalb sollten die »Stinker« in einer luftdichten Frischhaltebox von den anderen Lebensmitteln getrennt aufbewahrt werden. Eine andere Möglichkeit ist es, den stark duftenden Käse in einen Plastikbeutel zu geben, diesen wie einen Luftballon mit Luft aufzublasen und ihn mit einem Gummiring zu verschließen. So verpackt, ist schnelles Aufbrauchen angesagt, weil sich hier schnell schädlicher Schimmel bilden kann. Generell sollte man milde Sorten von stark duftenden Sorten getrennt aufbewahren. Mehrere Schnitt- oder Hartkäsesorten können dagegen problemlos in derselben Box lagern.

PLASTIKDOSEN

Auch luftdicht schließende Plastikdosen eignen sich zur Aufbewahrung von Käse. Weil sich am Deckel Kondenswasser sammeln kann, sollte auch in einer Plastikdose der Käse in Papier gewickelt sein, damit das Kondenswasser nicht auf den Käse tropft. Soll der Käse mehrere Tage lang aufbewahrt werden, sind spezielle Plastikdosen mit regelbaren Lüftungsschlitzen besser geeignet.

KÄSEGLOCKE

Die Käseglocke eignet sich besonders für Käse, den man bald aufisst oder der bei Zimmertemperatur noch etwas reifen soll. Ein frisches Tomatenviertel oder ein Stück Apfel unter der Glocke sorgen außerdem für ausreichende Luftfeuchtigkeit. Soll der Käse länger unter der Glocke bleiben, müssen die einzelnen Sorten aber wieder getrennt verpackt werden.

Teilen und portionieren

Käse haben die unterschiedlichsten Formen und Größen. Sie sind klein und zylinderförmig, flach und rund wie eine große Torte, manchmal nur talergroß, es gibt sie als Rolle, als Block, als flache mittelgroße Laibe, als Quader und Viereck und als wagenradgroße, zentnerschwere Laibe. Mit der richtigen Schnitttechnik kann nicht nur unnötiger Abfall vermieden werden; schön geschnittene Käsestücke sehen einfach auch appetitlicher aus. Und das Auge isst schließlich mit.

Schmelzkäseecken zerteilt man mitsamt der Folie, ohne die Unterseite zu durchschneiden. Runde und viereckige Weichkäse schneidet man in kleine Stücke wie eine Torte. Edelpilzkäse wird ebenfalls in Tortenstücke zerteilt, hohe zylindrische Käse teilt man vorher eventuell in der Mitte in zwei Hälften. Kleine, flache Käse teilt man am besten in zwei Hälften. Stangen, Rollen und lange, schmale Blöcke werden in dicke Einzelscheiben zerteilt. Eine Kugelform schneidet man am besten in Viertel. Abgerundete große Laibe werden erst in der Mitte durchgeschnitten, dann teilt man ein halbes sechseckiges Stück aus der Mitte ab und schneidet bis zu diesem Stück dicke Scheiben heraus. Große Hartkäse teilt man in Viertel, die anschließend in dicke Scheiben zerteilt werden. Einen großen Quader teilt man am besten in Blöcke, einen rechteckigen Käse in Würfel.

GERÄTSCHAFTEN ZUM ZERTEILEN

Die verschiedenen Käsesorten verlangen eine individuelle Behandlung. Zwar lassen sich im Prinzip alle Käse irgendwie mit einem Messer zerteilen, je nach Konsistenz der Lieblingskäse sollte man sich aber vielleicht doch das eine oder andere spezielle Schneidewerkzeug gönnen. Im Folgenden stellen wir eine Auswahl vor.

Extrahartkäse werden am besten gebrochen, nicht geschnitten. Dazu setzt man ein kleines, kurzes, mandelförmiges Hartkäsemesser mit der Spitze an den Käse an und hebelt schräg nach unten größere Stücke ab. Auch die servierbereiten kleineren Stücke werden auf diese Art gebrochen.

Der frei bewegliche Käsedraht dient zum Teilen größerer Käse. Bei Schnitt- und Hartkäse ritzt man die Rinde an der Stelle, wo der Käse zerteilt werden soll, vorher ein, damit der Draht leicht durch den Käseteig gleiten kann. Der Käsedraht sollte zügig durch den Käse geführt werden, damit sich keine »Stufen« an der Schnittfläche bilden. Ein Draht eignet sich auch sehr gut für das Zerteilen von halbfestem Schnittkäse mit Innenschimmel, der oft leicht bröckelig ist. Da diese Käse meist etwas klebrig in der Teigbeschaffenheit sind, empfiehlt es sich, sie direkt nach dem Herausnehmen aus dem Kühlschrank zu zerteilen. Je wärmer und damit weicher der Käse wird, umso schwieriger ist es, die Stücke nach dem Schneiden voneinander zu trennen. Mit der Käseharfe oder dem Käsebogen lassen sich gleichmäßige Scheiben von halbfestem Edelschimmelkäse, gerolltem Frischkäse oder Weichkäse glatt abschneiden. Hier ist der Draht in einer Halterung fixiert. Ein Käsespaten liegt mit seinem festen Griff gut in der Hand, hat eine breite, scharfe Klinge und ist recht stabil, allerdings besitzt er nur eine begrenzte Schnittbreite. Größere Stücke nicht zu festen Hartkäses und fester Schnittkäse lassen sich damit problemlos zerteilen. Käse schneiden kann man natürlich auch mit einem Messer. Um größere Stücke vom Hart- und Schnittkäse abzuteilen, nimmt man am besten ein stabiles Käsemesser mit einer breiten Klinge. Die Klinge ist häufig graviert, damit der Käse nicht daran kleben bleibt. Für kleinere Käsestücke und zum Schneiden von Weichkäse ist ein Weichkäsemesser mit zweizackiger Spitze gut geeignet. Mit dem Zweizack kann man das Käsestück direkt auf die Servierplatte geben. Damit sich das Käsestück gut von der Klinge löst, hat diese meist einen Wellenschliff. Stumpfe Messer eignen sich zum Schneiden von Käse übrigens viel besser als scharfe. Wenn man das Messer leicht anwärmt, beispielsweise kurz in heißes Wasser legt, gleitet die Klinge durch den Käse wie durch Butter. Der Käsehobel eignet sich vor allem zum Abziehen dünner Streifen von Hart- oder Schnittkäseblöcken, auch die Rinde lässt sich mit einem Käsehobel mühelos abhobeln. Ein spezielles Schneidegerät ist die sogenannte Girolle, mit der man einen zylinderförmigen Hartkäse durch ein rotierendes Messer hauchdünn abschaben kann. Der Käse bildet dann kleine Rosetten, die äußerst dekorativ auf der Käseplatte wirken.

Die Käsereibe eignet sich gut für fettarme Hartkäse und Extrahartkäse. Der fein geriebene Käse lässt sich ideal über Suppen, Soßen und Nudelgerichte streuen. Für feste Schnittkäse eignen sich Käsereiben mit kleiner gerader Lochung. Beim Reiben erhält man feine Käsestreifen. Für halbfeste Schnittkäse sind Reiben mit grober Lochung besser, die grobe Streifen ergeben. Sowohl die feinen als auch die gröberen Käsestreifen eignen sich gut zum Überbacken von Gerichten und als Zutat für Salate. Zum Reiben oder Raspeln von Käsestücken eignen sich auch die diversen Käsemühlen, die es mit verschiedenen Einsätzen und auch mit Elektromotor gibt.

Rechts: Je nach Konsistenz der Lieblingskäse sollte man sich spezielles Schneidewerkzeug gönnen.

Unten: Die verschiedenen Käsesorten verlangen nach einer individuellen Behandlung.

Käse servieren und genießen

Käse schmeckt überall und zu jeder Tageszeit. Von der einfachen Käsestulle bis zum großen Auftritt am Büfett – Käse passt sich an unsere Wünsche an wie kaum ein anderes Lebensmittel.

MIT ODER OHNE RINDE?

Den reinen, sortentypischen Käsegeschmack erlebt man nur dann, wenn man die Rinde entfernt. Die Rinde wird zum Teil mit Salzlake, Wein, Bier oder anderen Zutaten gewaschen, sie wird gebürstet und behandelt. In mancher Rinde können sich Gär- und Bitterstoffe sammeln, die während der Reifung entstehen. Deshalb hat die Rinde des Käses oft einen sehr herben, intensiven und nicht immer angenehmen Geschmack. Abgesehen von jungem Weißschimmelkäse, Frischkäse oder jungem Ziegenkäse sollte man die Rinde abschneiden. Die Rinde schützt den Käse vor dem Austrocknen, ist also eigentlich eine Art Verpackung, wenn auch eine natürliche. Bei nicht biologisch hergestelltem Käse enthält die Rinde von Hart- und Schnittkäse oft auch Spuren von Natamycin, ein auf der Oberfläche aufgetragener Konservierungsstoff, der vor Schimmelbefall schützen soll.

Manchen Käse löffelt man …

… anderen genießt man auf Brot …

DIE KÄSEPLATTE

Sie ist Höhepunkt beim Büfett und Abschluss eines festlichen Menüs – die Käseplatte. Ob rustikal angerichtet mit ganzen Käsestücken oder edel dekoriert, wichtig ist die richtige Auswahl. Die Käsesorten sollten immer auf einem Material serviert werden, das den Geschmack des Käses nicht beeinflusst, wie Holz, Marmor, Glas, Porzellan oder Kunststoff. Die Produkte sollten bereits ausgepackt und zerteilt auf der Platte liegen. Damit der Käse dann auch wirklich mundet, muss er den richtigen Reifegrad und die richtige Temperatur zwischen 16–18 °C haben, damit er sein Aroma wirklich voll entfalten kann.

Eine Käseplatte sollte eine Auswahl bieten, deshalb ist es gut, verschiedene Geschmacksrichtungen und Teigkonsistenzen zusammenzustellen. Für eine kleine Platte reicht eine Auswahl von vier bis fünf Käsesorten. Eine klassische Zusammenstellung berücksichtigt die verschiedenen Geschmackvorlieben. Hart- und Schnittkäse Weichkäse mit Außenschimmel, ein Blauschimmel-, Frisch- und Rotkulturkäse gehören auf jeden Fall in die Auswahl. Reizvoll kann eine Zusammenstellung von verschiedenen Sorten und Formen einer Käsefamilie sein. Für fortgeschrittene Käsekenner sind wenige Sorten in verschiedenen Reifestufen ein besonderes Erlebnis. Pro Person rechnet man mit 150–200 g Käse, wird der Käse als Dessert

… anderer verfeinert raffiniert edle Speisen.

Kaum ein Lebensmittel bietet so vielzählige Genussmöglichkeiten.

gereicht, genügen 80–100 g. Ratsam ist es, mehrere Käsemesser zur Platte zu legen, eines für Weißschimmelkäse, eines für Rotkulturkäse und eines für Blauschimmelkäse.

DER KÄSETELLER UND DIE KÄSEUHR

Beim Käse sollte man daran denken, ihn in der richtigen Reihenfolge zu genießen. Deshalb ordnet man die Käse auf dem Teller am besten im Uhrzeigersinn an, und zwar angefangen vom mildesten bis hin zum kräftigsten und pikantesten. Beginnt man beim Essen mit dem kräftigsten Käse auf der Platte, sind die Geschmacksnerven für einen zarten Brie danach bereits ruiniert.

Als Grundregel gilt die logische Abfolge hinsichtlich der Geschmacksnerven, die auch für ein Menü gilt. Von leicht nach schwer, von mild nach pikant. Der vorherige Käse sollte den nachfolgenden auf keinen Fall »erschlagen«, sondern noch eine Steigerung ermöglichen.

Am besten beginnt man mit einem frischen, milden, leicht säuerlichen Käse. Ob der Käse dabei aus Kuh-, Schafs- oder Ziegenmilch ist, spielt keine Rolle. Danach folgen dezent schmeckende Schnittkäse aus Kuh- und Schafsmilch, dann leichte, fruchtige Weichkäse mit Außenschimmel. Im Anschluss sollten gereifte Ziegenkäse ihren Platz finden, dann die Weichkäse mit gewaschener Rinde und ihrem recht ausgeprägten Aroma. Erst dann sollten die etwas kräftigeren und würzigeren Käse mit Rotschmierkulturen folgen. Zum Schluss kommen die pikanten Blauschimmel- oder Grünschimmelkäse. Hartkäse bilden eine Ausnahme, je nach Reifegrad kann man sie bereits zum Aperitif essen oder auch nach den Edelschimmelkäsen. Junge Hartkäse kommen in der Abfolge früher als monate- oder gar jahrelang gereifte Sorten. Auf dem Teller werden die Käsestücke mit den Spitzen nach außen angerichtet, das erleichtert das Abschneiden der Rinde. Doch wann wird denn nun der Käse gereicht, vor oder nach dem Dessert? Laut Knigge ist beides möglich und richtig, die Reihenfolge orientiert sich am Hauptgang. In der klassischen französischen Menüfolge kommt der Käse vor dem Dessert.

Was zum Käse reichen?

BROT UND BUTTER

Natürlich gehört zum Käse Brot. Käsespezialitäten entfalten ihren Geschmack besonders gut, wenn sie mit Brotsorten ohne starken Eigengeschmack gereicht werden. Dies ist zum Beispiel bei Stangenweißbrot oder anderem Weizen- und Weizenmischgebäck der Fall. Falls Sie experimentierfreudig sind, hier einige Vorschläge für Brot-Käse-Kombinationen, die es auszuprobieren lohnt. Ist der Teig leicht salzig, wie es oft beim Weichkäse mit Weißschimmelrinde der Fall ist, passt auch gut Misch- oder Nussbrot. Kräftiger aromatischer Käse mit gewaschener Rinde verträgt sich zum Beispiel gut mit Vollkornbrot, ein feinwürziger Weichkäse aus derselben Familie schmeckt gut mit Zwiebelbrot. Hartkäse oder Edelschimmelkäse sind gute Partner für kräftiges Roggenbrot. Ein reifer Ziegenkäse bildet mit Nussbrot ein gutes Gespann, und Olivenbrot schmeckt zu einem aromatischen Bergkäse sehr gut. Kräftiges, dunkles Brot harmoniert mit einem gereiften Cheddar.

Ob man zum Käse noch Butter essen möchte, ist persönliche Geschmackssache. Bei Schafs- und Ziegenkäse sollte man zuerst vorsichtig testen, ob er mit der Butter zusammenpasst, denn deren Fettaufbau unterscheidet sich von dem der Butter aus Kuhmilch.

GEMÜSE UND OBST

Säurehaltige Früchte, Obst oder Nüsse vertragen milde Käsesorten besser als aromatische. Am besten ist es aber, das Obst nach dem Käse zu essen, weil es eiweißabbauende Enzyme enthält und den Käse verträglicher macht. Sauer eingelegte Gemüse wie Cornichons, Oliven oder Perlzwiebeln brauchen einen kräftigen Käse als Gegenpart. Herzhafte frische Tomaten, Frühlingszwiebeln oder Radieschen passen zu fast allen Käsesorten. Süße Früchte sind eine interessante Beilage zu pikantem Edelpilzkäse.

PIKANTE KONFITÜREN UND CHUTNEYS

Pikante Konfitüren, von denen es eine große Auswahl in Feinkostgeschäften gibt, sind eine tolle Beilage zum Käse. Sie bestehen aus grünen oder roten Tomaten, aus Kürbis, aus roten Zwiebeln, aus Quitten, Traubenmost oder Feigen und werden mit Zucker und Gewürzen (bei Chutneys auch mit einem guten Weinessig), manchmal auch mit Nüssen eingekocht. Lohnenswert ist auch ein Versuch mit einer Feigen-Senf-Soße zu Camembert und anderen Weichkäsen oder eine süße Kirschkonfitüre zu Schafsmilchkäse, wie man es im Baskenland gern genießt. Käse und Dessert in einem hat in der Provence Tradition. Dabei wird ein milder und aromatischer Ziegenfrischkäse mit flüssigem Honig überträufelt und mit Pinienkernen bestreut.

Raffiniert: Feldsalat mit Ziegenkäse oder Blauschimmel-Farfalle mit Kürbis.

Immer eine Sünde wert: Käsespätzle mit Wirsing oder gratinierter Bergkäse.

Käse in der Küche

Die einzelnen Käsesorten lassen sich vielfältig in der Küche verwenden. Ob als Würzmittel, zum Überbacken oder zum Schmelzen, Käse ist ein echter Tausendsassa in der Küche. In Suppen verleiht ein Käse Bindung und Würze, in Salaten bringt er erst den richtigen Pfiff. Fast jeder Käse eignet sich zum Überbacken und Gratinieren, und auch als Hauptbestandteil von Fondue und Raclette schmilzt er nur so dahin. Außergewöhnliche Kombinationen von süßen Naschereien und Käse zum Dessert können ein kulinarisches Highlight sein. Häppchen und Snacks mit Käse sind auf jeder Party gern gesehen, süße und herzhafte Backwerke bekommen durch Käse den letzten Schliff.

Fetthaltige Käse eignen sich zum Kochen generell besser als fettarme Sorten, weil die Schmelzeigenschaften von fettem Käse besser sind. Beim Überbacken sollte der Käse nicht zu braun werden, er könnte sonst bitter schmecken.

FRISCHKÄSE

Er eignet sich zur Zubereitung von Dips und Brotaufstrichen, aber auch für Dessert. Je nach Geschmack vermischt man ihn mit Butter und verfeinert ihn mit Kräutern und Gewürzen. Frischkäse mit Schnittlauch zu heißen Pellkartoffeln ist ein einfacher und unschlagbarer Genuss. Mit Sahne oder Joghurt etwas flüssiger gemacht, ist er ein leckerer Dip für rohes, frisches Gemüse. Süßschnäbel mögen ihn mit frischen Früchten, Zucker, Konfitüre oder Honig vermischt gern zum Dessert. Frischer Ziegenkäse kann in Öl, Gewürzen und Kräutern eingelegt werden oder kurz übergrillt zu Feldsalat gereicht werden. Zur Kugel geformt und in Paprikapulver oder gemahlenen Nüssen gewendet, macht sich ein Frischkäse auch als Partyhäppchen gut.

WEICHKÄSE

Von der Rinde befreiter und in Scheiben geschnittener Weichkäse eignet sich gut zum Überbacken von Kartoffeln. Ein leckeres, schnelles Abendessen entsteht, wenn man ihn in Blätterteig einwickelt und im Backofen backt oder paniert und in der Pfanne brät.

SCHNITTKÄSE

Er lässt sich in der Küche besonders gut zum Überbacken verwenden. Grob gerieben oder in Scheiben geschnitten, verleiht er Aufläufen, Toasts, Fleisch oder Fisch eine köstliche, goldgelbe Hülle. Als Käsespieß mit Obst- oder Gemüsestückchen dient Schnittkäse als unkompliziertes Fingerfood. Mit einer Panade versehen, wird aus ihm in der Pfanne schnell ein warmer Snack. In Würfel geschnitten, macht er einen Salat zum sättigenden Hauptgericht. In Käsesoufflés und Pasteten fühlt er sich genauso wohl wie als Füllung von Würstchen oder Pfannkuchen.

EDELPILZKÄSE

Edelpilzkäse kann man fein pürieren und mit einer Vinaigrette aus Öl und Essig als Salatdressing für herzhafte Salate verwenden. Mit milderen Sorten wie Fourme d'Ambert oder Stilton lassen sich süßlich schmeckende Gemüse (Chicorée, Sellerie), Birnenhälften oder auch Steaks überbacken. Ganz milde Blauschimmelkäse wie Gorgonzola vermischt man mit Sahne und hebt diese Mischung unter heiße Pasta. Edelpilzkäse sind wegen ihres intensiven Geschmacks auch wahre Künstler beim Verfeinern von Soßen.

SCHMELZKÄSE

In Stücke geschnitten, dient er als Basis für eine Käsesuppe und gibt Soßen eine cremige Bindung und pikante Würze.

HARTKÄSE

Als Brocken, gehobelte Rollen oder Späne lässt er sich vielseitig in der Küche verwenden und dient als Geschmacksgeber in Suppen und

Soßen. Mit der Käsemühle gerieben, wird er ganz klassisch über die frisch gekochte Pasta gestreut. Herzhafte Backwaren freuen sich über die Beigabe von fein geriebenem Hartkäse. Zum Überbacken sollte Hartkäse gerieben werden, dann schmilzt er besser und wird schön knusprig.

Käse und Getränke

Zu vielen Käsen passen neben Wein auch andere Getränke vorzüglich. Bier, Most oder Cidre, Wein- und Obstbrände können hervorragende Begleiter sein. Für den reinen Geschmack des Käses empfiehlt sich ein geschmacksneutrales Mineralwasser.

Wie für Wein gilt auch für Bier: Es sollte den Käse geschmacklich ergänzen, aber nicht überlagern. Im Allgemeinen harmoniert die leichte Bitternote des Bieres gut mit der milch-sahnigen Geschmackskomponente des Käses. Milde, wenig hopfenbetonte Biere passen gut zu sahnigen, milden Käsesorten und kräftig-würziges Bockbier zu kräftig-würzigem Käse wie Tilsiter oder kräftigem Weichkäse mit gewaschener Rinde.

Käse und Wein

»Jeder Käse hat seinen Lieblingswein, so wie jeder Wein seine besondere Liebe hat.« (Maurice des Ombiaux, 1868–1943, belgischer Schriftsteller und Gastronom)

Die Kombination von Wein und Käse erlaubt spannende und auch ganz neue Genusserlebnisse. Grundsätzlich gilt: Erlaubt ist, was gefällt und was schmeckt. Doch bei aller Großzügigkeit – auch bei der Kombination von Käse und Wein sind einige Regeln hilfreich. So kann ein reifer, aromatischer Käse durchaus einen zurückhaltenden Wein

überdecken, ebenso wie ein an Aromen reicher Wein den Geschmack von frischen, leichten Käse rasch dominiert. Da sowohl Käse als auch Wein zwei wunderbare lebendige Produkte sind, unterliegen sie während der oft mehrere Jahre dauernden Reifezeit komplexen Prozessen, die Duft und Geschmack verändern. Doch bei Käse ist es wie bei Wein: Manche bezaubern mit dem Charme ihrer Jugend, andere verraten ihre Qualität erst nach langem Warten. Beide Produkte bestehen jeweils aus einem Stoff – hier die Traube, dort die Milch. Das Zusammenspiel von Wein und Käse, richtig gewählt, bietet dem Genießer eine sensorische Offenbarung. Allerdings entscheidet letztendlich immer jeder selbst, welche Paarung ihm gut schmeckt. Ob perfekte Harmonie durch den Gleichklang der Partner, ob erfolgreiche Zusammenführung von kontrastierenden Geschmacksrichtungen oder gar einfach das Akzentuieren einer aromatischen Komponente durch den Wein, probieren lohnt sich auf alle Fälle.

Dass Rotwein unbedingt zu Käse gehört, ist eine alte Legende. Oft wirken die Tannine im Zusammenspiel mit Säure oder Salzigkeit im Käse hart und bitter. Fruchtbetonte Rotweine mit wenig Gerbstoff oder reife Rotweine decken somit eine viel größere Auswahl an Käsesorten ab als junge, tanninhaltige Weine. Besonders bei reifem Käse, der schon in den alkalischen Bereich übergeht (dazu zählen besonders die Käse mit gewaschener Rinde), wäre es ratsam, auf

tanninhaltige kräftige Rote zu verzichten. Stattdessen bieten sich Weißweine mit Restsüße oder auch kräftige, leicht malzige Biere als wahre Traumpartner an.

So bringt nicht nur die Verbindung von Weiß- oder Rotwein und Käse viel Genuss, auch andere Spezialitäten sind immer wieder für eine Überraschung gut. Champagner harmoniert beispielsweise mit frischem, mildem Ziegenkäse, während Cidre einen reifen Camembert perfekt ergänzt. Doch auch Calvados, der in der Heimat des Camemberts destilliert wird, kann ein wunderbarer Begleiter sein. Sherry mit seinem kraftvollen Charakter kommt selbst mit Hartkäse aus der Schweiz perfekt zurecht, und der ähnlich erzeugte Vin Jaune aus dem Jura ist die klassische Ergänzung des Comté aus der gleichen Region. Portwein und edelsüße Weine begleiten Blauschimmelkäse besser als jeder trockene Rot- oder Weißwein. Hier gilt: Die Getränkespezialität aus der Heimatregion der jeweiligen Käsesorte ist meist der beste Begleiter.

Wer sich nicht so ganz an das Abenteuer von Käse und Wein traut, dem können die folgenden Tipps weiterhelfen.

Zu feinen und milden Käsesorten passen gut feine und milde Weine. Deftige und pikante Käsesorten brauchen dagegen körperreiche und vollmundige Weine. Bei salzigen Käsesorten sollten trockene, säurebetonte Weißweine mit Vorsicht eingesetzt werden, da sich Säure und Salz leicht verstärken können. Halbtrockene Weißweine oder solche mit dezenter Säure sind da eine bessere Wahl. Ansonsten kombinieren Sie und genießen das, was Ihnen am besten schmeckt.

Ein Blauschimmelkäse, wie beispielsweise Stilton, bildet mit einem reifen Portwein eine harmonische Gemeinschaft. Dabei wird dem Wein die Süße genommen, die wiederum den salzigen Charakter neutralisiert. Ein Klassiker mit demselben Effekt ist Roquefort, begleitet vom berühmtesten edelsüßen Wein aus Bordeaux, dem Sauternes. Und milde Blauschimmelkäse profitieren von einer Begleitung durch einen feinherben oder elegant fruchtigen Wein mit feiner Restsüße.

Milde Schnittkäse, Frischkäse oder auch junge Ziegenkäse verlangen nach einem feinen Weißwein, der durchaus auch einen Hauch Restsüße haben darf. Kräftigere Schnittkäse wie Edamer oder Gouda brauchen einen Weißwein mit einer gewissen Kraft oder einem Hauch Restsüße, während ein blumiger, etwas pikanterer Tilsiter mit einem mildfruchtigen Weißwein oder einem reifen, samtigen und nicht zu schweren Rotwein eine sehr gute Verbindung eingeht.

Zu aromatischem Käse gehört ein ausdrucksvoller, aromatischer Wein. Nicht umsonst harmonieren Elsässer Münsterkäse mit dem dort ebenfalls beheimateten Gewürztraminer optimal. Eine Kombination, die übrigens auch mit einem anderen Rotschmierkäse, dem Livarot, äußerst erfolgreich ist. Alternativen bieten auch kräftige Chardonnay, Grau- oder Weißburgunder sowie aromatische Weine wie eine Scheurebe. Wichtig: Sie sollten nicht im Barrique ausgebaut sein.

Fruchtige Weißweine mit wenig Säure oder ein feiner Rosé vertragen sich gut mit cremigem Weichkäse. Milde Weichkäse mögen einen frischen, ja spritzigen Weißwein mit ausgewogener Säure und zurückhaltendem Alkoholgehalt. Bei herzhaften Weichkäsesorten kommen wieder die aromatischen Weine wie Gewürztraminer ins Spiel.

Frischkäse mögen spritzige, frische und durchaus auch säurebetonte Weißweine. Die milde Säure des Käses und die kraftvolle Säure des Weines werden sich in dieser Verbindung gegenseitig ausbalancieren.

Milde Hartkäse harmonieren sehr gut mit leichten Rotweinen oder unkomplizierten, fruchtigen Weiß- oder Roséweinen. Zu aromatischen Schnittkäsesorten kann durchaus auch ein kräftiges Bier passen. Reife, charaktervolle Schnitt- oder Hartkäse kommen jedoch besser mit kräftigen Rotweinen zurecht, wobei diese immer über ausreichend Reife verfügen sollten. Denn aggressive Tannine werden mit deutlich salzigen Geschmackskomponenten gern bitter.

Angenehm sind die Verbindungen von Weißschimmelkäse mit mildem Geschmack, denn hierzu harmonieren sowohl mittelkräftige Weißweine als auch fruchtige, nicht zu schwere Rotweine. Reife Weißschimmel- oder Rotschmierkäse haben oft einen ausgeprägten Ammoniakgeschmack. Deshalb müssen dem Käse sehr kraftvolle Weine gegenübergestellt werden. Diese können weiß, aber auch rot mit mildem Gerbstoff sein.

Wein und Sauermilchkäse sind nicht die idealen Partner. Zu Sauermilchkäse wird gemeinhin eher Bier, Most oder Schnaps empfohlen.

Interview mit Markus Del Monego, Sommelier-Weltmeister und Master of Wine

1998 wurde Markus Del Monego »Weltmeister der Sommeliers« in Wien, nur wenige Monate später »Master of Sake – Kiki Sakeshi« in Japan. Damit ist er neben einem Franzosen der einzige Europäer, der diesen bedeutenden japanischen Titel tragen darf. Im Jahr 2003 erhielt er die Auszeichnung zum »Master of Wine« in London. Markus Del Monego ist der Erste in der Geschichte dieser Wettbewerbe überhaupt, der die beiden begehrten Titel »Weltmeister der Sommeliers« und »Master of Wine« gleichzeitig trägt.

Mögen Sie Käse?
Absolut, für mich ist Käse eines der faszinierendsten Lebensmittel. Gesund und gleichzeitig faszinierend aufgrund seiner immensen Geschmacksvielfalt. Ein frischer, jugendlicher Ziegenkäse mit einem knackigen Salat als Vorspeise macht mir ebenso viel Spaß wie ein alter, über Jahre gereifter Bergkäse aus dem Wallis.

Was würden Sie einem Einsteiger zum Thema Käse empfehlen?
Probieren, probieren und nochmals probieren. Anfangs vielleicht mit den etwas jüngeren und nicht ganz so rezenten Sorten, wie zum Beispiel Weißschimmelkäse. Auch junge Hartkäse oder Schnittkäse wie beispielsweise Gruyère oder Gouda können mit ihrem mild-nussigen Geschmack den Einstieg erleichtern. Ein aromatischer, kraftvoller Münster oder ein intensiver Roquefort ist dann schon eher die hohe Schule für Käsekenner.

Welche Kombinationen von Käse und Wein sollten unbedingt einmal ausprobiert werden?

Ein Klassiker ist Roquefort im Zusammenspiel mit Sauternes. Die Süße des Weines nimmt dem Käse die Schärfe, dessen salziger und leicht bitterer Charakter wiederum balanciert die Süße des Weines. Eine absolut klassische Verbindung. Ausgezeichnet ist ebenfalls ein Comté zusammen mit einem Vin Jaune aus dem Jura. Der nussige Geschmack des Käses harmoniert perfekt mit dem nussigen, dezent an Sherry erinnernden Geschmack des Weines. Und wer es besonders anspruchsvoll liebt, der kann auch einmal einen Käse mit gewaschener Kruste, einen Ami du Chambertin, probieren, am besten zusammen mit einem gut gereiften Chambertin Grand Cru. Ebenfalls optimal passen frischer Ziegenkäse und junger Sauvignon Blanc zusammen, wobei ich hier auch gern zu einem knackigen Riesling aus deutschen Weinbergen greife. Die beiden unterschiedlichen Säurestrukturen gleichen sich wunderbar aus.

Welche Kombination würden Sie unter keinen Umständen empfehlen?

Da gibt es einige, doch am »schlimmsten« dürfte Blauschimmelkäse mit trockenem, Gerbstoff betontem Rotwein sein. Da tanzen die Bitterstoffe auf der Zunge. Ein Süßwein ist hier auf jeden Fall die bessere Wahl.

Was wäre eine Alternative zu Wein als Begleiter des Käses?

Bier ist in diesem Fall ein sicherlich klassisches Getränk, und es gibt sogar eine ganze Reihe von Käsesorten, bei deren Zubereitung Bier eine Rolle spielt. Aber auch ein feines Destillat kann fantastisch zu Käse passen. Wenn Sie einmal einen reifen, alten Gouda oder eine alte Mimolette mit einem sehr alten Cognac probiert haben, könnten Sie Wein fast vergessen. Auch Obstdestillate können gut mit Käse harmonieren. Calvados mit Camembert oder ein jugendlicher Gruyère mit einem feinen, klaren Mirabellenbrand. Das sind Kombinationen, die Spaß machen.

PROPRIETE
BEAUJOLAIS

FRANKREICH

Tour de Fromage

Feinschmeckern in aller Welt ist Käse aus Frankreich ein Begriff. Die ältesten Käsesorten des Landes gibt es seit 2000 Jahren, die jüngsten sind innovative Kreationen unserer Zeit. Französischer Käse bietet mit über 500 Sorten eine unglaubliche Vielfalt, die etwa 1000 verschiedenen Markenkäse nicht mitgerechnet. In früherer Zeit wurden die Käse auf den Märkten der Region angeboten. Noch heute werden viele Käse nach jahrhundertealter Tradition erzeugt. Zum »savoir faire«, der handwerklichen Tradition der Käseherstellung, kommt das »terroir« als Zusammenspiel von natürlichen Gegebenheiten wie Klima, Boden, Vegetation und diesen Gegebenheiten in idealer Weise angepassten Milchrassen. Im französischen Rohmilchkäse kommen die verschiedenen terroirs und die Qualität der Milch am deutlichsten zum Ausdruck. Jeder fünfte dort produzierte Käse besteht bis heute aus Rohmilch, und gut die Hälfte davon besitzt eine geschützte Ursprungsbezeichnung.

Doch wie in anderen europäischen Käseländern ist die Käseherstellung in Frankreich heute weitgehend industriell geprägt. Mit modernsten Produktionsmethoden wird auch bei großen Mengen gleichmäßige Produktqualität gewährleistet. Weiterhin gibt es eine kleine Anzahl handwerklich arbeitender Betriebe, deren hochwertige Erzeugnisse beliebt sind.

Linke Seite: Käse, Wein und Brot – der Inbegriff des französischen Savoir-vivre.

DAS BAGUETTE

»Typisch französisch« – dabei gibt es das knapp 70 cm lange »Meterbrot« noch keine 100 Jahre. Das französische Brot war früher rustikal, dunkel und grob, rund und groß, mit dichter Krume und dicker Kruste. Erst im Verlauf des 18. Jhs. erschienen lange Brotformen. Durch den Zusatz von Hefe erhielt das Baguette eine feine goldene Kruste und eine lockere Krume. »Tout Paris« war begeistert. Die Landbevölkerung aber blieb weiterhin bei den traditionellen, breiten Laiben. Erst im 20. Jh. nahm man das Baguette auch in der Provinz gnädig auf. Gutes Baguette ist außen kross und goldfarben, die Krume ist nicht zu weiß und gibt auf Druck federnd nach. Für handwerklich gefertigte Baguettes wird das Mehl sorgfältig zerrieben, der Teig geht langsam auf und entwickelt dabei seinen Geschmack. Als Gärungsstarter dient ein zurückbehaltener Rest Teig vom Vortag, das verleiht dem Brot einen nussigeren Geschmack.

QUALITÄT ERSTER GÜTE

Auch wenn viele Produkte identische Namen tragen, sind sie sich in der Qualität noch lange nicht gleich. Bestes Beispiel ist Camembert. Zwar gibt es zahlreiche Camemberts aus verschiedenen Regionen Frankreichs und auch aus einigen anderen Ländern, doch nur der Camembert de Normandie darf das AOC-Siegel tragen. Der gesetzliche Schutz, die Appellation d'Origine Contrôlée (AOC) trat in Frankreich bereits 1919 in Kraft. Die Bestimmung schreibt die traditionellen Herstellungsmethoden und das geografisch eng begrenzte Herstellungsgebiet vor. Ihre Geschichte reicht weit zurück. Eine erste schriftliche Verordnung stammt aus dem Jahr 1666. Sie wurde vom Parlament von Toulouse erstellt und bezieht sich auf den Roquefort. Roquefort war auch der erste Käse Frankreichs, der 1921 die AOC erhielt. Heute tragen 44 französische Käse das AOC-Siegel. Auf europäischer Ebene tragen 41 dieser regionalen Spezialitäten die geschützte Ursprungsbezeichnung (g.U.).

Rechts: Stöbern beim »brocante«, dem Trödler, den es fast in jedem kleinen Dorf gibt.

Unten: Die besten Schafskäse der Pyrenäen stammen von Hirten.

NORDWESTEN

Cremiges unter weißem Flaum

Der Nordwesten Frankreichs präsentiert sich als ein Gebiet vielfältiger Landschaften: Hier liegt auch die Normandie mit ihren saftig grünen Wiesen, Heimat weltberühmter Weichkäse, die aus der sahnereichen Milch der normannischen Kühe entstehen. Aus der Normandie stammt auch der inoffizielle Botschafter der Region, der cremige Camembert de Normandie mit seinem typischen weißen Flaum.

Außerhalb der größeren Städte hat sich die heitere Landschaft der Loire überwiegend ihren ländlichen Charakter bewahrt. Die Bauernhöfe in dieser Region sind relativ klein. Dort, wo der Wein besonders gut ist, weil die Rebstöcke auf steinigen und armen Böden wachsen, finden auch Ziegen gute Lebensbedingungen. So im Berry, der Touraine und im Poitou. Die Region steht für junge, sahnig-milde Ziegenkäse, die die Menschen dort schon seit dem 8. Jh. erzeugen und die zu den besten Frankreichs zählen.

Nirgendwo sonst in Frankreich wird so viel Käse gegessen wie im äußersten Norden. Die Menschen hier lieben üppige, kräftig-würzige Fleischgerichte, Meeresfrüchte und Bier. Kulinarische Einflüsse der flämischen und französischen Küche verbinden sich zu einer ungewöhnlichen Mischung. Wenn man herzhafte und aromatische Käse liebt, ist man in der Grenzregion bestens aufgehoben.

Durch die Naturschutzgebiete der Picardie Richtung Paris gelangt man ins Pariser Becken, in die ländliche Île-de-France. Hier findet man die besten Brie-Käse Frankreichs. Dem Pays de Brie verdankt der Weichkäse seinen Namen.

Linke Seite: Impressionen aus der Normandie, dem Schlaraffenland für Weichkäse.

CAMEMBERT: VOM BUTTRIGEN JÜNGLING ZUM FLAUMIGEN GENUSS

1 Das Käsen beginnt damit, dass der auf 34 °C erwärmten Milch Milchsäurebakterien und etwas Lab beigegeben werden. Die Rohmilch wird in Metallbottiche gefüllt, wo sie nach der Zugabe von Lab gerinnt. **2** Die sogenannte Gallerte zerteilt man mit der Käseharfe bis auf Getreidekorngröße. Der Bruch entsteht. **3** À la louche, mit der Schöpfkelle, wird er in die kleinen perforierten Käseformen gefüllt. **4** Die Schöpfkelle fasst eine genau festgelegte Menge und bestimmt das spätere Gewicht des Käses, das bei Camembert in der Regel 250 g beträgt. **5** Ist die Molke schließlich abgetropft, werden die Käse aus den Formen genommen und in Reifekammern gelagert. Mit einer Dosis Edelschimmel versehen, braucht Camembert drei Wochen Zeit, um den charakteristischen hellen Flaum zu entwickeln. **6** Hat er optimale Reife erlangt, zeigen sich auf dem weißen Flaum rötliche Flecken. Innen ist Camembert dann gelb und weich.

Links: Der beste Calvados und Cidre kommen aus dem Pays d'Auge.

Unten: Aus unscheinbaren Apfelsorten wird der beste Calvados gebrannt.

DAS BESTE AUS DEM APFEL

Aus unscheinbaren, hutzeligen, kleinen Äpfelchen zaubern die Normannen ihre beiden Nationalgetränke. Wie die Trauben beim Wein, verleihen die verschiedenen Apfelsorten in ihrer jeweiligen Mischung dem Cidre genannten Apfelwein, aus dem später auch der Calvados entsteht, seinen Charakter. Im Eichenfass reifen die rohen Brände für den Calvados nach der Destillation mehrere Jahre und werden dabei immer besser. Der feine Apfelbrand ist ein klassischer Digestif. Wertvolle Dienste leistet er aber auch, wenn der Magen bei einem mehrgängigen Menü frühzeitig streiken sollte. Dann ist es Zeit für das »trou normand«, das normannische Loch. Ein Gläschen Calvados zwischen den Gängen stimuliert die Verdauung und schafft Platz für den Käseteller.

Ebenso alt wie der Calvados ist der Pommeau, bei dem man frisch gepresstem Apfelsaft jungen Calvados hinzufügt. Pommeau muss mindestens 14 Monate im Holzfass reifen. Man trinkt ihn kühl als Aperitif oder zum Apfeldessert.

Camembert de Normandie (g.U.)

Weichkäse mit Weißschimmelrinde
aus roher Kuhmilch
45% Fett i.Tr.

HERKUNFT UND GESCHICHTE

Basse-Normandie,
Département Calvados

Den Camembert, wie wir ihn kennen, gibt es erst seit gut 200 Jahren. Als Erfinderin gilt die Bäuerin Marie Harel aus dem Dorf Camembert in der Normandie, die ihn 1791 erstmals hergestellt haben soll. Mit dem Bau der Eisenbahnstrecke zwischen Paris und Alençon 1862 begann die Verbreitung des Camemberts außerhalb der Region. Im Jahr 1880 erfand der Ingenieur Ridel die charakteristische Spanschachtel, in der der empfindliche Käse unbeschadet auf Reisen gehen konnte. Er wurde so berühmt, dass kein anderer Weichkäse so viele Nachahmungen erfuhr wie er. Trotz seiner glorreichen Geschichte erhielt Camembert de Normandie erst 1983 die Anerkennung zur AOC.

HERSTELLUNG

Die Milch wird durch Zugabe von Lab zum Gerinnen gebracht. Anschließend wird der Bruch fünf Mal nacheinander, jeweils im Abstand von einer Stunde, mit einer Schöpfkelle in die Form gefüllt. Nur dann darf er sich Camembert de Normandie au lait cru, moulé à la louche (handgeschöpft) nennen. Trocken gesalzen kommt er zum Reifen. Damit sich seine typische flaumige Außenschicht bildet, helfen Käsereien heute mit einer feinen Dosis Edelschimmel nach. Die Reifung erfolgt in Räumen mit spezieller Luftfeuchtigkeit und Temperatur. Alle 48 Stunden muss der Käse gewendet werden. Frühestens im Alter von 21 Tagen darf er in den Handel kommen. Für die Herstellung eines Camemberts braucht man 2,2 l Milch.

CHARAKTERISTIK

Kleine, zylindrische Form mit 10–12 cm Durchmesser und 3 cm Höhe, Gewicht um 250 g. Die feine, geriffelte, flaumigweiße Rinde weist beim reifen Käse leicht rötliche Spuren auf. Weißer bis hellgelber Teig. Zarte, aber nicht fließende Konsistenz. Frischer Camembert ist im Kern bröckelig und brüchig, gereift ist er weich, elastisch und geschmeidig. Frischer Camembert schmeckt leicht säuerlich, in gereiftem Zustand fruchtig.

KULINARISCHES

Empfehlung MDM: Die beste Zeit für Rohmilch-Camemberts ist von Mitte April bis Mitte November. Zu sehr reifen Camemberts trinkt man am besten einen herzhaften, handwerklich gemachten Cidre oder am Ende eines Menüs auch einen reifen Calvados. Zu jungen Camemberts passen feine Rotweine mit Frucht, reifem Charakter und zurückhaltendem Gerbstoff, beispielsweise von der Côte de Beaune, aber auch reife Weine aus Saint-Émilion.

BESONDERHEITEN

Der echte Camembert de Normandie wird in typischen Holzspanschachteln verpackt. Camembert-Käse aus pasteurisierter Milch haben kein Anrecht auf die AOC.

VERWANDTE KÄSE

Im Pays d'Auge stellt man nach alter normannischer Tradition den Calva d'Auge her, einen Camembert, der auf besondere Art affiniert wird. Vom halb gereiften Camembert kratzt man die Rinde ab, um ihn anschließend für 3–4 Stunden in ein Bad aus Calvados zu geben. Danach wird der Käse in Paniermehl oder Brotkrumen gewendet, um die Aromen zu fixieren. Die weitere Reifung kann bis zu 3 Wochen dauern. Calva d'Auge besitzt einen reifen Camembert-Geschmack mit dem leichten Apfelaroma des Calvados. Ähnlich ist der Cœur de Camembert au Calvados. Am besten schmecken zu diesem Käse ein Cidre oder natürlich ein Gläschen Calvados.

DIE NORMANDIE – SCHLARAFFENLAND FÜR WEICHKÄSE

Schon der Name dieser französischen Provinz erinnert an ihren Ursprung: Die »Nordmannen« fielen im 9. Jh. in dieses Land ein und begründeten eine bäuerlich geprägte Kultur, die sich bis heute erhalten hat. Schriftstücke aus dem Jahr 911 belegen die lange Tradition der Käseherstellung. Bis zum 18. Jh. blieb der Käse in erster Linie ein regionales Lebensmittel, dann wurden Neufchâtel, Livarot und Pont-l'Évêque in ganz Frankreich, vor allem aber in Paris bekannt.

Livarot AOC

Weichkäse mit gewaschener Rinde aus Kuhmilch 40% Fett i.Tr.

HERKUNFT UND GESCHICHTE

Basse-Normandie, Département Calvados

Schon in sehr alten Texten wird der Livarot erwähnt. Thomas Corneille nahm ihn 1708 in sein »Dictionnaire Universel Géographique et Historique« auf. Im Jahr 1877 reiften in 200 Käsekellern 4,5 Millionen Livarot-Käse. Wegen seines Geschmacks und seiner Nahrhaftigkeit bezeichnete man ihn als »Fleisch der Armen«.

HERSTELLUNG

Der Käsebruch wird geschnitten und geknetet. Nach dem Formen wird der Laib mehrfach gewendet, tropft ab und wird mit grobem Salz bestreut. Während der vierwöchigen Reifezeit wäscht und wendet man ihn dreimal pro Woche. Die Rinde bestreicht man mit einer rötlich gelben Annattotinktur aus dem Samen des Orleansstrauches. Um den Rand wickelt man fünf schmale Papierstreifen für seine Form. Von den Streifen stammt der Spitzname »Colonel«.

CHARAKTERISTIK

Flache, zylindrische Form in mehreren Größen. Durchmesser meist 12 cm, Dicke 5 cm. Gewicht: 350–500 g. Auch als Dreiviertel-, halben und Viertel-Livarot erhältlich. Glatte, glänzende, orangerote, allmählich nachdunkelnde Rinde. Gelber, elastischer Teig mit leichter Bruchlochung. Würzig-ausgeprägter Geruch, kräftig-würziger, herber, leicht säuerlicher, aromatischer Geschmack.

KULINARISCHES

Empfehlung MDM: Livarot passt zu Äpfeln und Birnen. Zu einem jungen Livarot passen kräftige Weißweine wie Chardonnays, aber auch ein gut gereifter roter Burgunder, ein Gewürztraminer oder ein kraftvoller Pinot Gris. Zu reifem Käse passen ausdrucksvolle Weißweine wie Gewürztraminer, aber auch Vendanges Tardives sowie ein kräftiger Cidre oder Calvados.

VERWANDTE KÄSE

Gemeinsamkeiten hat er mit dem Mignot, der in der Region von Vimoutiers hergestellt wird.

Pont-l'Évêque (g.U.)

Weichkäse mit gewaschener Rinde aus Kuhmilch 45% Fett i.Tr.

HERKUNFT UND GESCHICHTE

Basse-Normandie, Département Calvados

Seine Spur lässt sich bis in das 12. Jh. zuzurückverfolgen. Man nannte ihn zuerst Angelot, später dann im 16. Jahrhundert Augelot, um auf seine Ursprungsregion, das Pays d'Auge, hinzuweisen. Unter diesem Namen wird er im 13. Jh. auch von Guillaume de Lorris im »Roman de la rose« erwähnt. Im 17. Jh. erhielt der Käse dann den Namen des kleinen Dorfes Pont-l'Évêque.

HERSTELLUNG

Pont-l'Évêque wird heute meist aus pasteurisierter Milch hergestellt. Die geronnene Milch wird geschnitten, das entstandene Bruch-Molke-Gemisch gerührt und dabei die Flüssigkeit entzogen. Die Rinde der Laibe wäscht man regelmäßig in Salzlake, damit sich die Rotschmiere bilden kann. Der Käse reift mindestens 2, aber auch bis zu 6 Wochen im Reifekeller.

CHARAKTERISTIK

Typisch ist die quadratische Form. Der normale Pont-l'Évêque hat 11 cm Seitenlänge, ist 3 cm dick und wiegt 350–400 g. Daneben gibt es auch den Petit (8,5–9,5 cm Seitenlänge), den Demi und den Grand (19–21 cm Seitenlänge). Eine glatte, orangefarbene bis grau-weiße, von feinen roten Äderchen durchzogene Rinde umhüllt den Teig. Dieser ist hell und cremig, zart und geschmeidig. Ausgeprägter Duft, betont ländlich, erinnert im Geschmack an Haselnuss, leicht herb bis kräftig-würzig.

KULINARISCHES

Empfehlung MDM: Zum jungen Pont-l'Évêque harmonieren kräftige Weißweine oder samtige, reife und runde Rotweine, besonders gut aus der Rebsorte Pinot Noir. Gut gereift, begleiten ihn am besten ausdrucksvolle Weißweine wie Gewürztraminer, aber auch Vendanges Tardives, auch ein fruchtiger Cidre kann ein Vergnügen sein.

VERWANDTE KÄSE

Pavé d'Auge; Pavé du Plessis (Name der lokalen Käserei), Pavé de Moyaux (nach dem Bezirk Moyaux benannt), Pavé de Trouville (nach der kleinen Hafenstadt Trouville benannt).

Saint-Paulin

Schnittkäse
aus Kuhmilch
40% bis 50% Fett i.Tr.

HERKUNFT UND GESCHICHTE

Basse-Normandie/Manche

Der Norden Frankreichs ist seit 100 Jahren eine der wichtigsten Regionen zur Erzeugung des Saint-Paulin, einer der zahlreichen, dem berühmten Klosterkäse Port-Salut ähnlichen Produkt. Saint-Paulin ist heute der Gattungsbegriff für Trappistenkäse, die nach dem Rezept des Port-Salut erzeugt werden. Im Jahr 1930 kam Saint-Paulin als erster Käse aus pasteurisierter Milch in den Handel kam. Mit etwas Glück findet man aber auch heute noch Saint-Paulins aus Rohmilch bei kleineren Käsebetrieben in der Ursprungsregion. Die besten Käse kommen aus der Region Mayenne, Maine und Bretagne, Saint-Paulin wird heute aber in ganz Frankreich hergestellt.

HERSTELLUNG

Die Herstellung ähnelt dem Port-Salut. Gepresster, aber nicht erhitzter Teig. Reifezeit: 2-3 Wochen.

CHARAKTERISTIK

Zwei Größen: 20 cm Durchmesser und 12 cm Durchmesser. Fester, aber sehr geschmeidiger Teig mit unregelmäßigen Löchern, weißes Inneres, leicht salzig, orangefarbene Rinde (gewaschen und gewachst), milder, leicht würziger, angenehmer Geschmack.

KULINARISCHES

Empfehlung MDM: Es empfehlen sich fruchtbetonte Weißweine, jedoch auch ein jugendlicher Bordeaux mit reifen Tanninen.

Neufchâtel (g.U.)

Weichkäse mit Weißschimmel
aus Kuhmilch
45% Fett i.Tr.

HERKUNFT UND GESCHICHTE

Haute Normandie, Département Seine-Maritime.

Offiziell tauchte Neufchâtel 1543 erstmals im Kloster Saint-Amand in Rouen auf. Der Legende nach haben im Hundertjährigen Krieg junge Mädchen englischen Verehrern den Käse als Zeichen ihrer Zuneigung zukommen lassen.

HERSTELLUNG

Er wird aus roher oder pasteurisierter, mit Lab versetzter Kuhmilch hergestellt. Teilweise werden Milchsäurebakterien zugegeben. In Leinensäckchen tropft der Käse mehrere Stunden ab und wird leicht gepresst. Den Teig impft man mit zerkleinerten, von Edelschimmelflaum überzogenen Käsen und rührt ihn so lange, bis eine homogene Masse entsteht. Auf Holzlatten reift er 10–14 Tage in Kellern.

CHARAKTERISTIK

Neufchâtel wird in verschiedenen Formen und Größen angeboten. Als carré (Quadrat), bondon (Zylinder) oder briquette (Quader) hat er ein Gewicht von 100 g. Als Doppel-Bondon und kleines Herz wiegt er 200 g, als großes 600 g. Flaumig-weiße Rinde und weicher, cremiger, leicht körniger weißer Teig. Beim gereiften Neufchâtel ist der Teig leicht gelblich, auf der Rinde zeigen sich rote Pünktchen. Der Käse hat einen leicht pilzartigen Geschmack und Duft, junger Neufchâtel schmeckt leicht pikant und säuerlich. Gereift bekommt der Käse einen intensiven, leicht scharfen Geschmack.

KULINARISCHES

Neufchâtel kann frisch oder nach Reifung verzehrt werden. Am besten schmeckt er als fermier aus handwerklicher Herstellung von August bis November. Cidre passt ausgezeichnet zu reifem Neufchâtel. Passende Weine: Crus du Beaujolais oder reife Saint-Émilion.

VERWANDTE KÄSE

Cœur de Bray ist ein junger Neufchâtel in Herzform. Zu den Frischkäsevarianten des Neufchâtel zählen unter anderem Carré frais und Maromme. Bondard wird mit Sahne angereichert und reift länger.

BLEUS UND PERSILLÉES

Käse mit Innenschimmel, gemeinhin als Bleus oder Fromage à pâte persillée bezeichnet, haben eine über tausendjährige Geschichte. Je nach Edelpilzkultur findet man den Innenschimmel in Färbungen von blaugrau bis dunkelgrün. Die berühmtesten Bleus in Frankreich stammen aus Bergregionen oder ärmlichen Gegenden. Die bekanntesten sind Bleu des Causses (Cevennen/Languedoc), Bleu d'Auvergne und Fourme d'Ambert aus der Auvergne, Bleu de Gex (Haute Jura), Bleu du Vercors-Sassenage (Vercors-Massiv) und natürlich der Roquefort (Aveyron).

Zu den eher seltenen Bauschimmelkäsen zählen der Bleu de Bresse, der in der gleichnamigen, kulinarisch so gesegneten Gegend um Lyon gefertigt wird. Im Gegensatz zu den meisten Bleus wird beim Bleu de Bresse nicht der Käse selbst, sondern die Milch mit Blauschimmelkulturen geimpft. Auf den hochgelegenen Almen des Alpendörfchens Termignon in Savoyen erzeugen noch fünf Sennereien den Bleu de Termignon. Meist sind die Käse schon verkauft, bevor sie den Reifekeller verlassen. Der Bleu de Tignes oder auch Tignard aus dem gleichnamigen Wintersportort wird aus Ziegenmilch hergestellt.

Pavé d'Auge

Weichkäse mit gewaschener Rinde
aus Kuhmilch
50% Fett i.Tr.

HERKUNFT UND GESCHICHTE

Haute-Normandie, Département Eure
Der Pavé d'Auge zählt zur Familie des Pont-l'Évêque und ist heute eine allgemeine Bezeichnung für quadratische Weichkäse mit gewaschener Rinde aus dem Pays d'Auge. Da die meisten Hersteller sich auf die Produktion von Pont-l'Évêque spezialisiert haben, gerät diese lokale Spezialität zunehmend in Vergessenheit.

HERSTELLUNG

Identisch mit der des Pont-l'Évêque, nur reift der Käse wegen seiner Dicke länger, nämlich 2–4 Monate, in denen er zweimal pro Woche mit Salzlake abgewaschen wird.

CHARAKTERISTIK

Quadratisch, mit etwa 12 cm Seitenlänge und etwa 6 cm Dicke bringt er es auf ein Gewicht von knapp 700–800 g. Seine Rinde glänzt gelblich orange mit teils durchscheinendem Weißschimmel. Auch im Geschmack ist er dem Pont-l'Évêque ähnlich, doch in allen Aspekten ausgeprägter und etwas bitterer.

KULINARISCHES

Empfehlung MDM: Kräftige Weißweine in Richtung Pinot Gris, im Barrique ausgebaute Chardonnays, auch reife Rotweine mit milden Tanninen, wie Burgunder oder Weine aus dem Südwesten, harmonieren gut.

DIE CENDRÉS

Die Bezeichnung »cendré« wird für eine große Gruppe von Weichkäsen verwendet, deren Rinde mit Asche bestreut ist. Die Holzasche neutralisiert einen Teil der Milchsäure und bestimmt die Mikroflora. Käse mit geaschter Rinde reifen langsamer, sind trockener, fettärmer und dadurch auch haltbarer. Es gibt die Cendrés aus Kuh- und Ziegenmilch. In vielen Weinregionen stellte man diese fettarmen Käse her, um für die Erntehelfer während der Weinlese Verpflegung zu haben. Heute finde man sie nur noch selten.

Brillat Savarin

Weichkäse mit Weißschimmel aus Kuhmilch 75% Fett i.Tr.

HERKUNFT UND GESCHICHTE

Haute Normandie/Seine-Maritime

Als Entdecker dieses Käses gilt Henri Androuët, berühmter Käseaffineur aus Paris. Die normannische Spezialität Excelsior soll ihn 1930 zur Erfindung des Brillat-Savarin inspiriert haben. Androuët taufte seine Kreation zu Ehren des Feinschmeckers, Schriftstellers und Staatsmanns Jean Anthelme Brillat Savarin. Was die Berühmtheit angeht, hat sich der Brillat-Savarin als bekanntester Vertreter der Kategorie triple crème (Dreifachrahmstufe) durchgesetzt.

HERSTELLUNG

Typische Weichkäseherstellung aus pasteurisierter Kuhmilch, die mit warmer Sahne angereichert und durch Lab zum Gerinnen gebracht wird. Reifezeit 3–4 Wochen.

CHARAKTERISTIK

Flacher Laib von 12–13 cm Durchmesser und 3,5 cm Dicke, 450–500 g schwer. Die Rinde hat eine weiße bis elfenbeinfarbene, zarte Flora. Der Teig ist geschmeidig, sehr zart, cremig und weich. Bei längerer Reife entwickeln sich rötliche Flecken auf der Rinde, wobei der Käse an Aroma gewinnt.

BESONDERHEITEN

Da seine Lagerzeit sehr kurz ist und sein Geschmack schnell an Qualität abnimmt, eignet sich der Käse nur zum sofortigen Verzehr.

KULINARISCHES

Frisch ist der Käse dezent im Geschmack und passt so gut zu frischen Früchten oder Beeren. Empfehlung MDM: Viele Weine lassen sich gut mit diesem Käse trinken, die Rotweine sollten jedoch nicht zu viel Gerbstoff haben. Weine mit frischer Frucht, sowohl im Weißwein- als auch im Rotweinbereich, sind erfolgreiche Begleiter.

JEAN ANTHELME BRILLAT-SAVARIN

Im Bugey, der Landschaft zwischen Savoyen und Jura, in der man sich so gut auf erstklassige Käse und Wurstwaren versteht, wuchs der 1755 geborene Brillat-Savarin auf. Er studierte in Dijon Jura, wurde Anwalt und machte schnell als Gerichtspräsident, Bürgermeister und Kommandant der Nationalgarde Karriere. Brillat-Savarin liebte es, Freunde einzuladen und sie zu bekochen. Aber er hatte ebenso ein Faible für Chemie und Physik, Archäologie und Astronomie. Die Liebe zur Gastronomie und die zur Wissenschaft verband der Junggeselle in seinem berühmten Werk »Physiologie du Goût« (Physiologie des Geschmacks), in dem er sich auf wissenschaftliche, aber auch unterhaltsame und literarisch brillante Weise mit Essen und Trinken auseinandersetzte. Nur wenige Wochen nach dem anonymen Erscheinen seines Meisterwerks, das die französische Gastronomie entscheidend beeinflusste, starb Brillat-Savarin 1826 in Saint-Denis.

Crottin de Chavignol (g.U.)

Weichkäse
aus roher Ziegenmilch
45% i.Tr.

HERKUNFT UND GESCHICHTE

Centre, Département Cher

Seit über 400 Jahren werden Ziegenhaltung und Käseerzeugung auf den Hügeln des Berry und im Dorf Chavignol bei Sancerre betrieben. Seit Anfang des 19. Jhs. genießen die kleinen Ziegenkäse namens Crottin hohes Ansehen. Die Experten streiten darüber, wie der Crottin zu seinem Namen kam. Einige verweisen auf eine kleine Öllampe, andere auf die geläufige Bedeutung »Pferdeäpfel«.

HERSTELLUNG

Klassische Ziegenkäseherstellung aus Rohmilch der braunen Bergziegen. Der Crottin reift mindestens 2 Wochen unter häufigem Wenden in feuchten Kellern. Nach 20–30 Tagen ist der Käse relativ trocken. Die Kruste zeigt Risse und oft bräunliche Flecken von pikantem Schimmel. Je länger der Käse altert, desto härter, trockener und schärfer wird er. Ein kleiner Crottin de Chavignol benötigt gut drei Viertel Liter Milch.

CHARAKTERISTIK

Kleiner, runder Zylinder mit 5 cm Durchmesser, 5,5 cm Höhe und einem Gewicht von mindestens 60 g. Weiche Rinde mit gelblich weißem, zum Teil bläulichem Schimmel, halbfeste Konsistenz und weißer, homogener Teig. Mit zunehmender Lagerung schrumpft der Käse, der Schimmel verstärkt sich, und der Teig wird hart und trocken. Junger Crottin duftet dezent nach Ziege und besitzt einen leicht nussartigen und milden cremigen Geschmack. Mit zunehmendem Alter bekommt er einen zunächst nur leicht pikanten, dann aber immer schärferen und etwas seifigen Geschmack.

KULINARISCHES

Wenn im Frühling Gräser und Kräuter sprießen, beginnt die beste Zeit für den Crottin de Chavignol. Gern wird er auf kleinen Baguettescheiben gegrillt, mit Salat gegessen oder in Weißwein eingelegt. Empfehlung MDM: Crottin de Chavignol wird traditionell vom Sancerre begleitet. Ebenso harmonieren andere Sauvignon-Blancs, beispielsweise aus Pouilly-Fumé, Menetou-Salon und Quincy. Der Sancerre Rouge sollte zum Crottin genossen werden, solange dessen Konsistenz halbhart und sein Aroma zwar charakteristisch, jedoch noch milde ist.

KLEINE UND GRÖSSERE VERWANDTE DES CROTTIN DE CHAVIGNOL

Im Zuge des Erfolgs des Crottins erprobten Ziegenhirten und Käsemacher des Berry verschiedene Käsevariationen, die ein eigenes Renommee erreicht haben. Sie werden nach dem gleichen Prinzip wie der Crottin hergestellt, unterscheiden sich aber durch Form, Gewicht und die Dauer der Reifezeit. Doch diese Krieterien wirken sich durchaus auf Konsistenz und Geschmack aus. Die Saison dieser Käse erstreckt sich von Frühjahr bis Herbst. Als Sammelbegriff für die kleinen Ziegenkäse in Form des Crottin de Chavignols benutzt man Fromages de chèvre du Sancerrois.

Der Sancerre fermier ist sozusagen der große Bruder des Crottin de Chavignol und wird 3 Wochen affiniert. Er bringt 320 g auf die Waage, besitzt ein dezentes und typisches Ziegenaroma und einen weichen, cremigen Teig. Le P'tit Berrichon ist der kleinere Bruder des Crottin. Er reift nur 1 Woche und ist deshalb weicher und milder, gewinnt aber schnell an Festigkeit und Aroma. Bouchon de Sancerre präsentiert sich, wie der Name verrät, in Form eines Weinkorkens und wiegt nur 25 g. Da er so klein ist, reift er vergleichsweise schnell. Pavé du Berry hat die Form eines größeren Rechtecks und wiegt in der Regel 250 g. Er reift 2–3 Wochen und bekommt in dieser Zeit eine Rinde aus Weißschimmel, die bereits weniger oder mehr Blauschimmel aufweist. Die Konsistenz bleibt aber ausgesprochen cremig. Der Geschmack ist feiner und delikater als bei den kleineren Formaten.

Rechts: Crottin de Chavignol in verschiedenen Reifestufen.

Unten: Der Ziege verdanken die Franzosen eine ihrer köstlichsten Käsefamilien.

Selles-sur-Cher (g.U.)

Weichkäse
aus roher Ziegenmilch
45% Fett i.Tr.

HERKUNFT UND GESCHICHTE

Centre, Département Loir-et-Cher

Der Selles-sur-Cher wird vermutlich schon lange nach traditioneller Methode hergestellt, ist aber erst seit gut einem Jahrhundert auch außerhalb seiner Heimat bekannt. Das Produktionsgebiet ist auf den mittleren Lauf der Loire begrenzt, mit dem kleinen Ort Selles-sur-Cher als geografischem Mittelpunkt.

HERSTELLUNG

Die Milch wird mit natürlichen Säurebakterien und wenig Lab zum Gerinnen gebracht, danach wird der Bruch mit einer Schöpfkelle in Formen gefüllt. Ist er abgetropft und fest geworden, wird er mit einer Mischung aus fein geriebener Holzasche und Salz bestreut. Die Reifezeit beträgt 21 Tage. Der Käse stammt meist aus kleinen Molkereien und handwerklich arbeitenden Betrieben.

CHARAKTERISTIK

Abgeschnittener Kegel mit knapp 10 cm Durchmesser, 2,5 cm Höhe und einem Gewicht von 150 g. Eine schwärzlich blaue Rinde mit weißlich grauem Schimmel umhüllt den reinweißen, dichten und feinen Teig. Leichter Ziegengeruch, im Geschmack mild, nussig und dezent salzig. Mit zunehmender Reife verstärken sich das Ziegen- und Nussaroma.

KULINARISCHES

Am besten genießt man den Selles-sur-Cher von Frühling bis Sommer. Wichtig ist, dass man die Rinde nicht entfernt, denn sie sorgt für die besondere, leicht salzig-rauchige Geschmacksnote. Empfehlung MDM: Besonders passende Weine sind Sauvignon Blancs von der Loire, aber auch die Weine der Rebsorte Chenin Blanc, beispielsweise aus Vouvray. Die fruchtigen Rotweine der Touraine sind ebenfalls eine Bereicherung der Aromenpalette des Käses.

VERWANDTE KÄSE

Cœur du Berry

Valençay (g.U.)

Weichkäse
aus roher Ziegenmilch
45% Fett i.Tr.

HERKUNFT UND GESCHICHTE

Centre, Département Indre

Der Valençay kann auf eine lange Tradition zurückblicken. Es wird erzählt, dass er früher einmal die Form einer Pyramide hatte und seine heutige Form Napoleon verdanke. Nach der verheerenden Niederlage in Ägypten machte Napoleon auf Schloss Valençay halt. Bei dem Anblick des Ziegenkäses, dessen Form ihn an die ägyptischen Pyramiden erinnerte, überkam ihn die Wut, und er schlug mit seinem Schwert dem Käse die Spitze ab. Eine andere Geschichte erzählt, dass die Bauern ganz einfach die Form des Glockenturms der Kirche von Valençay nachahmen wollten. Eine zweite geläufige Bezeichnung für diese Käsesorte ist Levroux. Als AOC ist aber nur die Bezeichnung Valençay geschützt.

HERSTELLUNG

Der Bruch der rohen Ziegenmilch wird in spezielle Formen gefüllt. Ist der Teig fest geworden, überpudert man den Käse mit feiner Holzkohlenasche und affiniert ihn in Räumen mit ca. 80 % Luftfeuchtigkeit, bis die weiche Rinde Blauschimmel zeigt, was nach etwa 2 Wochen der Fall ist.

CHARAKTERISTIK

Die abgeflachte Pyramidenform ist typisch für Ziegenkäsespezialitäten aus dem Berry. Der Valençay hat einen quadratischen Fuß von 7 cm Seitenlänge und eine Höhe von 6 cm. Das Gewicht beträgt 220 g. Beim Petit Valençay sind es 110 g. Natürliche, mit Asche bestreute und mit Weiß- und Blauschimmel überzogene bläuliche weiche Rinde. Der Teig des Valençay ist fein, gleichmäßig und dicht, dabei jedoch eher weich. Charakteristisches, aber zurückhaltendes, zartes Aroma nach Ziege, mild und nussig mit einer dezenten Blauschimmelnote.

KULINARISCHES

Am besten mundet er von Frühjahr bis Herbst. Empfehlung MDM: Als Wein empfehlen sich ein Quincy, Reuilly oder ein roter Bourgueil.

ZIEGENKÄSEPARADIES

Die zur heutigen Region Centre zählenden Gebiete Orléans, Berry und Touraine haben ihre historischen Wurzeln und ihre Individualität weitgehend erhalten. Neben berühmten Ziegenkäsen bringt diese Region einige der besten Weißweine Frankreichs (Sancerre) und Rotweine von bezauberndem Charakter (Touraine) hervor.

Wie früher in vielen Weinregionen üblich, hielten die Winzerfamilien im Berry oft Ziegen, um die Erträge aus dem Weinbau aufzubessern. Als die Reblausplage ab 1870 in den Weinbergen der Loire wütete und riesige Rebflächen verwüstete, begannen die Bauern in Chavignol und anderen Gemeinden, die Ziegenhaltung auszuweiten. Ihre Käse wurden nach Auxerre, Orléans und Paris verkauft und fanden dort treue Liebhaber.

Rechts: Diese bunte Berziegenrasse ist in Frankreich häufig anzutreffen.

Links und unten: Schloss Azay-le-Redeau im Département Indre-et-Loire.

ZIEGENKÄSERARITÄTEN AUS DEM PAYS DE LA LOIRE

Eine besondere Spezialität ist der runde, etwa 90 g schwere Ziegenweichkäse Galette du Paludier aus dem Département Loire-Atlantique. Er wird von Bauernfamilien hergestellt und für 1–2 Wochen in einem Algenbett affiniert, was ihm einen unnachahmlichen Geschmack verleiht. Zu diesem Käse schmeckt ein perlender Muscadet vorzüglich. Der dreieckige Trois cornes de Vendée aus Ziegenrohmilch mit Weißschimmelrinde wird durch Milchsäurebakterien dickgelegt. Traditionell wird der Käse rund um das kleine Städtchen Chaillé im Herzen der trockenen Marschgebiete im Département Vendée hergestellt. Die Tradition will, dass der Bruch 20 Stunden ruht, bevor er abgeschöpft und in Formen gegeben wird. Einen Monat reift er im trockenen und belüfteten Keller. Am besten schmeckt er im Frühjahr und Herbst – harmonisch abgerundet mit einem Rosé aus der Provence.

Pouligny-Saint-Pierre (g.U.)

Schnittkäse
aus roher Ziegenmilch
45% Fett i.Tr.

HERKUNFT UND GESCHICHTE

Centre, Département Indre

Der Pouligny-Saint-Pierre, auch unter dem Namen »Tour Eiffel« bekannt, stammt ursprünglich aus dem Vallée de la Brenne, einem friedlichen Tal, das von mehreren Flüssen durchzogen ist. Heute umfasst die Heimat des Pouligny ein kleines Gebiet mit 22 Gemeinden rund um Pouligny-St. Pierre. Das westliche Berry profitiert von einem günstigen Mikroklima, in dem besonders gut Kirschbäume, Wildheide und Süßklee gedeihen. Diese Flora eignet sich vorzüglich für die Aufzucht der typischen Bergziege, die eine nahrhafte und wohlriechende Milch gibt, deren Geschmack sich im Käse wiederfindet.

HERSTELLUNG

Bei der Überführung des sehr feinkörnigen Bruchs in die Form ist besondere Vorsicht geboten, damit die empfindliche Masse nicht bricht. Hat der Teig genügend Festigkeit erlangt, wird er gesalzen und anschließend im Reifekeller auf Stroh oder Latten gelegt, wo binnen 2 Wochen ein Hauch von Blauschimmel seine Rinde überzieht. Am besten schmeckt der Pouligny-Saint-Pierre nach 4–5 Wochen Affinage.

CHARAKTERISTIK

Charakteristische, oben etwas abgestumpfte Pyramidenform von 12,5 cm Höhe, am Fuß 8–9 cm Seitenlänge, an der Spitze 2,5 cm. Das Gewicht beträgt meist 250 g. Im kleineren Format wiegt Pouligny 150 g. Eine natürliche, leicht bläuliche Rinde überzieht den strukturierten, zarten elfenbeinfarbenen Teig. Feste, geschmeidige Konsistenz. Dezentes Ziegenaroma, leicht säuerlich, nussig, markanter als andere Ziegenkäse des Berry.

KULINARISCHES

Dieser Käse ist ab Mai, wenn die Ziegen auf der Weide sind, besonders cremig und geschmacksreich. Auf der Käseplatte harmoniert er mit Nussbrot und einem Pouilly-Fumé. Er harmoniert ebenfalls mit einem nicht zu süß ausgebauten Côteaux de Layon.

Sainte-Maure de Touraine (g.U.)

Weichkäse
aus roher Ziegenmilch
45% Fett i.Tr.

HERKUNFT UND GESCHICHTE

Centre, Département Indre-et-Loire
Der Name verweist auf die Mauren, die im 8. Jh. bis Poitiers vordrangen. Man schreibt ihnen die Einführung der Ziegenzucht und Käseherstellung im Zentrum Frankreichs zu. Der Sainte-Maure gilt als bekanntester Ziegenkäse mit einer Herkunftsbezeichnung.

HERSTELLUNG

Etwa 50 Käsereien stellen diesen Käse noch handwerklich her. Die Ziegenmilchgallerte wird in längliche Formen gefüllt. Nach dem Ausformen wird der Käse leicht gesalzen. Manchmal wird die Mitte mit einem Strohhalm durchbohrt, um dem stangenförmigen zarten Gebilde Halt zu geben. Wenn die Käse länger reifen sollen, bestreut man sie mit Holzkohlenasche. Die Lagerung im Keller beträgt je nach Reifegrad 10 Tage bis 3 Wochen.

CHARAKTERISTIK

Die charakteristische Stange wird in zwei Größen angeboten. Die kleine Version ist 15 cm lang, 4–5 cm dick und wiegt 250 g, die große ist 28–30 cm lang, 5–6 cm dick und wiegt 500 g. Als chevrefeuille ist er länger gereift, schmeckt intensiv und ist von fester Konsistenz unter einer trockenen, gelblichen Rinde. Als cendré ist er mit Asche bestäubt. Die Rinde ist weich, der Teig strahlend weiß. Feste, im Kern leicht brüchige Konsistenz, unter der Rinde cremig. Im Geschmack sehr mild, mit zunehmender Reife nussig, leichte Pilznote.

KULINARISCHES

Besonders gut schmeckt dieser Käse ab Frühsommer. Er eignet sich dazu, in Scheiben geschnitten und auf Baguettescheiben unter dem Grill geröstet und auf Salat serviert zu werden. Dazu passt ein Sauvignon de Touraine oder einer der Rotweine der Touraine.

VERWANDTE KÄSE

Ähnliche Käse gibt es in vielen Qualitäten, Größen und Herkünften in der Region aus bäuerlicher und industrieller Herstellung.

KÄSE IM KASTANIENBLATT

Im Poitou und insbesondere in den Départements Vienne und Deux-Sèvres gibt es eine Fülle von handwerklich erzeugten Ziegenkäsen. Viele Ziegenzüchter und Käsemacher entwickeln dabei ihre eigenen runden oder eckigen Variationen, kleinere oder größere, dünnere oder dickere, cremigere oder trockenere, mildere oder schärfere. Manche Käse werden zum Reifen auch in Kastanien- oder Platanenblätter eingewickelt. Der bekannteste Vertreter ist der Mothais sur feuille, ein runder flacher Taler mit weißer, weicher und etwas klebriger Rinde, einem sehr cremigen Teig und mildem Geschmack. Im Gegensatz zu den anderen Ziegenkäsen reift der Mothais sur feuille 3–4 Wochen in Kellern mit einer Luftfeuchtigkeit von nahezu 100 %. Ein anderer Vertreter im Kastanienblatt ist der Couhé-Vérac, ein flacher, quadratischer, sahniger Ziegenkäse. Im Gegensatz zum Mothais kehrt er seine Abstammung von der Ziege deutlicher heraus, was Kenner an ihm sehr schätzen.

Chabichou du Poitou (g.U.)

Weichkäse
aus Ziegenmilch
45% Fett i.Tr.

HERKUNFT UND GESCHICHTE

Poitou-Charentes/Vienne

Wie beim Sainte-Maure macht man die Mauren auch für den Ursprung des Chabichou verantwortlich. Sein Name stammt vom arabischen Wort »chebi« (junge Ziege). Das Appellationsgebiet erstreckt sich in weitem Kreis um die Stadt Poitiers. Die Appellation erlaubt die Herstellung im Haut-Poitou und umfasst einen Teil der Départements Vienne, Deux-Sèvres und Charente.

HERSTELLUNG

Unter Zugabe von Lab gerinnt die rohe und erwärmte Ziegenmilch in kaum mehr als einer halben Stunde. Mit der Kelle wird der Bruch in konische Formen geschöpft. Später lässt man ihn 3–4 Wochen reifen, wobei man den Käse öfter wendet. Fermier-Käse sind aus Rohmilch, industriell hergestellt in der Regel aus pasteurisierter Milch.

CHARAKTERISTIK

Abgestumpfter Kegel mit einem unteren Durchmesser von 6 cm, einem oberen von 5 cm. Die Höhe beträgt 6 cm und das Gewicht 150–160 g. Die Rinde ist gelblich weiß, je nach Grad der Reifung bildet sich graublauer und später auch rötlicher Edelschimmel aus. Der Teig ist fest, homogen und schneeweiß. Der Käse verströmt einen mittelstarken Ziegenduft. Im Geschmack ist der Chabichou anfangs recht mild, cremig und besitzt eine Haselnussnote. Mit zunehmender Reife wird er trocken, schmeckt markant nach Ziege und gewinnt leichte Schärfe.

KULINARISCHES

Am besten schmeckt der Chabichou in den Sommermonaten. Er bildet einen attraktiven Bestandteil einer sommerlichen Käseplatte. Empfehlung MDM: Empfehlenswerte Weine sind ein Sauvignon aus dem Haut-Poitou oder ein kühler Gamay der Touraine.

VERWANDTE KÄSE

Sainte-Maure (siehe dort). Die außerhalb der geschützten Appellation erzeugten, dem Chabichou de Poitou ähnlichen Ziegenkäse nennen sich Chabi und werden in ganz Frankreich hergestellt.

Port-Salut

Schnittkäse
aus Kuhmilch
50% Fett i.Tr.

HERKUNFT UND GESCHICHTE

Pays de la Loire/Mayenne

Zu den ältesten Trappistenkäsen Frankreichs zählt der Port-du-Salut, ein Vorläufer des Port-Salut. Er stammt aus dem Trappistenkloster Notre-Dame de Port-du-Salut (Hafen des Heils) in der Gemeinde Entrammes. Bereits 1817 befand sich eine Käseküche im Kloster. Ab 1873 brachten die Mönche ihren Käse nach Paris, wo er schnell beliebt wurde. Im Jahr 1938 erhielten die Mönche von Entrammes das Exklusivrecht zur Herstellung. Doch da sie der großen Nachfrage nicht mehr Herr wurden, verkauften sie die Lizenz zur Herstellung an die Molkereigenossenschaft von Mayenne, die ihn von da an unter dem Namen Port-Salut industriell herstellte.

HERSTELLUNG

Frische, pasteurisierte Milch wird kurz erhitzt. Der Bruch wird in maiskorngroße Körner geschnitten. Dann wird die Hälfte der Molke abgezogen und dieselbe Menge Wasser zugegeben. Das Bruch-Molke-Gemisch wird kräftig gerührt, bis die Körner weizengroß sind. Der Bruch wird kurz gepresst, bevor die Masse in Formen kommt. Nach 2–4 Stunden erfolgt eine zweite Pressung. Die Laibe kommen 8–12 Stunden in ein Salzbad und trocknen danach 2–3 Tage. Etwa 3 Wochen reifen sie bei hoher Luftfeuchtigkeit, dabei werden sie regelmäßig gewendet und gewaschen.

CHARAKTERISTIK

Runde Form mit 20 cm Durchmesser, 4 cm Höhe und einem Gewicht von 1,3–1,5 kg. Die natürlich orangerote Rinde umgibt einen geschmeidigen, elfenbeinfarbenen Teig mit wenigen Löchern. Milder, leicht säuerlicher Geschmack, aromatisch.

KULINARISCHES

Empfehlung MDM: Es empfehlen sich fruchtbetonte Weißweine, jedoch auch jugendliche Rotweine aus dem Südwesten wie Gaillac, Bordeaux oder Bergerac mit reifer Tanninstruktur.

BESONDERHEIT

In ganz Frankreich werden unter Verwendung des Urrezeptes von Port-du-Salut unter anderem Namen Klosterkäse produziert, so der landesweit erzeugte Saint-Paulin.

KUHMILCHKÄSE VON DER LOIRE

Die Region Centre steht für Ziegenkäse, dennoch gibt es auch Spezialitäten aus Kuhmilch Eine davon ist der Weichkäse Olivet cendré aus der gleichnamigen Stadt bei Orléans. Man lässt ihn in Asche mindestens einen Monat reifen. Der Käse hat einen leicht zähen Teig mit aschgrauer Schimmelrinde. Eine jüngere Kreation ist der Olivet au foin, bei dem der weiße Oberflächenflaum mit Heuhalmen bedeckt ist. Ein bäuerlicher Weichkäse ist der Pithiviers au foin aus dem Städtchen Bondaroy. Früher erzeugten die Bauern diesen Käse nur in der milchreichen Zeit. Dann wurde er im Heu aufbewahrt, um für den Herbst genügend Essensvorräte zu haben. Heute gibt es ihn das ganze Jahr über.

Aus dem Westen des Pays de la Loire kommt der Fromage du Curé, ein Weichkäse mit gewaschener Rinde aus Kuhrohmilch mit 45 % Fett. Diesen Käse soll erstmals ein Pfarrer (curé) in der Vendée hergestellt haben. Während der Französischen Revolution soll ihn ein fliehender Mönch in das Pays Nantais gebracht haben, eine Region, die sonst an Käse wenig zu bieten hat. Der Fromage du Curé hat die Form eines Pavé (rechteckig, flach), eine gewaschene Rinde, einen gelben, leicht speckigen Teig und, ähnlich dem Romadour, einen kräftig-aromatischen Geschmack. Der Käse ist auch unter dem Namen Curé Nantais, Petit Breton oder auch Fromage du Pays Nantais dit du Curé bekannt.

DIE MAROILLES-FAMILIE

Die Maroilles-Familie ist groß. Unterschiedliche Formen und Größen ergeben vielfältige Geschmacksrichtungen. Kleinere Käse brauchen zum Beispiel sehr viel weniger Zeit, um durchzureifen und den Geschmack der Affinierung anzunehmen. Der Vieux-lille (man nennt ihn auch Gris-de-Lille, Maroilles gris oder Vieux-gris-de-Lille) ist ein kräftiger Weichkäse. Sein Spitzname »puant macéré« (eingelegter Stinker) kommt nicht von ungefähr. Er reift über 3–4 Monate und wird dabei immer wieder mit Salzwasser gepflegt, bis die Rinde runzelig und grau ist. Die kräftige Baguette Laonnaise oder Baguette de Thiérache hat die Form eines Backsteins und reift 3–4 Monate in feuchten Kellern. Durch die Behandlung mit Salzwasser erhält sie eine ziegelrote Käseflora und einen weichen Teig. Im Nord Pas de Calais liebt man den herzförmigen, kräftig-pikanten Rotschmierkäse Cœur d'Arras. Ebenfalls zur Maroilles-Familie zählen Rollot, Sorbais, Boulette d'Avesnes und Dauphin.

Maroilles (g.U.)

Weichkäse mit gewaschener Rinde aus Kuhmilch
45% Fett i.Tr.

HERKUNFT UND GESCHICHTE

Picardie/Aisne

Dieser Käse geht auf die Benediktinermönche des Klosters von Maroilles in der Thiérache zurück. Seit über 1.000 Jahren wird er nach einem bis heute fast unveränderten Verfahren hergestellt. Der Name Maroilles kommt von Maro-Ialo, dem alten gallischen Namen des Dorfes beim Kloster, und bedeutet »Große Klarheit«. Eine Verordnung gebot den Einwohnern, die Milch ihrer Tiere am Tag des hl. Jean-Baptiste (24. Juni) zur Käseherstellung an die Abtei von Maroilles als ihren Zehnt abzuliefern, damit der Käse 100 Tage später, am Tag des hl. Remy (1. Oktober), fertig sei.

HERSTELLUNG

Die Milch der schwarzbunten Kühe des Avesnois dient roh oder pasteurisiert zur Herstellung. Nach der Dicklegung durch Lab und dem Ablaufen der Molke wird der weiße Käseteig in Lauge gesalzen und 10–14 Tage getrocknet. Es bildet sich eine Rinde mit feinem blauweißem Schimmel. Dann werden die Käse feucht abgebürstet oder gewaschen und reifen 5 Wochen bis 4 Monate. Nur die Mikroflora der Keller der Thiérache ermöglicht die Entwicklung des besonderen Belags.

CHARAKTERISTIK

Form eines Pflastersteins in verschiedenen Formaten. Großer Laib: 13 cm Kantenlänge, 6 cm Höhe, 720 g Gewicht, Sorbais (3/4): 540 g, Mignon: 380 g, der Quart: 180 g. Glänzende, feuchte, orange- bis backsteinrote Rinde, weicher bis speckiger Teig mit vielen kleinen Löchern. Ausgeprägter, intensiver und leicht rauchiger Geruch mit kräftig-würzigem Geschmack. Die kleineren sind etwas milder, aber immer noch kräftig. Als vieux ist der Maroilles besonders pikant.

KULINARISCHES

Der Maroilles passt gut in die warme Küche. Er kann sowohl ungereift (blanc), mittelreif (blondin) oder vollreif (vieux) verzehrt werden. Kenner entfernen die Rinde und trinken dazu dunkles Trappistenbier. Empfehlung MDM: Passende Weine sind kräftige, gehaltvolle und reife Rotweine wie Cornas oder Châteauneuf-du-Pape.

Rollot

Weichkäse mit gewaschener Rinde aus Kuhmilch 45% Fett i.Tr.

HERKUNFT UND GESCHICHTE

Picardie/Somme

Bauernkäse mit langer Tradition aus der Gemeinde Rollot, den bereits Louis XIV. auf seiner Durchreise durch die Picardie verzehrte und für gut befand. Von da an gedieh der Ruhm des kleinen intensiven Käses bestens.

HERSTELLUNG

Die Herstellung ist ähnlich dem Maroilles. Der Weichkäse reift 1–2 Monate lang in feuchtem Keller und wird währenddessen zweimal pro Woche mit Bier gewaschen.

CHARAKTERISTIK

Als Fermier-Käse ist es ein kleiner, flacher Zylinder mit einem Durchmesser von 7–8 cm, einer Höhe von 3 cm und einem Gewicht von 280–300 g. Er besitzt eine dünne, körnige, orangerote bis leicht ockerfarbene, feuchtglänzende Rinde, während der Teig weich und cremefarben ist. Industriell hergestellte Käse sind meist in Herzform. Kräftig-aromatisch, würzig, pikant und oft recht salzig.

KULINARISCHES

Ein Genuss sowohl mit einem mineralischen Sauvignon Blanc, aber auch mit einem fruchtigen Cidre oder gar einem Trappistenbier.

VERWANDTE KÄSE

Ein deftiger, herzförmiger Käse mit feucht-klebrigem Teig aus dem gleichnamigen Ort in der Picardie ist der Guerbigny, der 5 Wochen reifen muss.

KLEINES MEISTERWERK

Als kleines Meisterwerk unter Fachleuten gilt der Crayeux de Roncq, ein Rotschmierkäse aus dem gleichnamigen Städtchen unweit von Lille. Er wird 6 Wochen so affiniert, dass er in seiner Mitte kreideartig (crayeux) bleibt. Bei kürzerer Reifung nennt man ihn auch »carré du vinage«. Das Rezept ähnelt dem Maroilles. Er ist quadratisch mit einer Seitenlänge von 10 cm, 4,5 cm dick und wiegt 300 g. Seine Rinde ist von einem hellen Orange und der Teig cremefarben. Der Geschmack des Crayeux de Roncq ist ausgeprägt, doch fein.

Mimolette

Schnittkäse/Hartkäse aus Kuhmilch mindestens 40% Fett i.Tr.

HERKUNFT UND GESCHICHTE

Nord-Pas-de-Calais/Nord

Die Mimolette (wird auch Boule de Lille und Vieux-lille genannt) stammt vermutlich ursprünglich aus Holland. Er wird auf dieselbe Art hergestellt wie der holländische Edamer. Ihren eigenen Charakter gewinnt die französische Mimolette durch die lange Reifephase und ihre dunkelorange Farbe. Mimolette soll der Lieblingskäse von General Charles de Gaulle gewesen sein.

HERSTELLUNG

Der Milch fügt man Lab und Annatto hinzu. Der Bruch wird gepresst und erneut erwärmt. Mikroskopisch kleine Milben nagen an der Naturrinde, wodurch der Käse atmen kann. Die Rinde wird regelmäßig gebürstet. Jung wird die Mimolette nach 2–3 Monaten angeboten. Als demi-vieille ist sie 6–8 Monate lang gereift. Am Gefragtesten ist die Mimolette nach 12–14 Monaten als vieille oder mit 18 Monaten als extra-vieille. Die Reifezeit kann aber bis zu 24 Monate für einen vieux cassant betragen.

CHARAKTERISTIK

Kugel von 2–4 kg mit grauer, löchriger Rinde. Leuchtender dunkelorangefarbener Teig mit wenigen kleinen Löchern. Je nach Reifegrad geschmeidig bis fest, mürb und sehr hart und bröckelig. Der junge Käse hat ein fruchtiges und nussiges Aroma und schmeckt mild. Gereift ist er eher streng, pikant mit fast medizinischem Geruch.

KULINARISCHES

Die klassische Kombination zu reifem Bordeaux ist eine reife Mimolette. Doch auch kraftvolle Süßweine passen hervorragend zu einer gut gereiften Mimolette. Besonders spannend sind zur Mimolette auch ein dunkles Bier aus Flandern, ein alter Pineau de Charente oder ein reifer Cognac.

REZEPT MIMOLETTE MACÉRÉE À LA CH'TI

1 mittelalte Mimolette, 1 Flasche Bier Ch'ti Blonde, Pfeffer

Am besten bereiten Sie die Mimolette einen Tag vor dem Verzehr zu. Zunächst teilen Sie sie mit einem scharfen Messer in Höhe des zweiten Drittels mit einem zackenförmigen Schnitt und heben den entstandenen Deckel ab. Der untere Teil wird mit einem Löffel ausgehöhlt. Die Käsestücke kommen in eine Schüssel, werden mit Pfeffer aus der Mühle bestreut und mit dem Bier übergossen. Diese Mischung muss man 24 Stunden lang im Kühlschrank durchziehen lassen. Anschließend die Flüssigkeit abgießen und die eingelegten Mimolette-Stücke in die ausgehöhlte untere Hälfte gegeben. Den Deckel wieder aufsetzen.

DER BESTE TROPFEN ZUR BOULETTE

Die Boulette d'Avesnes mit ihrem kräftigen Aroma findet den idealen Partner im Schnaps ihrer Heimatregion, dem Genièvre. Dieser Wacholderbranntwein wurde von der zweiten Hälfte des 16. Jhs. an in der Gegend von Rotterdam/Niederlande gebrannt. In Nordfrankreich erlebte er seinen Durchbruch seit 1806, und im Nord-Pas-de-Calais entstanden zahlreiche Brennereien, von denen heute nur noch wenige existieren. Wacholderbeeren bestimmen das unverwechselbare Aroma, doch die Basis bilden Gerste, Roggen und etwas Hafer. Der Auszug daraus wird dreimal gebrannt, dann kommt der Wacholder hinzu. Nach mehreren Jahren der Reifung in Holzfässern wird der Genièvre abgefüllt.

Pavé de Roubaix

Schnittkäse/Hartkäse
aus Kuhmilch
45% Fett i.Tr.

HERKUNFT UND GESCHICHTE

Nord-Pas-de-Calais/Nord

Traditioneller Hartkäse aus Nordfrankreich, der mit der Entwicklung der Textilindustrie in Roubaix zu einem wichtigen Lebensmittel der Arbeiter wurde. Die ärmeren Leute kauften ihn noch ganz jung. Weil sie selten einen Keller besaßen, wurde der Käse zum Reifen in der Erde vergraben, wo er dank der natürlichen Feuchtigkeit langsam reifen konnte.

HERSTELLUNG

Für den Roubaix kommt der Käsebruch in eine längliche Form zum Abtropfen. Danach reift der Käse ein Jahr lang auf Holzlatten, wird einmal im Monat gewendet und gebürstet.

CHARAKTERISTIK

Ein etwas unregelmäßiger rechteckiger Laib von etwa 13 cm Breite, 26 cm Länge und 8 cm Dicke. Er wiegt 3–4,5 kg. Die natürliche Rinde ist hellbräunlich und extrem hart. Der dunkelgelbe Teig ist glatt und fest, zur Rinde hin orangefarben. Würzig-nussiger Geruch mit ausgeprägtem, pikantem Geschmack.

BESONDERHEITEN

Der Pavé de Roubaix wird nur noch von einer Handvoll Käser hergestellt und droht vom Markt zu verschwinden.

KULINARISCHES

Der beste Begleiter ist ein süßlich schmeckendes Braunbier. Bevorzugt man Wein, so passen besonders gut ein Rivesaltes Tuilé oder ein süßer Rasteau.

KÄSE AUS DEM NONNENKLOSTER

Ende des 19. Jhs. gründeten Nonnen in Belval ein Kloster. Wie die Trappistenbrüder begannen sie – nach einem ähnlichen Verfahren – mit der Käseherstellung. Heute produzieren etwa 40 Nonnen Trappiste oder Trappe de Belval. Die Milch erhalten sie von Bauern aus dem Umkreis. Neben ihrem berühmten Trappe de Belval verkaufen sie in Klosterläden auch andere Käse und handwerklich hergestellte Lebensmittel aus etwa 30 französischen und belgischen Klöstern.

La Boulette d'Avesnes

Fester Schnittkäse
aus pasteurisierter Kuhmilch
45% Fett i.Tr.

HERKUNFT UND GESCHICHTE

Nord-Pas-de-Calais/Nord

Die Boulette wird erstmals 1760 in den Schriften der Abtei von Maroilles erwähnt. Aus Sparsamkeit verwendeten die Bauern die nach der Butterherstellung übrig gebliebene Milch zur Käseherstellung. Bis zum Zweiten Weltkrieg besaß der Käse eine Kugelform, von daher auch die Bezeichnung »Boulette«.

HERSTELLUNG

Die Boulette besteht aus frischen Maroilles-Stücken und Buttermilch. Der Teig wird geknetet, zu einem Kegel geformt und mit Estragon, Petersilie, Nelken, Pfeffer und oft auch Paprikapulver aromatisiert. Während der bis zu neunwöchigen Reifung in feuchten Kellern wäscht man ihn regelmäßig mit Bier. Industriell hergestellter Käse erhält durch Annatto seine rote Rinde.

CHARAKTERISTIK

Birnenförmiger Käse, Durchmesser 6–9 cm, Höhe 9–10 cm, Gewicht 200–380 g, rötliche Rinde. Weiche Konsistenz, strenger, pikanter Geruch, dabei sanfterer, würziger Kräutergeschmack.

KULINARISCHES

Die meisten Boulettes werden frisch verkauft und sollten innerhalb eines Monats gegessen werden. Am besten mundet sie mit herzhaftem Bauernbrot und einem Glas dunklem Trappistenbier oder einem Gläschen Genièvre. Empfehlung MDM: Als Wein eignen sich ein junger Gamay oder ein junger Pinot Noir.

VERWANDTE KÄSE

Boulette de Cambrai, wird aus Butter und Maroilles hergestellt, mit Estragon, Zwiebeln und Petersilie gewürzt, aber nicht affiniert. Man streicht ihn als Frischkäse aufs Brot. Für den Dauphin mischt man klein geschnittenen, frischen Maroilles-Käse und würzt ihn mit Estragon, Petersilie und Pfeffer. Diese Käsespezialität soll nach dem Sohn von Louis XIV. benannt sein, der als Kronprinz (dauphin) bei einer Reise durch das Hainaut diesen Käse kennenlernte. Der Käse in Form eines Delfins (dauphin) hat einen kräftig-pikanten Geschmack nach Kräutern und Gewürzen.

Mont des Cats

Schnittkäse
aus roher Kuhmilch
45% bis 50% Fett i.Tr.

HERKUNFT UND GESCHICHTE

Nord-Pas-de-Calais/Nord

Schon bevor Trappistenmönche Mitte des 17. Jhs. auf dem Berggipfel Mont des Cats zwischen Lille und Dunkerques eine Eremitage errichteten, (sie wurde später zur Abtei Mont des Cats), stellten die Bauern der Region einen milden Käse her, den man in den Familien des Nordens aufs Butterbrot legte und in den Frühstückskaffee tunkte. Seit 1890 verlegten sich die Mönche auf die Käseherstellung, wozu sie die Milch von den benachbarten Bauernhöfen bezogen. 1995 wurde der Käse zum kulinarischen Erbe der Region Nord-Pas-de-Calais erhoben.

HERSTELLUNG

Die Mönche stellen den Mont des Cats als Labkäse im Stil des Port-Salut her. Der Bruch wird gepresst, aber nicht erhitzt. Für 2 Monate lagert der Käse im kühlen Keller; während dieser Zeit wird er regelmäßig mit Salzlake, der man Annatto zufügt, abgerieben.

CHARAKTERISTIK

Runder, 4 cm dicker Laib, misst im Schnitt 25 cm und wiegt bis 2 kg. Eine halbtrockene, gelbliche Rinde umschließt den halbfesten, doch weichen und cremigen Teig, der kleine charakteristische Löcher aufweist. Mildes, dezentes nussartiges Aroma.

KULINARISCHES

Als Wein empfehlen sich fruchtbetonte Weißweine, jedoch auch ein jugendlicher Rotwein mit reifer Tanninstruktur aus dem Süden Frankreichs wie beispielsweise Côteaux du Languedoc, Minervois oder Côtes du Roussillon.

VERWANDTE KÄSE

Saint-Paulin, Port-Salut.

Bergues

Weichkäse mit gewaschener Rinde aus Kuhmilch
15% bis 20% Fett i.Tr.

HERKUNFT UND GESCHICHTE

Nord-Pas-de-Calais/Nord

Der Käse wird seit dem Mittelalter in der flandrischen Stadt Bergues in der Nähe von Dunkerques hergestellt. Lange hielt man ihn für eine Nachahmung der holländischen Mimolette, doch inzwischen ist er als ganz besonderes Produkt anerkannt. Inzwischen hat der Käse eine breitere Kundschaft gefunden, wird aber weiterhin auf handwerkliche Weise hergestellt.

HERSTELLUNG

Die teilentrahmte Milch von lokalen Kuhrassen wird unter Zugabe von Lab dickgelegt. Nach dem Abtropfen der Molke und dem Festwerden des Teigs lässt man die Laibe in speziellen, erhöhten Kammern, den sogenannten hoofsteads auf Gittern 3 Wochen bis 2 Monate reifen, wobei sie zweimal pro Woche mit Bier oder Salzlake abgewaschen werden.

CHARAKTERISTIK

Runder Laib von gut 20 cm Durchmesser, einer Dicke von 4 cm und einem Gewicht von etwa 1,7 kg. Die dünne Rinde hat eine gelbliche Farbe mit weißen Flecken, der Teig ist elfenbeinfarben mit unregelmäßigen kleinen Löchern. Dezenter würziger Duft. Im Geschmack angenehme Würze mit einer leichten Hefenote.

KULINARISCHES

Als Weine empfehlen sich einfache, aromatische Tropfen wie Weißweine der Touraine, auch Chablis oder leichtere Rotweine wie ein Beaujolais. Allerdings harmoniert auch ein kühles flandrisches Bier sehr gut.

VERWANDTE KÄSE

Den kleinen Bruder des Bergues, den Saint-Winoc, bekommt man heute nur noch sehr schwer, obwohl er in früheren Zeiten sehr verbreitet war. Nur noch ein Produzent bei Esquelbecq stellt ihn her. Der 300 g schwere Käse wird in Bier affiniert.

Vieux-boulogne

Weichkäse/Schnittkäse
aus roher Kuhmilch
45% Fett i.Tr.

HERKUNFT UND GESCHICHTE

Nord-Pas-de-Calais

Ein Käse mit junger Geschichte, den nur drei Produzenten in der Nähe des Meeres bei Boulogne-sur-Mer handwerklich herstellen.

HERSTELLUNG

Verwendet wird nur Milch von Kühen, die in der Nähe des Meeres weiden. Der Bruch wird vorgesalzen, anschließend wird der Käse 2 Monate mit St. Léonard-Bier affiniert.

CHARAKTERISTIK

Quadratische Form, 4 cm hoch, Seitenlänge 11 cm. Die feuchte, rötliche Rinde ist leicht geriffelt und umschließt einen elastischen Teig. Der Käse verströmt einen durchdringenden Geruch. Die Milch hat einen leicht würzigen, jodhaltigen Duft, der sich auf den Geschmack des Käses überträgt.

KULINARISCHES

Als Weinbegleitung empfehlen sich Weißweine mit mineralischer Prägung wie Vouvray, gerne auch im Bereich demi-sec. Rotweine als Begleitung sollten reif sein und wenig Gerbstoffe aufweisen.

Brie de Meaux (g.U.)

Weichkäse mit Weißschimmel
aus roher Kuhmilch
45% Fett i.Tr.

HERKUNFT UND GESCHICHTE

Île-de-France/Seine-et-Marne

Wo genau der Brie de Meaux entstand und wer ihn erfand, ist unbekannt. Sicher ist, dass er der bekannteste Brie ist und dass ihn bereits Karl der Große und viele andere Adligen schätzten. Seinen größten Triumph aber feierte er 1814, als er von Talleyrand und den Unterhändlern des Wiener Kongresses zum »König der Käse« gewählt wurde.

HERSTELLUNG

Der Bruch wird kaum geschnitten, weil die Molke in der Form auf der großen Oberfläche des Käses von selbst abfließen kann. Die Reifezeit beträgt meist 8 Wochen.

CHARAKTERISTIK

Flache Torte, Höhe 2,5 cm, Durchmesser 35–40 cm, Gewicht 2,5–3 kg. Reifer Brie de Meaux hat weißlichen Schimmelflaum und rötliche Flecken oder Adern auf der Rinde. Der Teig ist strohgelb, cremig und geschmeidig, ist aber noch nicht fließend. Kurz gereifte Bries de Meaux haben eine fruchtig-würzige Note, länger gereifte einen ausgeprägten Schimmelgeruch und mild-süßlichen Geschmack.

KULINARISCHES

Ein reifer Brie sollte bald verzehrt werden. Am besten munden die Bries im Sommer, Herbst und Winter. Im Sommer sollte man besonders vorsichtig beim Transport sein. Empfehlung MDM: Kräftige, gehaltvolle und gleichzeitig reife Rotweine sind zu empfehlen, wobei Brie sowohl zu Gewächsen aus Burgund, von der Rhone oder zu feinen Tropfen aus Bordeaux harmoniert. Weißweine dürfen zum Brie gerne einen leicht nussigen Charakter haben. Chardonnay ist hier aus den klassischen Anbaugebieten eine gute Kombination.

BRIE – SEIT LANGEM HOFFÄHIG

Die Île-de-France ist Frankreichs Brie-Paradies. Erste Schriftstücke, in denen ein »fromage du pays du Brie« erwähnt wird, datieren ins Jahr 1217 zurück. Damals tauchte ein solcher Käse in den Registern des Hofs der Champagne auf. Dem Pays de Brie, einer Landschaft östlich von Paris, verdankt der Käse auch seinen Namen. Die verschiedenen Brie-Arten sind jeweils nach ihrem Produktionsort benannt. Der Brie de Meaux stammt aus der Stadt Meaux, der Brie de Melun wiederum aus der Ebene um Melun. Die Bries der verschiedenen Herkünfte unterscheiden sich durch ihren Reifegrad. Während der dem Brie ähnliche Coulommiers bereits kurz nach dem ersten weißen Schimmelflaum verzehrfertig ist, wird der Brie de Meaux nur vollreif verzehrt. Brie de Meaux und Brie de Melun sind durch die g.U. geschützt. Brie wird auch außerhalb Frankreichs hergestellt, zum Beispiel in Deutschland (Deutscher Brie), Großbritannien (Melbury) oder in den USA und Kanada (Brie).

Die charakteristischste Form eines Bries ist die Torte (tarte de brie). Kleinere Formate werden als petit brie bezeichnet. Die Tortenstücke nennt man pointe de brie (Briespitzen). Der Brie de Melun ist der Schwerste: Er bringt 2,5–3 kg auf die Waage, ist bis zu 5 cm hoch und hat einen Durchmesser von 32–36 cm. Der größte Brie ist der Brie de Meaux, sein Durchmesser erreicht 40 cm. Besonders klein ist der Coulommiers, ein 500 g schwerer Taler mit einem Durchmesser von 14–16 cm.

Bei den Bries fermier wird Rohmilch verwendet, ansonsten meist pasteurisierte Milch. Im Wesentlichen gleicht die Herstellung des Bries der des Camemberts. Der frischen Milch wird vorgereifte Abendmilch hinzugefügt und diese Mischung anschließend mit Lab versetzt. Mit einer runden, flach gewölbten Kelle mit vielen Löchern (écremette) wird die dickgelegte Milch von Hand in die Formen geschöpft. Dieser Vorgang erfolgt in fünf Schichten. Während die Molke abläuft, wird der Käse mehrmals gewendet und zweimal von Hand gesalzen. Die erste Salzung geschieht meist noch in der Nacht innerhalb von 12 Stunden (sel 12 heures). Dieser genaue Zeitpunkt ist wichtig, damit die restliche Molke ablaufen kann und die Rindenbildung nicht gestört wird. Beim zweiten Salzvorgang werden die Schimmelkulturen über den Käse gestäubt. Das Wenden der großen, flachen Torten erfordert viel Geschick vom Käser, denn der Käse kann beim Wenden leicht zerbrechen. Die Reifung dauert im Allgemeinen 4–8 Wochen. Wenn der Brie in den Verkauf kommt, sollte der Teig im Inneren mindestens zur Hälfte durchgereift sein. Im Geschmack sind Brie-Käse im Allgemeinen mild und aromatisch, je nach Herstellungsart können sie aber auch leicht säuerlich bis kräftig und pikant sein.

BRIE-VIELFALT
AUS DEM DÉPARTEMENT SEINE-ET-MARNE

Der Brie de Montereau mit seinem kräftigen Geruch und Geschmack ist nur noch selten zu finden. Sein Durchmesser ist nie größer als 20 cm. Eine der letzten lokalen Brie-Spezialitäten ist der Brie de Nangis. Er wird nach der Tradition seines Ursprungsortes inzwischen bei Tournan-en-Brie produziert. Seine Reifung dauert 4–5 Wochen. Der Brie le Provins war schon vom Markt verschwunden, bevor er von einem Produzenten wiederentdeckt wurde. Am besten schmeckt dieser Brie nach 4–5 Wochen Reifezeit, wenn sich das Milcharoma und der klare Schimmelgeschmack voll entwickelt haben. Der Petit Morin mit seinem einer kleiner Kuppel gleichenden Aussehen wird an den Ufern des Flüsschens Morin erzeugt. Sein Geschmack rückt ihn eindeutig in die Nähe des Bries, doch er ist durch die Sahnezugabe bei der Herstellung milder. Er reift 2–3 Wochen.

Brie de Melun (g.U.)

Weichkäse mit Weißschimmel
aus roher Kuhmilch
45% Fett i.Tr.

HERKUNFT UND GESCHICHTE

Île-de-France/Seine-et-Marne

Die besten Bries de Melun kommen aus der Ebene um Melun. Mit seinen rötlichen Streifen, die unter dem Weißschimmel sichtbar sind, ist der Brie de Melun der Rustikalste – und einer der Ältesten. Sein Produktionsgebiet ist eng begrenzt und kleiner als das seines Vetters aus Meaux.

HERSTELLUNG

Für die Gerinnung der Milch gibt man Milchsäurebakterien hinzu. Allerdings verzichtet man beim Brie de Melun auf die Zugabe von Schimmelkulturen. Längere Reifezeit (2 Monate) in kühleren, etwas weniger feuchten Kellern als für andere Bries.

CHARAKTERISTIK

Ein Brie de Melun ist mit einem Durchmesser von 14–16 cm und einem Gewicht von etwa 0,5 kg recht klein. Die Rinde ist bedeckt von blaugrauem bis hellblauweißlichem Schimmel, der bei längerer Reifedauer eine rotbräunliche Flora entwickelt. Frischen, noch jungen Brie de Melun nennt man bleu, weil die Rinde mit Kohlepulver bestäubt wird. Der Teig ist leicht krümelig und besitzt durch natürliche Schimmelbildung ein besonders kräftiges Aroma. Kräftiger, leicht salziger Geschmack.

KULINARISCHES

Owohl der Brie de Melun lange reifen kann, wird er gerne jung verzehrt. Überreif wird er trocken und dunkler und kommt dem Brie des Moissons nahe, der früher als Brie zweiter Wahl den Landarbeitern als Verpflegung gegeben wurde. Neben den Weinempfehlungen zum Brie de Meaux, die auch zum Brie de Melun harmonieren, kann bei reifem Brie de Melun auch ein Wein mit feiner Restsüße eine spannende Kombination darstellen.

Coulommiers

Weichkäse mit Weißschimmel aus Kuhmilch mindestens 40% Fett i.Tr.

HERKUNFT UND GESCHICHTE

Produktionsgebiet von Seine-et-Marne bis zur Meuse

Der Coulommiers stammt aus der gleichnamigen Ortschaft. Der »kleine Bruder« des Bries ist zugleich eng verwandt mit dem Camembert. Manche Fachleute zählen ihn zur Familie der Bries, er gilt jedoch seit längerer Zeit als eigenständige Käsesorte.

HERSTELLUNG

Coulommiers aus Rohmilch muss 2 Monate reifen, bei Verwendung von pasteurisierter Milch ist die Reifedauer nur halb so lang. Der größte Teil wird aus pasteurisierter Milch hergestellt.

CHARAKTERISTIK

Kleiner, flachzylindriger Käse mit einem Durchmesser von 13 cm, der nur etwa 500 g wiegt. Die Einheimischen mögen den Coulommiers am liebsten noch nicht ganz ausgereift (affiné à point) – mit einem milchsauren Kern, umgeben von frischem, sahnig schmeckendem Teig.

KULINARISCHES

Man sollte versuchen, einen Coulommiers fermier zu bekommen, der gegenüber dem industriell hergestellten Vertreter ein sehr regionaltypisches Aroma aufweist. Als Weine harmonieren trefflich

kräftige, charaktervolle Rotweine aus dem Burgund, aus Bordeaux oder von der Côtes du Rhône, die eine reife Tanninstruktur aufweisen. Weißweine der Rebsorten Chenin Blanc oder Pinot Gris harmonieren ebenfalls sehr gut.

VERWANDTE KÄSE

Der Le Fougerus gleicht in Aussehen und Geschmack dem Coulommiers, ist aber etwas größer. Auch er wird zur Brie-Familie gezählt. Besonderes Kennzeichen ist ein Farnblatt auf der Oberfläche, das als Dekoration und Würze (der Geruch des Farns verbindet sich mit dem des Schimmels) dient. Nach 4 Wochen Reifezeit hat sich ein elastischer, frischer Teig mit leicht salzigem Geschmack gebildet. Am besten schmeckt der Käse vom Frühjahr bis Herbst. Kräftige, gehaltvolle Rotweine machen sich gut zu diesem Käse.

FRISCH-CREMIGE KÖSTLICHKEITEN AUS DER ÎLE-DE-FRANCE

Der cremige Doppelrahmfrischkäse Fontainebleau stammt ursprünglich wohl aus einem Dorf in der Nähe des Forêt de Fontainebleau. Es ist eine Mischung aus Sahne und Frischkäse mit mild-süßlichem und sahnigem Geschmack. Man formt den Käse in einem mit Gaze ausgelegtem Behälter. Köstlich als Dessert mit frischen Früchten oder Honig und Nüssen. Dazu passt Vin doux naturel. Explorateur, ein cremiger Triple-Crème mit Weißschimmelrinde, stammt aus der Nachkriegszeit und ist im Typ dem Brillat Savarin ähnlich. Für den Explorateur verwendet man mit Crème fraîche angereicherte Milch und lässt ihn 2–3 Wochen reifen. Gewicht 250 g, Höhe 6 cm, Durchmesser 8 cm. Der Explorateur ist von cremig-sahniger Konsistenz und hat ein milchsäuerliches Aroma. Er riecht leicht nach Schimmel. Der Boursault erinnert an Brie, ist im Geschmack jedoch säuerlicher. Henri Boursault stellte den nach ihm benannten Käse in Perreux-sur-Marne erstmals nach dem Zweiten Weltkrieg her. Die Milch wird mit Sahne angereichert, danach reift Boursault 12 Tage im Keller. Er wird verpackt und reift noch 1 Monat weiter, bevor er in den Verkauf kommt. Danach hat sich ein weicher, cremiger und geschmeidiger Teig mit zarter Weißschimmelrinde, manchmal auch mit leicht rötlich brauner Flora gebildet. Dieser Käse ist auch unter dem Namen Délice de Saint-Cyr bekannt und wird heute im Limousin produziert.

KÄSEGEHEIMNISSE AUS DEM KLOSTER

Im Mittelalter waren es häufig Mönche, die die Kunst des Käsemachens einführten und verfeinerten. Insbesondere der Trappistenorden hat sich auf dem Gebiet des Käsemachens ausgezeichnet. Bis heute unterhält er mehrere Klöster, die sich auf die Käseproduktion spezialisiert haben. Ihre Käse sind teils nur unter dem lokalen Namen, teils aber unter den Bezeichnungen La trappe, Le trappiste, Fromage de Trappiste de …, Trappiste de … oder Abbaye de … bekannt geworden. Beispiele sind Belloc (Béarn/Baskenland), Belval (Picardie), Chambarand (Isère/Dauphiné), Cîteaux (Burgund), Echourgnac (Périgord), Mont des Cats oder Trappe de Bailleul (Nord-Pas-de-Calais) oder Tamié (Savoie).

MONT D'OR
APPELLATION D'ORIGINE

NORDOSTEN

Schlaraffenland für Gourmets

Frankreichs Nordosten umfasst die Champagne, das Elsass, Lothringen sowie die südlicheren Gebiete Franche-Comté und Burgund. Die Heimat des edlen Champagners ist ein sehr bodenständiges Land geblieben, wo köstliche Käse wie der sahnig-cremige Chaource und der intensiv-markante Langres produziert werden. Hier speist man gern deftig. Schweinefleisch bildet einen zentralen Bestandteil der Tafel. Hierin gleichen die Vorlieben der Champenois den Gewohnheiten der Nachbarn in Lothringen und im Elsass. Dort gelten die Einheimischen als Meister im Pökeln und Räuchern sowie in der Herstellung von Pasteten. Auch der lokale Munsterkäse hat es in sich, intensiv im Bukett, kräftig und charaktervoll.

Weiter im Süden, an der Schweizer Grenze, liegt die Mittelgebirgslandschaft der Franche-Comté mit den Regionen Haute-Saône, Jura, Doubs und Belfort. Vor allem die Berge und Hochebenen des Jura haben ihre Traditionen bewahrt. Heute wie vor Jahrhunderten findet man auf den Höfen und kleinen Bauerngenossenschaften Räucherwaren, den mysteriösen Vin Jaune und köstliche Bergkäse.

Westlich grenzt das Burgund an, für den Gourmet das Schlaraffenland schlechthin. Das einstige Reich berühmter Herzöge besitzt eine lange Wein- und Küchentradition, die seit Generationen verfeinert wird. Dabei bleibt der Burgunder seinem Bauernland im Herzen immer treu. Aus Burgund stammen exquisite Produkte: exzellenter Wein, wohlschmeckende Schnecken, das Bresse-Geflügel, Fleisch vom Charolais-Rind und natürlich köstlicher Käse.

Linke Seite: Traditionelle Spezialitäten zeichnen den Nordosten Frankreichs aus.

Chaource (AOC)

Weichkäse mit Weißschimmel
aus roher Kuhmilch
50% Fett i.Tr.

HERKUNFT UND GESCHICHTE

Champagne/Aube

Seit dem Mittelalter kennt man den berühmten sahnigen Weichkäse Chaource, der aus der gleichnamigen Stadt in der Nähe von Troyes stammt. Schriftlich erwähnt wurde der Chaource erstmals im Jahr 1531. Heute wird er auch in Teilen des nördlichen Burgunds hergestellt.

HERSTELLUNG

Die Gerinnung dauert mindestens 12 Stunden und erfolgt in erster Linie durch Milchsäurebakterien. Die Regel schreibt sowohl ein spontanes Ablaufen der Molke als auch ein langsames Abtropfen der Molke vor. Die Reifung erfolgt in kühlen Kellern und beträgt 3 Wochen (junger Chaource); sie kann aber auch bis zu 2 Monate (vollreifer Chaource) dauern. Wegen seines hohen Säuregehalts reift der Chaource nicht wie der Camembert bis zum Kern durch, sondern bleibt in der Mitte etwas krümelig.

CHARAKTERISTIK

Die zylinderförmigen Chaource-Käse gibt es in zwei Größen zu 250 g (klein) und 450 g (groß), Durchmesser 9 cm (klein), 11 cm (groß), Höhe 6–7 cm (klein), 5–6 cm (groß). Cremeweißer, cremiger und sehr feiner Teig. Sahniger Geschmack, angenehm milchsäuerlich. Ein Chaource zergeht auf der Zunge! Reifer Chaource riecht leicht nach Champignon und Sahne. Dann zeigt er am oberen Rindenrand eine rötliche Flora.

BESONDERHEITEN

Hauptsächlich industriell hergestellt; von den insgesamt fünf Chaource-Produzenten stellt nur noch eine Käserei den Käse handwerklich her.

KULINARISCHES

Am besten schmeckt der Chaource im Sommer. Er mundet vorzüglich mit einem Glas Champagner, bei jungem Chaource gerne mit einem Blanc de Blanc oder einem Brut, bei reifem Chaource darf auch der Champagner etwas Reife zeigen, auch Rosé-Champagner harmoniert dann sehr gut. Chaource und feiner Chablis, der klassisch ausgebaut wurde, ist ebenfalls ein Genuss. In kleine Würfel geschnitten, eignet sich Chaource auch als Appetithappen zum Aperitif.

CHAMPAGNER UND KÄSE

Weichkäse mit Weißschimmelrinde passen gut zu Champagner, vor allem dann, wenn die Käse noch jung und nicht zu reif sind. Der in diesem Stadium cremige, leicht bröckelige, dichte Teig harmoniert schön mit der Perlage des Champagners. Eine klassische Verbindung bildet Champagner mit Brie. Ideale Partnerschaften gehen aber auch der cremige und sahnige Chaource, der Brillat Savarin oder frischer Neufchâtel mit Champagner ein. Doch neben diesen sanften Kombinationen harmonieren auch lange gereifte Hartkäse, die durchaus pikanter sein dürfen, mit Champagner. Ein Glas Champagner und ein Stückchen Comté ist ein besonderes Erlebnis für die Geschmacksnerven. Ein gereifter Champagner kann es sogar mit einem ausgesprochen kräftigen Käse aufnehmen, wie zum Beispiel einem Langres oder Maroilles. Auch hier gilt – Probieren geht über Studieren!

Langres (AOC)

Weichkäse mit gewaschener Rinde aus Kuhmilch
50% Fett i.Tr.

HERKUNFT UND GESCHICHTE

Champagne/Haute-Marne

Diese Käsespezialität trägt den Namen der 65 km nordöstlich von Dijon gelegenen Stadt Langres, die im Mittelalter ein bedeutender Handelsplatz war. Noch bis vor 100 Jahren stellte man Langres nur auf dem Bauernhof her. Die Geschichte des Langres' reicht bis ins 18. Jh. zurück. Von den Käsehändlern und Affineuren in Langres wurde der Käse bereits damals bis nach Paris und Genf verkauft.

HERSTELLUNG

Die geschnittene Bruchmasse darf nicht gewaschen und geknetet werden. Der Salzlösung, mit der der Käse regelmäßig mit einem Tuch oder mit der Hand abgerieben wird, darf Annatto hinzugesetzt werden.

CHARAKTERISTIK

Zylindrische Form mit einer Vertiefung in der Mitte der Oberfläche. Diese entsteht beim Reifen, denn Langres wird nicht gewendet. Zwei Größen: 800 g (16–20 Durchmesser, 5–7 cm Höhe) und als kleiner Langres mindestens 150 g (7,5–9 cm Durchmesser, 4–6 cm Höhe). Gelbliche bis bräunlich rote, feuchte und glänzende Rinde, weißer Teig, der zur Mitte hin etwas weicher wird. Intensives, typisches Aroma, sehr angenehmer, charakteristischer pikanter Geschmack, manchmal leicht säuerlich.

KULINARISCHES

Wahre Genießer verfeinern den Langres, indem sie in die fontaine, der Vertiefung an der Oberfläche, etwas Champagner oder Marc de Bourgogne gießen und den Käse so noch kurz nachreifen lassen. So präpariert, genießt man ihn am besten mit dem gleichen Getränk, mit dem man ihn selbst affiniert hat. Sehr gut harmoniert er aber auch mit einem reifen, kraftvollen Rosé-Champagner, einem körperreichen, samtigen Rotwein, zum Beispiel einem Burgunder.

VERWANDTE KÄSE

Chaumont

Carré de l'Est

Weichkäse mit Weißschimmel/gewaschener Rinde aus Kuhmilch 52% Fett i.Tr.

HERKUNFT UND GESCHICHTE

Lorraine/Vosges

Gegenüber anderen Weichkäsen mit gewaschener Rinde ist der Carré de l'Est noch ein »Jüngling«. Ende der 30er-Jahre wurde er zum ersten Mal hergestellt, um während der Sommermonate einen haltbaren, weniger fetten Käse zur Verfügung zu haben. Er wird fast ausschließlich in Ostfrankreich hergestellt.

HERSTELLUNG

Klassiche Weichkäseherstellung aus ungepresstem, nicht erhitztem Teig. Die Rinde wird während der einmonatigen Reifezeit regelmäßig mit Salzwasser gewaschen.

CHARAKTERISTIK

Wie sein Name verrät, ist der Käse quadratisch. Seine Seitenlänge beträgt 9,5 cm, die Höhe 3 cm, das Gewicht 230 g. Dichter, geschlossener Weißschimmelflaum mit etwas Rotschmiere. Feuchte, elastische Rinde. Leicht gelber, fester und etwas klebriger Teig. Als frühreifer Käse leicht säuerlich, danach mild-aromatisch, würzig und etwas salzig.

KULINARISCHES

Den Käse vor dem Verzehr einige Tage im Kühlschrank nachreifen lassen. Empfehlung MDM: Als Wein eignen sich Elsässer Weißweine wie Pinot Gris oder Pinot Blanc, ein Gris de Toul passt ebenfalls. Reife Pinot Noirs harmonieren ebenso wie ein Gläschen Mirabelle de Lorraine.

VERWANDTE KÄSE

Saulxurois aus dem gleichnamigen Dörfchen in der Champagne gilt als Urversion des Carré de l'Est. Es ist ein Weichkäse mit gewaschener Rinde aus Rohmilch. Zart aromatischer, vollmundiger Geschmack, manchmal leicht salzig, Reifezeit 2 Monate. Die mit Schnaps affinierte Variante wird »mirabellois« genannt.

KRÄFTIGES UND DEFTIGES

Von der Pfalz im Norden bis zur Schweiz im Süden erstreckt sich die kleinste Region Frankreichs, das Elsass, dessen landschaftliches Bild die Rheinebene entscheidend prägt. Malerisch schließen sich an die Rheinebene die Weinberge an, die im Westen von den Höhenzügen der Vogesen gekrönt sind und die Grenze zu Lothringen bilden.

Das Elsass zählt zu den führenden kulinarischen Regionen Frankreichs. Der Elsässer isst gerne und gut, und die Elsässer Kochkunst kann aus dem fruchtbaren Boden ihren Reichtum schöpfen: Elsässer Weine, Bier und Edelbrände, Flammkuchen und Sauerkraut, Gänseleberpastete und natürlich der vollmundige, rassige Munsterkäse, der auch auf der lothringischen Seite zu den Delikatessen zählt.

Links: Hier entsteht der berühmte Weichkäse Munster-Géromé.

Unten: Bäuerliche Käsetradition wird in den Vogesen mit viel Liebe gepflegt.

RARITÄT AUS DEN VOGESEN

Bargkass ist im lokalen Dialekt die Bezeichnung für Bergkäse (barg = Berg, kass = Käse) Schon vor 100 Jahren stellten die Bauern in den Vogesen und im Münstertal für den Eigenbedarf den Bargkass oder Fromage du Val St. Grégoire her. Für das Käsen wird die teilweise entrahmte Abendmilch und die Vollmilch vom nächsten Morgen gemischt, der Bruch wird mit schweren Gewichten gepresst. Die Reifezeit beträgt 2–3, maximal 5–6 Monate. Jede Woche wird der Käse ein- oder zweimal mit Salzwasser befeuchtet, damit sich auf der Rinde kein Schimmel bildet. Die von einer hellbraunen Naturrinde umschlossenen Käselaibe wiegen 7,5–8 kg. Der Teig ist strohgelb und von weicher, elastischer Konsistenz. Vollmundiger Geschmack, leicht säuerlich am Ende. Den Bargkass findet man nur in der Region, einige Bauernhöfe stellen ihn noch her. Die Einheimischen bevorzugen den Käse zusammen mit einem dunklen, kräftigen Vollkornbrot und einem Glas Elsässer Gewürztraminer.

Munster-Géromé (g.U.)

Weichkäse mit gewaschener Rinde aus Kuhmilch
45% Fett i.Tr.

HERKUNFT UND GESCHICHTE

Elsass und Lothringen

Die Geschichte des Munster beginnt im Mittelalter auf der Südseite der Vogesen. Benediktinermönche aus Italien gründeten ein Kloster, um das sich schnell ein Dorf bildete. In Anlehnung an die lateinische Bezeichnung für Kloster – monasterium – nannte sich das Dorf Munster. Die Mönche kannten sich im Käsemachen aus und suchten sich die besten Weidegründe im Elsass und bald auch in Lothringen. Elsässer und Lothringer gründeten 1285 gemeinsam die Stadt Sancti Gerardi Mare, die im Volksmund Gérardmer, im Dialekt ausgesprochen géromé genannt wurde. Dort wurde der Klosterkäse von Elsässern und Lothringern vermarktet. Inzwischen teilen sich beide die AOC, im Elsass heißt der charaktervolle Rotschmierkäse Munster und in Lothringen Géromé.

HERSTELLUNG

Verwendung von roher (fermier) oder pasteurisierter Milch der Vosgienne-Rasse. Der geschnittene Bruch darf vor dem Ausformen nicht gewaschen oder geknetet werden. Alle zwei Tage muss der Käse von Hand mit milder Salzlake abgerieben werden. Die Reifezeit beträgt üblicherweise 2–3 Monate, beim Petit Munster sind es etwa 2 Wochen.

CHARAKTERISTIK

Flacher, runder Käse von 13–19 cm Durchmesser, 2–8 cm Höhe und 450 g Gewicht. Der Petit Munster ist kleiner und wiegt nur etwa ein Viertel. Der Käse besitzt eine glatte, leicht feuchte, orangerote Rinde. Junger Munster hat eine cremige, etwas bröckelige Konsistenz und schmeckt frisch, nussig und voll. Gereifter Munster zeigt in der Rinde mehr Farbe und Feuchtigkeit, duftet etwas streng, schmeckt kräftig und charaktervoll, intensiv und aromatisch. Der Teig ist cremig-weich bis fließend. Manchmal findet man auch den Munster cumé, einen mit Kümmel gewürzten Münsterkäse.

KULINARISCHES

Elsässer und Lothringer essen den Munster-Géromé am liebsten mit Pellkartoffeln. Empfehlung MDM: Als Getränk empfiehlt sich ein aromatischer Gewürztraminer oder ein Elsässer Bier. Munster fermier schmeckt am besten im Sommer und Winter.

Bleu de Gex (g.U.)

Blauschimmelkäse
aus roher Kuhmilch
50% Fett i.Tr.

HERKUNFT UND GESCHICHTE

Franche-Comté/Jura

Die Tradition des Bleu de Gex geht auf das 13. Jh. zurück, als man den Käse in der Abtei Saint-Claude herstellte, damals allerdings noch aus Ziegenmilch. Im 16. Jh. verbreitete sich der Ruf des Käses über die Besitztümer Karls V., der ein großer Fan dieser Spezialität war.

HERSTELLUNG

Bleu de Gex wird ausschließlich im Gebirge hergestellt. Der Milch werden Blauschimmelsporen zugesetzt. Damit sich der Blauschimmel ausbreiten kann, führt man dem Teig während der Reifung mit einer Spritze Luft zu. Reifezeit etwa 1 Monat.

CHARAKTERISTIK

Die Käse haben Zylinderform, einen Durchmesser von 35 cm, sind 8–10 cm hoch und wiegen 7–8 kg. Die feine, trockene, gelbliche Rinde mit rötlichen Flecken ist mit einer Schicht weißen, pudrigen Schimmels überzogen. Weißer bis elfenbeinfarbener, leicht bröckeliger Teig mit blaugrüner Marmorierung. Gex ist milder als andere Blauschimmelkäse, das Aroma ist süßlicher mit einem zarten Nussgeschmack und hat einen leicht bitteren Ton. Darüber hinaus prägt das besondere Aroma der Milch – die Kühe weiden auf üppigen Wiesen mit duftender Vegetation – den Käse.

KULINARISCHES

Am besten schmeckt der Bleu de Gex aus den Monaten von Mai bis Oktober. Im Jura isst man ihn traditionell als Beilage zu Salzkartoffeln. Der Käse eignet sich auch hervorragend für Fondue, Gratin Dauphinois oder Raclette. Empfehlung MDM: Ideal passen ein Vin de Paille du Jura, feine Süßweine oder ein reifer Tawny-Port.

BESONDERHEITEN

Die Namen Bleu de Gex, Bleu de Septmoncel und Bleu du Haut Jura sind in der AOC bzw. bei der EU-geschützten Herkunftsbezeichnung gleichwertig nebeneinander erlaubt. Gex und Septmoncel sind zwei kleine Städte im Jura, nur 17 km von Genf entfernt. Am meisten hat sich jedoch die Bezeichnung Bleu de Gex durchgesetzt.

EINE KÄSEREI IN JEDEM DORF

Viel Natur und Wald, reichlich Flüsse und vor allem Käse und Wein, das ist die Franche-Comté, eine Mittelgebirgslandschaft, die sich entlang der französisch-schweizerischen Grenze erstreckt. Die Franche-Comté ist ein milchreiches Land, in dem die Kühe auf malerischen Almwiesen weiden und fast jedes kleine Dorf eine eigene Käserei besitzt. In Handarbeit entsteht der wagenradgroße Comté, aber auch der französische Emmentaler, der Vacherin Mont-d'Or und der Bleu de Gex, der Morbier mit den typischen Streifen aus Pflanzenkohle oder die Cancoillotte, eine Art Kochkäse, die schon seit dem 13. Jahrhundert zubereitet wird.

Comté (g.U.)

Hartkäse
aus roher Kuhmilch
45% Fett i.Tr.

HERKUNFT UND GESCHICHTE

Franche-Comté/Jura

In der Franche-Comté hat die Herstellung überdimensional großer Käse über 1.000 Jahre Tradition. Schon im 12. und 13. Jh. stellten die fruitières (genossenschaftliche Käsereien oder Sennereien) anerkannt gute Käse her. Die Größe der Käseräder machte es möglich, sie in den schneereichen und langen Wintermonaten zu lagern. Heute stellen etwa 200 Käsereien im Jura Comté her.

HERSTELLUNG

Die Milch muss von Kühen der Rassen Montbéliarde und Pie-Rouge stammen, und die frische Rohmilch darf nicht weiter als 25 km zum Produktionsort transportiert werden. Für einen Laib Comté benötigt man im Schnitt die Tagesproduktion von 30 Kühen, etwa 500 Liter. Die fertigen Käselaibe müssen mindestens 4 Monate reifen, ein guter Comté reift aber zwischen 12 und 18 Monaten.

CHARAKTERISTIK

Die großen Laibe haben eine zylindrische Form und einen leicht gewölbten Rand. Sie sind 9–13 cm hoch, ihr Durchmesser beträgt 50–75 cm, das Gewicht variiert zwischen 30–55 kg. Die Rinde hat eine körnige, goldgelbe oder braune Oberfläche. Typisch ist ein kompakter, geschmeidiger Teig, cremegelb im Winter und dunkelgelb während der Weidezeit. Er weist erbsen- bis kirschgroße Löcher auf. Winter-Comté besitzt ein nussiges Aroma. Sommer-Comté ist fruchtig mit vielfältigen Aromen. Süßer Nachgeschmack. Beim gereiften Comté etwas schärfer, salziger und konzentrierter.

BESONDERHEITEN

Den Comté nennt man auch »König der Bergkäse«. Neben dem Beaufort gehört der Comté zu den beliebtesten Käsen Frankreichs.

KULINARISCHES

Comté passt außerordentlich gut zu Fisch und Meeresfrüchten und schmeckt auch als Raclette oder in Fondues. Empfehlung MDM: Comté harmoniert mit Champagner oder einem trockenen Weißwein aus dem Jura. Zum etwas gereifteren Käse passt ein etwas reifer, nicht zu schwerer Burgunder.

DIE FRUITIÈRES

Weil für die Produktion eines Comtés, Beauforts oder Emmentalers enorme Mengen Milch benötigt werden, die keine Alm alleine aufbringen kann, schlossen sich die Bauern schon im Mittelalter zu kleinen Genossenschaften zusammen. Nur aus den gemeinsamen Erträgen vermochten Sie Käse dieser Größe herzustellen, die über die langen Winter als wichtiges Nahrungsmittel diente. Über 200 dieser sogenannten fruitières, die Gemeinschaftskäsereien, sorgen heute noch im Jura für die Herstellung des Comtés.

TRADITIONSREICHER VACHERIN

Im frühen Mittelalter nannte man Käse aus Kuhmilch generell Vacherin (la vache = die Kuh), um ihn von den chevrotins (la chèvre = Ziege), den Käsen aus der Milch der Ziege, zu unterscheiden. Obwohl die vacherins wegen ihrer weichen Konsistenz nicht über weite Strecken transportiert werden konnten, erlangten sie schnell außerhalb der Gebirgsregionen Berühmtheit. Vacherin stellten die Bauern her, wenn gegen Ende der Weidezeit nicht mehr genügend Milch zur Herstellung der großformatigen Hartkäse zur Verfügung stand. Die sahnig-cremigen, weichen Köstlichkeiten im Tannenholzring haben sowohl auf der französischen als auch auf der Schweizer Seite der Alpen jahrhundertealte Tradition.

VIN JAUNE UND VIN DE PAILLE

Vin Jaune, der gelbe Wein aus Sauvignon blanc, und Vin Paille, der Strohwein, sind wohl die ungewöhnlichsten Weine aus dem Jura. Nur dort wird Vin Jaune erzeugt. Wie andere trockene Weißweine wird der Gelbwein vergoren. Dann füllt man ihn in Holzfässer, die nicht ganz gefüllt werden. Durch die Verdunstung bleiben nach 6 Jahren Reifezeit von jedem Liter Wein nur noch 63 Zentiliter übrig, was genau dem Fassungsvermögen eines clavelin, der speziellen Flasche des Vin Jaune, entspricht. Beim Vin de Paille handelt es sich um am Stock geschrumpfte Trauben, die, einzeln gepflückt und auf Stroh gebettet, in Holzgestellen aufgehängt oder in durchlöcherten Kisten verwahrt werden. Nach zwei Monaten werden die Rosinen gepresst. Der Zuckergehalt des so gewonnenen Mostes ist enorm, und die Gärung dauert Monate. Danach kommt der Wein in Eichenfässer. Das Ergebnis ist ein reicher, kraftvoller und süßer Nektar, den man, leicht gekühlt, zu Desserts oder zu Stopfleber genießt.

Rechts: Die Trauben hängen von der Küchendecke, um für den Strohwein zu trocknen.

Unten: Tannenrindenstreifen verleihen dem Vacherin Mont-d'Or sein Aroma.

Morbier (g.U.)

Schnittkäse
aus roher Kuhmilch
45% Fett i.Tr.

HERKUNFT UND GESCHICHTE

Franche-Comté/Doubs

Morbier ist nach dem gleichnamigen Dörfchen im Jura benannt und neben dem Comté der bekannteste Käse aus der Franche-Comté. Früher stellten die Comté-Käser Morbier nur für den Eigenverzehr her.

HERSTELLUNG

Charakteristisch ist der schwarz-graue, horizontale Streifen, der den Käse auf halber Höhe durchzieht. Ursprünglich handelte es sich dabei um Holzasche, mit der die Bauern den aus der Morgenmilch hergestellten Käse abdeckten, um Insekten fernzuhalten. Abends wischten sie die Ascheschicht ab, um die Käseform dann vollständig mit dem frischen Käse aus der Abendmilch aufzufüllen. Die graue Schicht hat der Morbier noch immer, heute besteht sie aber aus einem pflanzlichen Produkt. Bei einer Reifezeit von 3–4 Monaten ergibt sich der beste Geschmack.

CHARAKTERISTIK

Flacher Laib von 8–9 cm Höhe und einem Durchmesser von 25–40 cm, Gewicht 5–9 kg. Eine glatte und homogene Rinde von grauer oder beige-orangener Farbe umhüllt den elastischen Teig. Er weist nur wenige kleine Löcher auf. Beim aufgeschnittenen Käse sieht man in der Mitte die Ascheschicht als schmalen Streifen, der sich quer durch den Käse zieht. Delikater und milder Geschmack.

KULINARISCHES

Rot- oder Weißwein aus dem Arbois passen gut zu diesem Käse, allgemein harmonieren frische, fruchtige Weißweine und Rotweine mit frischem Charakter und zurückhaltender Tanninstruktur.

La Cancoillotte

Koch-/Schmelzkäse
aus Kuhmilch
5% bis 10% Fett i.Tr.

HERKUNFT UND GESCHICHTE

Franche-Comté/Doubs

Früher verarbeiteten die Bäuerinnen die beim Buttern und Käse übrig gebliebene Milch und Molke für diesen Käse. Seine Spitznamen sind »merde de diable« (Mist des Teufels), »fromage fort« (kräftiger Käse) oder »tempête« (Sturm).

HERSTELLUNG

Man säuert die entrahmte Milch und presst die geronnene Bruchmasse zu Blöcken. Dieser sogenannte »metton« wird wieder zerkleinert und bei geringer Wärmezufuhr in Bottichen fermentiert, bis die haselnussgroßen Körner gelblich werden und stark duften. Anschließend wird die Masse mit Wasser, Salz und Butter vermengt und bei schwacher Hitze geschmolzen, bis sie cremig und fließend ist.

CHARAKTERISTIK

Die Konsistenz des in Bechern verkauften Kochkäses ist etwas klebrig, der Geschmack neutral. Man erhält die Cancoillotte auch mit Kümmel oder Knoblauch gewürzt, mit Butter angereichert oder mit Weißwein aromatisiert.

KULINARISCHES

Empfehlung MDM: Kenner genießen diese Spezialität warm mit Kartoffeln, in Rührei vermengt oder kalt als Brotaufstrich. Dazu passt ein Weißwein aus dem Jura, beispielsweise auf Basis von Chardonnay oder Savagnin.

TIPPS FÜR URLAUBER

Viele Käsereien sind für Besucher eingerichtet. »Les routes du Comté« führt zwischen St. Hippolyte und Montfleur direkt durch die Mittelgebirgslandschaft des Jura. In den malerischen kleinen Dörfern findet man die Käsereien, die die riesengroßen Comtés herstellen. Viele davon können besichtigt werden, und im Museum in Poligny erfährt man alles Wissenswerte über die Comté-Herstellung.

Vacherin Mont-d'Or (AOC)

Weichkäse mit Weißschimmel
aus roher Kuhmilch
45% Fett i.Tr.

HERKUNFT UND GESCHICHTE

Franche-Comté/Doubs

Schon im Frühmittelalter nutzten die Bauern die Almen im Mont-d'Or-Massiv zur Rinderzucht und Milchproduktion. Die ersten Käsereien entstanden im 14. Jh. Vacherin wird seit vielen Jahrhunderten im Haut-Doubs hergestellt.

HERSTELLUNG

Er wird nach dem Abtrieb der Kühe zu Herbstbeginn hergestellt (15. August bis 31. März). Die Milch stammt nur von den Rassen Montbéliarde oder Simmentaler, die in Höhenlagen ab 700 m weiden. Nach dem Ausformen umlegt man ihn mit einem Streifen Tannenrinde und lässt ihn auf Tannenholzbrettern unter häufigem Wenden und Abwaschen mit Salzwasser mindestens 3 Wochen reifen.

CHARAKTERISTIK

Flacher Laib, 6–7 cm Höhe, 11–33 cm Durchmesser, zwischen 500 g und 1,3 kg Gewicht. Faltige, weiße bis bräunliche Rinde, zarter, cremiger, leicht feuchter Teig. Leicht säuerlicher, vollmundiger, leicht herber, milder und sahniger Geschmack. Unverwechselbares Tannenrindenaroma.

BESONDERHEITEN

Vacherin wird in denselben fruitières hergestellt, in denen im Frühjahr und Sommer der Comté produziert wird. Das Mont-d'Or-Massiv liegt dicht an der Schweizer Grenze. Lange nahmen Franzosen und Schweizer für sich in Anspruch, den Vacherin Mont-d'Or erfunden zu haben. Mit dem Zusatz »du Haut Doubs« kam der Gesetzgeber beiden Seiten entgegen. Französischer Vacherin muss aus Rohmilch gekäst werden.

KULINARISCHES

Empfehlung MDM: Zum Vacherin Mont-d'Or passt ein Rot- oder Weißwein aus dem Jura und dem Arbois oder ein Weißwein aus Savoyen.

VERWANDTE KÄSE

Im Abondance-Tal in Savoyen käsen die Milchbauern den Vacherin d'Abondance aus der Rohmilch der Abondance-Kühe. Auch dieser etwas fetthaltigere Vacherin reift in Tannenrindenstreifen. Der Vacherin des Bauges stammt aus dem Massif des Bauges und wird nur vereinzelt auf Bauernhöfen hergestellt.

FROMAGES FORTS

Als Fromage fort bezeichnet man in Frankreich Käsespezialitäten, bei denen zerkleinerte Käsereste mit Flüssigkeit verarbeitet werden. Der Fromage Fort ist vor allem in Weinbaugebieten verbreitet. Ein Fromage Fort ist ein kulinarischer Leckerbissen zum Aperitif auf geröstetem Landbrot. Am besten trinkt man dazu einen Schnaps oder einen eigenwilligen, sehr kräftigen, gehaltvollen Weißwein.

Früher stellte man diese Käsezubereitung zu Hause her, um etwas Abwechslung auf den fleischarmen Tisch zu bringen. Den zerkleinerten Käse vermischte man mit Molke, Brühe oder Milch und setzte zum Stabilisieren und für das Aroma Wein, Schnaps oder Cidre hinzu. Teilweise kam in die Mischung auch Salz und Pfeffer, Kräuter und Gewürze oder Senf. Aus Ziegenkäseresten hergestellt, nennt sich die Spezialität Cachat oder Cacheilla. Heute findet man den Fromage Fort noch in manchen Restaurants oder bei Käsehändlern, vor allem im Lyonnais (Fromage Fort du Lyonnais), Mâconnais und Beaujolais, in der Dauphiné, in den Höhenlagen des Mont Ventoux (Cachat d'Entrechaux) und im Nord-Pas-de-Calais. Fromages Forts zeichnen sich durch ihren stechenden, pikanten, teilweise scharfen Geruch und Geschmack aus und prickeln etwas auf der Zunge. Je nach Zubereitung wird der Käse nach längerem Reifen dann cremig und milder, wie es zum Beispiel beim Confit d'Epoisses der Fall ist. Für den Confit d'Epoisses legt man jungen Epoisses etwa eine Woche lang in weißen Burgunderwein ein, dem man einen Schuss Marc de Bourgogne hinzufügt. Eine Woche lang gärt das Gemisch, dann gießt man die Flüssigkeit ab und füllt noch einmal mit frischem Wein auf.

Typisch in Nordfrankreich ist der Fromage Fort de Béthune, der aus sehr lange gereiftem Maroilles zubereitet wird. Die Käsemasse wird gewürzt mit Petersilie, Estragon, und Pfeffer und in Bier über 2–3 Monate eingelegt. Die äußerst kräftige und pikante Käsezubereitung mit extrem ausgeprägtem Aroma war die bevorzugte Zwischenmahlzeit der Minenarbeiter, die ihn gerne mit einem Gläschen Genièvre zu sich nahmen.

Emmental Grand Cru (g.g.A.)

Schnittkäse
aus roher Kuhmilch
45% Fett i.Tr.

HERKUNFT UND GESCHICHTE

Franche-Comté/Rhônes-Alpes/Jura, Savoyen, Vogesen

Die Herstellung der großen Emmentaler hat schon seit vielen Hundert Jahren Tradition im Jura. Als regionale Spezialität ist Emmental Grand Cru EU-weit geschützt. Das Produktionsgebiet umfasst in erster Linie Jura, Savoyen und Vogesen.

HERSTELLUNG

Der Emmental Grand Cru wird im Gegensatz zum Emmental français, der überall in Frankreich aus pasteurisierter Milch erzeugt werden kann, nur aus Rohmilch hergestellt. Der Bruch wird wie beim Comté erhitzt und gepresst. Emmental Grand Cru reift mindestens 12 Wochen und länger.

CHARAKTERISTIK

Fast so groß wie Mühlsteine sind diese riesigen Käselaibe: 80–100 cm Durchmesser und 13–25 cm Höhe, 60–130 kg schwer. Trockene, ockerfarbene natürliche Rinde. Glatter, elastischer, elfenbeinfarbener bis blassgelber Teig, mildsüßlicher, fruchtiger Geschmack.

KULINARISCHES

Zu einem Emmental harmonieren fruchtbetonte Rotweine, beispielsweise Pinot Noir aus dem südlichen Burgund, aber auch die Rotweine aus Savoien. Schweizer Weißweine der Rebsorte Chasselas ebenso wie Weißweine aus Savoyen harmonieren ebenfalls.

VERWANDTE KÄSE

Der Ruf des Emmentalers aus Savoyen – Emmental de Savoie – geht auf das 19. Jh. zurück. Schon damals erzielten Emmentaler aus den Bergen Savoyens wesentlich höhere Preise als andere Emmentaler. Sein Produktionsgebiet ist kleiner, nur in Savoyen (Savoie und Haute Savoie) darf Käse mit dieser Bezeichnung erzeugt werden. Auch dieser Emmentaler ist als regionale Spezialität auf europäischer Ebene geschützt.

Soumaintrain

Weichkäse mit gewaschener Rinde aus Kuhmilch 50% bis 60% Fett i.Tr.

HERKUNFT UND GESCHICHTE

Bourgogne/Yonne

Diese Spezialität war fast vom Markt verschwunden, bevor man sie vor 15 Jahren wiederentdeckte. Heute wird Soumaintrain von etwa zehn Bauernhöfen und einer Molkerei im Umkreis des Dorfes Soumaintrain (Yonne) hergestellt.

HERSTELLUNG

Die Herstellung ist ähnlich dem Epoisses. Im Gegensatz zu ihm wird Soumaintrain nicht in Alkohol affiniert. Man lässt ihn 3 Wochen, manchmal aber auch bis zu 3 Monate reifen.

CHARAKTERISTIK

Kleiner Zylinder mit einem Durchmesser zwischen 10–13 cm und einer Höhe von 3–4 cm. Er wiegt 250–400 g. Als Frischkäse wiegt er etwa 550 g. Ähnelt in Konsistenz, Farbe und Rinde dem Epoisses. Junger Soumaintrain hat eine frischkäseartige Konsistenz und ist angenehm säuerlich im Geschmack.

KULINARISCHES

Soumaintrain genießt man am besten jung. Die ideale Begleitung stellen Weine wie Chablis oder Sauvignon de Saint-Bris dar. Als Rotweinbegleitung harmoniert reifer Pinot Noir sehr gut.

INSEL DER GOURMETS

Dem Besucher bietet das Burgund bedeutende historische Bauwerke, romantische Dörfer, erholsame Landschaften und nicht zuletzt 1.200 km Wasserwege, die sich durch das ganze Land ziehen und per Hausboot aufs Angenehmste erkunden lassen. Die Bourgignons sind fröhliche, bodenständige Menschen, die auch in kulinarischer Hinsicht einen ausgezeichneten Ruf haben. Genießer schätzen ihre berühmten Weine, Cassis-Likör oder Kir Royal, den berühmten Senf aus Dijon, das saftige Fleisch der Charolais-Rinder und den Käse, so den cremigen Epoisses mit dem intensiven Bukett, der in Marc de Bourgogne affiniert wird.

Saint-Florentin

Frischkäse
aus Kuhmilch
45% bis 50% Fett i.Tr.

HERKUNFT UND GESCHICHTE

Bourgogne/Yonne

Der Käse wird im Ort Saint-Florentin im Auxerrois hergestellt.

HERSTELLUNG

Milchsäuregerinnung, bei gereiftem Käse regelmäßiges Waschen mit Salzwasser über etwa 2 Monate.

CHARAKTERISTIK

Frischer Saint-Florentin wird in Dosen oder Schalen angeboten. Beim jungen ungereiftem Saint-Florentin zeigt sich eine glatte, weiße Oberfläche ohne Rinde. Junger Saint-Florentin schmeckt angenehm milchsäuerlich. Mit der Reifung entsteht eine hellgraue Rinde. Der gereifte Käse ist rund (12–13 cm Durchmesser), 3 cm hoch und wiegt etwa 350–500 g. Der Teig ist cremefarben und weich und schmeckt fast schon streng aromatisch.

KULINARISCHES

Saint-Florentin harmoniert sehr gut mit Chardonnay im traditionellen Ausbaustil (ohne neue Barriques).

DER »STUDENTENKÄSE« MAMIROLLE

Mamirolle ist ein backsteinförmiger Schnittkäse mit gewaschener Rinde. Er wurde 1935 von Studenten der ENIL (École Nationale d'Industrie Laitière) in Mamirolle, der ältesten Milchfachschule Frankreichs, erfunden und ist heute der einzige Käse, der ausschließlich von Studenten hergestellt wird. Mit dem Mamirolle wollten die Studenten einen Käse bieten, der ohne Qualitätseinbußen besonders gut haltbar ist und in kleiner, handlicher Form die gleichen Qualitäten bietet wie die traditionellen größeren Laibe. Mamirolle ist etwa 20 cm lang und misst 6 cm in der Höhe und in der Breite, das Gewicht liegt zwischen 550 und 600 g. Er ist von glatter, elastischer Konsistenz und schmeckt sehr mild.

Abbaye de Cîteaux

Schnittkäse mit gewaschener Rinde
aus roher Kuhmilch
45% Fett i.Tr.

HERKUNFT UND GESCHICHTE

Bourgogne/Côte d'Or

Nicht weit vom berühmten Weinort Nuits-Saint-Georges liegt die Abtei von Cîteaux. Die dortigen Zisterziensermönche halten auf ausgedehnten Weiden eigene Montbéliarde-Kühe, deren fettreiche Milch sich außerordentlich gut zum Käsen eignet. Die 40 Mönche bestreiten mit der Käseproduktion einen großen Teil ihres Einkommens.

HERSTELLUNG

Der Bruch wird etwa 20 Stunden in den Formen gepresst und anschließend in ein Salzbad gegeben. Während der Reifezeit von 2–3 Wochen in Kellern mit hoher Luftfeuchtigkeit wäscht man den Käse jeden zweiten Tag mit Salzwasser ab. Anschließend werden die Käse in Papier eingewickelt und reifen noch 1 Woche nach.

CHARAKTERISTIK

Runder Laib mit 3,5–4 cm Höhe, 16–18 cm Durchmesser und 700 g Gewicht. Die elastische, gelblich rötliche Rinde umschließt einen weichen, geschmeidigen Teig. Markantes ortstypisches, aber sehr mildes und besonders feines Aroma.

BESONDERHEITEN

Um einen Mönchskäse der Abbaye de Cîteaux zu ergattern, stattet man am besten der Abtei einen Besuch ab. Der Käse ist im Burgund so beliebt, dass man ihn außerhalb seiner Heimat nur selten findet.

KULINARISCHES

Empfehlung MDM: Am besten schmeckt der Käse im Sommer, wenn er einen Monat gereift ist. Der Käse kann sehr gut von den Gewächsen Burgunds begleitet werden und harmoniert zu weißen Burgundern ebenso wie zu roten Tropfen der Region. Jugendliche und fruchtige Weine der Côte de Beaune oder reifere Gewächse der Côtes de Nuits sind besonders zu empfehlen.

VERWANDTE KÄSE

Ähnlich in der Art sind Reblochon und Saint-Paulin (siehe dort)

DIE EPOISSES-FAMILIE

Ein Cousin des Epoisses ist der Ami du Chambertin, der erst nach dem Zweiten Weltkrieg kreiert wurde. Auch dieser, aus dem berühmten Weindorf Gevrey-Chambertin stammende Käse wird mit Marc de Bourgogne affiniert. Wegen seiner kürzeren Reifezeit ist er milder als der Epoisses, schmeckt aber in reifem Zustand ebenfalls kräftig und hat einen sehr weichen Teig. Eine weitere Variation von Rotschmierkäsen aus Burgund ist Le Petit Creux. Er wird handgeschöpft und aus Rohmilch hergestellt. Über 4 Wochen wird er mit verdünntem Marc de Bourgogne affiniert. Traditionell gießt man in die kleine Mulde auf der Oberseite etwas Marc de Bourgogne.

Sehr fein im Geschmack ist der kleine Trou de Cru oder Cœur d'Epoisses, der ebenfalls mit Marc affiniert wird. Der Aisy Cendré ist ein junger Epoisses, der ebenfalls mit Marc affiniert wird, dann aber in Rebholzasche 8 Wochen lang reift. Der runde Käse hat 10–12 cm im Durchmesser und wiegt 250 g. Pierre-qui-vire ist ein Weichkäse mit Rotschmiere aus Kuhrohmilch. Erzeuger dieses Käses sind die Mönche der Abtei Pierre-qui-vire (Yonne), die ihn seit 1920 herstellen. Der Käse wird manchmal auch mit Chablis-Wein affiniert (Pierre-qui-vire affiné au Petit Chablis). Er hat ein kräftiges, terroirgeprägtes Aroma.

Rechts: Pinot Noir bei der veraison, der Verfärbung der Beeren.

Unten: Trester und Schalen werden im Most Farbe und Gerbstoffe entzogen (pigeage).

Epoisses de Bourgogne (g.U.)

Weichkäse mit gewaschener Rinde
aus roher Kuhmilch
50% Fett i.Tr.

HERKUNFT UND GESCHICHTE

Bourgogne/Côte d'Or

Der bekannteste Käse Burgunds stammt aus dem Auxois. Im 16. Jh. war das Dorf Epoisses ein wichtiger Stützpunkt des Zisterzienserordens. Die Mönche begannen mit der Käseproduktion, Bauern der Gegend vollendeten später die Herstellungsmethode. Schon Napoleon soll den Epoisses geschätzt haben – am liebsten zusammen mit einem Chambertin. 1825 bezeichnete Brillat-Savarin den Epoisses als König der Käse. Nach dem Ersten Weltkrieg kam die Produktion fast zum Erliegen. Das Produktionsgebiet ist relativ klein und umfasst einen Teil der Départements Haute-Marne, Côte d'Or und Yonne.

HERSTELLUNG

Das Dicklegen der Milch mit Milchsäurebakterien macht den Käse in reifem Zustand sehr weich, fast fließend. Er wird 2- bis 3-mal pro Woche zunächst mit Salzwasser, danach mit verdünntem Marc de Bourgogne gewaschen. Epoisses reift 6–8 Wochen.

CHARAKTERISTIK

Flacher Zylinder in zwei Größen: Der kleine Epoisses hat einen Durchmesser von 9,5–11 cm und wiegt 250–350 g. Der große hat einen Durchmesser von 16,5–19 cm und wiegt 700–1100 g. Die Höhe variiert bei beiden Größen zwischen 3–4,5 cm. Feuchte, glänzende rotbraune Rinde, weicher, elastischer und fast weißer Teig. Markanter, aber angenehmer Geruch, intensiver Geschmack. Ausgesprochen cremig und schmelzend am Gaumen.

BESONDERHEITEN

Epoisses ist einer der letzten französischen Käseklassiker auf dem Markt, der durch milchsaures Dicklegen gewonnen und mit gewaschener Rinde angeboten wird.

KULINARISCHES

Empfehlung MDM: Ein junger Epoisses harmoniert gut mit einem weißen trockenen Burgunder, reifer Epoisses ist ein Genuss in Kombination mit einem reifen Pinot Noir, beispielsweise einem Nuits-Saint-Georges oder einem Gevrey-Chambertin.

Charolais/Charolles

Weichkäse
aus roher Ziegenmilch
45% Fett i.Tr.

HERKUNFT UND GESCHICHTE

Bourgogne/Saône-et-Loire

Der Charolais, oft auch Charolles bezeichnet, stammt aus der Hochebene der Grafschaft Charolais unweit des Beaujolais. Die Gegend ist berühmt für die hervorragende, gleichnamige Fleischrinderrasse.

HERSTELLUNG

Ein Charolais kann aus Ziegenmilch oder einer Mischung von Kuh- und Ziegemilch hergestellt sein. Der Tradition nach soll ein Charolais aus der Milch von zwei Ziegen und einer Kuh gewonnen werden. Es gibt ihn nur als Fermier- und Artisanal-Käse aus bäuerlicher Herstellung. Die Reifezeit beträgt idealerweise 4 Wochen. In den ersten beiden Wochen der Reife entwickelt die Rinde ihre feine, graublaue Kruste.

CHARAKTERISTIK

Ein tonnenförmiger, kleiner, 8 cm hoher Weichkäse von 200 g mit einer natürlichen blauen oder weißen Schimmelrinde. Der Teig ist weiß und fest, oft trocken. Typisch ist ein frischer Duft und ein leicht salzig-süßlicher Geschmack. Der Käse kann entweder frisch gegessen werden, halbreif (demi-sec) oder sehr gereift (sec). In sehr reifem Zustand wird der Geschmack deutlich pikanter.

BESONDERHEITEN

Produzenten und Affineure haben einen Antrag auf Erteilung der AOC für ihren Käse gestellt.

KULINARISCHES

Empfehlung MDM: Die beste Zeit für den Genuss dieses Käses ist Sommer und Herbst. Zu einem Charolais passt ein fruchtiger, junger Beaujolais, empfehlenswert sind auch ein Sauvignon de Saint-Bris oder ein frischer burgundischer Chardonnay.

ZIEGENKÄSE AUS BURGUND

Dass aus Burgund neben vielen anderen Käsespezialitäten auch ausgezeichnete Ziegenkäse kommen, ist weniger bekannt. Einige Spezialitäten gibt es nur von wenigen, manchmal auch nur von einem Produzenten. Von der Yonne stammt der Vézelay, der heute als reines Bioprodukt verkauft wird. Der kleine, kuppelförmige Ziegenkäse aus Rohmilch wurde 1990 von den Mönchen der Abbaye de la Pierre-qui-vire kreiert. Aus der gleichen Abtei kommt der Chèvre fermier affiné, der dem Crottin de Chavignol nachempfunden ist. Lardu ist ein mit Speck umwickelter Ziegenkäsetaler. In der Côte d'Or findet man den Poiset au Marc, der ähnlich dem Epoisses hergestellt wird und zwischen 6–8 Wochen reift. Neben den Frisch- und Weichkäsen aus Ziegenmilch findet man im Burgund auch einige Tommes de chèvre.

Aus dem südlichen Burgund (Saône-et-Loire) kommt der Mâconnais AOC, den man auch Chevreton de Mâcon oder Cabrion de Mâcon nennt. Über 400 bäuerliche Produzenten sorgen für den Erhalt dieser Spezialität in Form eines stumpfen Kegels. Seit 2006 ist auch dieser Käse durch die französische AOC geadelt. In seiner Heimat verzehrt man ihn gerne als Frischkäse in den ersten 6 Tagen. Nach 2–3 Wochen hat er einen schönen homogenen Teig mit bläulicher Schimmelrinde gebildet. In der gleichen Gegend sind auch die Boutons de culotte (»Hosenknöpfe«) zu Hause, kleine bäuerliche Ziegenkäse in flacher Zylinderform, die nur 60 g wiegen. Der Winzling mit Blauschimmelrinde kann in seinen 2 Wochen Reifezeit sehr hart, fest und scharf werden.

SÜDOSTEN
Hochalpen und Riviera

Südostfrankreich geht im Osten von den Hochalpen der Savoyen an der Schweizer Grenze hinunter bis zur französischen Riviera. Korsika bildet den südlichsten Zipfel, das Languedoc-Roussillon die westliche Begrenzung.

In der Region Rhône-Alpes findet sich alles, was das Feinschmeckerherz höherschlagen lässt. Die Märkte von Lyon, Saint-Etienne, Grenoble oder Valence quellen über von der Vielfalt an Früchten und Gemüsen aus dem Rhônetal, vom Geflügel der Bresse oder den Perlhühnern der Drôme. Die Alpenregion Savoyens liefert hervorragende Käsespezialitäten und ist besonders berühmt für ihre Tommes. Aus der Hügellandschaft um Lyon stammen Ziegenkäse.

Im Westen der Region Rhône-Alpes beginnt das Zentralmassiv. Die fruchtbaren Vulkanböden und das reichlich vorhandene Wasser garantieren hervorragende Weidegründe. Die Auvergne ist die Heimat vieler herzhafter Käsespezialitäten mit berühmten Namen wie Bleu d'Auvergne.

Ganz im Süden im Languedoc und Roussillon prägen Sonne und blauer Himmel den mediterranen Lebensstil. Östlich davon liegt die Provence mit der Camargue, der mondänen Côte d'Azur, der ehemaligen Papstresidenz Avignon und der kargen Haute-Provence mit atemberaubenden Lavendelfeldern und dem bezaubernden Lubéron. Die Provenzalen erzeugen nicht nur gute Roséweine, sondern auch aromatische Kräuter, bestes Olivenöl, ausgezeichneten Honig und luftgetrocknete Würste. Zum Südosten zählt auch die Insel Korsika, die wie die Provence mit köstlichem Ziegenkäse aufwarten kann.

Linke Seite: Berühmte Käsespezialitäten Frankreichs stammen aus dem Süden.

KÄSEPARADIES ERSTEN RANGES

Auf der Passhöhe der Alpen, zwischen Frankreich im Westen und der Schweiz und Italien im Osten, liegt die Landschaft Savoyens, ein Käseparadies ersten Ranges. Die Weidegründe in den Savoyer Alpen weisen eine völlig andere Flora auf als diejenigen im Tal. Käse und Milch werden in der Küche Savoyens, vor allem bei den vielen Gemüsegratins, gerne verwendet. Der typischste Käse der Savoyer Alpen ist wohl der Beaufort, ein Hartkäse, so groß wie ein Mühlstein. Auch der Abondance, ein Hartkäse aus der Milch der Savoyer Kühe, zählt zu den typischen Vertretern. Zum Abschluss des Essens reichen die Savoyer gerne einen Reblochon. Savoyen ist die Heimat der Tommes, der halbfesten Schnittkäse, von denen es eine Vielzahl lokaler Variationen gibt.

GRUYÈRE-TYPEN

Zur Familie der französischen Gruyères zählen die großformatigen Hartkäse aus dem nordwestlichen Alpenraum, die aus erhitztem und gepresstem Teig hergestellt werden. Dies sind Emmentaler, Beaufort und Comté. Der Gruyère des Bauges (Gras de Bauges) von den kargen Almen der Bauges nördlich von Chambéry ähnelt eher dem Emmentaler. Der Gruyère de Savoie ist höher als der Comté, entspricht diesem aber im Geschmack und Schmelz des Teiges. Das Durchschnittsgewicht beträgt 40 kg. Die Reifezeit beträgt mindestens 4 Monate, am besten schmeckt der Käse aber nach 8–12 Monaten Reifung.

Abondance (g.g.A.)

Hartkäse
aus roher Kuhmilch
48% Fett i.Tr.

HERKUNFT UND GESCHICHTE

Rhône-Alpes/Haute Savoie

Ursprünglich wurde dieser Käse im Abondance-Tal zwischen Genfer See und Schweizer Wallis hergestellt. Die Mönche der Abtei von Abondance nutzten dazu die Milch der aus Burgund stammenden rotbunten Abondance-Rinder. Bis heute kommt nur Milch der Rinderrassen Abondance, Tarine und Montbéliarde für die Verwendung infrage. Im Jahr 1381 war die Abtei von Abondance offizieller Käselieferant für die Papstwahl. Dafür wurden 15 Zentner Käse zur Konklave von Avignon versandt. Der Abondance erlangte als letzter Käse aus Savoyen 1990 die AOC.

HERSTELLUNG

Die Produktion beginnt sofort nach dem Melkvorgang. Mit Lab wird die Milch zum Gerinnen gebracht, der Bruch wird erhitzt und gerührt. Eingewickelt in ein Tuch, kommt der Käse in einen Holzreifen, wird gepresst und reift mindestens 90 Tage.

CHARAKTERISTIK

Die Laibe haben einen Durchmesser von 38–43 cm, eine Höhe von 7–8 cm und wiegen 7–12 kg. Der Rand ist gewölbt, die Rinde glatt und bräunlich. Fester, kompakter und geschmeidiger Teig von elfenbeinfarbener bis goldgelber Tönung. Sehr aromatisch mit fruchtigem, feinem, nussartigem Geschmack.

KULINARISCHES

Der beste Abondance ist der aus Sommermilch hergestellte. Am besten schmeckt er nach 4–6 Monaten Reifezeit. Empfehlung MDM: Zum Abondance passen die frischen Weißweine aus Savoyen. Darüber hinaus harmonieren auch Weine aus dem Gebiet des Genfer Sees wie Dézaley oder Epesses.

BESONDERHEIT

Neben dem einfachen Abondance gibt es einen 7 Monate gereiften Abondance d'hiver, einen »Winterkäse«, und einen Abondance d'alpage, der auf einer einzigen Alm mit der Milch der dort weidenden Kühe hergestellt werden und etwa 10 Monate reifen muss.

Beaufort (g.U.)

Hartkäse
aus roher Kuhmilch
48% Fett i.Tr.

HERKUNFT UND GESCHICHTE

Rhône-Alpes/Savoie

Beaufort ist eine typische Savoyer Alpenspezialität. Die AOC-Zone umfasst die Hochtäler mit rauem Klima, schroffen Gipfeln und ausgedehnten Almen. Seinen Geschmacksreichtum verdankt er der Milch der Tarine- und Abondance-Rinder, die von Juni bis September auf den schneefreien Hochalmen eine reiche Pflanzenvielfalt finden. Die Bezeichnung Beaufort kennt man erst seit 1865, doch schon Plinius der Jüngere erwähnte einen ähnlichen Käse.

HERSTELLUNG

Für die Herstellung sind 400 l Milch nötig. Nach dem Dicklegen wird der Teig erhitzt und gepresst. Die Reife dauert mindestens 4 Monate bei einer Temperatur von unter 15 Grad und einer Luftfeuchtigkeit von 92 %. In dieser Zeit wird er regelmäßig mit Salzwasser abgerieben und gebürstet.

CHARAKTERISTIK

Von allen Gryères-Typen ist Beaufort der aromareichste. Mühlsteingroßer Laib mit 35–75 cm Durchmesser, einer Höhe von 11–16 cm und einem Gewicht von 20–70 kg. Die gelbe bis braune Rinde umgibt einen homogenen Teig fast ohne Löcher, aber mit feinen Rissen. Der Beaufort besitzt eine feste und geschmeidige Konsistenz. Sein Aroma ist kräftig, fruchtig, blumig und leicht nussig im Geschmack.

KULINARISCHES

Beaufort gehört in das traditionelle Fondue Savoyard und schmeckt zusammen mit Bauernbrot. Er eignet sich gut zum Überbacken. Empfehlung MDM: Die fruchtigen Weißweine Savoyens passen zu einem jungen Beaufort. Reifer Beaufort kann auch mit den kräftigeren Weinen des Jura harmonieren wie Chardonnay oder Savagnon.

BESONDERHEITEN

Es gibt einen Beaufort été, der nur von Juni bis Oktober gekäst wird, und einen Beaufort chalet d'alpage, der auf mindestens 1.500 m hoch gelegenen Almen mit der Milch der dort weidenden Kühe hergestellt werden muss.

Grataron d'Arêches

Weichkäse mit gewaschener Rinde aus roher Ziegenmilch 45% Fett i.Tr.

HERKUNFT UND GESCHICHTE

Rhône-Alpes/Savoie

Beim Grataron handelt es sich um einen Ziegenkäse aus bäuerlicher Herstellung aus der Gegend um Beaufort. Nur noch drei Käsereien in den Tälern des Beauforts stellen ihn her. Es ist der einzige Ziegenweichkäse mit Rotschmiere in den französischen Alpen.

HERSTELLUNG

Der Teig wird nur ganz leicht gepresst, und anschließend während der Reifezeit von 1–2 Monaten regelmäßig mit Salzlösung gewaschen.

CHARAKTERISTIK

Die Käse haben einen Durchmesser von 8–10 cm, sind 3–4 cm hoch und wiegen 350–400 g. Eine beige- bis orangerosafarbene Rinde umgibt den weichen und gehaltvollen Teig mit wenigen kleinen Löchern. Von der Textur her erinnert der Grataron an einen Reblochon, vom Geschmack her an einen Tomme.

KULINARISCHES

Die feine Säure eines trockenen oder feinherben Rieslings, die Frische eines Sauvignon Blanc oder die Aromatik eines dezenten Traminers begleiten diesen Käse perfekt. Dabei sollte auch auch die Zubereitung beachtet werden.

SPEZIALITÄTEN AUS »CAILLÉ DOUX«

Die Herstellungstechnik für einen Ziegenkäse aus weichem Bruch (caillé doux) ist nicht einfach, aber der Teig gewinnt dadurch eine einzigartig sahnige Konsistenz und einen sahnig-cremigen Geschmack. Beispiele sind Saint-félicien de Lamastre von der Hochebene und Rogeret de Lamastre aus dem Norden der Ardèche. Bei der Herstellung des Bruchs wird die Milch eingelabt und im Moment des Dicklegens weiterverarbeitet. Der weiche Bruch wird grob zerteilt und tropft ab. Danach reift der Käse etwa 15 Tage. Rogeret reift auf feuchtem Stroh und bildet einen rötlichen Schimmel.

Fromage à Raclette

Schnittkäse
aus Kuhmilch
45% Fett i.Tr.

HERKUNFT UND GESCHICHTE

Rhône-Alpes/Haute Savoie

Der Raclettekäse stammt ursprünglich aus den Savoyer Alpen, wird aber schon lange auch in anderen Regionen Frankreichs hergestellt. Der Name Raclette rührt von dem französischen Wort racler (schaben). Früher bereiteten die Bergbauern in ihren einsamen Almen ihre Raclette zu, indem sie den Käse über Holzfeuer schmolzen und die geschmolzene Käsemasse auf den Teller schabten.

HERSTELLUNG

Raclette mit dem Gütezeichen Label Rouge stammt von erstklassiger Milch und darf nur in bestimmten französischen Gebieten hergestellt werden. Er muss nach traditioneller Methode mindestens 10 Wochen reifen. Die Rinde hat eine auffallende Flora, die durch natürliche Hefepilze entsteht.

CHARAKTERISTIK

Große Laibe von 4,5–7 kg, etwa 28–30 cm Durchmesser und 5–7 cm Höhe. Weißer bis hellgelber, recht fester Teig mit kleinen Löchern, der leicht schmilzt. Die dünne Rinde ist goldgelb bis hellbraun. Milder Geschmack nach der vollen Milch.

KULINARISCHES

Zum Raclette passen ausgezeichnet sauer eingelegte, pikante Gemüse, zum Beispiel Cornichons, eingelegte Perlzwiebelchen, Kürbis oder Rote Bete oder auch einfach ein Salat in kräftiger Vinaigrette. Empfehlung MDM: Zu Raclette harmonieren am besten Weißweine, beispielsweise aus Savoyen, auch vom Genfer See oder aus dem Wallis. Die Rebsorte Chasselas ist hier ein feiner, zurückhaltender Begleiter. Einen Schluck Wein sollten Sie aber nicht direkt nach den scharfen Cornichons nehmen, lieber vorher den Gaumen mit Käse und Kartoffeln neutralisieren.

Reblochon (g.U.)

Schnittkäse mit gewaschener Rinde aus roher Kuhmilch 45% Fett i.Tr.

HERKUNFT UND GESCHICHTE

Rhône-Alpes/Haute Savoie

Er entstammt seit dem 14. Jh. den Bergen des Pays de Thônes und diente den Bauern als Zahlungsmittel für die Pacht (fruit). Kam der Landbesitzer zur Kontrolle, molken die Bauern ihre Kühe nur zum Teil. Später molk man die Kühe ein zweites Mal (reblosser). Diese Milch war viel sahniger und fetthaltiger und wird bis heute für die Käseherstellung genutzt.

HERSTELLUNG

Die Milch stammt von Abondance-, Montbéliarde- und Tarine-Rindern, die auf Weiden von mindestens 500 m Höhe gehalten werden. Die Herstellung erfolgt morgens und abends direkt nach der Milchlieferung. Der Bruch kommt in Formen und wird leicht gepresst. Die jungen Käse werden 2 Wochen lang mehrmals abgewaschen. Reblochon reift 3–4 Wochen.

CHARAKTERISTIK

Flacher Laib, 14 cm Durchmesser, 3,5 cm Höhe, 450–500 g Gewicht. Der kleine Reblochon, Petit Reblochon, wiegt zwischen 240 und 280 g. Safrangelbe, von einem feinen weißen Flaum überzogene Rinde, elfenbeinfarbener, zarter und sehr geschmeidiger Teig. Sahnig-milder, vollmundiger und buttriger Geschmack.

KULINARISCHES

Empfehlung MDM: Zu einem jungen Reblochon sind feine, fruchtige Weißweine perfekt. Wird der Käse reifer, harmonieren auch kräftigere Weintypen wie Pinot Blanc oder Pinot Gris.

VERWANDTE KÄSE

Der Chevrotin des Aravis AOC ist ein Weichkäse aus Ziegenmilch mit gewaschener Rinde. Er ist rund und flach, wiegt 250–350 g und schmeckt am besten im Sommer und Herbst. Zur Reblochon-Familie gehört auch der Tamié. Ähnlich in der Herstellungsweise ist der Chambarand aus der Dauphiné (Département Isère), der exklusiv von den Mönchen im Kloster von Chambarand hergestellt wird. Unter der etwas klebrigen orangefarbenen Rinde verbirgt sich ein weißer Schimmelflaum. Die Jahresproduktion von etwa 60–90 t sichert den Mönchen ihr Auskommen.

Tamié, Abbaye de Tamié

Schnittkäse aus roher Kuhmilch 50% Fett i.Tr.

HERKUNFT UND GESCHICHTE

Rhône-Alpes/Savoie

Schon seit 900 Jahren stellen Trappistenmönche in der Gegend um Bauges Käse her. Um ihre Technik der Käseherstellung zu vervollkommnen, holten sie sich 1677 Hilfe von einem Käsemeister aus Gruyère. Der Verkauf des Käses ist heute die wichtigste Einnahmequelle des Klosters.

HERSTELLUNG

Jeden Tag verarbeiten 12 Mönche 5 Stunden am Tag und 6 Tage in der Woche in der Klosterkäserei 4.000 l Rohmilch von 11 Bauernhöfen. Die Reifezeit beträgt mindestens 1 Monat. Zweimal wöchentlich wird der Käse mit Salzlake gewaschen.

CHARAKTERISTIK

Der große Tamié wiegt 1,5 kg, misst 18 cm im Durchmesser und ist 5 cm hoch. Der kleine Tamié wiegt 600 g. Safrangelbe Rinde mit weißem Schimmelflaum am Ende der Reifezeit. Der Teig ist leicht cremig, hat größere, unregelmäßige Löcher und ist mild im Geschmack.

KULINARISCHES

Die feinen, cremigen und nussigen Aromen harmonieren perfekt mit Weißweinen aus Burgund, Weinen der Pinot-Familie, aber auch mit reifen, kräftigen Crus aus dem Beaujolais oder etwas kräftigeren Chardonnays aus dem Jura. Savoyens Weine sind der klassische Begleiter.

PROVENCE-ALPES-CÔTES D'AZUR

Die Provence beherbergt landschaftliche Extreme auf kleinstem Raum. Entsprechend vielfältig sind ihre Käsesorten. Der bekannteste ist sicherlich der Banon, aber darüber hinaus gibt es eine Unzahl lokaler Spezialitäten. Von der Haute Provence kommen Käse aus Kuh- und Ziegenmilch, im Rhône-Delta sind die Schafskäse zu Hause und weiter südlich kommen wieder die Ziegen zu ihrem Recht.

Tomme de Savoie (g.g.A.)

Schnittkäse
aus roher Kuhmilch
48% Fett i.Tr.

HERKUNFT UND GESCHICHTE

Rhône-Alpes/Savoie

Der Tomme de Savoie ist der älteste Käse Savoyens, seine Ursprünge gehen bis auf das 14. Jh. zurück. Tomme de Savoie trägt die regionale Schutzbezeichnung der Region Savoyen. Wenn er mit dem in Savoyen wild wachsenden Kümmel versetzt ist, trägt er die Zusatzbezeichnung »au cumin«.

HERSTELLUNG

Tommes mit dem Gütesiegel der Region Savoyen und mit dem Herkunftsschutz der EU (g.g.A.) müssen aus Rohmilch gekäst werden. Der ungewaschene, maiskorngroße Bruch wird 5–8 Stunden gepresst. Nach dem ersten Wenden in der Form wird der Käse gesalzen und reift danach mindestens 6 Wochen.

CHARAKTERISTIK

Die Tommes de Savoie besitzen einen Durchmesser von 18 cm, sind 6 cm hoch und wiegen 1,6 kg. Die harte Rinde ist von grauer Farbe, je nach Affinierung manchmal von rötlichen oder gelben Spuren durchzogen. Halbfester, elastischer Teig mit wenigen kleinen Löchern. Sehr milder und cremiger Geschmack.

BESONDERHEITEN

Neben dem Tomme de Savoie mit geschützter geografischer Angabe gibt es auch Tommes de Savoie, die aus pasteurisierter Milch hergestellt sind. Sie tragen aber nicht das Gütesiegel. Bei der Vielzahl weiterer Tommes aus Savoyen handelt es sich um lokale Spezialitäten, meist aus Rohmilch, die durch unterschiedliche Milcharten, Reifedauer und Weidegründe alle verschieden in Geschmack und Konsistenz sind.

KULINARISCHES

Weiße Crus der nördlichen Rhône, beispielsweise Hermitage Blanc oder Condrieu, harmonieren ähnlich wie kräftigere Weißweine aus Savoyen. Ein reifer, nicht allzu gerbstoffbetonter Wein aus der Syrah-Rebe, beispielsweise St. Joseph oder Crozes-Hermitage, kann einen Tomme ebenfalls gut begleiten.

TOMMES – DIE KÄSE VOM BAUERNHOF

Typisch für die Tommes ist ihre Herstellung auf dem Bauernhof. Tommes können aus Kuh-, Ziegen und Schafsmilch oder aus einer Mischung dieser Milcharten hergestellt sein. Typisch sind mittelgroße, flache Laibe zwischen 1–2 kg, 5–8 cm Höhe und einem Durchmesser von etwa 20 cm. Manchmal sind Tommes aber auch bis zu 4 kg schwer. Der Bruch wird bei der Herstellung leicht gepresst, aber nicht erwärmt. Tommes sind nicht lange lagerfähig. Viele der als Tomme de … (früher tome) bezeichneten halbfesten Schnittkäse stammen aus Savoyen. Es gibt zahlreiche Variationen, die sich oft von Gemeinde zu Gemeinde unterscheiden. Benannt sind sie entweder nach dem Tal, nach dem Berg oder nach dem Ort, wo sie hergestellt werden. Man sagt sogar scherzhaft, in Savoyen gäbe es fast so viele Tommes wie Berge und Täler. Wenn die Milch wegen schlechten Wetters nicht zu den Sammelstellen, den fruitières, gebracht werden konnte oder für die Herstellung von Beaufort oder anderen großen Käselaiben nicht reichte, machten die Bauern ihren Tomme. Früher diente in Savoyen die Bezeichnung tomme für alle Käse mit elastischem, schnittfestem Teig, um sie von einem Käse nach Gruyère-Art zu unterscheiden. Später erhielten Tommes, die sich durch eine ganz bestimmte Herstellungsart oder durch herkunftstypische Merkmale auszeichneten, auch Eigennamen. Reblochon ist dafür ein Beispiel. Ebenfalls sehr beliebt sind die Tommes de Chèvre, die man nicht nur in Savoyen, sondern auch in den Pyrenäen findet.

Für den Tomme au Marc de Raisin wird ein gereifter Tomme in Traubentresterbrand eingelegt. Einen Monat lang ruht der Käse im geschlossenen Behälter. Der Geschmack des Tresterschnapses durchdringt ihn in dieser Zeit vollständig. Durch die Wärme beginnt es im Behälter zu gären. Das erklärt, warum der Teig eine leicht klebrige Konsistenz hat. Der Tome

Alpage de la Vanoise ist wegen seiner rot-gelb-grau gefleckten natürlichen Schimmelrinde leicht zu erkennen. Er wird in den hochgelegenen Almen der Vanoise hergestellt. Dort enthält die Milch der weidenden Kühe besonders viel Karotin, was die Gelbfleckung der Rinde verursachen soll. Fast wie ein frisch aus dem Holzofen gehobenes Brot sieht der Tomme du Mont-Cenis aus, der nahe der italienischen Grenze hergestellt wird. Er reift mindestens 3 Monate und wird unmittelbar vor dem Almabtrieb gekäst. Der Fermier-Käse Tome des Bauges (g.U.) wird in der gleichnamigen Gebirgsregion aus Kuhrohmilch hergestellt. Er hat meist eine stabile, leicht verkrustete Rinde und ist von besonders fruchtigem Geschmack. Im Gegensatz zu anderen Tommes aus Savoyen hat er einen »blinden« Teig, also keine Lochungen. Beim Bauges d'alpage muss die Milch von einer einzigen Herde stammen. Der Boudane ist ein Fermier-Käse mit festem, speckigem Teig. Der handgeschöpfte Tomme de Belley wurde schon Anfang des Jahrhunderts hergestellt. Er entsteht unter Milchsäuregerinnung und wird frisch nach 3 Tagen Trocknung verzehrt. Aus der Milch der Bergziegen macht man im Belleville-Tal den Tomme de Belleville. Die Reifezeit ist mit 3 Monaten wesentlich länger als beim Tomme de Savoie. Zu den Tommes de chèvre de Savoie gehört auch der Tomme de Courchevel. Er entsteht aus der Milch der Ziegen, die im Sommer auf den Hängen des berühmten Skigebietes »Les Trois Vallées« grasen. Der Tomme de Lullin trägt, wie der Tomme de Savoie, das Gütezeichen Label Savoie und unterliegt wie er strengen Richtlinien. Er wird nur im Alpendorf Lullin hergestellt. Typisch ist der erdig schmeckende Grauschimmel, der sich nach gut einer Woche bildet und für die spätere graue Rinde verantwortlich ist. Er ist weich und mild und zergeht auf der Zunge. Der Vieille Tomme à la Pièce ist ein sehr lang gereifter Tomme de Savoie, bei dem in der Rinde und im Teig viele kleine Löcher zu sehen sind.

Bleu du Vercors-Sassenage (g.U.)

Halbharter Blauschimmelkäse
aus roher Kuhmilch
48% Fett i.Tr.

HERKUNFT UND GESCHICHTE

Rhône-Alpes/Isère

Schon im 14. Jh. stellte man überall im Vercors einen Blauschimmelkäse her, den man Fromage de Sassenage nannte. Zu dieser Zeit hieß das Vercors-Massiv noch Montagnes de Sassenage. Bis zum 14. Jh. floss den Lehnsherren von Sassenage der Erlös aus dem Verkauf der Käse zu. Der Agronom Olivier de Serres erwähnte den Käse im Jahr 1600 in seinem »Théatre d'Agriculture«, wo er die Herstellung des Bleu de Sassenage beschrieb. Die isolierte Lage des Vercors-Massivs hat dazu beigetragen, dass die Herstellungsmethode traditionell geblieben ist.

HERSTELLUNG

Die Abendmilch der Kuhrassen Montbéliarde, Abondance und Villarde wird erhitzt, entrahmt und mit der Rohmilch des nächsten Morgens gemischt. Nach dem Dicklegen und Abtropfen wird der Käse gesalzen und reift unter häufigem Wenden während 2–3 Monaten zu Ende.

CHARAKTERISTIK

Der flache Laib von bis zu 30 cm Durchmesser und etwa 8 cm Höhe wiegt 4–4,5 kg. Die natürliche Rinde weist einen hellen, weißlichen Flaum auf und ist manchmal von rötlich bis elfenbeinfarbenen Spuren durchzogen. Weicher, gehaltvoller Teig. Milder und subtiler Geschmack, leichtes Nussaroma. Bleu du Vercors-Sassenage ist der italienischste unter den französischen Käsen; er erinnert an einen jungen Gorgonzola.

KULINARISCHES

Bleu du Vercors-Sassenage schmilzt, ohne dabei allzu viel Fett abzugeben, deshalb eignet er sich besonders gut für Raclette oder zur Zubereitung von Soßen. Der milde, subtile Geschmack dieses Bleu wird gut von einem Clairette de Die begleitet. Im internationalen Bereich harmonieren fruchtbetonte Riesling Auslesen sehr gut zu diesem Käse, aber auch Scheurebe und Muskateller im restsüßen Bereich harmonieren.

Saint-Marcellin

Weichkäse
aus Kuh- oder Ziegenmilch
40% Fett i. Tr.

HERKUNFT UND GESCHICHTE

Rhône-Alpes/Isère

Berühmt wurde der Käse durch den späteren König Ludwig XI., der bei einem Jagdausflug auf einen Bären traf. Zwei Holzfäller eilten ihm zu Hilfe und boten ihm zur Stärkung einen Käse aus dem nahen Saint-Marcellin an. Zum Dank ließ er den Käse an den königlichen Hof liefern, wo er in den Schriften 1461 erstmals erwähnt wurde. Ursprünglich ein Ziegenkäse, wird er heute meist aus Kuhmilch produziert.

HERSTELLUNG

Nach dem Abtropfen wird der Käse gesalzen und gewendet, nach 2 Tagen aus der Form genommen und auf Strohmatten gelegt, wo er 10 Tage trocknet, bevor er im Reifekeller mindestens weitere 10 Tage reift.

CHARAKTERISTIK

Kleiner Käse von 7 cm Durchmesser, 2 cm Höhe und 80 g Gewicht. Er kann frisch bis überreif verzehrt werden. Nach 3 Wochen hat er einen milden, säuerlich würzigen Geschmack, der sich mit zunehmender Reife intensiviert. Nach 5–6 Wochen ist der Käse ganz trocken und schmeckt sehr pikant. Rinde mit graublauen Schimmeladern.

BESONDERHEITEN

Ein Saint-Marcellin kann je nach Einfluss des Affineurs sehr unterschiedlich ausfallen. Die Produzenten des Saint-Marcellin haben sich um eine Anerkennung als AOC beworben.

KULINARISCHES

Empfehlung MDM: Zu einem jungen Saint-Marcellin passt eine fruchtige Mondeuse aus Savoyen, aber auch ein fruchtbetonter Rotwein mit wenig Gerbstoff aus dem Beaujolais oder dem Rhône-Tal. Ideal passt auch ein kräftiger Rosé, beispielsweise aus Tavel. Wenn der Käse fließend wird, passen aromatische Weißweine wie Condrieu, ein weißer Hermitage, Gewürztraminer oder Savagnin Rosé aus dem Jura.

VERWANDTE KÄSE

Ähnlich in der Konsistenz, aber etwas fetter und nur 10 Tage lang gereift ist der Romans aus dem gleichnamigen Städtchen.

Rigotte de Condrieu

Weichkäse
aus roher Ziegenmilch
45% bis 50% Fett i.Tr.

HERKUNFT UND GESCHICHTE

Rhône-Alpes/Rhône

Rigottes sind seit dem 19. Jh. vor allem im Lyonnais sehr beliebt. Die Bezeichnung Rigotte stammt wahrscheinlich, wie das italienische Ricotta, von dem lateinischen Wortstamm für »noch einmal gekocht«. Im lokalen Dialekt ist Rigotte einfach die Bezeichnung für Käse.

HERSTELLUNG

Anders als die meisten Rigottes ist der Rigotte de Condrieu aus Ziegenmilch hergestellt. Das macht ihn unter Liebhabern sehr begehrt. Die Reifezeit beträgt bis zu 3 Wochen.

CHARAKTERISTIK

Der Rigotte de Condrieu ist ein kleiner Zylinder von 4 cm Durchmesser und 1,5–3 cm Höhe und wiegt 30 g. Er besitzt eine weiße bis gelbliche Schimmelrinde, eine cremige Konsistenz und einen milden, gehaltvollen Geschmack.

KULINARISCHES

Die Weine der nördlichen Rhône harmonieren am besten, selbstredend ein Condrieu, je nach Reifegrad aber auch ein weißer Saint Joseph oder Hermitage. Eine Alternative kann ein Viognier aus dem Languedoc sein.

VERWANDTE KÄSE

Noch etwas cremiger ist der Rigotte d'Echalas. Die kleinen Rigotte du Forez aus Lyonnais und Dauphiné wurden früher aus Ziegenmilch hergestellt, heute nimmt man meist Kuhmilch. Die 50–85 g wiegenden Weichkäse werden 2–3 Wochen affiniert, manchmal mazeriert man sie in Weißwein. Sie schmecken leicht säuerlich, aber angenehm.

GEISTREICHE KÄSESPEZIALITÄTEN AUS LYON

Wo man Wein anbaut und Wein liebt, liegt es nahe, auch den Käse mit Wein zu aromatisieren. Dies geschieht in der Zeit der Weinlese, dann affiniert man Ziegen- und Kuhmilchkäse etwa 2 Monate lang in Trester, Tresterbrand oder Weißwein. Die Arômes sind ein ganz typisches Produkt um die Stadt Lyon und die sie umgebenden Weinbaugebiete. Saint-Marcellin, Pélardon, Rigotte oder Picodon nehmen durch diese Behandlung einen intensiven alkoholischen Geschmack an. Oftmals kaufen die Affineure der Gegend den Käse recht jung und aromatisieren ihn je nach Wunsch. Für den Fromage au marc de raisin (Arômes au Gène de Marc, Arômes de Lyon, Arômes Lyonnais) kommt der Käse in einen geschlossenen Behälter und wird dort in Traubentrester (Schalen, Kerne und Stiele, die nach dem Keltern des Weins übrig bleiben) für 1 Monat eingelegt. Die Arômes au Vin Blanc ruhen 2–3 Wochen in einem geschlossenen Behälter auf kleinen Gittern, die über der Flüssigkeit angebracht werden. In dieser Zeit nimmt der Käse die Aromen des verdunstenden Weins auf. Die Konsistenz ist nach dieser Behandlung weich und feucht und der Käse praktisch rindenlos. Die etwa 100 g schweren Käsetaler weisen einen belebenden, raffinierten Geschmack nach Alkohol auf.

Picodon de l'Ardèche (AOP)

Weichkäse
aus roher Ziegenmilch
45% Fett i.Tr.

HERKUNFT UND GESCHICHTE

Rhône-Alpes/Drôme/Ardèche

Seit jeher ist der Picodon (auch Picondon de la Drôme) als Ziegenkäse links und rechts der Rhône bekannt. In den armen Bergregionen der Ardèche und der Drôme waren Ziegen oft das einzige milchgebende Tier. Seit 1873 wurde der Picodon auch Feinschmeckern außerhalb der Region bekannt. Er ist der einzige Käse, der im Weltall war, denn der Astronaut Jean-Jacques Favier nahm 14 Stück mit an Bord der Raumfähre Columbia.

HERSTELLUNG

Die Ziegenvollmilch wird mit wenig Lab versetzt. Danach schöpft man den Bruch in löchrige Formen, lässt die Molke abtropfen und salzt zweimal trocken. Auf Rosten trocknet der Käse und reift mindestens 12 Tage. Reift der Käse etwa 1 Monat und wird zwischendurch gewaschen, spricht man von der Dieulefit-Affinage. Je länger der Käse reift, umso leichter wird er. Beim Picodon Dieulefit schrumpft der Käse bis auf die Hälfte.

CHARAKTERISTIK

Kleiner, runder Taler, Durchmesser 5–7 cm, Höhe 1,8–2,5 cm, 40–100 g Gewicht. Die Rinde ist von weißem oder blauem Edelschimmel überzogen. Der feine, homogene, weiße oder gelbe Teig wird mit zunehmender Reife immer fester und trockener. Der Geschmack der frischen Picodons ist frisch, milchig und leicht säuerlich. Gereift schmecken sie nussig-würzig bis scharf-salzig. Leichter Ziegengeruch, dezentes Ziegenaroma.

BESONDERHEITEN

Je nach Produktionsgebiet nennt sich der Picodon entweder de l'Ardèche oder de la Drôme. Die ganz jungen Picodons nennt man auch Pidances.

KULINARISCHES

In seiner Heimat verzehrt man den Picodon gerne zum zweiten Frühstück, gegrillt oder kalt im Salat. Empfehlung MDM: Milde Rotweine, noch besser Roséweine oder Weißweine der Côtes du Rhône, harmonieren.

VERWANDTE KÄSE

Ähnlich in der Herstellung und im Aussehen ist der Picodon de Cevennes.

Banon (AOC/g.U.)

Weichkäse
aus roher Ziegen- oder Schafsmilch
45% Fett i.Tr.

HERKUNFT UND GESCHICHTE

Provence

Banon ist ein kleiner Ort in der Nähe von Forcalquier in der Haute Provence. Der gleichnamige Käse tauchte nachweislich erstmals 1270 auf Messen und Märkten auf.

HERSTELLUNG

Im Winter stellt man Banon aus Schafsmilch her, im Sommer aus Ziegenmilch. Die abgetropfte und ausgeformte Bruchmasse reift mindestens 15 Tage. Danach wird der Käse in Traubentresterbrand getaucht, mit Kastanienblättern umwickelt und mit Bast verschnürt. Wegen der Verpackung im Kastanienblatt nennt man ihn auch Banon à la feuille (dt. Blatt).

CHARAKTERISTIK

Die kleinen, runden Laibe haben 7,5–9 cm Durchmesser und etwa 100 g Gewicht. Der weiße bis gelbliche Teig ist von homogener, fester Konsistenz, aber dennoch cremig. Ist der Käse frisch, sind die Kastanienblätter noch weich und grün. Gereiften Banon erkennt man an der Braunfärbung der inzwischen trockenen Kastanienblätter. Jung schmeckt der Käse mild und leicht säuerlich, später nimmt er das Aroma der Blätter an und wird kräftiger im Geschmack.

KULINARISCHES

Empfehlung MDM: Zu jungem Banon passen fruchtbetonte Rotweine der südlichen Rhône ohne viel Gerbstoff. Reifer Banon harmoniert mit kraftvollen Weißweinen wie einem weißen Châteauneuf-du-Pape oder einem Marc (Tresterbranntwein). Roséwein aus der Provence oder ein Tavel rosé passen zu beiden Varianten.

VERWANDTE KÄSE

Der Banon hat viele Gemeinsamkeiten mit dem Pélardon und dem Picodon (siehe dort). Es gibt auch eine Variante, die in Gewürzen und Kräutern wie zerstoßenen Pfefferkörnern oder Bohnenkraut gewälzt reifen. In Bohnenkraut gereifte Käse nennt man Banon au poivre d'âne, was im Provenzalischen so viel bedeutet wie Eselspfeffer oder Bohnenkraut. Er reift mindestens 1 Monat.

Brocciu (AOP)

Weichkäse
aus roher Ziegen- und Schafsmilch
40% Fett i.Tr.

HERKUNFT UND GESCHICHTE

Korsika

Sicher ist, dass dieser Käse eine sehr alte Tradition hat. Der Name Brocciu geht auf das korsisch-provenzalische Wort brousser, »schlagen«, zurück. Brocciu (franz.: Broccio) ähnelt dem Ricotta und war für die Bewohner abgelegener Bergdörfer oft die einzige Möglichkeit, sich mit Eiweiß zu versorgen. Schon die Mutter Napoleons erwähnte Brocciu als wichtige Zutat für typisch korsische Gerichte.

HERSTELLUNG

In den korsischen Départements Corse-du-Sud und Haute Corse wird Brocciu aus Molke und Milch der dort lebenden Ziegen und Schafe hergestellt. Man erhitzt die Molke, die von der Weichkäseherstellung übrig geblieben ist, auf etwa 40 °C. Währenddessen gibt man Salz und frische Ziegen- oder Schafsvollmilch, eventuell noch etwas Wasser hinzu. Unter ständigem Rühren erhitzt man die wässrige Masse auf 80–90 °C. Die Ausfällungen der Molkeeiweiße, feine, weiße Flocken, werden abgeschöpft und zum Abtropfen in kegelstumpfartige Formen gegeben. Zum Reifen wird der trockene Käse gesalzen und etwa 15 Tage affiniert, zum Beispiel wickelt man ihn in trockene Blätter ein oder wendet ihn in Kräutern oder gestoßenem Pfeffer.

CHARAKTERISTIK

Abgestumpfte Kegelform, wiegt von 250 g bis 3 kg. Frischer Brocciu hat eine weiche, cremige und geschmeidige Konsistenz und schmeckt fein und frisch. Gereift ist der Teig hart und bröckelig, der Geschmack kräftig, herb und salzig. Frischer Käse ist rindenlos, mit zunehmender Reifezeit bildet sich eine leicht gelbliche bis bräunliche Rinde. 3 Wochen gereifter Käse heißt Brocciu Passu, mit Salz vollgesogen nennt er sich Brocciu Salitu, der vor Verzehr 24 Stunden in auszuwechselndem Wasser entsalzt werden muss.

KULINARISCHES

Empfehlung MDM: Nur auf Korsika schmeckt frischer Brocciu wirklich gut, denn lange Transportwege verträgt er nicht so sehr. Zum gereiften Brocciu passen kräftige, reife Rotweine aus Korsika, zum frischen Brocciu ist einem lokalen Weißwein der Vorzug zu geben.

Niolo

Weichkäse
aus roher Schafsmilch
50% Fett i.Tr.

HERKUNFT UND GESCHICHTE

Korsika

Auf Korsika nennt man den aus den Bergregionen stammenden Niolo »Niulincu«.

HERSTELLUNG

Der Käse wird regelmäßig mit Salzwasser gewaschen. Die Reifezeit beträgt 3–4 Monate.

CHARAKTERISTIK

Quadratische Stücke mit einer Seitenlänge von 10 cm, 5 cm Höhe und 500–700 g Gewicht. Niolo besitzt eine sehr cremige und leicht klebrige Konsistenz, im Geschmack variiert er von mild bis scharf.

KULINARISCHES

Nicht nur zu korsischem Wein harmoniert dieser Käse, die leicht scharfe Version bekommt beispielsweise mit einer restsüßen Riesling Auslese ein sehr komplexes Geschmacksbild.

KORSIKA

Die Franzosen nennen Korsika »Île de Beauté – Insel der Schönheit«. Das Buschland im Landesinnern, die Macchia, und die Bergregionen der Insel eignen sich ideal zur Ziegen- und Schafszucht. Die Tiere liefern mit ihrer aromatischen Milch die Grundzutaten für die Käse Korsikas und für den berühmten Brocciu. Die Käse aus dem Norden der Insel sind cremiger und weniger streng im Geschmack, im Süden dagegen reifen sie oft mehrere Monate, bevor sie in den Verkauf gelangen.

ANDERE KÄSESPEZIALITÄTEN AUS KORSIKA

Das ganze Jahr über wird der D'Alesani, ein runder, milder Ziegenkäse, angeboten. Nur im Winter wird hingegen der Bastelicaccia hergestellt, ein cremiger Weichkäse aus roher Schafsmilch. Ebenfalls nur im Winter erhältlich ist der Calenzana, ein Weichkäse aus Ziegen- oder Schafsmilch mit pikantem Geschmack. Er hat eine quadratische Form und wiegt 300–400 g. Aus der Gegend um Corte bei Venaco kommt der Corte, ein runder, milder Weichkäse aus Schafsmilch. Man isst ihn trocken oder halbtrocken. Galéria ist ein sehr pikanter, quadratischer Weichkäse aus Ziegenmilch. Er reift über mehrere Monate mit Salz bedeckt. Ein etwas festerer Weichkäse aus Ziegen- oder Schafsmilch oder aus einer Mischung von beiden Milcharten ist der Sarteno. Die 1–1,5 kg schwere, leicht abgeflachte Kugel schmeckt streng bis scharf.

Tipp: Zu korsischen Käsespezialitäten passen am besten die einheimischen Weine oder ein Kastanienschnaps. Käse isst man auf Korsika gerne mit getrockneten Feigen oder Konfitüre. Häufig findet sich der Käse als Zutat in der suppa corsa, einer Bauernsuppe aus roten Bohnen, Nudeln und Zwiebeln.

Brin d'Amour

Weichkäse
aus roher Schafsmilch
45% Fett i.Tr.

HERKUNFT UND GESCHICHTE

Korsika

Der Brin d'Amour stammt aus dem buschigen und unwegsamen Landesinneren Korsikas. Man findet diesen Käse auch unter der Bezeichnung Fleur du Maquis (Blume der Macchia).

HERSTELLUNG

Reiner Fermier-Käse. Der Käse reift 1 Monat lang in einem Bett aus Oregano, Bohnenkraut, Rosmarin, Wacholder und Paprika.

CHARAKTERISTIK

Form eines Pflastersteines mit einer Seitenlänge von 10–12 cm, 5–6 cm dick und 700 g schwer. Cremiger Teig, leicht milchsäuerlicher, delikater, aber charakteristischer Geschmack mit dezentem Honigton. Typisch ist der ausgeprägte Duft nach den getrocknetem Kräutern der Macchia.

KULINARISCHES

Beim Brin d'Amour sollte man die Rinde, die stark von getrockneten Kräutern geprägt ist, nicht mitessen. Dann harmonieren aromatisch, würzige Rotweine mit feiner Frucht, beispielsweise von Korsika, aber auch aromatische Weine wie ein feiner Traminer oder ein eleganter Riesling hervorragend.

REZEPT: MEL I MATO

Mel i mato ist ein typisches Dessert der Küche des Languedoc und lässt sich ganz einfach zubereiten.
Zutaten für 6 Personen: 350 g Doppelrahmfrischkäse, 350 g Ziegenfrischkäse, 250 g Zucker, 100 ml Zitronensaft, 500 ml Wasser, 50 g Honig, 50 g Pinienkerne
Zubereitung:
Den Frischkäse mit Zucker und Zitronensaft mischen, löffelweise das Wasser hinzufügen und alles miteinander gut verrühren. In eine flache Form füllen und etwa 2 Stunden in den Kühlschrank stellen. Mit dem Eisportionierer je zwei Kugeln auf einen Teller geben, mit etwas Honig und Pinienkernen garnieren.

Pélardon AOC

Weichkäse
aus roher Ziegenmilch
45% Fett i.Tr.

HERKUNFT UND GESCHICHTE

Hérault

In den Cevennen und im Languedoc nennt man die flachen, kleinen Ziegenkäsetaler allgemein Pélardons. Es gibt sie in vielen Variationen, und sie sind recht einfach herzustellen.

HERSTELLUNG

Die AOC schreibt vor, dass die dickgelegte Milch nicht eingefroren werden darf und dass die Ziegen den größten Teil im Freien verbringen müssen. Bäuerliche Herstellung. Reifezeit 8–12 Tage, optimal bei 3 Wochen Reifezeit.

CHARAKTERISTIK

Kleiner, flacher Taler von 60–100 g, Durchmesser 6–7 cm, Höhe 2–3 cm. Pélardons sind fast ohne Rinde und haben eine gelbliche Oberfläche, die manchmal von einem grau-blauen Flaum überzogen ist. Geschlossener, weißer Teig mit mild-aromatischem Nussgeschmack und delikatem Ziegenaroma.

KULINARISCHES

Empfehlung MDM: Man kann den Pélardon frisch oder gereift verzehren. Zur frischen Variante passen moderne, fruchtbetonte Weißweine des Languedoc, zur gereiften ein fruchtbetonter Rosé oder eine Clairette de Die.

VERWANDTE KÄSE

Auch der Pélardon des Corbières zählt zur Familie der kleinen, flachen, aus Rohmilch und auf Bauernhöfen hergestellten Fermier-Ziegenkäse. Ähnliche Käse sind Banon der etwas flachere Cabécou und der Picodon.

SECHSECKIGER GENUSS

Ein absolutes Genusserlebnis ist der Six Pans du Lauraguais, ein sechseckiger Weichkäse aus roher Ziegen-Rohmilch von etwa 135 g Gewicht. Hier, wo das Languedoc an die Midi-Pyrénées angrenzt, finden die Ziegen duftende Kräuter wie Thymian, Rosmarin und Bohnenkraut. Der Käse schmeckt nach den Garrigues, der Buschheide des Midi, und das am besten von Frühjahr bis Herbst. Die Affinage dauert 2–3 Wochen.

Brique du Forez

Weichkäse
aus roher Ziegenmilch
50% Fett i.Tr.

HERKUNFT UND GESCHICHTE

Auvergne/Puy-de-Dôme

Dieser Käse wird in der Gegend von Forez im nordöstlichen Teil des Zentralmassivs hergestellt. Traditionell ist die Produktionsregion des Brique du Forez auch die Heimat des Fourme d'Ambert (siehe dort).

HERSTELLUNG

Manchmal wird die Ziegenmilch mit Kuhmilch vermischt. Zwei Herstellungsarten existieren parallel nebeneinander. Traditionell wird der Brique du Forez aus einer durch Labzusatz gewonnenen Bruchmasse hergestellt, aber seit knapp 30 Jahren lässt man ihn auch mit Milchsäurebakterien gerinnen.

CHARAKTERISTIK

Der Brique (franz.: Ziegelstein) ist 17 cm lang, 8 cm breit und 2,5 cm hoch. Er wiegt etwa 250 g. Die Rinde ist weiß und hat leicht bläuliche Schimmeladern, wenn er aus reiner Ziegenmilch hergestellt wurde. Bei Verwendung beider Milcharten geht die Farbe eher ins Graue.

KULINARISCHES

Empfehlung MDM: Ein Gaillac doux passt optimal, ebenso Weine mit etwas Restsüße. Alternativ dürfen es auch reife Rotweine mit wenig Gerbstoff sein.

VERWANDTE KÄSE

Quasi der Zwillingsbruder des Brique du Forez ist der Chèvreton, etwas größer und aus einer Mischung von Kuh- und Ziegenmilch erzeugt. Der Brique d'Auvergne besteht ebenfalls aus Mischmilch und ist besonders sahnig. Ein anderer Verwandter ist der Brique d'Ardèche aus reiner Ziegenrohmilch. Der Käse ist insgesamt kleiner und wiegt nur etwa 150 g. Er reift etwas länger, daher ist sein Geschmack leicht scharf und intensiver als der des Brique du Forez.

Fourme de Montbrison (g.U.)

Blauschimmelkäse
aus Kuhmilch
50% Fett i.Tr.

HERKUNFT UND GESCHICHTE

Auvergne/Puy-de-Dôme

Dieser traditionsreiche Käse wurde vermutlich schon vor dem 9. Jh. in den Bergen der Auvergne hergestellt. Sein Ursprung liegt in den Monts du Forez nahe der Städte Ambert und Montbrison.

HERSTELLUNG

Die Milch stammt von Kühen, die in 600–1.600 m Höhe grasen. Der rohen oder pasteurisierten Milch werden Lab und Pilzkulturen hinzugefügt. Der Bruch wird gesalzen und zum Abtropfen in hohe, längliche Formen gegeben. Nach dem Abtrocknen werden die Käse aus der Form genommen und mit einer langen Nadel Luftkanäle in den Laib gestochen, wo sich der Schimmel entwickelt. Er muss mindestens 4 Wochen reifen, ehe er in den Handel kommt.

CHARAKTERISTIK

Schmale, hohe Zylinderform. Die Höhe beträgt 19 cm, der Durchmesser 13 cm, das Gewicht etwa 2 kg. Die feine, trockene, graue bis gelbe Rinde ist von verschiedenfarbigem Oberflächenschimmel überzogen. Der Teig hat eine leichte, regelmäßige blaue Maserung, ist von geschmeidiger Konsistenz und weich. Cremig-milder, fruchtiger Geschmack mit leichter Pilznote.

BESONDERHEITEN

Die seltenen Exemplare aus handwerklicher Herstellung findet man am ehesten auf dem Markt in Ambert. Sie haben nach langer Reifezeit einen pikanten und komplexen Geschmack. Je nach Herstellungsort unterscheiden sich die Fourmes. Der Fourme de Montbrison hat einen etwas weicheren, milderen Teig und weniger Marmorierung; die Rinde ist rötlich orange. Beim Fourme d'Ambert ist der Teig mehr vom Schimmel durchzogen, die Rinde hat einen leichten Flaum.

KULINARISCHES

Meist wird der Fourme d'Ambert mit einem Löffel aus dem hohen Stumpen geschabt. Empfehlung MDM: Ideal passen edelsüße Weine wie Sauternes, Barsac, Loupiac oder Cadillac. Auch edelsüße Weine aus Deutschland oder Österreich harmonieren perfekt. Bei Rotweinen sollten die Gerbstoffe sehr reif sein, der Wein selbst kraftvoll und opulent.

Gaperon

Schnittkäse
aus roher Kuhmilch
40% Fett i.Tr.

HERKUNFT UND GESCHICHTE

Auvergne/Puy-de-Dôme

Der Name geht wahrscheinlich auf die einheimische Bezeichnung für Buttermilch, gape, zurück, denn der Gaperon entstand als Resteverwertung. Der übrig gebliebenen Buttermilch fügte man frische Milch hinzu und verlieh ihr mit Knoblauch und Pfeffer Geschmack, bevor man sich ans Käsen machte.

HERSTELLUNG

Zur vollen oder teilentrahmten Kuhmilch kommt etwas Buttermilch hinzu. Der gepresste und nicht erhitzte Teig wird mit Knoblauch und Pfeffer gewürzt. Die Reifezeit beträgt 1–2 Monate.

CHARAKTERISTIK

Der Gaperon hat eine Kuppelform von 9 cm Höhe und Durchmesser und 300 g Gewicht. Harte, trockene Naturrinde, elastischer Teig, der durch die Würzung mit Knoblauch und Pfeffer einen pikanten Geschmack erhält. Den Gaperon findet man oft mit Baststreifen umwickelt, die daran erinnern, wie die Bauern ihn früher in der Nähe des Feuers aufhängten und trockneten.

KULINARISCHES

Empfehlung MDM: Gaperon passt gut zu aromatischen Weißweinen. Auch fruchtige, nicht allzu wuchtige Rotweine mit zurückhaltender Tanninstruktur sind empfehlenswert.

DIE ALMEN DER AUVERGNE

Die Auvergne, eine 1.000 m hoch gelegene vulkanische Region mit nährstoffreichen Böden und vielen Flüsschen, ist bekannt für eine üppige Vegetation und zahlreiche aromatische Pflanzen, die der hier erzeugten Milch und damit auch dem Käse ein unnachahmliches Aroma verleihen. Die widerstandsfähigen Rinderrassen Aubrac und Salers geben zwar vergleichsweise wenig, aber besonders fetthaltige Milch. Vom Frühjahr bis in den Herbst grasen Kühe und Schafe auf hoch gelegenen Bergweiden.

Saint-Nectaire (g.U.)

Halbfester Schnittkäse
aus Kuhmilch
45% Fett i.Tr.

HERKUNFT UND GESCHICHTE

Auvergne/Puy-de-Dôme

Ruf und Namen verdankt dieser Käse dem Feldmarschall France Henri de Sennecterre oder Senneterre, der ihn im 17. Jh. an die Tafel König Ludwigs XIV. brachte.

HERSTELLUNG

Man presst seinen Bruch mehrmals. Er reift mindestens 3 Wochen traditionell auf Roggenstroh in natürlichen Kellern in der Umgebung von Clermont-Ferrand.

CHARAKTERISTIK

Saint-Nectaire hat einen flachen, etwa 5 cm hohen Laib mit einem Durchmesser von 21 cm und wiegt 1,7 kg. Die kleinere Version, der Petit Saint-Nectaire, wiegt 600 g. Auf der grauen oder sandfarbenen Rinde des Käses bilden sich gelbliche Flecken. Der elastische, cremige Käse schmeckt leicht modrig und rustikal, aber überraschend mild. Er duftet nach Champignons und dem Roggenstroh.

BESONDERHEITEN

Als Fermier-Käse wird Saint-Nectaire zweimal täglich gekäst, und zwar jeweils aus der Morgen- und der Abendmilch. Die Bauernkäse findet man vor allem in der Gegend um das Städtchen Besse-en-Chandresse.

KULINARISCHES

Empfehlung MDM: Am besten schmeckt Saint-Nectaire nach etwa 5–8 Wochen. Als Weine eignen sich zum jüngeren Käse leichte und fruchtige Rotweine wie ein Beaujolais-Villages oder Weißweine mit einem nussigen Geschmack. Zum gereiften Käse passt ein reifer, runder Rotwein mit mildem Gerbstoff oder ein reifer Weißwein, beispielsweise ein Premier Cru aus Burgund.

VEWANDTE KÄSE

Geschmacklich verwandt mit dem Petit Saint-Nectaire sind die Rotschmierkäse Pavin, ein halbfester Schnittkäse, und Murol. Der Chambérat ist eine Spezialität im Bourbonnais und wird vor allem in der Umgebung von Montluçon und Chambon hergestellt.

Bleu d’Auvergne (g.U.)

Blauschimmelkäse
aus Kuhmilch
50% Fett i.Tr.

HERKUNFT UND GESCHICHTE

Auvergne/Cantal

Seine Milch stammt von den Rinderrassen Aubrac und Salers. Nach dem Abtropfen wird der Käse geimpft, damit sich der Edelpilz entwickeln kann. In belüfteten Kellern reift der Käse 3 Wochen (kleine Bleus), größere über 1 kg mindestens 4 Wochen. Die typischen blaugrünen Schimmeladern erscheinen nach etwa 3 Wochen.

CHARAKTERISTIK

Flacher Zylinder, die großen Käse messen etwa 20 cm, sind 8–10 cm hoch und wiegen 2–3 kg. Die kleinen Varianten wiegen zwischen 350 und 1.000 g. Gebürstete, sehr dünne mit blaugrünen Flecken gesprenkelte Schimmelrinde. Elfenbeinfarbener Teig mit blaugrünen Schimmeladern. Typisch sind ein pikanter, nussiger und kräftiger Geschmack sowie ein würziger Geruch.

KULINARISCHES

Das vielseitige Multitalent in der Küche gibt einer Reihe von Gerichten eine originelle Note wie Soufflés, Salaten, Pasteten und Crêpes. Er passt gut zu Nüssen und rohen Champignons. Zum Aperitif verrührt man ihn mit etwas Butter und reicht ihn auf Kanapees. Empfehlung MDM: Edelsüße Weine, beispielsweise aus Gaillac oder Montbazillac, aber auch ein edelsüßer weißer Bordeaux harmonieren gut. Bei der Kombination mit Rotweinen ist Vorsicht geboten, denn bei deutlich ausgeprägtem Tannin wird die Verbindung von Käse und Wein bitter. Ein reifer Gaillac oder ein anderer, kräftiger reifer Roter aus dem Südwesten passen gut.

VERWANDTE KÄSE

Eine Statue in Laqueuille erinnert an Antoine Roussel, den Bauernsohn, der als Erfinder des Bleu de Laqueuille (Département Puy-de-Dôme) gilt. Wie der Fourme d’Ambert entwickelt er ein besonders mildes, fruchtiges Aroma. Eine weitere lokale Bleu-Variation ist der Bleu de Thiézac.

Cantalet (g.U.)

Schnittkäse
aus Kuhmilch
45% Fett i.Tr.

HERKUNFT UND GESCHICHTE

Auvergne/Cantal

Bereits Plinius der Ältere erwähnte 200 v. Chr. in seiner berühmten »Naturalis historia« (»Naturkunde«) den Cantal als bei den Römern besonders beliebten Käse. Cantal gilt als der älteste Käse Frankreichs, vermutlich ist er sogar einer der ältesten Käse der Welt.

HERSTELLUNG

Für den Cantal verarbeitet man die Milch der Salers-Rasse. Eine Besonderheit ist das mehrmalige Pressen. 80–100 kg des geschnittenen und abgetropften Bruchs werden als »flaches Paket« unter einer großen Presse, die typisch für die Cantal-Herstellung ist, gepresst. Die kompakte Masse wird geschnitten und wieder gepresst. Danach ruht die Masse 8 Stunden lang und wird anschließend gemahlen und gesalzen. Die Käsemasse kommt schließlich in zylinderförmige Metallformen, wo sie in den nächsten 2 Tagen noch drei- bis viermal gepresst wird. Die ausgeformten Laibe reifen danach mindestens 30 Tage bei 10–12 °C im feuchten Keller, wo sie zwei- bis dreimal die Woche gewendet und gebürstet werden. Nach 4 Wochen ist der Käse weiß und frisch (Cantal jeune). Cantal entre deux reift 2–6 Monate, mit mehr als 6 Monate Reifezeit erhält man den Cantal vieux.

CHARAKTERISTIK

Großer Zylinder mit 36–42 cm Durchmesser, 45 cm Höhe und rund 43 kg Gewicht. Der Petit Cantal wiegt 20 kg, der Cantalet nur 10 kg. Der Käse weist eine dicke und trockene Rinde auf, die zunächst gräulich weiß und mit zunehmender Reife dann goldgelb bis braunorange ist. Cantal ist ein unverfälschter, natürlicher Käse mit mildem, frischem Geschmack, der bei älteren Käsen entsprechend kräftiger wird.

KULINARISCHES

Cantal passt gut zu frischem Obst. Empfehlung MDM: Zu seinem rezenten Charakter passen kraftvolle, reife Weißweine mit wenig Säure, reife und opulente Rotweine mit wenig Gerbstoff oder Weine mit feiner Restsüße. Ein besonderes Erlebnis ist die Kombination mit einer feinen restsüßen Riesling Spätlese oder einer reifen Auslese.

Salers (g.U.)

Schnittkäse
aus roher Kuhmilch
45% Fett i.Tr.

HERKUNFT UND GESCHICHTE

Auvergne/Cantal

Der Salers stammt aus demselben Gebiet wie der Cantal, darf aber nur während der Weidezeit vom 1. Mai bis zum 31. Oktober hergestellt werden. Seinen Namen verdankt er einem hübschen mittelalterlichen Städtchen zwischen Aurillac und Mauriac. Die ersten schriftlichen Aufzeichnungen über diesen Käse, den man auch Fourme de Salers oder Cantal de Salers nennt, finden sich in mittelalterlichen Schriften.

HERSTELLUNG

Salers darf nur aus Rohmilch der Salers-Kühe und nur auf dem Bauernhof hergestellt werden. Etwa 100 producteurs fermiers produzieren ihn. Unmittelbar nach dem Melken wird die Milch mit Lab versetzt und verarbeitet. Auch dieser Käse wird, wie der Cantal, zweimal gepresst, muss aber mindestens 3 Monate reifen. Oftmals lässt man ihm 12–18 Monate Zeit, sich zu entwickeln.

CHARAKTERISTIK

Die Käse sind zylindrisch und unterschiedlich groß. Der Durchmesser liegt zwischen 38 und 48 cm, das Gewicht zwischen 30 und 50 kg. Die dicke Rinde des Salers ist von Natur aus trocken. Lange gereifter Salers hat eine dicke, dunkle, mit rötlichen Flecken besetzte Rinde. Der Teig ist zunächst schnittfest und geschmeidig, mit zunehmender Reife wird er krümelig. Die frischen Bergkräuter verleihen der Milch der Salers-Kühe ihr unnachahmliches Aroma. Jüngerer Salers ist aromatisch, leicht säuerlich und zeigt eine dezente Bitternote. Später wird der Geschmack ausgeprägter und pikanter.

KULINARISCHES

Zum Salers passen Äpfel, Weintrauben oder Walnüsse. Auf der Käseplatte ist ein Stück Salers ein besonderer Genuss. Weine zum Salers sollten eine dezente Frucht aufweisen, damit das feine Aroma des Käses nicht überdeckt wird. Es eignen sich zurückhaltende Rotweine, zum Beispiel aus dem Beaujolais oder von der Loire. Sehr reifer Salers harmoniert gut zu kräftigeren, samtigen Rotweinen mit zurückhaltenden Tanninen. Salers kann man wegen seiner langen Haltbarkeit das ganze Jahr genießen.

SÜDWESTEN
Paradies für Genießer

Die Goßregion Midi-Pyrénées im Südwesten Frankreichs zwischen Atlantik und Mittelmeer grenzt im Süden an Spanien, im Westen an die Region Aquitanien, im Osten an das Languedoc-Roussillon und im Norden an die Auvergne und das Limousin. Die acht Départements Ariège, Aveyron, Gers, Haute-Garonne, Hautes-Pyrénées, Lot, Tarn und Tarn-et-Garonne – mit Ausnahme von Hautes-Pyrénées – verdanken ihre Namen alle kleinen oder größeren Flüssen. Großartige Landschaften kennzeichnen diese Region.

Im Norden finden sich an den Ausläufern des Zentralmassivs die Aubrac- oder Causses-Hügel, vom Wasser geformte Kalkhochebenen. Jeden Sommer machen sich die Schäfer mit ihren Herden auf den Weg zu den Sommerweiden. Die Wandertierhaltung in Aubrac hat jahrhundertealte Tradition. Kühe der Aubrac-Rasse finden auf den Bergweiden des Aubrac und auf den windzerzausten Hochebenen der Causses bestes Futter. Aus ihrer Milch entstehen so berühmte Käse wie Laguiole oder Bleu de Causses. Im Herzen des Départements Aveyron liegt das Städtchen Laguiole wo die berühmten Messer geschmiedet werden. Die Vulkanplateaus des Aveyron bieten weite Schafsweiden und geheimnisvolle Höhlen. Hier ist auch der Roquefort, der »Sohn der Berge und des Windes« zu Hause.

Die Pyrenäen im Süden bilden die natürliche Grenze zu Spanien. Auf den Hochgebirgsalmen werden köstliche Bergkäse hergestellt. In Aquitanien und im Département Pyrénées-Atlantique liegt das Pays-Basque, das sich weit nach Nordostspanien erstreckt. Von hier stammen köstliche Schafskäse mit sehr langer Tradition.

Linke Seite: Diese atemberaubenden Landschaften sind ein Paradies für Genießer.

Rocamadour (g.U.)

Weichkäse
aus roher Ziegenmilch
45% Fett i.Tr.

HERKUNFT UND GESCHICHTE

Midi-Pyrénées/Lot

Man nennt diesen Käse auch Cabécou de Rocamadour (»kleiner Ziegenkäse aus Rocamadour«). In einem Pachtvertrag aus dem Jahr 1451 wurde festgelegt, dass die Steuer der Bauern in Form von Rocamadour-Käse beglichen werden sollte. Der Ziegenkäse wurde nach dem mittelalterlichen Städtchen Rocamadour benannt, das im Herzen des Produktionsgebietes sowie am Jakobsweg liegt.

HERSTELLUNG

Die Rohmilch für den Rocamadour muss von den Ziegenrassen Alpine oder Saanen stammen. Dicklegung und Abtropfen ziehen sich über 36 Stunden hin. Das Salzen erfolgt durch Einkneten in den Bruch. Die Reifung dauert mindestens 12 Tage, meist aber bis zu 4 Wochen.

CHARAKTERISTIK

Kleiner Taler von 35 g, 6 cm Durchmesser und 1,6 cm Höhe. Weiß-gelbe, samtig feine Rinde, nach längerer Reifung elfenbeinfarben mit leichtem Blauschimmelflaum. Rocamadour ist ein relativ feuchter Käse. Der weiche, sahnig-cremige Teig ist weiß bis elfenbeinfarben. Typisch ist ein dezentes Ziegenmilcharoma, das bei zunehmender Reife ausgeprägter wird.

KULINARISCHES

Empfehlung MDM: Zum Rocamadour passen Weine aus dem Südwesten, beispielsweise weiße Weine aus Pessac-Léognan oder aus Bordeaux, auch ein trockener Jurançon schmeckt gut.

VEWANDTE KÄSE

Die kleinen Weichkäse aus Ziegenmilch heißen in der okzitanischen Sprache Cabécou. Sie sind dem Rocamadour ähnlich, aber etwas dicker und ausgeprägter im Geschmack. Sie reifen schnell, halten gut und gewinnen dabei an Geschmack. Die weiche, aromatische Ziegenmilchmasse braucht üblicherweise 2–4 Wochen zur Ausreifung. Die Cabécous gibt es nur zwischen Juni und September. Aus dem Tarn stammt der Cabécou d'Autan, der seine optimale Reife nach 15 Tagen erhält. Der Picadou ist ein gereifter Cabécou, der mit Pflaumenschnaps in einem geschlossenen Behälter affiniert wird und recht pikant im Geschmack ist.

Bleu des Causses (g.U.)

Blauschimmelkäse
aus Kuhmilch
45% Fett i.Tr.

HERKUNFT UND GESCHICHTE

Midi-Pyrénées/Aveyron

Schon lange gibt es auf den kalkigen Hochebenen des Zentralmassivs, die causses, kleine handwerkliche Käsereien und Molkereien. Den Käsern war seit Langem bekannt, dass Käse in den natürlichen Höhlen besonders gut reift und sich das Klima positiv auf die Schimmelbildung auswirkt. Die Käse der Region wurden früher aus einer Schafs- und Kuhmilchmischung hergestellt. Mit dem Schutz des Roquefort per AOC im Jahr 1925 mussten sich die Käser für die Verwendung einer Milchart entscheiden: Sie entschieden sich für Kuhmilch.

HERSTELLUNG

Nach dem Abtropfen und Abtrocknen werden die Laibe mit Penicillium roqueforti geimpft, gesalzen, gebürstet und mit Nadeln durchstochen, damit sich der Edelpilz in den Stichkanälen entwickeln kann. Der Käse reift 3–6 Monate in den natürlichen Höhlen auf der Nordseite des Kalksteinmassivs. Dort strömt feuchtkalte Luft durch die Höhlen, die den Käse aufblühen und ihn milde werden lässt.

CHARAKTERISTIK

Der Bleu des Causses ist quasi eine milde Kuhmilchvariante des Roquefort. Er hat die Form eines Zylinders, einen Durchmesser von etwa 20 cm, ist 8–10 cm hoch und wiegt 2,5–3 kg. Der zart schmelzende Teig besitzt eine leicht bröckelige Konsistenz und eine Bruchlochung, ist aber noch schnittfähig. Den im Sommer eher elfenbeinfarbenen, im Winter eher weißen und weniger feuchten Teig durchziehen leichte blaue Adern. Charakteristisch sind auch sein herzhaft-pikanter, aber milder Geschmack, nussartiger und intensiver, angenehm kräftiger Geruch.

KULINARISCHES

Der Bleu des Causses wird zur Füllung von Omelettes oder Crêpes, zu Nudeln und Kartoffeln gegessen. Er schmeckt zu gegrilltem Fleisch oder in einer Soße. Empfehlung MDM: Es passen kräftige Rotweine wie reifer Cornas. Wird er jedoch roh serviert, haben edelsüße Weißweine die besseren Karten. Auch ein Muscat de Beaumes de Venise kann zum reifen Käse eine genussreiche Alternative sein.

Laguiole (g.U.)

Schnittkäse
aus roher Kuhmilch
45% Fett i.Tr.

HERKUNFT UND GESCHICHTE

Midi-Pyrénées/Aveyron

Die Region um Aubrac ist für ihren Käse aus der Milch der Aubrac-Kühe berühmt. In Texten aus dem 4. Jh. wird der Laguiole erstmals erwähnt. Man vermutet, dass Mönche des Klosters von Aubrac den einheimischen Hirten (buronniers) ihre Kenntnisse der Käseherstellung vermittelten.

HERSTELLUNG

Bei der Herstellung des Laguiole behielt man die traditionellen Methoden der alten Käser, der cantalès, bei. Der geformte Bruch reift unter einer Presse. Dann wird der gepresste Bruch erneut zerkleinert, gesalzen und gepresst. Der Käse muss mindestens 4 Monate reifen, aber auch Reifungen bis zu 12 Monate sind üblich.

CHARAKTERISTIK

Der Laguiole hat die Form eines hohen Zylinders (fourme) mit 40 cm Durchmesser, 40 cm Höhe und einem Gewicht von 50 kg. Die Rinde ist ausgesprochen dick, und ihre Farbe variiert je nach Alter von Weiß über Hellorange bis Mittelbraun. Der Teig ist glatt, elfenbeinfarben bis strohgelb und von geschmeidiger und dennoch fester Konsistenz. Der Laguiole duftet leicht milchig und ist im Geschmack kräftig bis rustikal, leicht säuerlich und etwas herb.

BESONDERHEITEN

Der beste Käse wird auf den Almen nach traditioneller Methode hergestellt. Einige wenige Sennereien produzieren den Laguiole noch auf der Hochebene von Aubrac.

KULINARISCHES

Empfehlung MDM: Vor allem von Januar bis April schmeckt der Käse besonders gut. Es passen fruchtige Rotweine, zum Beispiel aus dem Beaujolais oder von der südlichen Rhône, oder kraftvolle Weißweine wie ein Châteauneuf du Pape blanc. Weine mit feiner Restsüße aus Österreich oder Deutschland bieten eine angenehme Abwechslung.

VERWANDTE KÄSE

Laguiole ist eng verwandt mit dem Salers und dem Cantal.

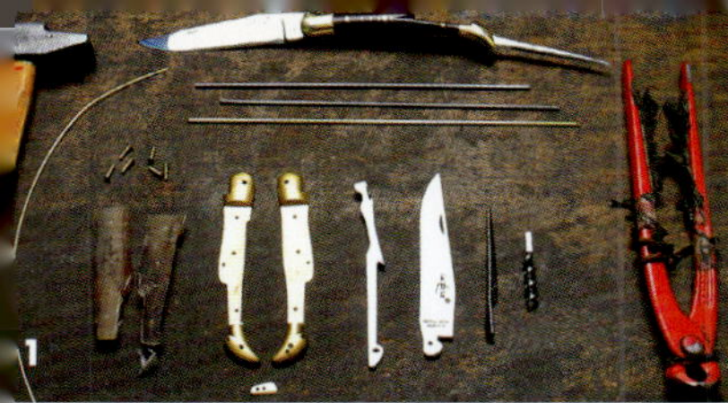

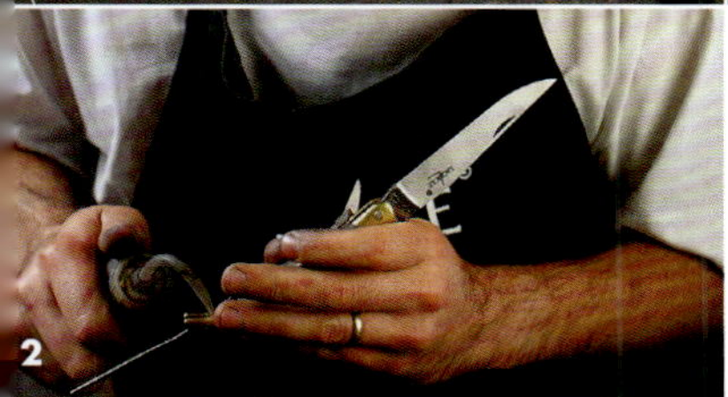

1. Alles, was der Messerschmied benötigt.
2. Jedes Messer wird von Hand gefertigt.
3. Mit Messingstiften werden Klinge, Dorn, Schaft und Griff verbunden.
4. Der Griff besteht traditionell aus dem Horn der Aubrac-Rinder.
5. Das fertige Messer liegt harmonisch in der Hand.

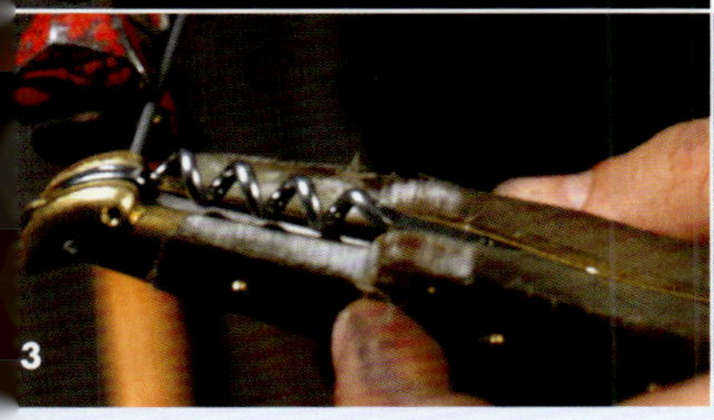

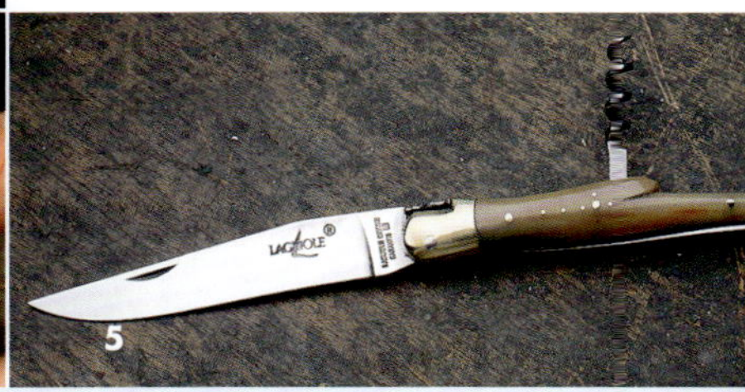

LAGUIOLE, DAS LIEBLINGSMESSER DER FRANZOSEN

Wer in Frankreich etwas auf sich hält, besitzt ein Messer aus Laguiole (ausgesprochen ohne »g«, layole). Anfang des 19. Jhs. entwickelten Schmiede in der Stadt ein einfaches Messer zum täglichen Gebrauch für Bauern und Hirten des Aubrac. Sie verwendeten eine rustikale Klinge aus dem baskischen Navarra (im Winter arbeiteten viele Leute aus dem Aubrac in Spanien) und einen aus dem Horn der Aubrac-Rinder gedrechselten Griff. Als Erster begann Pierre Jean Calmels 1829 mit dem Handel der Messer aus Laguiole. Inzwischen gibt es überall in Frankreich und in Edelgeschäften im Ausland das echte Laguiole-Messer. 90 Handwerker fertigen in der kleinen Messerschmiede von Laguiole 200 000 Messer pro Jahr – vom ersten bis zum letzten Arbeitsschritt. Jedes einzelne Messer wird von Hand zusammengesetzt und seine Klinge so lange justiert und nachgeschliffen, bis sie den Ansprüchen an Perfektion genügt.

Roquefort (g.U.)

Blauschimmelkäse
aus roher Schafsmilch
52% Fett i.Tr.

HERKUNFT UND GESCHICHTE

Midi-Pyrénées/Aveyron

Schon Karl der Große erklärte den Roquefort zu seinem Lieblingskäse, und Karl IV. unterzeichnete im April 1411 eine Charta, die den Einwohnern von Roquefort »das Privileg für die Reifung des Käses, wie sie seit alters her in den Höhlen des genannten Dorfes vollzogen wird«, einräumte. Die Heimat des Roquefort ist die ehemalige Provinz Rouergue. Das traditionelle Gebiet für die Milchgewinnung des Roqueforts erstreckt sich auf das Département Aveyron und die angrenzenden Départements Aude, Gard, Hérault, Lozère und Tarn. Der Käse reift jedoch ausschließlich in den Höhlen von Roquefort-sur-Soulzon.

CHARAKTERISTIK

Der Roquefort-Zylinder ist doppelt so breit wie hoch: Sein Durchmesser ist 19–20 cm, und er wiegt 2,5–3 kg. Je jünger der Käse, desto weißer ist sein Teig und desto weniger Edelschimmelspuren zeigen sich. Je älter der Käse, umso elfenbeinfarbener der Teig und umso ausgeprägter der Edelschimmel. Der Teig ist leicht bröckelig. Der hohe Fettgehalt von 52 % verleiht dem Käse einen besonderen Schmelz. Der Geschmack ist bei perfekter Reife würzig, pikant, salzig, sehr intensiv und ausgeprägt.

KULINARISCHES

Beim Lagern des Roqueforts sollte man heftige Temperaturschwankungen vermeiden. Roquefort eignet sich zur Zubereitung von Soßen, Kanapees, Salaten, Soufflés oder Pasteten. Sehr gut harmoniert der pikante Roquefort mit der milden Süße einer Birne. Ein absoluter Klassiker ist die Verbindung von Roquefort mit einem Glas edelsüßen Sauternes. Mit den Vin doux Naturel des Südens, insbesondere dem Muscat de Rivesaltes aus dem Roussillon, geht der Käse eine verführerische Verbindung ein. Roquefort kann das ganze Jahr über verzehrt werden.

Moulis

Halbharter Schnittkäse
aus roher Kuhmilch
45% Fett i.Tr.

HERKUNFT UND GESCHICHTE

Midi-Pyrénées/Ariège

Dieser große Tomme stammt aus dem gleichnamigen Pyrenäendorf.

HERSTELLUNG

Während der 1–3 Monate Reifung wird der Käse anfangs alle zwei Tage in Salzwasser gewaschen, danach regelmäßig gebürstet und gewendet.

CHARAKTERISTIK

Unter der trockenen braunen Rinde verbirgt sich ein elastischer, strohgelber Teig mit vielen Löchern. Der Geschmack ist meist durchdringend und streng.

KULINARISCHES

In seiner Heimat kombiniert man auch diesen Käse gerne zusammen mit Kirschkonfitüre. Dazu passt ein Rotwein aus dem Südwesten, zum Beispiel ein Iroulégy.

Pérail

Weichkäse
aus roher Schafsmilch
48% Fett i.Tr.

HERKUNFT UND GESCHICHTE

Midi-Pyrénées/Aveyron

Der Pérail ist in der Heimat des Roquefort zu Hause. Der Fund alter durchlöcherter Tongefäße lässt darauf schließen, dass der Pérail schon lange in der Gegend hergestellt wurde. Weil fast die gesamte Schafsmilch der Region zur Herstellung des Roquefort verwendet wurde, verschwand der Pérail fast. Dank engagierter Produzenten ist uns dieser Käse erhalten geblieben.

HERSTELLUNG

Die Reifezeit beträgt mindestens 8 Tage, aber je länger er reift, umso mehr entwickelt sich der Geschmack.

CHARAKTERISTIK

Runder, flacher Laib von etwa 130 g. Feine, natürliche Schimmelrinde, weißer, glatter Teig. Sehr mild im Geschmack.

BESONDERHEITEN

Die Produzenten haben die Anerkennung ihres Käses als AOC beantragt.

KULINARISCHES

Empfehlung MDM: Pérail harmoniert ebenso zu Côtes du Rhône Blanc wie zu Weißwein aus Bordeaux, geht aber auch mit fruchtbetonten Rotweinen eine angenehme Verbindung ein.

SCHAFSKÄSE AUS DEN PYRENÄEN

Die Pyrenäen und das Baskenland bilden eine Schafskäseregion par excellence. Obwohl die moderne Kommunikation und Technik das Leben der Schäfer vereinfacht hat, leben sie auf ihren Almen in Höhenlagen von über 1000 m über viele Monate doch recht isoliert. Für den Ossau-Iraty stellen die Hirten bereits im August das Melken ein, um die Tiere zu schonen. Nur so bleiben die Schafe gesund und sichern eine regelmäßige Käseproduktion. Mit einer Herde von 400 Tieren kommen pro Saison etwa 200 Käse zusammen. Schafskäse aus den Pyrenäen hat allerbeste Qualität und man verzehrt ihn im Baskenland am liebsten mit einem Schälchen Kirschkonfitüre .

Tomme noire des Pyrénées (g.g.A.)

Fester Schnittkäse
aus Kuhmilch
50% Fett i.Tr.

HERKUNFT UND GESCHICHTE

Midi-Pyrénées/Ariège

Den Tomme noire stellte man schon im 12. Jh. in der Region Saint-Girons her. Bis zum 19. Jh. war der Käse vor allem in seiner Heimat bekannt, inzwischen findet man ihn in ganz Frankreich.

HERSTELLUNG

Der pasteurisierten Milch gibt man Lab und Milchsäurebakterien hinzu. Nach dem Dicklegen wird der Bruch geschnitten, die Molke lässt man teilweise abtropfen. Zum vollständigen Abtropfen kommt die Masse in durchlöcherte Formen. Anschließend wird der Käse trocken gesalzen. Nach einer Reifezeit von 3 Wochen überzieht man ihn mit schwarzer Kunststofffolie.

CHARAKTERISTIK

Typisch für den zylinderförmigen Tomme noire (21 cm Durchmesser, 9–10 cm Höhe, 4–4,5 kg schwer) ist die schwarze Rinde. Der weiche, elastische Teig zeigt regelmäßige Löcher. Der entsprechende Bruder mit gelber Rinde hat seit 1999 einen eigenen Namen, nämlich Tomme dorée des Pyrénées.

KULINARISCHES

Der junge Käse harmoniert gut mit den trockenen Weißweinen des Jurançon, die reife Variante kommt mit einem edelsüßen Jurançon sehr gut zurecht. Reife Rotweine aus dem Südwesten, die wenig Tannin aufweisen, sind eine Alternative

KUHMILCHKÄSE AUS DEN PYRENÄEN

Einer der mildesten Kuhmilchkäse der Pyrenäen ist der aus Rohmilch gekäste Bethmale. Der feste Schnittkäse in Form eines großen Rades wiegt 3,5–6 kg und hat einen Fettgehalt in der Trockenmasse von 50 %. Der Teig wird gepresst und während der Reifezeit von 2–3 Monaten regelmäßig gebürstet und gewendet. Bethmale stellt man auch aus Schafs- und Ziegenmilch oder auch aus einer Mischung von Ziegen- und Kuhmilch her.

ROQUEFORT
DER EDELSCHIMMELSUPERSTAR

Der Star unter den Käsen mit Innenschimmel verdankt seine Entstehung einer urzeitlichen Naturkatastrophe. Damals stürzte der nordöstliche Rand des steilaufragenden Kalksteinmassivs Combalou zwischen Millau und St. Affrique ein und verwandelte sich in einen gigantischen Schutthaufen. Die gewaltigen Felsbrocken verkeilten sich ineinander und ließen Hohlräume und lange Spalten, die sogenannten fleurines, entstehen. Sie verbanden die natürlichen Keller mit der Außenwelt und sorgten für ständige Frischluftzufuhr. Ein geniales Belüftungssystem, das niedrige Temperaturen garantiert, während der saugfähige Kalkstein 95 % Luftfeuchtigkeit liefert. Für einen ganz besonderen Pilz, den Penicillium roqueforti ideale Bedingungen, um sich an den Höhlenwänden auszubreiten.

Woher aber kam denn nun der Käse? Der Combalou liegt am Rande des kargen Causse de Larsac, einer windgebeutelten, kalksteinigen Ebene. Knorrige Sträucher und wilde Kräuter überlebten hier – und Schafe. Herden von Lacaune-Schafen fressen das spärliche Futter, das ihrer fetten Milch und dem daraus entstehenden Käse eine feine Würze verleiht.

Bereits zur Jungsteinzeit besiedelten Hirten diese karge Gegend. Der Legende nach soll ein Hirte nach seiner Vesper in einer Höhle seinen Käse dort vergessen haben. Als er später wiederkam, fand er seinen ursprünglich weißen Käse mit blaugrünem Schimmel marmoriert vor. Er probierte und fand, er schmecke viel besser als zuvor. Laut Plinius dem Älteren sollen die Römer bereits von dem Käse geschwärmt haben, und Jahrhunderte später wurde der Roquefort zum Lieblingskäse Karls des Großen.

Im 15. Jh. kamen die Einwohner von Roquefort-sur-Soulzon, dem Dorf unterhalb des Combalou, auf die Idee, in ihrem

Edelschimmel Penicillium roqueforti keimt auf Roggenbrot.

Roquefort verdankt seinen besonderen Geschmack der Verwendung von roher Schafsmilch.

Keller nicht nur den eigenen Käse, sondern auch Laibe aus anderen Regionen darin reifen zu lassen und weiterzuverkaufen. Der Käse wurde bekannt und beliebt, aber wie alle Erfolgsprodukte versuchte man auch schnell, ihn nachzuahmen. Bis Roquefort zu einer geschützten Marke wurde, sollte es aber noch über 100 Jahre dauern. Mitte des 19. Jhs. erlebte Roquefort einen ungeahnten Aufschwung. In weitem Umkreis kauften die Käsereien Schafskäse, teilweise aus den Pyrenäen und sogar aus Korsika. Damit der Käse nicht Gefahr lief, mit Kuhmilch verwässert zu werden, erteilte ihm die französische Regierung 1921 die Appellation d'Origine Contrôlée, die allererste, die einem Käse zuteilwurde.

DIE HERSTELLUNG DES ROQUEFORT

Bereits in den Molkereien wird die rohe Schafsmilch mit winzigen Mengen Pilzsporen geimpft. Um das Wachstum der Pilzsporen an den Höhlenwänden anzuregen, legt man große Roggenbrotlaibe in die Combalou-Höhle. Nach 3 Monaten haben sich auf dem Brot reichlich grünliche Schimmelhärchen gebildet, die getrocknet und pulverisiert werden, um sie später der Milch oder der Gallerte hinzuzufügen und das Schimmelwachstum zu fördern. Dann wird die erwärmte Milch mit Lab zum Gerinnen gebracht. Der Käse wird während des Abtropfens fünfmal gewendet. Nach dem Formen und Salzen kommen die Laibe in den Reifekeller. Ehe sie auf die langen Reihen hölzerner Gestelle kommen, werden sie mittels eines Nagelbretts eingestochen, damit die Luft ungehindert durch die Stichkanäle zirkulieren und sich dort der Edelschimmel entfalten kann. Nach einem Monat muss das Pilzwachstum gestoppt werden. Jeder Laib wird deshalb einzeln in Zinnfolie verpackt und lagert danach in tieferen und kühleren Bereichen der Höhlen. Hier reift der Roquefort mindestens drei weitere Monate. Manche Qualitäten bleiben bis zu einem Jahr im Reifekeller, ganz besonders exquisite Qualitäten sogar noch länger.

Exquisite Qualitäten lagern bis zu einem Jahr und länger.

Der Käse- und Kellermeister der Genossenschaft prüft das Reifestadium jedes einzelnen Käses.

Ossau-Iraty (g.U.)

Schnittkäse
aus roher Schafsmilch
50% Fett i.Tr.

HERKUNFT UND GESCHICHTE

Aquitaine/Pyrénées Atlantiques

Schon im 1. Jh. erwähnte ein Schreiber namens Martial die Pyrenäenkäse vom Toulouser Markt. Im 14. Jh. war Schafskäse ein begehrtes Tauschmittel und die wichtigste Einnahmequelle der Schäfer. Von jeher gab es in den Tälern und hoch gelegenen Almen der westlichen Pyrenäen große Herden von Manech- und Basco-Béarnaise-Schafen, die die Milch für diesen Käse liefern. Der Ossau-Iraty ist eine gelungene Synthese der verschiedenen Schafskäsetypen in den Pyrenäen.

HERSTELLUNG

Nur noch wenige Käse werden auf traditionelle Weise aus Rohmilch erzeugt. 3 Monate wird der Käse regelmäßig abgetrocknet und abgerieben. Die Petits Ossau-Iratys reifen mindestens 60 Tage.

CHARAKTERISTIK

Form eines leicht konvexen Zylinders, Durchmesser 26 cm, Höhe von 12–14 cm. Er wiegt zwischen 4–5 kg, ein Fermier-Exemplar kann aber leicht 7 kg schwer sein. Als Petit Ossau-Iraty wiegt der Käse 2–3 kg. Feste, orangegelbe bis graue Rinde, glatter, weißer Teig mit wenigen Löchern. Die Konsistenz ist fest und geschmeidig, teils auch hart. Zarter bis nussiger, pflanzlicher Geschmack, dezentes Schafsmilcharoma.

KULINARISCHES

Am besten schmeckt dieser Schafskäse im November und Dezember. Zu ihm passen die Weine aus seiner Heimat: kräftige, strukturierte Rotweine und würzige, charaktervolle Weißweine wie Jurançon, Madiran oder Irouléguy.

VERWANDTE KÄSE

Noch bis vor etwa 20 Jahren wurde der beliebte und bekannteste Schafskäse aus dem Baskenland, der Markenkäse Etorki, nach den AOC-Bestimmungen für den Ossau-Iraty erzeugt. Heute produziert ihn die Fromagerie des Chaumes in Mauleon (gehört zur Bongrain-Gruppe) nach wie vor nach den traditionellen Methoden der baskischen Schäfer und aus der Milch lokaler Schafsrassen. Im Geschmack und im Aussehen ähnelt Etorki weiterhin dem Ossau-Iraty.

Belloc, Abbaye de Belloc

Halbharter Schnittkäse
aus roher Schafsmilch
50% Fett i.Tr.

HERKUNFT UND GESCHICHTE

Aquitaine/Pyrénées-Atlantique

Das Benediktinerkloster Abbaye de Belloc besteht seit 1875 und liegt kurz vor der spanischen Grenze. Der Abbaye de Belloc ist ein ungewöhnlicher Klosterkäse, denn er ist einer der wenigen aus Schafsmilch und weist einen recht hohen Fettgehalt auf.

HERSTELLUNG

Die Milch der Manech-Schafe liefern die Bauernhöfe der Umgebung in das Kloster Notre Dame de Belloc. Der Käse kommt in ein Salzbad und reift anschließend 6–12 Monate.

CHARAKTERISTIK

Kleiner Laib von 25 cm Durchmesser, 11 cm Höhe und 5 kg Gewicht. Unter einer grauen bis hellbraunen Rinde verbirgt sich ein gehaltvoller, fester Teig. Der Käse schmeckt fruchtig, vollmundig und kräftig.

KULINARISCHES

Zu diesem äußerst angenehm schmeckenden Schafskäse passt gut ein reifer, kräftiger Rotwein aus Bordeaux.

Bouton d'Oc

Weichkäse
aus roher Ziegenmilch
45% Fett i.Tr.

HERKUNFT UND GESCHICHTE

Midi-Pyrénées/Tarn

Der Bouton d'Oc stammt aus der Gegend um Toulouse.

HERSTELLUNG

Rein bäuerliche Herstellung. Die kleinen Käse reifen mindestens 10 Tage, können aber auch mehrere Wochen reifen.

CHARAKTERISTIK

Kleiner Aperitifkäse in Birnenform, Gewicht etwa 15 g. Die nur 3–4 cm hohen Minis werden gleich im Dutzend verkauft. Geschmack je nach Reifedauer und Milchart von angenehm mild bis durchdringend pikant.

KULINARISCHES

Zum Aperitif als junger Käse serviert, begleitet der Bouton d'Oc sehr gut schäumende Weine. Wird er etwas reifer präsentiert, sind die Weißweine des Languedoc, aber auch reife Rotweine, beispielsweise aus dem Minervois, angenehme Begleiter.

Ardi-Gasna

Fester Schnittkäse
aus roher Schafsmilch
50% Fett i.Tr.

HERKUNFT UND GESCHICHTE

Aquitaine/Pyrénées-Atlantique

In der baskischen Sprache heißt Schaf »ardi« und Käse »gasna« – eindeutiger kann der Namensursprung nicht belegt sein.

HERSTELLUNG

Nach einer Reifzeit von 2–3 Monaten ist der leicht gepresste Käse reif und zum Verzehr geeignet. Er kann aber durchaus bis zu 2 Jahre reifen.

CHARAKTERISTIK

Kleiner Tomme von 19 cm Durchmesser, 7 cm dick und etwa 3 kg schwer, als Fermier-Käse etwas größer und schwerer. Eine gelb-orangefarbene Rinde umschließt den mit unregelmäßigen, wenigen Lochungen versehenen, festen und kompakten Teig von heller strohgelber Farbe. Sehr angenehm, voll und rund im Geschmack.

KULINARISCHES

In seiner Heimat isst man den Käse gerne zusammen mit Schwarzkirschkonfitüre. Dazu passt ein Rotwein aus dem tiefsten Südwesten, zum Beispiel ein Irouléguy. Auch zusammen mit einem reifen Bordeaux ist der Käse ein Genuss.

NIEDERLANDE

Im Paradies für Schnittkäse

Die Niederländer blicken auf eine jahrhundertealte Käsetradition zurück. Schon seit dem Mittelalter zählt Käse zu den bedeutendsten Exportprodukten des Landes. Die typischen Sorten wie Gouda, Edamer und Maasdamer gehören nicht nur zu den weltweit beliebtesten, sondern auch zu den am häufigsten nachgeahmten Käsen überhaupt. Die wichtige Rolle des Käses für das Land hängt in erster Linie mit den für die Milchwirtschaft idealen landschaftlichen und klimatischen Gegebenheiten zusammen. Von jeher mussten die Bauern Gräben ziehen, Deiche anlegen und Windmühlen bauen, um die unter dem Meeresspiegel liegenden Weiden gegen Überflutung zu schützen. Das Zusammenspiel von Wasser, Böden und Seeklima bietet einzigartige Voraussetzungen für die Haltung von Milchvieh. Die zahlreichen Wasserwege und die Nordsee ermöglichten zudem bereits im Mittelalter einen problemlosen Transport der Produkte. Ausgrabungen lassen vermuten, dass es schon vor über 2.000 Jahren eine Art Milchwirtschaft in den Niederlanden gab. Im Mittelalter florierte der Handel mit Käse und Butter im Land, und die Ausfuhr entwickelte sich zu einem der bedeutendsten Devisenbringer. Im 17. Jh. exportierte Holland seine Schnittkäse in fast jedes Land Europas. Heute geht über die Hälfte der Käseproduktion in die Exportmärkte. Unumstrittene Nummer eins ist Gouda. Doch auch Spezialitäten wie Bauernkäse oder solche aus Ziegen- oder Schafsmilch haben an Bedeutung gewonnen. Tatsächlich ist die Vielfalt im Paradies der Schnittkäse umfangreicher, als man auf den ersten Blick vermuten würde, denn sie zählt über 80 Sorten in unterschiedlichen Altersstufen.

Linke Seite: Das saftige Gras ist ein gefundenes Fressen für Hollands Kühe.

HOLLANDS KÄSEMÄRKTE BIETEN EIN FARBENPRÄCHTIGES SCHAUSPIEL

Auch wenn die Käsevermarktung im großen Stil längst woanders und mit modernsten Mitteln durchgeführt wird, sind einige traditionelle Käsemärkte erhalten geblieben. Sie sind vor allem für die Scharen von Touristen eine Attraktion und finden nur von Anfang April bis Ende September statt. In Edam bestimmen die Edamerkugeln das Bild des wöchentlichen Käsemarktes am Mittwoch. Donnerstags ist in Gouda Käsemarkt. Mit Pferd und Wagen werden dort die gelben Laibe frühmorgens ins mittelalterliche Zentrum der Stadt gekarrt. Der Käsemarkt von Gouda ist nicht nur Touristenattraktion, denn Bauern aus ganz Südholland nutzen die Gelegenheit und verkaufen nach dem Wiegen auf dem Markt ihre selbst gemachten Käse an Großabnehmer. Der berühmteste Käsemarkt Hollands in Alkmaar wird von unzähligen Zuschauern besucht. Immer freitags findet dieses traditionelle Spektakel mitten im historischen Zentrum statt. Auf dem Weg dort-

Rechts: Ganz wie früher – jeden Mittwoch findet im Städtchen Edam der Käsemarkt statt.

Unten: Spektakel für Touristen – die Käseträger bringen den Käse im Laufschritt zur Waage.

ANDERE HOLLÄNDISCHE KÄSE

Zwar umfasst die holländische Käselandschaft in erster Linie Schnittkäse vom Gouda- oder Edamertyp, doch beigemischte Gewürze und Kräuter machen das Angebot vielfältig. Neben Nelken und Kümmel sind das Brennnesseln, Gartenkräuter, Knoblauch, Paprika, Pfeffer, Senf oder Walnussstückchen. Im Gesundheitstrend liegen Sorten mit reduziertem Salzgehalt. Ihnen wird bei der Herstellung weniger Salz zugegeben. Entsprechend fein und zart ist ihr Geschmack. Zu den holländischen Spezialitäten müssen auch Käse aus Schafs- und Ziegenmilch gerechnet werden. In den letzten Jahren hat sich vor allem der Ziegengouda viele Freunde geschaffen. Weich- und Schnittkäse aus Ziegenmilch werden meist jung vermarktet, oft in handgefertigten Formen oder mit Zutaten wie Blauschimmel, Brennnesseln oder Knoblauch. Schafsmilch wird überwiegend zu Schnittkäse in Laiben von 400 g bis zu 4 kg verarbeitet und reift sieben bis zehn Wochen. Diese Käse besitzen einen feinkörnigen, hellen Teig ohne Lochung. Der Geschmack lässt sich als mild bis herzhaft beschreiben.

hin lässt es sich durch die hübschen Altstadtgassen mit ihren alten Giebelhäusern bummeln. Angesichts des großen Andrangs ist es empfehlenswert, rechtzeitig an der großen Käsewaage einzutreffen, die im 16. Jh. in einer umgebauten Kapelle eingerichtet wurde. Mit dem Glockenspiel vom Turm des Gebäudes beginnt pünktlich um zehn das Marktgeschehen. Händler und potenzielle Käufer schreiten mit wichtiger Miene durch die »Käsestraßen«, nehmen hier und da mit dem Käsebohrer eine längliche Probe, die sie mit Nase, Gaumen und Fingern begutachten, ehe sie – nach lautstarkem, nicht enden wollendem Feilschen um den Preis – das Geschäft mit kräftigem Handschlag besiegeln. Die traditionsreiche Gilde der Käseträger in ihren weißen Anzügen und den bunt lackierten Strohhüten bringt den verkauften Käse dann im Laufschritt auf hölzernen Tragen zur Waage. Nach dem Marktspektakel lohnt sich auf jeden Fall der Besuch des Käsemuseums, wo man vieles über die holländische Käseproduktion erfahren kann.

Boerenkaas g.t.S.

Halbhart- und Hartkäse
aus Rohmilch
30% bis 48% i.Tr.

HERKUNFT UND GESCHICHTE

Bis heute wird auf rund 350 Bauernhöfen in den Niederlanden das uralte Handwerk des Käsemachens in traditioneller Form gepflegt. Während der Weideperiode der Kühe von Frühjahr bis Herbst wird der von Käsekennern geschätzte Boerenkaas hergestellt. Den Namen »Boerenkaas« (»Bauernkäse«) dürfen nur solche Erzeugnisse tragen, die traditionell auf dem Bauernhof aus Rohmilch zubereitet wurden und überwiegend vom eigenen Milchvieh stammen. Die Rohmilch muss in kürzester Zeit verarbeitet werden.

HERSTELLUNG

Die einzelnen Bauernkäse dürfen sowohl als Gouda (Goudse Boerenkaas), Leidener (Leidse Boerenkaas) und Edamer (Edammer Boerenkaas) hergestellt werden. Boerenkaas darf aus Ziegenmilch (van geitenmelk), Schafsmilch (van schapenmelk) oder Büffelmilch (van buffelmelk) bestehen.

Beispiel Bauerngouda: Frühmorgens, wenn die Kühe gerade gemolken sind, wird die gekühlte Abendmilch mit der noch lauwarmen Morgenmilch gemischt, in die mit Edelstahl ausgekleideten Käsebottiche geschüttet und auf eine Temperatur von 29 °C gebracht, ehe Milchsäurebakterien und Lab dazukommen. Nach dem Dickwerden schneidet der Käser mit einer Käseharfe den Bruch; die dabei frei werdende Molke läuft aus einem Hahn am Boden des Bottichs ab. Im nächsten Schritt wird dem Bruch heißes Wasser hinzugegeben. Die bereits körnige Masse zieht sich zusammen, weitere Molke fließt ab. Nach einer kurzen Ruhepause wird die Käsemasse mithilfe eines Leinentuchs aus dem Bottich geschöpft und per Hand tropfnass in hölzerne Formen geknetet. Vor oder beim Pressen wird auf dem Käse eine Kaseinmarke mit dem Namen »Boerenkaas« angebracht, eventuell ergänzt durch die Milchsorte.

Die Form wird mit einem exakt sitzenden Deckel geschlossen und unter die Käsepresse gestellt, wo sie 4–6 Stunden bleibt. Nach dem Pressvorgang nimmt der Käser den jungen Käse aus der Form und gibt ihn in ein nicht zu kühles Salzbad. Hier bildet sich ganz allmählich die Rinde und der typische Geschmack des Käses. Nachdem der junge

Bauerngouda einige Tage schwimmend in der Salzlake verbracht hat, wird er ins Käselager getragen, wo Temperatur und Luftfeuchtigkeit genau geregelt sind. Während der Käse auf Holzbrettern ruht, beginnt nun der eigentliche Reifeprozess, in dessen mehrmonatigem Verlauf der Laib regelmäßig gewendet und geprüft werden muss. Ein paarmal wird er mit einer atmungsaktiven Plastikmasse eingerieben, um die Rinde vor unerwünschter Schimmelbildung zu schützen. Die Dauer der Reifung ist abhängig von weiteren Zutaten. Beim Bauerngouda unterscheidet man zwischen fünf verschiedenen Alters- und Geschmacksstufen. Junger Bauerngouda ist etwa 5 Wochen gereift und gilt als jung. Nach mindestens zweimonatiger Reifung ist er jung-abgelagert (jong belegen), nach 4 Monaten mittelalt (belegen), nach 7 Monaten dreivierteIalt (extra belegen), und nach 10 Monaten ist der Bauerngouda alt (oud). Die verschiedenen Reifestufen heben sich geschmacklich deutlich voneinander ab. Das sahnig-milde Aroma eines jungen Käses wandelt sich allmählich zum herzhaften Genuss eines mittelalten Gouda. Je länger die Reifezeit, desto intensiver wird das Geschmackserlebnis. Alter Boerenkaas schmeckt deshalb ausgesprochen kräftig und vollwürzig.

CHARAKTERISTIK

Gewicht und Abmessungen der Käse können stark variieren, je nachdem, ob der Boerenkaas nach Goudaart (flacher Zylinder mit gerundeten Kanten), nach Leidener Art (flacher Zylinder mit eckigen Kanten) oder nach Edamer Art (kugel- bzw. brotlaibförmig) hergestellt wurde. Auch die Rinde ist dementsprechend verschieden: weiß-gelbe Rinde für den Gouda- und Edamertyp, rote Rinde für den Leidener Typ, jeweils bedeckt mit Überzugsmasse. Die Konsistenz reicht von fest bis formbar und geschmeidig bis hin zu hart und schnittfest. Als Faustregel kann man sagen, dass der Durchmesser etwa drei- bis viermal so groß ist wie die Höhe und das Gewicht sich zwischen 2,5 und 30 kg bewegt. Ein 10 cm hoher Laib mit 40 cm Durchmesser wiegt etwa 12 kg.

PIKANTJE VAN ANTJE

Pikantje van Antje ist ein garantiert 4 Monate gereifter Gouda-Käse und die gemeinsame Gouda-Marke der niederländischen Käseerzeuger. Er hat eine herzhaft-pikante Geschmacksnote und ist mit seinen hervorragenden Schmelzeigenschaften ein Tausendsassa in der warmen Küche. Zu erkennen ist Pikantje am rot-weiß-blauen Etikett mit Frau-Antje-Logo, das die gesamte Oberseite der circa 11–12 kg schweren Laibe bedeckt.

Gouda

Schnittkäse
aus pasteurisierter Kuhmilch
48% Fett i.Tr.

HERKUNFT UND GESCHICHTE

Gouda ist mit einem Anteil von weit über 50 Prozent an der gesamten Käseherstellung eine der am weitesten verbreiteten Käsesorten überhaupt. Benannt wurde die Sorte nach dem gleichnamigen Städtchen unweit von Rotterdam. Man kann davon ausgehen, dass ein ähnlicher Käse schon im 6. Jh. von den Bauern der Region gefertigt wurde. Weitreichende Handelsbeziehungen der Niederländer sorgten bereits im ausgehenden Mittelalter für eine Verbreitung der Rezeptur in Europa, später kamen Nachahmungen überall auf der Welt hinzu.

HERSTELLUNG

Gouda zählt zu den Labkäsen und wird heute zum größten Teil in hochmodernen Käsereien nach standardisierten Herstellungsmethoden erzeugt. Die Schritte der industriellen Herstellung entsprechen weitgehend den alten bäuerlichen Prinzipien (siehe Bauerngouda bzw. Boerenkaas). Die Reiferzeit ist sehr unterschiedlich und kann über ein Jahr dauern, dann wird aus dem Standardprodukt eine wirkliche Spezialität. In den Niederlanden kennt man sechs Goudareifestufen: Junger Gouda reift 4–6 Wochen, jung-abgelagerter 7–12 Wochen, mittelalter 3–6 Monate, dreiviertelalter 6–8 Monate, alter Gouda reift 8–12 Monate und überjähriger Gouda, auch Bröckelkäse genannt, mehr als 1 Jahr.

CHARAKTERISTIK

Gouda gibt es als runde Laibe oder in Blockform. Während der Reifung verändern sich Aussehen und Geschmack, die Laibe werden kleiner, der Teig dunkler und fester. Die mit einer gewachsten, meist gelben (junger Gouda) oder schwarzen Rinde (alter Gouda) überzogenen Käselaibe haben im Schnitt ein Gewicht zwischen 2,5–15 kg. Ein großer Teil des Goudas wird in Blockform und foliengereift angeboten. Junger Gouda hat eine schnittfeste, glatte, geschmeidige Konsistenz, der Teig ist von kleinen, runden Löchern durchsetzt und gibt auf Daumendruck nach. Alter Gouda ist hingegen so hart und bröckelig, dass er sich kaum noch in Scheiben schneiden lässt. Das sahnig-milde Aroma des jungen Gouda wandelt sich zum pikanten bei mittelalter Ware, während alter Gouda kräftig und vollwürzig schmeckt. Begehrt bei Feinschmeckern ist der overjahrige Gouda, auch »Brokkelkaas«, genannt, der bis zu 2 Jahre reifen kann.

KULINARISCHES

Junger Gouda schmeckt gut aufs Brot, zu Salaten oder kalten Gerichten aller Art. Mittelalter Gouda ist ideal für alle warmen Gerichte, bei denen es auf gutes Schmelzen und feines Würzen ankommt. Alter Gouda schmeckt am besten pur in kleinen Stücken, lässt sich aber auch sehr gut reiben und als würzige Zutat in der Küche einsetzen.

Weinempfehlung MDM: Zum jungen Gouda sind untergärige Biersorten mit dezenter Bitternote angenehm, kraftvolle Weißweine aus Burgunder, Sorten wie Pinot Blanc, Pinot Gris, auch Chardonnay (ohne Barrique), weiße Bordeauxweine sowie junge, fruchtbetonte Rotweine mit wenig Tannin.

Ein mittelalter Gouda harmoniert gut zu gereifteren Weintypen, auch hier kommen kraftvolle Weißweine zum Einsatz, bei Rotweinen dürfen diese gerne etwas kraftvoller sein, sollten über die Reife jedoch nicht mehr viel Tannin besitzen. Alter Gouda harmoniert perfekt mit reifen Weinen, beispielsweise restsüßen Riesling Auslese-, Traminer- oder Muskateller-Typen. Die klassische Kombination ist allerdings ein komplexer, reifer Wein aus Bordeaux, besonders Typen aus dem Médoc oder dessen berühmten Appellationen, sowie aus dem Libournais mit Saint-Emilion, Pomerol und den Satelliten.

FRAU ANTJE BRINGT KÄSE AUS HOLLAND

Wenn die hübsche Blonde mit der blütenweißen Spitzenhaube »kaas« sagt, dann meint sie Käse aus Holland. Seit über 40 Jahren spielt die Frau mit dem Namen Antje die um Sympathie werbende Vorkosterin einer agrarischen Produktspezies, wie sie holländischer kaum sein kann. Bereits in den 1950er-Jahren war das »Kaasmeisje« die Symbolfigur der niederländischen Molkereiwirtschaft. In Großbritannien warb es für »Real Dutch Cheese« und in Frankreich für »Fromage de Hollande«.

Edamer

Schnittkäse
aus pasteurisierter Kuhmilch
40% Fett i.Tr.

HERKUNFT UND GESCHICHTE

Edamer, die zweite urholländische Traditionssorte, ist ähnlich bekannt wie Gouda. Früh wurde er in andere Länder Europas exportiert. Den Namen verdankt er der nördlich von Amsterdam gelegenen Hafenstadt Edam am Ijsselmeer. Heute wird er überall in den Niederlanden und auf der ganzen Welt produziert. Die bäuerliche Produktion ist mit dem geschützten Boerenkaas wieder stärker in den Fokus gerückt.

HERSTELLUNG

Heute wird entrahmte oder halbentrahmte pasteurisierte Milch verwendet. Der reduzierte Fettgehalt macht den Edamer trockener als Gouda. Die Reifezeit dauert 4 Wochen bis 4 Monate, kann aber länger sein. Er ist sehr lange haltbar.

CHARAKTERISTIK

Kugelform, Durchmesser etwa 13 cm, Gewicht 1,5–2,5 kg, brotförmige Laibe wiegen 2,5–5 kg. Beide sind mit rotem oder gelbem Paraffin überzogen. Aus bäuerlicher Herstellung findet man Edamer mit hellgelber bis mittelbrauner Naturrinde. Der Teig junger Edamer ist geschmeidig und elastisch mit nur wenigen kleinen Löchern, in Aroma und Geschmack dezent, mild und leicht süßlich oder nussig. Mit zunehmender Lagerung wird der Käse härter und im Geschmack kräftiger. Alter Edamer trägt meist einen schwarzen Überzug.

BESONDERHEITEN

Es gibt zahlreiche Edamervarianten mit Kräutern, Pfeffer und Kümmel, mit pflanzlichem Lab oder foliengereifte Ware. Nur selten im Ausland zu finden ist der sogenannte Holländische Mimolette oder Commissiekaas, ein gereifter und mit Möhrensaft gefärbter Edamer.

KULINARISCHES

Geeignet als Brotbelag oder zur Verwendung in der kalten und warmen Küche.
Weinempfehlung MDM: Zu jungem Edamer passen trockene Weißweine mit feiner Frucht und Reife sowie samtige Rotweine mit wenig Gerbstoff wie Spätburgunder, fruchtbetonte Dornfelder.

Maasdamer (Leerdammer)

Schnittkäse
aus pasteurisierter Kuhmilch
45% Fett i.Tr.

HERKUNFT UND GESCHICHTE

Der erst Ende der 1980er-Jahre kreierte Maasdamer ist ein gutes Beispiel für die Innovationsfreude der holländischen Käsereibranche. Seine Erfolgsstory ist weltweit einzigartig, denn schnell hat er sich die zweite Stelle in der holländischen Käseexportstatistik erobert. Seine Popularität verdankt Maasdamer der Tatsache, dass er die besten Eigenschaften von Gouda und Emmentaler vereint. Der bedeutendste Käse nach Maasdamer Art und gleichzeitig Europas meistverkaufter Käse ist Leerdammer.

HERSTELLUNG

Die Maasdamerproduktion läuft im Großen und Ganzen wie die des Gouda ab. Es werden allerdings andere Säurewecker (auch Milchsäurebakterien) verwendet, wobei die der Milch zugefügten Propionsäurebakterien bewirken, dass der Käse während seiner mindestens 42-tägigen Reifezeit wie ein Hefeteig aufgeht und dabei seine charakteristischen großen Löcher von 2–3 cm Durchmesser bildet.

CHARAKTERISTIK

Runde, flachzylindrische Laibe, Durchmesser etwa 30 cm, Gewicht 6–12 kg, glatte, helle Rinde und gelber Paraffin- oder Plastiküberzug. Geschmeidiger, strohfarbener Teig mit großen glänzenden Löchern. Nussartiger und leicht süßlicher Geschmack mit fruchtigem Hintergrund. Im Vergleich zu Gouda und Edamer besitzt er einen wesentlich geringeren Salzanteil.

KULINARISCHES

Weinempfehlung MDM: Fruchtige, jedoch trockene Weißweine, die neben ihrer Frucht auch eine feine mineralische Prägung und dezent nussige Noten aufweisen dürfen, wie fränkische Silvaner, Gutedel aus dem Markgräflerland oder Chasselas aus dem Wallis oder dem Waadtland, Muscadet sur lie von der Loire, Soave Classico aus Norditalien oder Weißweine aus Rueda in Spanien. Grüner Veltliner aus Österreich ist einen Versuch wert. Im Rotweinbereich sind Weine mit wenig Gerbstoff, aber viel Frucht gefragt, hier harmonieren Beaujolais, Spätburgunder, Valpolicella oder Bardolino sowie leichtere Merlot-Varianten.

Leidener Bauernkäse (g.U.)

Schnittkäse
aus Kuhmilch
mindestens 40% Fett i.Tr.

HERKUNFT UND GESCHICHTE

Ursprünglich wurde der Kümmelkäse auf vielen Bauernhöfen rund um Leiden hergestellt. Heute gibt es noch etwa 20 Höfe, auf denen jährlich einige Tausend Stück von Hand gemacht werden. Man erkennt sie an dem Aufdruck des Stadtwappens mit den gekreuzten Schlüsseln.

HERSTELLUNG

Bei der bäuerlichen Herstellung wird teilentrahmte Kuhmilch (meist Rohmilch) verwendet, die noch einige Tage im Keller vorreifen muss, damit sich der Rahm gut ausbilden kann. Der Bruch wird mit Kümmel versetzt (teils mit Anis). Durch die Bruchbehandlung und das bis zu 24 Stunden dauernde Pressen wird der Leidener fest und trocken. Die Rinde wird mit rotem Farbstoff bestrichen. Er wird auch industriell aus pasteurisierter Milch hergestellt. Er hat dann 20 oder 40 % Fett i.Tr.

CHARAKTERISTIK

Flache, runde Laibe mit scharfer Unter- und abgerundeter Oberkante, Durchmesser 30–40 cm, Höhe 10 cm, Gewicht 8–10 kg. Die orangefarbene Rinde ist fest bzw. sehr fest mit rotem Wachsüberzug. Hell- bis mittelgelber Teig von gleichmäßiger, trockener bis fester Konsistenz ohne Löcher, mit Kreuzkümmel durchsetzt, dadurch würziges Aroma bei ansonsten eher mildem Charakter.

BESONDERHEITEN

Das Rezept des Leidekaas gelangte durch Seefahrer im frühen 17. Jh. nach Norwegen, wo man ihn ebenfalls mit den gekreuzten Schlüsseln (nøkkel) kennzeichnete und ihn daher Nøkkelost nannte.

KULINARISCHES

Durch den geringen Fettgehalt ist der Leidener Käse besonders für Käseliebhaber geeignet, die zwar fettarmen, aber dennoch würzigen Käse mögen.
Weinempfehlung MDM: Ein kraftvoller Gewürztraminer ist ideal. Ein untergäriges Bier, ein Genever oder ein Aquavit sind klassische Begleiter.

VERWANDTE KÄSE

Nøkkelost (Norwegen), Friesekaas (Holland); siehe jeweils dort.

Friesekaas

Schnittkäse
aus Kuhmilch
40% Fett i.Tr.

HERKUNFT UND GESCHICHTE

Über eine ähnlich lange Tradition wie der Leidener Käse verfügt der Friesekaas oder Friesische Nelkenkäse.

HERSTELLUNG

Auch wenn Friesekaas ein Verwandter des Gouda ist, weicht seine Herstellung (aus roher oder pasteurisierter Kuhmilch) vom üblichen Produktionsverfahren ab. Auch die Zugabe von frischer Buttermilch (statt Säurewecker) ist charakteristisch. Es gibt zwei Varianten dieses oft auch entrahmten Käses (dann mit 20 % Fett i.Tr.). Dieser Käse heißt dann Friese Nagelkaas. Nachdem man den Käsebruch von der Molke getrennt hat, wird der Bruch geschnitten, damit er trockener und feiner wird. Erst jetzt werden Nelken hinzugegeben. Der Käsebruch wird in Käseformen gefüllt einige Stunden gepresst. Danach werden die Käselaibe kurz in heißes Wasser gelegt und kommen nochmals für einige Stunden unter die Presse. Erst nach längerer Reifung entwickelt er seinen vollen, pikanten Geschmack. Er kommt daher ausschließlich als mittelalter Käse, das heißt nach sechsmonatiger Reifezeit, in den Handel.

CHARAKTERISTIK

Große, wagenradförmige Laibe, Höhe meist 10 cm, Durchmesser 40 cm, Gewicht bis zu 20 kg. Natürliche, wenig elastische, sehr feste, meist mit farbigem Wachs oder Kunststoffsuspension überzogene Rinde. Gelbliche bis grün-gelbe schnittfest und geschmeidige Käsemasse. Geschmacksprägend sind die häufig mit Kreuzkümmel gemischten Nelken.

BESONDERHEITEN

Varianten des Friesekaas sind andere Käse mit Gewürzzusatz wie Kruidkaas (mit Kümmel) und Nagelkaas (mit Nelken).

KULINARISCHES

Friesekaas wird in der Regel als Brotbelag, pur oder auch zum Überbacken verwendet.
Weinempfehlung MDM: Kraftvolle Muskateller und Gewürztraminer sowie untergäriges Bier oder Genever harmonieren.

Kernhem

Halbfester Schnittkäse aus Kuhmilch 60% Fett i.Tr.

HERKUNFT UND GESCHICHTE

Diese noch recht junge Käsesorte verdankt ihre Entstehung eigentlich einem Zufall. Denn normalerweise hätte der erste Käse dieses Typs ein Edamer werden sollen. Weil aber das Wetter gerade ziemlich feucht war und es der Käserin deswegen nicht gelang, die Luftfeuchtigkeit im hauseigenen Reifekeller in den Griff zu bekommen, geriet er nicht kugelrund, sondern etwas flach, und die in der feuchten Luft vorhandenen Corynebakterien (Rotkultur) wurden ermuntert, die erst schwach ausgebildete Rinde des Edamer Käses zu überwuchern und dort für eine orange-rötliche Färbung zu sorgen. So entstand ein rahmig-zarter Käse, der eine ganz eigenständige Note aufwies. Das Niederländische Institut für Milchforschung (NIZO) in Ede entwickelte ein eigenes, kontrolliertes Herstellungsverfahren. Man gab dem Käse den Namen Kernhem nach dem Landgut, auf dem das Institut damals zu Hause war.

HERSTELLUNG

In manchem ähnelt seine Herstellung der des Edamers, jedoch erfordert die Pflege während der vierwöchigen Reifezeit besondere Sorgfalt, denn in regelmäßigen Abständen müssen die Laibe mit einer speziellen Kultur eingerieben werden, damit der Schimmel nicht zu üppig wuchert. Er reift in feuchten Kellern bei etwa 15 °C.

CHARAKTERISTIK

Flach-runde Laibe, Höhe 5–6 cm, Durchmesser 25 cm, Gewicht etwa 1,6–2,5 kg. Orangefarbene Rinde mit einer Oberflächenflora ähnlich der des Saint-Paulin oder des Reblochon, gelblich rötlicher, sehr geschmeidiger, fast cremiger Teig mit sehr kleinen Löchern. Rahmig-aromatischer bis pikanter Geschmack, strenger Duft. Rinde nicht essbar.

KULINARISCHES

Der Kernhem gilt als klassischer Dessertkäse. Fruchtbetonte Weißweine mit feinherbem Charakter, aromatische Rebsorten wie Scheurebe, Traminer oder Muskateller, jedoch auch kraftvolle Pinot Gris passen gut, Rotwein weniger. Bei den Biertypen ist einem obergärigen Bier den Vorzug zu geben.

Kanterkomijnekaas (g.U.)

Hartkäse
aus Kuhmilch
mindestens 20% bis 44% Fett i.Tr.

HERKUNFT UND GESCHICHTE

Die traditionelle Bezeichnung »Kanter« deutet auf die kantige Form des Käses mit einem scharfen Übergang von den Seiten zur Unterseite hin. Die Bauern aus der Region Friesland und dem Westerkwartier verkauften ihren Käse anfangs auf den örtlichen Märkten. Schon 1532 exportierten die Friesen den Käse nach England und Deutschland. Die Böden in diesem ländlichen und relativ unberührtem Gebiet bestehen aus abgetragenem Hoch- und Niedermoor und werden zu 80 % als Weideland genutzt. Das Gras ist sehr nährstoffreich. Die heutige Herstellung unterscheidet sich nur wenig von der ursprünglichen.

HERSTELLUNG

Kanterkaas kann mit Gewürznelken (Kanternagelkaas) und/oder Kümmel (Kanterkomijnekaas) angereichert sein. Die Milch wird entrahmt, kurz pasteurisiert und zu halbfettem Käse verarbeitet. Die Gerinnung der Milch erfolgt bei circa 30 °C mittels tierischen Labs; eine Mischkultur geeigneter Milchsäurebakterien sorgt für Säuerung. Nach dem Waschen des Molkebruchs kommen Kümmel oder Nelken hinzu. Der Bruch wird gemahlen oder geschnitten, gesalzen und für die gewünschte Form und Rindenbildung in Pressfässer gefüllt. Danach kommt der Käse in ein Pökelbad. Die Reifezeit dauert von 4 Wochen bis zu über 1 Jahr.

CHARAKTERISTIK

Glatte, geschlossene Rinde, flache, zylindrische Form, 3–8,5 kg Gewicht. Die Rinde kann naturbelassen oder mit einem farblosen oder gelben Rindenüberzugsmittel behandelt werden. Geschlossener Käseteig, manchmal einige Löcher. Kanterkaas ist gleichmäßig elfenbeinfarben oder gelb bis gelbgrün. Pikanter bis würziger Geschmack. Mit Nelken oder Kümmel versetzt, erhält er eine aromatische und duftende Komponente. Die Teigkonsistenz ist fest bis hart.

KULINARISCHES:

Weinempfehlung MDM: Aromatische Rebsorten wie Gewürztraminer, Muskateller, Scheurebe oder Torrontes passen sehr gut. Klassisch sind untergäriges Bier oder Genever.

BELGIEN

Interessante Spezialitäten

In Belgien gibt es eine traditionsreiche, wenn auch erst junge Geschichte der Käseherstellung mit einigen interessanten Spezialitäten. Doch außerhalb der Landesgrenzen sind die meisten belgischen Käse wenig bekannt. Je nach Region machen sich unterschiedliche Einflüsse bei den Rezepturen bemerkbar. Im flämischen Teil des Landes ist die Käseherstellung traditionell an den Niederlanden orientiert, im wallonischen Teil macht sich die Nachbarschaft zu Frankreich bemerkbar. Noch bis ins 20. Jahrhundert stand bei den Wallonen der Ackerbau im Vordergrund der landwirtschaftlichen Erzeugung. Sinkende Getreidepreise ließen die Bauern dann aber umdenken. Man schenkte der Viehzucht vermehrte Aufmerksamkeit, richtete um 1900 die ersten Großmolkereien ein, zunächst jedoch fast nur zur Butterproduktion. In den 1950er-Jahren stieg dann auch die Käseproduktion kontinuierlich, und wie in vielen anderen Ländern setzte man ausschließlich auf Standardsorten und große Mengen. In Belgien waren das vornehmlich Käse vom Saint-Paulin- und Goudatyp.

Die Wiederentdeckung der alten bäuerlichen und klösterlichen Rezepturen in den 1960er-Jahren ist einigen engagierten Käseproduzenten zu verdanken, die Sorten wie Remoudou, Brusselse Kaas, Rubens, Postel, Maredsous oder Beauvoorde zumindest in kleinerem Rahmen eine Renaissance verschafften. Als berühmtester Käse belgischer Herkunft kann neben dem Herve, der inzwischen unter dem Schutz der EU steht, der Limburger gelten, der mittlerweile aber in seiner Heimat mehr oder weniger in Vergessenheit geraten ist.

Linke Seite: Die Ritterburg Vêves-Celles in Wallonien.

ANDERE BELGISCHE KÄSE

Die große Vorliebe der Belgier für Rotkulturkäse wird deutlich, wenn man bedenkt, dass es neben dem Herve und seiner Variante, dem Remoudou, noch eine ganze Reihe weiterer Käse dieser Art gibt. Dazu zählt mit dem Rubens ein fast schon vollständig vom Markt verschwundener halbfester Schnittkäse aus Kuhmilch mit gewaschener Rinde, dessen Rezeptur von einer kleinen Molkerei bewahrt wurde. Der rund 3 kg schwere Rubens verdankt seinen Namen dem berühmten flämischen Maler. Ebenfalls wieder an Beliebtheit gewonnen hat der von den Mönchen des gleichnamigen Klosters hergestellte Weichkäse Maredsous, der wie auch der Klosterkäse Postel zur weitläufigen Familie der Trappistenkäse zählt und über einen leicht rauchigen Beigeschmack verfügt. Beauvoorde wiederum ist ein vom Gastwirt Arthur Djes Anfang des 20. Jahrhunderts neu entwickelter Schnittkäse mit mildem Aroma und würzigem Duft. Die 3–6 kg schweren Laibe werden seit einigen Jahren in einer größeren Molkerei hergestellt. Zu den typisch belgischen Käsesorten zählen auch einige bemerkenswerte Frisch- und Molkenkäse (Plattekaas) oder Neuschöpfungen wie der Ziegenkäse Chevagne, den die Großmolkerei Campina herstellt. Chevagne ist ein Ziegengroßlochkäse, der den nussigen Charakter von Maasdamer mit dem Aroma von Ziegenmilch verbindet.

MUSCHELN, SCHINKEN UND POMMES

Belgiens Küche und Gastronomie sind zu Recht berühmt, denn auf diesem Sektor kann sich das kleine Königreich getrost zur absoluten Weltspitze zählen. Die Restaurants an der belgischen Küste sind bekannt für ihre Fisch- und Muschelgerichte. Wer einmal den Fischeintopf Waterzooi oder Miesmuscheln in Weißwein probiert hat, wird diese Köstlichkeiten nicht so schnell vergessen. Heiß geliebt werden besonders Pommes frites. Es wird berichtet, dass Lütticher Fischer die Erfinder waren, als ihnen an schlechten Tagen nicht genug Fische ins Netz gingen und sie stattdessen geschnippelte Kartoffeln ins heiße Fett warfen, um so ihre Mahlzeit zu sichern. Die Belgier sind stolz auf ihre Pommes frites und betrachten die deutschen Pommes, die amerikanischen French Fries, die holländischen Patat oder die englischen Chips als hoffnungslos missglückte Kopien ihres Nationalgerichtes. Unbedingt probieren sollte man bei einem Besuch in Brüssel oder Lüttich auch die köstlichen belgischen Pralinen, Kekse oder Waffeln.

TAUSENDJÄHRIGE BIERTRADITION

Die Belgier sind zwar auch große Weinliebhaber, ihre ganz besondere Liebe aber gilt dem Bier. Es gibt Hunderte Sorten, von denen manche zu den besten der Welt gehören. Insbesondere die Trappistenklöster wie Chimay, Orval, Rochefort oder Westmalle haben sich um den Gerstensaft verdient gemacht. Wer heute in Brüssel, Lüttich oder Antwerpen »ein Bier« bestellt, muss angesichts der riesigen Auswahl mit einem verständnislosen Blick des Obers rechnen. Man sollte also ruhig etwas konkreter werden. Freilich werden dem typischen Pilstrinker nicht alle Biere gleichermaßen schmecken, denn so ziemlich alles, was irgendwie gebraut wird, darf in Belgien Bier genannt werden. Deshalb gibt es auch solche Exoten wie Kirsch- und Pfirsichbier. Brauvorschriften wie das Deutsche Reinheitsgebot existieren nicht, und statt Gerste nimmt man als Grundlage auch schon mal Mais oder Reis. Dennoch, die Belgier nehmen ihr Bier sehr ernst und trinken je nach Gemüts- oder sogar Wetterlage eine andere Sorte. Während man in Deutschland nur sechs Braumethoden anwendet, sind es in Belgien rund 200. Fast jedes Dorf hat sein eigenes Bier und jedes Bier sein eigenes Glas. Klassiker sind und bleiben die Klosterbiere. Wer einen umfassenden Überblick über die belgischen Biere bekommen möchte, sollte das Café »Moeder Lambik« in Brüssel (Savoiestraat) besuchen und dort nach der Bierkarte fragen. Er erhält dann ein in Leder gebundenes Buch und hat die Qual der Wahl zwischen knapp 1.000 Bieren.

Rechts: Bier ist für die Belgier Nahrungs- und Genussmittel, aber vor allem Lebensart.

Unten: Köstliche Muschelgerichte gibt es überall an der belgischen Küste.

Passendale

Halbfester Schnittkäse aus Kuhmilch 50% Fett i.Tr.

HERKUNFT UND GESCHICHTE

Passendale ist nach einem Dorf in Flandern benannt. Obwohl er zu den noch recht jungen belgischen Käsesorten zählt, hat er auch außerhalb des Landes eine gewisse Bekanntheit erreicht.

HERSTELLUNG

Dem Passendale liegt eine alte und auf unsere Zeit übertragene Klosterrezeptur zugrunde, die an die Herstellung holländischer Schnittkäse erinnert. Bis heute wird er aus pasteurisierter Kuhmilch von Hand gekäst, sodass kein Laib dem anderen vollkommen gleicht. Die Reifung erfolgt unter einer Edelpilzrinde und dauert bei gemäßigter Luftfeuchtigkeit rund 45 Tage.

CHARAKTERISTIK

Das auffälligste Merkmal des Passendale ist seine an ein Bauernbrot erinnernde Form mit einem Gewicht von rund 3,5 kg oder auch 6 kg. Recht harte, braune und leicht mit weißem Edelschimmel überzogene Kruste (harte Rinde), hellgelber, schnittfester und geschmeidiger Teig mit typischen kleinen und unregelmäßigen Löchern. Dezenter, würziger Geruch, vollmundiger, mild-würziger Geschmack. Jung schmeckt Passendale eher mild und sahnig. Mit zunehmendem Alter gewinnt er an Aroma und Würze.

KULINARISCHES

Passendale schmeckt am besten auf Brot, kann aber auch gut zum Überbacken verwendet werden. Fruchtige, feinherbe Weißweine (Riesling, Kerner) oder Roséweine aus Südfrankreich passen als Begleiter ebenso wie ein helles Bier.

Brusselse Kaas

Weichkäse
aus Kuhmilch
bis 2% Fett i.Tr.

HERKUNFT UND GESCHICHTE

Brusselse Kaas (frz. Fromage de Bruxelles) gilt als einer der typischsten belgischen Käse und ist auch unter den Namen Hettekaas oder Hettkees (dt. Hartkäse) bekannt geworden. Seit Jahrhunderten wird er auf den Bauernhöfen und seit den 1960er-Jahren auch industriell hergestellt. Nach wie vor ist er in Belgien allgegenwärtig.

HERSTELLUNG

Die Herstellung erfolgt in zwei Phasen aus pasteurisierter und entrahmter Milch. Der Bruch wird zunächst geschnitten und gesäuert, anschließend in Säcken leicht gepresst und getrocknet, dann gemahlen, gesalzen und in Formen gefüllt. Anschließend, wenn der Käse fest genug ist, erfolgt die mindestens zweimonatige Reifung, während der die Käse regelmäßig mit Salzwasser gewaschen und dann wieder mit einer speziellen Kultur (es sind lokale Bakterienstämme, die auch für das Lambiek-Bier verwendet werden) geschmiert werden. Die reifen Käse werden dann gewaschen, um die Schmiere vollständig zu entfernen.

CHARAKTERISTIK

Runde, abgeflachte Laibe, Durchmesser circa 15 cm, Gewicht 950 g–1 kg, aus denen dann Portionen zu 150–160 g geschnitten werden. Glattes und helles Äußeres, leicht glänzende, gelbe Rinde. Weißlicher Teig von feuchter, eher bröckeliger Konsistenz ohne Lochung. Im Geschmack leicht scharf, herb, zitrusartig und salzig-würzig. In der Regel wird Brusselse Kaas in Folie oder Pergamentpapier verpackt angeboten.

KULINARISCHES

Der Käse wird meist pur zu Brot gegessen und schmeckt am besten zu Lambiek-Bier oder einem feinherben, jugendlichen Riesling.

Herve (g.U.)

Weichkäse
aus Kuhmilch
45% Fett i.Tr.

HERKUNFT UND GESCHICHTE

Fromage de Herve oder einfach Herve, benannt nach der gleichnamigen Region im ostbelgischen Wallonien, gilt als berühmtester Käse des Landes. Seine Geschichte lässt sich bis ins 7. Jh. zurückverfolgen. Einen großen Aufschwung erlebte der Käse zur Zeit Karls V. als er zum begehrten Tauschobjekt der Bauern wurde, die damals kein Getreide exportieren durften. Im 18. Jh. dehnte sich der Verkauf nach Deutschland und Österreich aus, später auch nach Frankreich.

HERSTELLUNG

Die Fertigung dieses Rotkulturkäses aus pasteurisierter Kuhmilch (in bäuerlicher Produktion auch noch aus Rohmilch) ähnelt der von Sorten wie Limburger oder Romadur. Wenn der zu Stangen geformte Käsebruch die nötige Festigkeit besitzt, kommt er zum Salzen und wird anschließend regelmäßig gewendet. Die zwei- bis dreimonatige Endreifung (Affinage) erfolgt beim Hersteller oder beim Affineur, wo der Käse bei einer Temperatur von circa 15 °C und hoher Luftfeuchtigkeit lagert und regelmäßig mit einer speziellen salzhaltigen Lösung befeuchtet (geschmiert) wird, wobei man auf eine lokale Bakterienreinkultur (Bacterium linens) zurückgreift.

CHARAKTERISTIK

Entweder ziegelförmige Laibe (Länge 10 cm, Breite 4,5 cm, Höhe 3 cm, Gewicht 200 g) oder in Würfelform (Kantenlänge 7,5 cm, Gewicht 400 g oder Kantenlänge 5,5 cm, Gewicht 200 g). Mit Folie oder beschichtetem Papier geschützte dünne, rötlich bis orangebraune, glänzende und feuchte Rinde. Hellgelber, weicher bis etwas fester, geschmeidiger und praktisch lochfreier Teig. Während die Rinde einen scharfwürzigen Geschmack aufweist, schmeckt das Käseinnere je nach Alter süßlich bis kräftig und leicht salzig.

BESONDERHEITEN

Vom Herve gibt es auch eine Doppelrahmversion. Eine von Geruch und Geschmack her schärfere, besonders intensive Variante des Herve ist der Remoudou (auch Remoudoux, Remedou oder Le Piquant). Einige Fachleute führen den Namen des Käses auf das wallonische

Wort remoud (nach dem Melken) zurück, andere glauben, dass es vom deutschen Rahm abgeleitet ist. Die Käse sind größer als der Herve und benötigen daher mehr Reifezeit, was den Bakterien an der Oberfläche Gelegenheit gibt, einen überaus kräftigen Geruch zu entwickeln. Kein Wunder, dass der Spitzname des Remoudou Stinkkäse lautet.

KULINARISCHES

Sowohl Herve als auch Remoudou schmecken pur am besten, während es in der warmen Küche keine nennenswerten Verwendungsmöglichkeiten gibt. An Bieren passt eines der typischen Trapistenbiere im obergärigen Stil, aber auch ein Hefeweizen. Darüber hinaus harmonieren aromatische Weine der Rebsorten Muskateller oder kraftvolle, säuremilde Gewürztraminer. Zum Remoudou kann durchaus auch eine restsüße Variante empfohlen werden. Rotwein gestaltet sich in der Kombination mit diesem Käse eher schwierig, jedoch ist ein Cidre mit dezenter Restsüße passend.

VERWANDTE KÄSE

Limburger und Romadur (Deutschland), Pont-l'Évêque (Frankreich)

ANDERE KÄSE AUS WALLONIEN

Viele Ziegenkäse aus Rohmilch kommen aus kleinen bäuerlichen Käsereien, die man überall auf dem Land finden kann. Meist sind sie handgeschöpft und werden als Frischkäse angeboten. Die gereiften Ziegenkäse besitzen eine Naturrinde oder werden in Asche gewendet, mit Kräutern und Pfeffer gewürzt oder in Speck eingewickelt. Zu den gereiften und kräftigen Käsesorten zählen die Crottins, Bûchettes oder Tommes. Wenig bekannt, dennoch nicht minder reizvoll sind die Schafskäse, die einige Hirten aus Rohmilch selbst käsen. Klassische Trappistenkäse sind Orval, Chimay und Rochefort oder La Val Dieu.

Zu jungen Ziegenkäsesorten harmonieren sehr gut feine, dezent säurebetonte Weine aus den Rebsorten Sauvignon Blanc oder Riesling. Reifere Ziegenkäse benötigen einen kraftvolleren Partner, durchaus Riesling mit einem Hauch Restsüße, Sauvignon Blanc mit intensiver Mineralität wie beispielsweise Pouilly-Fumé. Zu den in Speck gereiften Ziegenkäsesorten sind ein frisches untergäriges Bier, aber auch ein Chardonnay im Barrique gereift möglich.

Chimay

Schnittkäse
aus Kuhmilch
45% Fett i.Tr.

HERKUNFT UND GESCHICHTE

In der waldreichen, von Flüssen und Weiden durchzogenen Gegend von Chimay in der Provinz Hainaut wurde seit jeher Viehzucht betrieben. Bereits 1876 schufen die Trappistenmönche von Scourmont diesen Käse und ließen ihn in den Kellergewölben des Klosters reifen.

HERSTELLUNG

Typischer Klosterkäse, gepresster, nicht erhitzter Teig, mit natürlicher Rinde. Er reift 4 Wochen im Klosterkeller.

CHARAKTERISTIK

Runder Laib von 21 cm Durchmesser, 2,2 kg Gewicht. Ockerfarbene Naturrinde, cremige Textur, frischer, rahmiger und milder Geschmack.

BESONDERHEITEN

Beim Chimay à la bière wird die Rinde während der Affinage mehrmals mit dem Trappistenbier Chimay gewaschen. Dieser Käse hat einen leichten Hopfengeschmack. Getränketipp: Trappistenbier von Chimay.

Kachkéis

Kochkäse
aus Kuhmilch
40% Fett i.Tr. oder fettarm, 0% Fett i.Tr.

HERKUNFT UND GESCHICHTE

Der Kachkéis ist eine traditionell hergestellte luxemburgische Käsespezialität. Man vermutet, dass die Käserezeptur durch spanische Truppen im 17. Jh. nach Luxemburg eingeführt wurde. Die Luxemburger haben ihrem Lieblingskäse sogar das Lied vom Kochkäse, die sogenannte Madelon, gewidmet, und dem luxemburgischen Comichelden »Superjhemp« verleiht der gekochte Käse ungeahnte Kräfte.

HERSTELLUNG

Nach dem Dicklegen der Milch mit Milchsäuerungskulturen erfolgt eine langsame Gerinnung. Der Bruch wird erhitzt, gemahlen und gepresst, um so viel Molke wie möglich zu entfernen. Dieser trockene Bruch reift 3–5 Tage. In dieser Fertigungsstufe wird der Käse zum Selbstaufkochen verkauft. Die nächste Stufe zur Herstellung von Brotaufstrich – zu Hause oder in der Molkerei – bildet das sanfte Köcheln des vorgereiften Käses im Wasserbad, wobei je nach Rezept mit Salz und Pfeffer, Kräutern, Knoblauch oder Senf gewürzt und mit Weißwein oder Butter verfeinert wird.

CHARAKTERISTIK

Kachkéis ist in seiner Konsistenz sehr klebrig. Als Botaufstrich wird er in den verschiedensten Geschmacksrichtungen im Becher angeboten. Der ungekochte Käse zum Selbstaufkochen zu Hause ist in Rollen- oder Blockform erhältlich. Er ist geprägt durch einen milden und cremigen Geschmack, der je nach Würze und Verfeinerung variiert.

KULINARISCHES

Traditionell genießen die Luxemburger den Kachkéis als Brotaufstrich auf Bauernbrot, geben darauf oder darunter einen dicken Strang Senf, eventuell auch Butter, und trinken ein Glas Weißwein von der luxemburgischen Mosel dazu

DEUTSCHLAND

Grenzenlose Vielfalt

In Deutschland, dem wichtigsten europäischen Absatzmarkt für Käse, werden Hunderte verschiedener Käse hergestellt, wobei der Süden mit Bayern und Baden-Württemberg und der Norden mit Niedersachsen, Schleswig-Holstein und Mecklenburg-Vorpommern Hochburgen der Produktion darstellen. Auch in der Mitte und im Osten gibt es nach wie vor viele Käsereien.

Nach der Deutschen Käseverordnung wird zwischen Standard- und freien Sorten unterschieden, wobei freie Sorten in Zusammensetzung und Herstellungsweise variieren können. Bei den Standardsorten gelten genaue Herstellungsvorschriften.

Fast jede deutsche Käserei wartet heute mit mehreren und immer neuen Sorten auf. Doch viele Produkte sind Käsezubereitungen oder Nachahmungen beliebter europäischer Sorten. Anders als in Frankreich gibt es zwischen Nordseeküste und Allgäu wenige traditionelle Käse.

Die Molkereiwirtschaft ist in Deutschland traditionell von einer mittelständischen Struktur geprägt, und trotz aller Konzentration gibt es immer noch mehr selbstständige Molkereien und Käsereien als in den meisten anderen Ländern. Hof- und Biokäsereien bieten Käsesorten an, die meist einen stark regionalen Bezug oder ökologischen Hintergrund haben und seit über 25 Jahren für eine interessante »alternative« Käsekultur sorgen. Zwar dominiert Käse aus Kuhmilch, die Erzeugnisse aus Schafs- und Ziegenmilch sind jedoch auf dem Vormarsch. Das Angebot aus den Hofkäsereien ist also ungeheuer vielseitig und eine gute Ergänzung zur unverzichtbaren Großproduktion.

Linke Seite: Die Siegessäule, von den Berlinern liebevoll »Goldelse« genannt.

DIE »EINGEBÜRGERTEN« DEUTSCHEN – GOUDA, EDAMER, CAMEMBERT UND CO.

Vor allem holländische Käse wie Gouda, Edamer und Großlochkäse vom Typ Maasdamer erfreuen sich bei den Deutschen großer Beliebtheit. Da ihre Herkunft nicht gesetzlich geschützt ist, werden sie auch in Deutschland unter diesem Namen hergestellt und angeboten. Das gilt übrigens genauso für Cheddar (oft auch Chester), Trappistenkäse, Weichkäse nach französischem Vorbild wie Camembert und Brie, für den ursprünglich aus Griechenland stammenden Feta oder für die sogenannten Pasta-Filata-Käse (etwa Mozzarella), die als jüngste Gruppe innerhalb der deutschen Käsefamilie erst 1999 rechtsgültig in der Deutschen Käseverordnung verankert wurden. Produktionsmethoden, Form, Geschmack, Aussehen und Konsistenz unterscheiden sich praktisch nicht von den Originalen. Im Handel werden diese Käse entweder unter dem Namen der Sorte oder unter eigenem Markennamen angeboten.

Butterkäse

Schnittkäse
aus Kuhmilch
40% bis 60% Fett i.Tr.

HERKUNFT UND GESCHICHTE

Butterkäse wird in ganz Deutschland seit langer Zeit hergestellt und hat keinen regionalen Bezug.

HERSTELLUNG

Die Herstellung aus Kuhmilch entspricht im Wesentlichen der anderer halbfester Schnittkäse. Meist ist die foliengereifte Ware im Angebot, während die traditionelle Variante mit einer gelblich-braunen Rinde selten geworden und der handwerklichen Herstellung vorbehalten ist. Die Reifezeit beträgt 3 Wochen.

CHARAKTERISTIK

Rechteckige oder runde Laibe mit unterschiedlichen Abmessungen, das Gewicht schwankt zwischen 250 g und 20 kg. Meist rindenlos, weil foliengereift. Zartgelber, schnittfester Teig, wenig gelöchert, als Industriekäse festere Konsistenz. Der Geschmack ist sahnig, buttrig, besonders mild und manchmal leicht säuerlich.

KULINARISCHES

Wegen seines milden Geschmacks wurde der fast geruchlose Butterkäse in der Vergangenheit oft als »Damenkäse« bezeichnet. Die Deutschen mögen ihn besonders gern als Frühstückskäse oder zum Abendbrot. Empfehlung MDM: Zum Butterkäse passen leichte, spritzige Weißweine, beispielsweise Gutedel, Silvaner, Müller-Thurgau, aber auch frische Rieslinge, jugendliche Rotweine mit wenig Gerbstoff oder ein Bier vom Typ eines Export oder Lager.

DER NORDEN

Vorliebe für Würziges

Dank der für Viehzucht und Milchwirtschaft günstigen klimatischen und landschaftlichen Bedingungen kommt der Käseherstellung in Norddeutschland von jeher große Bedeutung zu. Die Milcherzeugung wird von relativ großen Betrieben mit vergleichsweise hoher Viehzahl getragen. In Schleswig-Holstein hält jeder Betrieb durchschnittlich über 50 Kühe, dennoch sind die meisten Höfe Familienbetriebe geblieben. Die Menschen im Norden Deutschlands mögen ihren Käse gern etwas würziger als ihre Landsleute im Süden, was heimische Spezialitäten wie der aromatische Wilstermarschkäse, eine der ältesten deutschen Käsesorten, belegen. Typisch für die Ostseeregion ist außerdem die Tilsiterherstellung. Als regionale Spezialität Vorpommerns gilt der Boddenkäse, ein würzig-aromatischer Kuhmilchkäse von der Insel Rügen.

ZARTER SCHMELZ

Schmelzkäse und Schmelzkäsezubereitungen werden in allen Regionen des Landes hergestellt. Es gibt sie in zahlreichen Formen, Größen, Verpackungen und Fettstufen als schnittfeste Käse ebenso wie als streichfähige Varianten. Geschmack und Aroma werden einerseits durch die Käsesorte bestimmt, andererseits durch diverse schmackhafte Zutaten wie Pilze, Schinken, Kräuter oder Walnüsse. Zwischenschichten oder Umhüllungen ergeben einen aparten Gegensatz von mildem Schmelz und pikantem Aroma. Das Schmelzkäseangebot umfasst eine fast unbegrenzte Vielfalt, die meist unter einem Markennamen gehandelt wird.

Linke Seite: Im Norden treffen sich Himmel und Meer.

Wilstermarschkäse

Schnittkäse
aus Kuhmilch
30% bis 50% Fett i.Tr.

HERKUNFT UND GESCHICHTE

Schleswig-Holstein

Wilstermarschkäse, benannt nach einem fruchtbaren Landstrich an der Elbe bei Hamburg, gehört zur Tilsiterfamilie und wurde 1821 zum ersten Mal beschrieben. Die Käsesorte ist zwar nicht mehr allzu sehr verbreitet, hat aber eine treue Fangemeinde.

HERSTELLUNG

Das Herstellungsverfahren ähnelt dem der Tilsiterherstellung. Man lässt die Milch jedoch länger gerinnen, wodurch die Konsistenz des späteren Käses weicher wird. Der typische Geschmack entsteht dann durch die Lagerung in speziellen Käsereifungsfolien. Die Reifezeit beträgt rund fünf Wochen

CHARAKTERISTIK

Meist kasten- bzw. brotförmig in unterschiedlichen Abmessungen oder aber rund (Höhe 10 cm, Durchmesser 30 cm). Gewicht bis 4 kg (kastenförmig) oder circa 6 kg (rund). Der Käse besitzt keine Rinde und wird zum Schutz von außen gewachst. Unter der Wachshülle verbirgt sich ein geschmeidiger, blassgelber Teig mit schnittfester Konsistenz und gleichmäßiger, feinporiger Lochung. Im Geschmack eher herb, leicht säuerlich bis leicht-pikant.

KULINARISCHES

Wilstermarschkäse wird gern als Tafelkäse gegessen, eignet sich aber auch zur Verfeinerung in der Küche und zum Gratinieren. Empfehlung MDM: In Norddeutschland ist ein frisches Bier im Pilsner Stil die traditionelle Begleitung. Aber auch trockene Weißweine, besonders Burgundersorten und kraftvolle, körperreiche Spätburgunder harmonieren gut.

Steinbuscher

Halbfester Schnittkäse
aus Kuhmilch
30% bis 50% Fett i.Tr.

HERKUNFT UND GESCHICHTE

Mecklenburg-Vorpommern / Norddeutschland

Steinbuscher gilt als eine der alten deutschen Käsesorten, die man schon seit 1860 kennt. In den vergangenen Jahrzehnten hat dieser Käse viel von seiner früheren Bedeutung eingebüßt. Vor dem Krieg und später zu DDR-Zeiten gehörte er zum bevorzugten Produktionsspektrum der mecklenburgischen Käsereien. Steinbuscher zählt ebenfalls zur Tilsiter-Familie.

HERSTELLUNG

Die Milch wird mit Milchsäure und Lab dickgelegt. Der zerkleinerte, gesalzene Käsebruch kommt in Backsteinformen und reift mindestens 3 Wochen. Sein geringeres Volumen lässt ihn schneller reifen, deshalb schmeckt er schon nach kurzer Zeit recht pikant.

CHARAKTERISTIK

Kleine, flache, backsteinförmige Laibe, oft auch Quadratform (11 x 11 x 8 cm), Gewicht 200–1000 g. Gelbbraune bis rötliche Rinde, mit wenig rotbrauner Schmiere, teilweise geringer Schimmelbelag an der Oberseite. Der Teig ist geschmeidig, von blasser bis goldgelber Farbe und mit wenigen Löchern. Der junge Käse zeigt einen hellen Kern. Der Geschmack ist mild bis leicht pikant mit würzigem Aroma und hat einen intensiven Geruch.

KULINARISCHES

Empfehlung MDM: Steinbuscher schmeckt gut zu kräftigem Landbrot. Geeignete Weinbegleiter sind frische, fruchtige, jugendliche und aromatische Weißweine, fruchtige Rotweine mit zurückhaltendem Gerbstoff sind eine wohlschmeckende Alternative.

ROHMILCHKÄSE VOM HOF

Mit der bäuerlichen Käsebereitung in Schleswig-Holstein wurde früh begonnen. Schon 1578 betrieb man auf dem Gut Behl bei Plön eine Käseproduktion in großem Stil. Durch die heutige Ökologiebewegung hat diese alte Tradition in kleinen Hofkäsereien eine Wiederbelebung erfahren, und so ist Schleswig-Holstein ein wahres Käseland geblieben. Seit Gründung der Käsestraße zu Beginn des Jahres 2000 haben sich 38 Mitglieder dem Verein angeschlossen. Die meisten betreiben eine handwerkliche Hofkäserei und stellen schmackhafte Käse aus Kuh-, Schafs- und Ziegenmilch her, oft als Rohmilchvarianten. Unweit von Husum, in der kleinen Ortschaft Oster-Ohrstedt, hat die Rohmilchkäserei Backensholz ihren Sitz. Alle Rohmilchspezialitäten auf dem Bioland-Hof werden ausschließlich aus hofeigener Milch hergestellt. Das erste Produkt war 1991 der Hofkäse, ein veredelter Esrom-Typ mit pikanter Note. Auch die anderen Käsesorten aus Backensholz haben einen kräftigen und doch feinen Geschmack, ob der Husumer, der Deichkäse oder der cremige Dessertkäse Fabro.

Deutscher Tilsiter

Schnittkäse
aus Kuhmilch
30% bis 60% Fett i.Tr.

HERKUNFT UND GESCHICHTE

Norddeutschland

Tilsiter verdankt seinen Namen der ehemals ostpreußischen Stadt Tilsit an der Memel. Er wurde dort vermutlich Anfang des 19. Jhs. von holländischen Käseherstellern erfunden, die eigentlich einen Gouda oder Edamer herstellen wollten. Der Versuch misslang, und eher zufällig entstand Tilsiter. Schnell eroberte dieser Käse den gesamten Ostseeraum und später große Teile Mitteleuropas. Es entstanden zahlreiche Varianten dieser Käsesorte. In Deutschland wird er vornehmlich im Norden produziert.

HERSTELLUNG

Tilsiter wird meist aus pasteurisierter Milch hergestellt, einige Hofkäsereien erzeugen ihn auch aus Rohmilch. Da beim Tilsiter der Käsebruch kaum oder gar nicht gepresst wird, entstehen während der Reifung kleine Bruchlöcher, die sich durch die Käsemasse ziehen. Die Molke läuft durch den Druck des Eigengewichtes ab. Während der beiden ersten Reifemonate wird der Käse regelmäßig mit Rotschmiere eingerieben, um die Rindenbildung zu fördern, sowie gewaschen und gebürstet, was die Rindenbildung der naturgereiften Varianten fördert. Tilsiter gibt es mit Kräuter-, Pfeffer- oder Kümmelzusatz. Die Reifezeit beträgt 2–5 Monate. Tilsiter eignet sich aber bestens für eine längere Reifung und entwickelt dann ein recht kräftiges Aroma. Alte Tilsiter reifen bis zu 1 Jahr.

CHARAKTERISTIK

Meistens Brotform, aber auch runde Laibe, im Allgemeinen 1,5–2 kg. Dünne, trockene Rinde mit gelbbeigefarbener Kruste mit leichter Schimmelflora. Tilsiter gibt es auch mit Wachsüberzug oder in Folie gereift. Elastischer Teig mit zahllosen, unregelmäßig verteilten und sehr kleinen Schlitzlöchern. Der Geschmack variiert von leicht herb bis pikant. Er ist mehr oder weniger säuerlich, jedoch nicht sauer; auch kräftig-würzig.

KULINARISCHES

Der Käse wird oft schon nach 4 Wochen gegessen. Zum Tilsiter passen trockene Weißweine, körperreiche Rotweine und Bier.

DIE MITTE

Die Hochburg der Sauermilchkäse

Die Bundesländer in der Mitte und im Osten Deutschlands sind, was ihre jeweilige Käseherstellung betrifft, einerseits stark von ihren jeweils benachbarten Regionen, andererseits von der Produktion internationaler Spezialitäten oder neu entwickelten Sorten geprägt. In beiden Bereichen hat die Käseproduktion weit geringere Bedeutung als im Norden oder Süden. Sachsen-Anhalt gilt als Hochburg des typisch deutschen Sauermilchkäses. In Sachsen, wo primär Weich- und Schnittkäse produziert werden, gibt es mit dem Altenburger Ziegenkäse eine der vier deutschen Käsesorten mit geschütztem Ursprung und den mittlerweile zu internationalem Ruhm gelangten Milbenkäse. In Hessen spielt die Herstellung von Sauermilch- und Kochkäse sowie verschiedenen Standardprodukten die größte Rolle. Auch dieses Bundesland verfügt über eine Käsespezialität mit Ursprungsbezeichnung, den Odenwälder Frühstückskäse. Nordrhein-Westfalen belegt nach Bayern und Niedersachsen einen beachtlichen dritten Platz bei der Milcherzeugung, wobei jedoch Konsummilch und Milchfrischprodukte eindeutiger Schwerpunkt der Molkereiwirtschaft sind. Die weniger bedeutende Käseproduktion konzentriert sich auf Schnittkäse, die mit Abstand bevorzugte Käsesorte in Nordrhein-Westfalen. Dennoch kann auch dieses Bundesland mit einer kulinarischen Besonderheit aufwarten: dem Original Nieheimer Käse.

Linke Seite: Die Mitte – reiche Wälder, wilde Felsen und mittelalterliche Städte.

Odenwälder Frühstückskäse

Weichkäse
aus Kuhmilch
10% Fett i.Tr.

HERKUNFT UND GESCHICHTE

Südlicher Teil des hessischen Odenwaldes

Odenwälder Frühstückskäse darf nur im südhessischen Odenwald und aus Odenwälder Milch nach überliefertem Rezept hergestellt werden. Der Name rührt von der früheren Tradition, diesen Käse nach dem morgendlichen Melken zum Frühstück zu verzehren. Einzig die kleine Privatmolkerei in Hüttenthal stellt diesen Käse noch her.

HERSTELLUNG

Für die Herstellung wird ausschließlich Milch aus dem Herstellungsgebiet verwendet. Diese wird pasteurisiert, entrahmt und mit Milchsäurebakterienkulturen vorgereift. Erst dann kommt Kälberlab hinzu. Die Bruchmasse verbleibt 30 Minuten in der Form, dann werden die Käse gewendet. Diese Prozedur wird dreimal wiederholt. Anschließend kommt der Käse in ein Salzbad, danach für 12 Stunden in einen Vorreiferaum. In dieser Zeit vollzieht sich die Hefebildung auf der Oberfläche, welche die Entsäuerung schafft, die für den eigentlichen Reifeprozess von 2 Wochen nötig ist.

CHARAKTERISTIK

Zylindrische Form ähnlich dem Camembert, Gewicht 100 g. Geschmierte, bräunlich-gelbe Rinde. Elfenbeinfarbener bis gelblicher, geschmeidiger Teig, geschlossen mit vereinzelter Bruchlochung. Sein Geschmack ist würzig bis pikant, kräftig und aromatisch und erinnert etwas an Sauermilchkäse.

BESONDERHEITEN

Auch wenn Odenwälder Frühstückskäse gerne als Handkäse mit Musik gegessen wird, handelt es sich anders als beim aus Sauermilchquark hergestellten Harzer um einen handgeschöpften Labkäse mit Rotschmiere, der vom Typ her eher den Wein- und Münsterkäsen zuzuordnen ist.

KULINARISCHES

In seiner Heimatregion dient er seinen Liebhabern oft als würzige Basis für einen »Handkäs' mit Musik«. Am besten trinkt man dazu ein Bier oder einen hessischen Apfelwein.

Harzer Käse

Sauermilchkäse
aus Kuhmilch
weniger als 10% Fett i.Tr.

HERKUNFT UND GESCHICHTE

Niedersachsen, Hessen, Thüringen, Sachsen-Anhalt und Sachsen

Bereits im späten 18. Jh. wurde dieser Käse erstmals im Harz gewerblich produziert.

HERSTELLUNG

Bei der Herstellung mischt man zunächst Sauermilchquark (teilweise auch Kasein) mit Kochsalz und Reifungssalzen und formt die Masse nach ein paar Stunden zu kleinen Laiben, die dann mit Gelb- und Rotschmierebakterien gereift werden. Harzer reift nur 1–2 Tage.

CHARAKTERISTIK

Kleine, runde Laibe, oft in Rollen mit vier bis fünf Laiben abgepackt, Gewicht circa 25 g. Harzer hat keine Rinde, die Oberfläche ist geldgelb. Der Teig ist gelblich, wobei der Kern im nicht ganz reifen Zustand noch weißlich ist. Harzer hat einen milden bis pikant-würzigen Geschmack mit unverkennbarem Aroma und intensivem Geruch.

KULINARISCHES

Harzer Käse schmeckt am besten angemacht als Handkäs' mit Musik, also eingelegt in eine Marinade aus Essig, Öl, Zwiebeln und Gewürzen. Empfehlung MDM: Passende Getränke sind Bier, Apfelwein, aber auch Weißweine aus Deutschland, wie beispielsweise ein säurefrischer Riesling oder ein kraftvoller Kerner.

HANDKÄS' MIT MUSIK

Typisch für die Region sind die zahlreichen Sauermilchkäse. Sie entstanden bereits im frühen 19. Jh., als viele Bauern in der Region die Milchwirtschaft aufnahmen.
Noch heute sind in Hessen Käsegerichte beliebt wie »Handkäs' mit Musik« oder der »Spundekäs« – eine gewürzte Mischung aus Frischkäse, Quark und Schmand. Für den Handkäs' mit Musik werden kleine und gut gereifte Sauermilchkäse (Korbkäse) in dicke Scheiben geschnitten, Zwiebelringe untergehoben und mit einer Marinade aus Essig, Öl, Kümmel und Pfeffer übergossen. Er schmeckt am besten zu Vollkornbrot, begleitet von einem Bier oder Apfelwein.

DER WAHRSCHEINLICH SCHÖNSTE KÄSELADEN DER WELT

Wer nach Dresden kommt, spürt sehr bald das Besondere an dieser Stadt. Eine wirkliche Dresdner Besonderheit und gleichzeitig ein einzigartiges Kleinod in der Geschichte der Milch findet sich in der Neustadt auf der anderen Elbseite. Die Rede ist von der Pfund's Molkerei, dem wahrscheinlich schönsten Milch- und Käseladen der Welt. Das denkmalgeschützte Kunstwerk aus der Zeit um 1900 wurde nach der Wende vor dem endgültigen Verfall gerettet, umfangreich restauriert und ist heute nicht nur eine Touristenattraktion, sondern auch ein wahrhaft sehenswerter Käseladen. Das umfassende Angebot an Spezialitäten, darunter Rohmilchkäse aus aller Welt, hat Weltstadtniveau. In der historischen Keramiktheke finden sich internationale Käse aus Kuh-, Schafs- und Ziegenmilch, Käse aus sächsischer Herstellung sowie beliebte Klassiker aus Ostdeutschland. Ein besonderer Schwerpunkt des Sortiments liegt zudem auf Rohmilchspezialitäten aus Frankreich.

Würchwitzer Milbenkäse

Hartkäse
aus Kuh- und Ziegenmilch
1% Fett i.Tr.

HERKUNFT UND GESCHICHTE

Die Milbenkäsetradition war nach dem Zweiten Weltkrieg im Altenburger Land ausgestorben, doch in dem Bauerndorf Würchwitz haben sie einige Familien weitergepflegt, so die Familie von Helmut Pöschel, der diesen Käse als einziger Hersteller auch verkaufen darf. Nachweislich wurde der Milbenkäse schon vor 500 Jahren in Würchwitz und bereits vor 1.000 Jahren im Altenburger Land erzeugt.

HERSTELLUNG

Es kann Ziegen, Kuh- oder Schafsmilch verwendet werden. Die Milch wird mit Lab dickgelegt, der Bruch kommt in einen Sack, die Molke wird herausgedrückt. Man würzt ihn mit Kümmel, Salz und Holunderblüten. Der Bruch wird per Hand zu kleinen Stangen oder Kugeln geformt und 2 Tage getrocknet. Die Rohlinge kommen mit den Käsemilben in eine Kiste. Die Milben verflüssigen mit ihrem Speichel beim Knabbern den Käse, wobei die freigesetzten Enzyme in den Käse einziehen und eventuell vorhandenen Schimmel abtöten. Durch die antiseptische Wirkung der Speichelenzyme ist Würchwitzer Milbenkäse praktisch unbegrenzt haltbar. Er reift etwa 3 Monate, schwarzer Milbenkäse dagegen 1–2 Jahre in der Kiste.

CHARAKTERISTIK

50 g schwere Stangen oder Kugeln und die sogenannte Holunderbirne. Braune harte Rinde, junger Käse (3 Monate) besitzt eine wachsartige Konsistenz, allerdings wird er schnell hart und bröckelig. Bernsteinartige Farbe, würziger Geschmack mit leicht bitterer Note.

BESONDERHEIT

Der Rindenverzehr kann die Desensibilisierung einer Allergie gegen Hausstaubmilben bewirken.

KULINARISCHES

Ein Leckerbissen ist die »Würchwitzer Milbenkäsebutter« oder »Bummlerbutter«, bei der die Butter mit frischen Käsestückchen gemischt wird. Ist der Käse bereits hart, reibt man ihn und vermischt ihn dann mit der Butter. Empfehlung MDM: Es passen besonders Weine mit feiner Restsüße wie Spät- oder Auslesen.

Original Nieheimer Käse

Sauermilchkäse
aus Kuhmilch
1% Fett i.Tr.

HERKUNFT UND GESCHICHTE

Nieheim, Kreis Höxter in Ostwestfalen-Lippe

In einem Zeitungsartikel aus dem Jahr 1858 wird Nieheimer Käse hochgelobt. Die Region um die Stadt Nieheim hat eine lange Käsetradition. Am Rand der Wiesen und Weiden wuchsen in den sogenannten Flechthecken (ein lebender Zaun aus Haselnusshecken mit eingeflochtenen Weidenzweigen) viele wohlschmeckende Kräuter, welche die Kühe gerne fraßen und entsprechend aromatische Milch lieferten. In diesen Hecken spross auch der wilde Hopfen, in dessen Blätter man früher die Käse zum Trocknen einlegte. Aus diesem Grund nennt man den Nieheimer Käse auch Hopfenkäse. Heute stellen nur noch zwei Käsereien am Ort diese Spezialität her.

HERSTELLUNG

Trockener, fettarmer Sauermilchquark wird fein gemahlen und reift danach 3–5 Tage. Der gereifte Magerquark wird durch Salzzugabe in seinem Reifeprozess gestoppt. Danach wird der Käse mit Salz, Kümmel und Wasser zu Handkäse verarbeitet. Mit zunehmender Lagerung wird der Käse fester und härter. Er kann so hart werden, dass man ihn reiben kann (weshalb man ihn in der Region auch Reibekäse nannte).

CHARAKTERISTIK

Kleine runde, goldgelbe Laibe mit einem Gewicht von 35 g. Würziger, herber und säuerlicher Geschmack, scharf und pikant mit deutlichem Kümmelaroma. Nieheimer Käse ist mehrere Wochen lang haltbar.

BESONDERHEITEN

Der Nieheimer Käse war ausschlaggebend für die Gründung des Deutschen Käsemarktes in Nieheim. Alle zwei Jahre werden dort handwerklich erzeugte Käse aus ganz Europa vorgestellt. Nieheimer Käse ist außerdem Passagier bei der »Arche des Geschmacks« der Vereinigung Slowfood.

KULINARISCHES

Empfehlung MDM: Als Begleiter bietet sich hier ein regionales Bier an. Im Weinbereich kommen aromatische Tropfen mit feiner Restsüße zum Tragen, beispielsweise Gewürztraminer Spätlesen.

Altenburger Ziegenkäse (g.U.)

Weichkäse
aus Kuh- und Ziegenmilch
45% Fett i.Tr.

HERKUNFT UND GESCHICHTE

Sachsen, Thüringen

Die Tradition dieser inzwischen herkunftsgeschützten Spezialität reicht in die Mitte des 19. Jhs. zurück, als man sie ausschließlich in bäuerlicher Produktion herstellte. Nach 1900 begann die Herstellung in der Molkerei und die Glanzzeit des Altenburger Ziegenkäse. In der DDR-Zeit wurde die Produktion stark eingeschränkt; erst seit der Wende engagiert man sich wieder für die Produktion.

HERSTELLUNG

Die Milch für den Altenburger Ziegenkäse kommt aus dem Umland und wird zunächst getrennt nach Milchsorten erfasst, gekühlt, gefiltert, homogenisiert und pasteurisiert. Ziegenmilch (mindestens 15 % sind vorgeschrieben) und Kuhmilch werden anschließend gemischt. Die Verkäsung erfolgt in einem kontinuierlichen Prozess. Dem fein geschnittenen Käsebruch gibt man vor dem Abfüllen in die Formen noch eine Prise Kümmel hinzu. Die Laibe werden dann trocken gesalzen und reifen 8–10 Tage. Während dieser Zeit bildet sich der feine weiße Schimmel an der Oberfläche, wie man ihn vom Camembert her kennt, dem er in vielem sehr ähnlich ist.

CHARAKTERISTIK

Flache Rundstücke, halbmondförmige Stücke oder flache Torte. Das Gewicht variiert von 125 g (Halbmond) über 250 g (Rundstück) bis zu 1,5 kg (Tortenform). Die dünne Naturrinde hat einen weißen Schimmelbelag. Der Teig ist leicht gelblich, nahezu löcherfrei, etwas trockener und fester als der eines Camemberts. Mild und delikat, feines Ziegenmilch-aroma.

KULINARISCHES

Empfehlung MDM: Zu dieser Käsespezialität harmonieren aromatische Sauvignon Blancs, frische Rieslinge, gerne auch mit einem Hauch Restsüße, sowie würzige, fruchtige Rotweine.

Weißlacker
Weißlacker

Die Bayerischen Biere

DER SÜDEN

Qualität und Tradition

Die Käsetradition in Süddeutschland reicht bis ins Mittelalter zurück, und seither besitzen Käse aus Bayern und Baden-Württemberg über die Grenzen hinaus einen guten Ruf. Grund dafür sind die hohe Qualität der Milch und die Tatsache, dass man bis heute Wert auf die Bewahrung althergebrachter Rezepte und handwerkliches Können legt. Neben Großbetrieben existieren noch zahlreiche mittlere und kleine Käsereien. Das teilweise zu Bayern, teilweise zu Baden-Württemberg gehörende Allgäu gilt als Deutschlands »Käseküche«. In dieser Gegend mit grünen Wiesen, sanften Hügeln und hohen Bergen findet man noch viele bewirtschaftete Almen, wo etwa der berühmte Allgäuer Bergkäse zubereitet wird. Im Allgäu und im benachbarten Schwaben haben ferner viele der großen deutschen Käseproduzenten ihre Verarbeitungsstätten. Erfolgreich am Markt sind sie mit Sorten wie Allgäuer Emmentaler, Schmelzkäsespezialitäten, Weichkäsen mit weißem, blauem oder rotem Schimmel, Limburger, Romadur oder Weißlacker. In weiten Teilen Alt- und Oberbayerns bereiteten Klöster über Jahrhunderte Käse zu, und manche Rezeptur geht auf diese Zeit zurück. Dabei wird in Alt- und Oberbayern in der Regel Deftiges wie Limburger und Romadur bevorzugt. Die Mittelgebirgslandschaften Hohenlohes, Frankens und der Oberpfalz halten ebenfalls bemerkenswerte Spezialitäten bereit.

Linke Seite: Im Süden mag man es gemütlich, dazu gehören auch herzhafte Speisen.

Allgäuer Emmentaler (g.U.)

Hartkäse
aus roher Kuhmilch
45% Fett i.Tr.

HERKUNFT UND GESCHICHTE

Allgäu

Als der Molkereispezialist Josef Aurel Stadler 1821 zwei Schweizer Sennen als »Entwicklungshelfer« nach Weiler im Allgäu holte, stellte man dort zwar schon seit Jahrhunderten runde Hartkäse her, war aber mit den Ergebnissen nie zufrieden. Dank der beiden Käser aus dem Emmental wurde nach rund sechs Jahren mit einer kontinuierlichen, ganzjährigen Produktion im Gunzesrieder Tal begonnen. Aber erst ab 1840 gelang es, einen wirklich hochwertigen Käse herzustellen. Die Einführung von Lagerräumen nach Schweizer Vorbild trug wesentlich zur Qualitätsverbesserung bei.

HERSTELLUNG

Die Herstellung ist wie beim Schweizer Emmentaler, allerdings ist die Reifezeit im Allgemeinen mit mindestens 3 Monaten kürzer. Während dieser Zeit reift der Käse mindestens 4 Wochen bei einer Temperatur von mindestens 20 °C im Gärkeller.

CHARAKTERISTIK

Runde Laibe, Durchmesser 70–85 cm, Höhe 15–25 cm, Gewicht 60–130 kg. Auch Blockform (66 x 66 x 16 cm) mit mindestens 40 kg. Glatte, goldgelbe bis bräunliche gewachste Naturrinde. Geschmeidiger, elfenbeinfarbener Teig mit kirschkerngroßen Löchern. Mild-aromatischer, nussartiger Geschmack, mit zunehmender Reife kräftiger. Große und lang gezogene Löcher im Käse weisen auf einen eher milden Geschmack hin, kleinere, runde Löcher auf eine eher volle, kräftig-pikante Richtung.

KULINARISCHES

Empfehlung MDM: Zum Allgäuer Emmentaler passen vollmundige Weißweine wie württembergischer Kerner, Grüner Veltliner aus Österreich oder ein Soave Classico aus dem Veneto. Würzig-fruchtige Rotweine wie badische Spätburgunder, Beaujolais oder Bardolino und Valpolicella passen auch.

VERWANDTE KÄSE

Hartkäse nach Emmentaler Art sind Käse aus pasteurisierter Milch. Die meist foliengereifte Ware lagert kürzer, schmeckt milder und weniger charakteristisch.

Allgäuer Bergkäse (g.U.)

Hartkäse
aus roher Kuhmilch
45% Fett i.Tr.

HERKUNFT UND GESCHICHTE

Allgäu

Der Allgäuer Bergkäse darf nur in den Allgäuer Alpen im Landkreis Lindau am Bodensee, Ober-, Ost- und Unterallgäu, Ravensburg und Bodensee sowie in Kaufbeuren, Kempten und Memmingen hergestellt werden. Auch die Milch muss aus diesem Gebiet stammen. Bergkäse wurde zunächst auf den Allgäuer Sennalpen hergestellt. Mit der Verbreitung der Hauskäsereien um 1820 verlagerte sich die Käserei von der Alpe ins Tal. Schon 1840 gab es in allen Teilen Oberallgäus bedeutende Käsereien.

HERSTELLUNG

Die Abendmilch bleibt über Nacht stehen, wird am Morgen entrahmt und mit der Morgenmilch vermischt. Die erwärmte Milch wird mit Lab dickgelegt und in erbsen- bis haselnussgroße Bruchkörner geschnitten. Der Bruch wird auf 50 °C nachgewärmt und ausgerührt. Dann wird der Käse mit einem Tuch aus dem Kessel gehoben und einen Tag lang mit steigendem Druck von 5–8 kg je Kilogramm Käse gepresst, wobei er dreimal gewendet wird. Am nächsten Morgen kommt der Käse für gut einen Tag in ein Salzbad. Danach reift er 2 Monate im Keller bei 16 °C. Dabei wird er zwei- bis dreimal pro Woche mit Salzwasser abgewaschen und gewendet. Nach einer weiteren Lagerung von einem Monat bei 12 °C hat er seine Genussreife erreicht. Das Mindestalter von Allgäuer Bergkäse sind 4 Monate, oft wird er bis zu 1 Jahr gelagert.

CHARAKTERISTIK

Radförmige Laibe, Durchmesser 40–90 cm, Höhe 8–10 cm, Gewicht 15–50 kg. Die Rinde ist dunkelgelb, fast bräunlich. Fester, geschmeidiger, hellgelber Teig mit geringer, erbsengroßer Lochung. Typisches Nussaroma. Milchiger, zarter Geruch.

KULINARISCHES

Empfehlung MDM: Allgäuer Bergkäse ist ein unverzichtbarer Bestandteil zur Zubereitung von Käsespätzle. Aromatische, kräftige Weine wie Müller-Thurgau, Gewürztraminer, auch reife Spätlesen, mildwürziger Trollinger oder Spätburgunder von der Ahr, aus der Pfalz oder aus Baden harmonieren gut.

SCHMACKHAFTE ROTE

Die Deutschen haben ihre Liebe zu Käsen mit Rotkultur wiederentdeckt. Limburger und seine engen Verwandten, wie der etwas mildere und kleinere Romadur, Münsterkäse (traditionelle Sorte aus dem Schwarzwald nach elsässischem Vorbild) und Weinkäse (kleine Würfel mit besonders mildem Geschmack), gelten als Klassiker eines Sortiments, das unter dem wenig schönen Begriff Rotschmierekäse, inzwischen aber auch unter dem etwas vornehmeren Begriff Rotkulturkäse zusammengefasst wurde. Die Bezeichnung hängt mit der speziellen Produktionsmethode zusammen. Denn vor ihrer Reifung werden diese Weichkäse mit Salzwasser behandelt und mit einer Pilzkultur geschmiert. So entstehen die roten Fermente, die eine feuchte und leicht schmierige Oberfläche bilden. Da diese Kultur zum Wachstum Sauerstoff benötigt, wird sie als Reifungskultur erst nach der Ausformung und Salzung der Käse aufgebürstet (geschmiert) oder mittels Düsen aufgesprüht. Durch die bakterieneigenen Enzyme bilden sich dann über den Eiweißabbau die gewünschten Geschmacksstoffe. Die Ausbildung des späteren Käsearomas hängt besonders vom Feuchtigkeitsgehalt auf der Oberfläche der Käse ab. Je feuchter die Käse sind, desto intensiver entwickelt sich ihr typischer Geschmack. Das Wachstum der Rotkulturen kann zusätzlich durch sogenannte Helferorganismen wie etwa Hefe unterstützt werden. Das Brevibacterium linens selbst trägt über die Bildung von Farbstoffen (Karotine) zur Farbgebung der Käseoberfläche bei. Moderne Industriekäse mit Rotkultur unterscheiden sich geschmacklich und optisch von den Klassikern. Sie sind milder und schmecken dennoch würzig, verfügen über eine cremige Konsistenz und eine ansprechende Optik.

Obazda

Käsezubereitung aus Camembert und Gewürzen 45% Fett i.Tr.

HERKUNFT UND GESCHICHTE

Bayern

Die Geschichte des bayerischen Obazda ist eng verbunden mit der Geschichte der bayerischen Biergärten. In die Zeit der Entstehung der Biergärten fiel auch die erstmalige Herstellung des Camembert und des Bries in Deutschland. Als Erfinder der bayerischen Spezialität gelten die Wirtsleute Eisenreich des Bräustüberls in Weihenstephan bei München. Sie kamen auf die Idee, die würzigen Reste von stärker gereiftem Camembert mit Butter zu verfeinern und mit Zwiebeln sowie Gewürzen abzuschmecken. Obazda oder Obatzter (in Franken nennt man diese Spezialität Gerupfter) fand schnell Einzug in die Biergärten Bayerns und war darüber hinaus auch eine preisgünstige Brotzeit für die Bevölkerung. Der Käse ist aus den Biergärten nicht mehr wegzudenken und hat sich zum Klassiker der bayerischen Brotzeitspezialitäten entwickelt. Die industrielle Produktion findet ausschließlich in Bayern statt.

HERSTELLUNG

Die Mischung besteht zu 30–60 % aus Camembert und/oder Brie, wahlweise zusätzlich aus Romadur und/oder Limburger, Frischkäse, Butter, Gewürze und Gewürzextrakte, Zwiebeln, Salz. Darüber hinaus dürfen auch Rahm und Molkeneiweiß zum Obazda zugegeben werden. Durch die Zugabe von Rahm wird der Obazda bekömmlicher und streichfähiger. Etwas Bier zur Geschmacksverfeinerung ist bei der Herstellung von Obazda auch erlaubt. Nach alterhergebrachter Herstellungsweise dürfen für den Obazda keine Konservierungsstoffe und keine Verdickungsmittel verwendet werden. Kümmel und Paprika sind als Gewürze vorgeschrieben und dienen der Geschmacksabrundung.

CHARAKTERISTIK

Herzhaft-pikanter Geschmack, weich und streichfähig.

KULINARISCHES

Empfehlung MDM: Zum Obazda schmeckt am besten ein feinwürziges helles Bier und frische Brezeln oder ein kräftiges Bauernbrot und Radieschen.

Romadur

Weichkäse
aus Kuhmilch
45% Fett i.Tr.

HERKUNFT UND GESCHICHTE

Vorwiegend Bayern

Wo der Name dieses Käses genau herstammt, kann nicht mehr geklärt werden. Manche Fachleute führen die Bezeichnung auf das französische Wort »remoudre« (nochmals melken) zurück, und unter dem Namen »Remoudou« wurde in Belgien tatsächlich ein pikanter Herve-Käse verkauft. Wie den Limburger führte Karl Hirnbein auch diesen Käse 1830 im Allgäu ein.

HERSTELLUNG

Der Milch gibt man Säurewecker und Lab hinzu. Den entstandenen Bruch schneidet man in haselnussgroße Stücke (etwas kleiner als beim Limburger) und füllt ihn ohne Nachwärmen in die Form. Nach mehrmaligem Wenden kommt der Käse 12–16 Stunden ins Salzbad. Anschließend wird er bei 14 °C und mehr als 90 % relativer Luftfeuchte 14 Tage lang gelagert. Während dieser Zeit wird der Käse mit Brevibacterium linens geschmiert.

CHARAKTERISTIK

Der Romadur ist ein Weichkäse mit Rotschmiere und wird meist in Backsteinformen von 100–125 g angeboten. Er ist rindenlos und hat durch die Behandlung mit Rotschmiere eine gelbe bis rote Oberflächenfarbe. Mattglänzender, kompakter weicher Teig und cremig-weiche Konsistenz. Im Geschmack ist er herzhaft-pikant, aber etwas milder als Limburger.

KULINARISCHES

Die ideale Ergänzung zum Romadur ist ein reifer Gewürztraminer.

Edelpilzkäse

Halbfester Schnittkäse
aus Kuhmilch
45%, 50% und 60% Fett i. Tr.

HERKUNFT UND GESCHICHTE

Bayern

Viele Käserezepturen nach ausländischen Vorbildern haben in Bayern und anderen deutschen Käseregionen ihre Spuren hinterlassen. Dazu zählt auch der Deutsche Edelpilzkäse, ein Blauschimmelkäse, der sehr viel Ähnlichkeit mit dem Roquefort besitzt, aber nicht aus roher Schafsmilch, sondern aus pasteurisierter Kuhmilch hergestellt wird. Gleichwohl ist laut Gesetz auch die Verwendung von Schafsmilch oder eines Gemischs beider Sorten möglich.

HERSTELLUNG

Bei der Herstellung, die in vielem identisch mit der von Roquefort oder auch dem dänischen Danablu ist, entstehen die charakteristischen blau-grünen Schimmeladern durch das Stechen von Luftkanälen und die Zugabe von Schimmelkulturen (nur Penicillium roqueforti). Die optimale Reife erreicht der Käse nach mindestens 5 Wochen, wenn der Schimmel auf der Rinde »blüht«.

CHARAKTERISTIK

Runde Laibe (Durchmesser circa 17 cm), Gewicht: 2–5 kg. Rindenloser Käse mit blanker, weißlicher Oberfläche, verpackt in Schutzfolie. Der Teig ist bröckelig-krümelig, dennoch geschmeidig, durchzogen von grünlich blauen Schimmeladern. Im Geschmack deutlich ausgeprägtes Aroma mit charakteristischer Blauschimmelnote, gewinnt je nach Reifestadium an Intensität.

KULINARISCHES

Empfehlung MDM: Passende Weine sind beim jungen Käse Spät- und Auslesen sowie kräftige, körperreiche, aber tanninmilde Weine. Zum reifen Käse harmonieren Portweine, kraftvolle edelsüße Weine oder Dessertweine wie Sauternes und Tokaji-Aszu-Weine.

FRISCHE KÄSE AUS DEUTSCHLAND

Frischkäse und der in Deutschland besonders beliebte Quark (bayerisch auch Topfen) sind eng miteinander verwandte Produkte mit ähnlicher Herstellungsweise. Quark gibt es in allen Fettstufen, am häufigsten in der Magerstufe. Von den Herstellern werden zahllose Varianten mit unterschiedlicher Konsistenz, allen nur denkbaren Zutaten oder auch mit Sahnezusatz angeboten. Eine körnige Variante ist der ursprünglich aus den USA stammende Cottage Cheese, der in Deutschland Körniger Frischkäse oder auch Hüttenkäse heißt. Dem Quark sehr ähnlich ist der deutlich festere Schichtkäse, der seinen Namen dem Aufeinanderschöpfen der Gallerteschichten bei der Herstellung verdankt. Noch größer als das Angebot an Quarksorten ist die Vielfalt an Frischkäsen und Frischkäsezubereitungen. Es gibt diese Käse sowohl mit cremiger Konsistenz (teilweise auch aufgeschäumt) als auch mit schnittfestem Teig. Geschmacksrichtung, Verpackung und Form, Zutaten oder Fettstufen sind an die aktuellen Verbrauchervorlieben angepasst.

CREMIGE WEISS-BLAUE FÜR EINSTEIGER

Die deutschen Käsereien arbeiten kontinuierlich an immer neuen Käsevarianten und innovativen Produkten. Besonders erfolgreich gelang das bei Weichkäsen mit blauem Edelschimmel, die seit Ende der 1950er-Jahre auf dem Markt sind und ursprünglich als Varianten von Gorgonzola konzipiert wurden. Sie verfügen zwar über einen charakteristischen Geschmack nach blauem Edelschimmel, sind aber wesentlich milder als die traditionellen Vorbilder, sodass »Blaukäseeinsteiger« gern auf diese Käse zurückgreifen. Dazu trägt auch der feine, weiße Camembertschimmel bei, der sich auf der Oberfläche bildet. Die sogenannten Weiß-Blaukäse gibt es in zahlreichen Formen und Größen, unterschiedlichen Fettstufen (bis 70 % Fett i. Tr.) mit sahnig-aromatischem Geschmack genauso wie mit eher vollmundig-würziger Note. Ihre Reifezeit beträgt nur 2–3 Wochen.

Weißlacker (Bierkäse)

Schnittkäse
aus pasteurisierter Kuhmilch
40% Fett i. Tr.

HERKUNFT UND GESCHICHTE

Bayern

Weißlacker wird oft auch als Bayerischer Bierkäse bezeichnet und ist eine typisch bayerische, wenn auch heute ein wenig in Vergessenheit geratene Spezialität. Früher wurde der Käse im Allgäu auch als Weißschmierer bezeichnet und in flacher Form hergestellt. Erfunden haben ihn 1874 die Wertacher Gebrüder Josef und Anton Kramer. Ziel war, einen Backsteinkäse durch Erhöhen des Salz- und Fettgehalts haltbarer zu machen. Die Kramers erhielten 1876 für 15 Jahre ein königliches Patent auf diesen Käse.

HERSTELLUNG

Die Milch kommt von Bergbauern, deren Höfe über 800 Meter über dem Meeresspiegel liegen. Nach dem Einlaben wird der Bruch vorsichtig walnussgroß geschnitten und nach 2–3 Stunden auf Spanntischen ausgeschöpft. Nach dem Wenden werden die Käse für zwei Tage in ein 20%iges Salzbad gelegt. 6 Wochen verbringt der Käse dann in einem warmen Raum, wo er zweimal pro Woche mit Salz geschmiert wird. Anschließend reift er 9 Monate in einem Kaltlager. Die Herstellung ist heikel und nicht ohne Risiko.

CHARAKTERISTIK

Würfelförmig (Kantenlänge circa 12,5 cm), Gewicht 1,7–2 kg, oft auch in kleinen Würfeln zu 60 g verpackt. Praktisch rindenlos, mit dünnflüssiger, lackartiger Schmiere. Weißlicher Teig, leicht brüchig bis speckig, aber nicht klebrig. Sein Geschmack ist sehr pikant, leicht scharf und kräftig-deftig, sehr intensiver Duft.

BESONDERHEITEN

Weißlacker ist Passagier bei der »Arche des Geschmacks« der Vereinigung Slowfood.

KULINARISCHES

Klassisch isst man den Weißlacker in kleinen Stücken auf gebuttertem Brot, ergänzt mit frischen Radieschen und etwas Pfeffer. Weißlacker steigert den Bierdurst enorm. Deshalb genügend Vorrat an kühlem, hellem Bier bereithalten.

Limburger

Weichkäse
aus Kuhmilch
20% bis 50% Fett i.Tr.

HERKUNFT UND GESCHICHTE

Bayern

Limburger wurde nach der belgischen Stadt und Gegend Limburg benannt, wo man ihn unter der Bezeichnung »Herve« kennt (siehe dort). Um 1830 brachte Karl Hirnbein den Käse ins Allgäu. Er beschäftigte Belgier, namentlich die Brüder Groesjan, mit der Herstellung von Weichkäse. Vom Allgäu entwickelte sich der Limburger als populäre eigene Käsesorte. Seine Bedeutung war so groß, dass über einen langen Zeitraum der Preis des Limburgers neben dem des Emmentalers zur Berechnung des Milchpreises herangezogen wurde. Limburger nennt man auch Backstein- oder Stangenkäse.

HERSTELLUNG

Weil er auf die äußeren Bedingungen beim Präparieren und Reifen sehr empfindlich reagiert, ist die Herstellung recht heikel. Während der ersten zehn Tage wird er häufig mit einer speziellen Rotkulturlösung gewaschen. Dadurch nimmt die feuchte Rinde einen rötlichen Ton an. Nach rund 2 Wochen Reife bei hoher Luftfeuchtigkeit kann er dann verzehrt werden. Je höher der Fettgehalt der Käse, desto weicher der Teig und umso vollmundiger das Aroma.

CHARAKTERISTIK

Kleine Quader oder Stangen von unterschiedlicher Höhe, Breite und Länge. Der Rotschmierkäse wird im Handel meist in Packungen zu 200–500 g verkauft. Er ist rindenlos und hat eine gelbe bis rote Oberflächenfarbe. Der Teig ist kompakt und mattglänzend mit weißem, festem Kern, zum Rand hin hellgelb und sorgt für ein cremig-weiches Mundgefühl und einen herzhaft-pikanten, würzigen Geschmack. Limburger verliert an Qualität wenn man ihn weich und fließend werden lässt und seine Rinde schmierig wird. Am besten ist er mit fester, leicht elastischer Struktur.

KULINARISCHES

Delikat, wenn er in Essig sauer angemacht und mit Zwiebeln belegt ist. Er schmeckt mit Bier und trockenem Weißwein zu allen Brotsorten.

1975
RANDEGG
RESTAURANT

SCHWEIZ

Jahrhundertealte Käsetradition

Jura, Alpen und Mittelland bilden die drei Großregionen der Schweiz. Rund 80 % des kultivierten Bodens ist für den Ackerbau ungeeignet und dient als Weideland für die Tiere. Die Milchwirtschaftstradition ist älter als der Bundesstaat selbst. Schon im 15. Jahrhundert florierte der Käsehandel mit Italien. Mit Maultieren lieferte man die Käselaibe über die Alpen und brachte Gewürze, Wein und Reis mit zurück. Schweizer Käse ist weltberühmt für seine Hart- und Halbhartkäse. Von den Kenntnissen zur Emmentalerherstellung profitierten Käsemacher in der ganzen Welt.

In der Schweiz werden zahlreiche Käsesorten hergestellt. Rund ein Drittel wird ins Ausland geliefert. Emmentaler, Gruyère und Sbrinz, aber auch Appenzeller oder Tête de Moine gehören im In- und Ausland zu den bekanntesten Sorten. Daneben produziert die Schweiz cremige Weichkäse, milde Tommes und aromatische Rotschmierkäse.

Die dezentrale Käseherstellung ist typisch für die Schweiz. Knapp zwei Drittel werden in gewerblichen Kleinbetrieben gefertigt, die morgens und abends von den Bauernbetrieben der näheren Umgebung die frisch gemolkene Milch geliefert bekommen. Für die Rohmilchkäseherstellung dürfen die Kühe kein Silofutter fressen.

Auch die Schweiz hat nach dem Vorbild Frankreichs AOC-Käsespezialitäten mit geschützten Ursprungsbezeichnungen. Durch die handelspolitische Sonderstellung des Landes innerhalb Europas sind diese allerdings (noch) nicht auf europäischer Ebene anerkannt. Von Anfang an haben die Schweizer das System der AOC- und IGP-Produkte daher europakompatibel ausgelegt.

Linke Seite: Blick auf die hölzerne Brücke in Luzern.

Berner Alpkäse AOC

Hartkäse
aus roher Kuhmilch
50% Fett i.Tr.

HERKUNFT UND GESCHICHTE

Berner Oberland

Schon seit dem 15. Jh. wird auf den Alpen des Berner Oberlandes Käse hergestellt. Dieser wurde traditionellerweise als jüngerer Alpkäse oder als jahrelang gelagerter und gereifter Hobelkäse verzehrt. In einer Chronik aus dem Jahr 1548 findet sich ein Verweis auf diese Spezialitäten aus dem Berner Oberland unter den Bezeichnungen Sibenthaler und Saanerkäss. Berner Alp- und Hobelkäse darf nur während der Weidezeit im Sommer und nur von einer der 560 Alpen im Berner Oberland produziert werden.

HERSTELLUNG

Täglich wird die frische Milch im mit Holzfeuer beheizten Kupferkessel verkäst. Nach Dicklegen der Milch mit Naturlab und speziellen Sirtekulturen wird die Gallerte zerschnitten und unter ständigem Rühren auf ca. 53 °C erhitzt. Nach der Pressung kommen die Käse für einen Tag ins Salzbad, danach werden die Laibe im Reiferaum regelmäßig mit Salz eingerieben und geschmiert. Im Winter wird der junge Alpkäse in ein zentrales Käsereifungslager gebracht, wo er bei einer Luftfeuchtigkeit von mindestens 70 % und einer Temperatur von ca. 12 °C 6–12 Monate gelagert und gepflegt wird. Für die Veredelung zum Hobelkäse werden nur solche Laibe ausgewählt, die extralang (surchoix) gereift sind und während der gesamten Zeit auch auf der Alp verblieben sind. Die Rindenschmiere wird sauber entfernt, bevor die Laibe für mindestens weitere 12 Monate in einem Reiferaum mit konstanter Temperatur lagern.

CHARAKTERISTIK

Durchmesser der Laibe 28–48 cm, Gewicht 5–14 kg. Alpkäse hat eine trockene Rinde mit wenig Schmiere. Der würzige Geschmack ist mit zunehmendem Alter ausgeprägter. Durch die Verarbeitung der Milch im offenen Kessel über dem Holzfeuer erhält der Käse eine leichte Räuchernote. Der Hobelkäse ist durch die lange Reifedauer extrahart, seine Rinde trocken und glatt. Im Alter von 2–3 Jahren ist er »chüschtig«, das heißt, er zeigt seinen würzigen, echten Hobelkäsecharakter. Mit zunehmendem Alter wird das Aroma noch ausgeprägter.

NICHT JEDER BERGKÄSE IST EIN ALPKÄSE

Bergkäse wird während des ganzen Jahres in gewerblichen Dorfkäsereien im Tal produziert. Also auch im Winter, wenn die Kühe im Stall mit Heu gefüttert werden. Die Milch für den Bergkäse wird teilweise auch pasteurisiert. Der Alpkäse hingegen wird nur im Sommer direkt in den Alpbetrieben hergestellt. Die Kühe weiden frei und suchen sich ihr Futter auf den reichhaltigen und saftigen Weiden. Die frischen und würzigen Alpkräuter ergeben eine geschmackvolle Rohmilch, die noch kuhwarm und ohne große Transportwege oft noch traditionell über dem Holzfeuer im Kupferkessel verkäst wird. Die Milch jeder einzelnen Alp hat ihren eigenen, typisch würzigen Geschmack, denn die Flora der Alpenkräuter ist sehr unterschiedlich. Auch das Holzfeuer, über dem die rohe Milch meist erwärmt wird, und das Fingerspitzengefühl der Käser verleihen unterschiedliche Geschmacksnoten. Alpkäse gibt es in vielen Größen, Farben, Formen, Reifegraden und Härtestufen: vom Schnittkäse bis zum extralang gereiften Hartkäse, der sich zum Reiben, Brechen und Hobeln eignet. Von lieblich mild bis würzig-kräftig – Alpkäse bietet etwas für jeden Geschmack. Über die Hälfte der Alpkäse aus den Schweizer Bergen tragen das AOC-Siegel, das ihre geografische Herkunft garantiert. Schweizer Alpkäse lässt sich vielseitig verwenden, aber die schönste Liaison geht er mit kulinarischen Genüssen aus seiner Ursprungsregion ein: Das kann ein gehaltvoller Wein sein, knuspriges Brot, Pellkartoffeln, Nüsse oder Birnen.

Rechts: Auf den hochgelegenen Weiden wird im Sommer köstlicher Alpkäse hergestellt.

Unten: Auf den Alpweiden finden die Kühe würzige Kräuter in großer Zahl.

Alpen-Tilsiter

Schnittkäse
aus roher Kuhmilch
45% Fett i.Tr.

HERKUNFT UND GESCHICHTE

Thurgau, St. Gallen

Aus dem ostpreußischen Städtchen Tilsit brachte der Thurgauer Otto Wartmann 1893 das Rezept für Tilsiter mit in seine Heimat und verfeinerte es mit Alpenkräutern und heimischem Wein.

HERSTELLUNG

Nach Fertigstellung des Tilsiters reifen die Laibe 4–6 Monate im kühlen, feuchten Keller. Währenddessen werde sie täglich gewendet und regelmäßig mit einer Mischung aus Alpenkräutern und Weißwein der Rebsorte Müller-Thurgau eingerieben.

CHARAKTERISTIK

Flache und runde Laibe mit grauschwarzer Rinde, Durchmesser 25–30 cm, Höhe ca. 8 cm, Gewicht 4–4,5 kg. Elfenbeinfarbener bis hellgelber Teig mit kleinen Rundlöchern. Würzig-delikater Geschmack.

KULINARISCHES

In seiner Heimat trinkt man gerne einen Apfelwein aus der Gegend dazu. Darüber hinaus harmoniert er ideal mit einem Müller-Thurgau sowie zu einem roten Spätburgunder.

ST. GALLER KLOSTERKÄSE – KLEIN UND FEIN

Der St. Galler Klosterkäse wird in einigen wenigen handwerklichen Käsereien in den Kantonen St. Gallen und Appenzell hergestellt und gehört zu den beliebtesten Käsesorten der Schweiz. Die Rinde des Kuhmilchkäses wird geschmiert und ist bräunlich gelb, der Teig ist zart und elastisch. Im Laufe seiner 10–14 Wochen dauernden Ausreifung entwickelt St. Galler Klosterkäse ein charaktervolles und rundes Aroma. Ein Ostschweizer Riesling-Sylvaner ist die klassische Begleitung, aber auch samtige Pinot Noir harmonieren gut.

Appenzeller

Schnittkäse
aus roher Kuhmilch
mindestens 48% i.Tr.

HERKUNFT UND GESCHICHTE

Kantone Appenzell, Teile von St. Gallen und Thurgau

Im Nordosten der Schweiz liegt das beschauliche Appenzellerland, das von Wiesen und saftigen Weiden durchzogen ist. Schon vor 700 Jahren wurde der Appenzeller Käse urkundlich erwähnt. Im Mittelalter ließen sich die Klosterbrüder in St. Gallen die würzige Spezialität schmecken, die sie von den Appenzeller Bauern als Zehntenabgabe erhielten. Heute fertigen mehr als 70 Dorfkäsereien Appenzeller Käse.

HERSTELLUNG

Der Käse wird aus Rohmilch von Kühen hergestellt, die nur mit Gras und Heu gefüttert werden. Ein Teil der Rohmilch wird entrahmt und die Mischung aus Voll- und Magermilch mit Milchsäurebakterien und Lab dickgelegt. Die maiskorngroßen Bruchkörner werden unter ständigem Rühren erwärmt, bis die gewünschte Festigkeit erreicht ist, anschließend in der Form gepresst. Nach dem Salzbad reifen die Käse bei 14–15 °C und 90 % Luftfeuchtigkeit. Während dieser Zeit wird die Rinde regelmäßig mit einer Kräutersulz eingerieben, deren Rezeptur streng geheim ist. Die Reifezeit beträgt mindestens 3 Monate.

CHARAKTERISTIK

Runder Laib mit einem Durchmesser von 30–33 cm, 7–9 cm Höhe und einem Gewicht zwischen 6,4–7,4 kg. Die Naturrinde ist gelb bis rötlich braun und genarbt. Der elfenbeinfarbige bis hellgelbe Teig weist wenige, erbsengroße Löcher auf. Appenzeller gibt es in mehreren Reifestufen. Der Appenzeller Classic schmeckt feinwürzig, reift mindestens 3 Monate, der kräftig-würzige Surchoix mindestens 4 Monate und der sehr würzige Extra garantiert 6 Monate.

KULINARISCHES

Weintipp: Gutedel/Chasselas, Müller-Thurgau/Riesling-Sylvaner, aber auch ein Johannisberg du Valais harmonieren sehr gut, im Rotweinbereich sind samtige Walliser Pinot Noir oder der typische Cornalin eine gute Rotweinbegleitung.

Emmentaler AOC

Hartkäse
aus roher Kuhmilch
45% Fett i.Tr.

HERKUNFT UND GESCHICHTE

Kanton Bern

Im sanfthügeligen Tal der Emme lässt sich die Herstellung des Käses bis ins 13. Jh. zurückverfolgen. Dort war es Brauch, dass der jüngste Sohn den elterlichen Hof ungeteilt übernahm. Die älteren Brüder wurden ausbezahlt und standen mit Geld, aber ohne Grundbesitz da. Viele von ihnen widmeten sich als »Küher« der Käseproduktion. Seit der Entstehung der ersten Talkäsereien um 1815 dehnte sich das Herkunftsgebiet über das ganze Mittelland aus.

HERSTELLUNG

Die frische Rohmilch liefern Kühe, die nur Gras und Heu fressen. Der im Kupferkessel erwärmten Milch werden Bakterienkulturen und natürliches Lab beigemischt. Die Gallerte wird mit der Käseharfe in kleine Bruchkörner geschnitten und das Molke-Käsekörner-Gemisch unter Rühren auf 52–54 °C erhitzt. Während rund 20 Stunden wird der Käse in der Pressform mit zunehmendem hydraulischem Druck gepresst und gewendet. Dann kommen die Laibe für 2 Tage in ein Salzbad. Die jungen Käselaibe bleiben 5–20 Tage im kühlen Keller bei 12–16 °C, danach 6–8 Wochen im 19–24 °C warmen Gärkeller. Junger, milder Emmentaler reift mindestens 4 Monate, Emmentaler extra, surchoix oder Reserve müssen mindestens 8 Monate reifen. Höhlengereifte Emmentaler sind 12 Monate alt und reifen 6 Monate in einem feuchten Felsenkeller.

CHARAKTERISTIK

Käseräder von 75–100 kg Gewicht. Feiner und geschmeidiger Teig mit kirsch- bis nussgroßen Löchern. Beim Käse aus der Winterproduktion ist der Teig elfenbeinfarben, im Sommer hellgelb. Typisch nussig-würziger Geschmack, der mit dem Alter ausgeprägter wird.

KULINARISCHES

Zu diesem Käse passen gut dunkle Brotsorten, Nuss- und Früchtebrot sind eine probierenswerte Variante. Dazu schmecken gehaltvolle, reife Rotweine wie Dôle aus dem Wallis oder ein Pinot Noir. Im Weißweinbereich passen Humagne Blanche, Malvoisie oder Ermitage du Valais.

Le Gruyère AOC

Hartkäse
aus roher Kuhmilch
49% Fett i.Tr.

HERKUNFT UND GESCHICHTE

Westschweiz

Dem ersten Grafen von Gruyère wurde in einer Charta aus dem Jahr 1115 unter anderem das Vorrecht auf den in den Bergen der Gruyère-Region hergestellten Käse erteilt. Schon im Mittelalter wurde der Greyerzer Käse nach Vevey und Genf exportiert, später auch nach Lyon, Paris und Italien und ab 1860 sogar bis in die englischen und niederländischen Kolonien in Indien.

HERSTELLUNG

Im Kupferkessel werden der frischen Rohmilch Starterkulturen und natürliches Lab zugesetzt. Die entstandenen Bruchkörner werden mit der Molke auf 55 °C erhitzt und dann in der Form unter hohem Druck gepresst. Anschließend kommt er 1 Tag ins Salzbad, danach bei 13–14 °C in einen Reifekeller. Junger, milder Gruyère reift 5 Monate, Gryère Reserve bis zu 12 Monate. Während der ersten 10 Tage werden die Laibe täglich gewendet und mit Salzwasser gewaschen, danach 2-mal pro Woche.

CHARAKTERISTIK

Runde Laibe mit schmieriger, körniger Rinde von bräunlicher Farbe. Höhe 9,5–12 cm, 55–65 cm Durchmesser, 25–40 kg Gewicht. Zarter, ziemlich fester, wenig bröckeliger elfenbeinfarbener Teig. Die fruchtigen Geschmacksaromen variieren je nach Herkunft und werden von einer salzigen Grundnote unterstrichen. Reiferer Gruyère schmeckt würziger.

BESONDERHEIT

Der Gruyère Alpage wird nur im Sommer in den Hochlagen der Alpen und des Juras erzeugt.

KULINARISCHES

In seiner Heimat gehört Le Gruyère zu den beliebtesten Fonduekäsen. Aber auch Gratins, Aufläufe oder Käsesoufflés verfeinert er hervorragend. Zum jungen Gruyère harmonieren fruchtigere Weintypen wie Fendant oder im Rotweinbereich Dôle. Zum reifen Gruyère passen kräftige Weißweine wie Malvoisie du Valais und bei den Rotweinen reife Gewächse der Rebsorten Merlot oder Cabernet-Sauvignon.

Glarner Schabziger

Sauermilchkäse
aus Kuhmilch
3% Fett i.Tr.

HERKUNFT UND GESCHICHTE

Graubünden/Glarnerland

Der Glarner Schabziger gilt als ältestes Markenprodukt der Schweiz. Historische Quellen zeigen, dass schon vor 1.000 Jahren in den Glarner Alpen Schabziger hergestellt wurde. Besonders wichtig war der 24. April 1463, als die Glarner Bürger an der Landsgemeinde ein Gesetz genehmigten, das alle Zigerhersteller dazu verpflichtete, ihr Produkt nach bestimmten Qualitätsvorgaben zu produzieren und mit einem Herkunftssignet zu versehen. Früher gab es im Glarnerland noch viele Zigerfabriken, heute ist die Geska AG in Glarus der einzige Produzent. Der abgeflachte Kegelstumpf wird von den Schweizern liebevoll »Zigerstöggli« genannt.

HERSTELLUNG

Die Produktion des Glarner Schabzigers nimmt eine Sonderstellung ein, denn nur wenige Käse werden heute noch durch Hitze-Säure-Fällung hergestellt. Die frische, entrahmte Kuhmilch wird mit einer natürlichen Milchsäurekultur versetzt. Während der Erhitzung auf über 90 °C gerinnt die Milch. Der Ziger wird von der Molke abgeschöpft und handwarm in Gärbehälter gefüllt, wo er während 4–12 Wochen einen ersten Gär- und Reifeprozess durchmacht. Dann wird der Rohziger nach Glarus transportiert. Hier wird er zerrieben, mit Salz vermengt und 3–8 Monate in Silos eingelagert, wo er eine Buttersäuregärung und eine erneute Reifung durchmacht. Der Käse wird fein zerrieben und für seine grüne Farbe und Geschmack mit Blauem Bockshornklee vermischt. Moderne Maschinen pressen den Käse in seine Stöckliform.

CHARAKTERISTIK

Abgeflachte Kegelstumpfform, trockene, grobkörnige, grünlich schimmernde Rinde und harter, trockener Teig. Eigenwilliger und pikanter Geschmack mit leicht säuerlicher Grundnote, sehr würziger Geruch.

KULINARISCHES

Schabziger passt als Reibekäse zum Würzen und Verfeinern in der Küche. Er wird gerne zu »Gschwelten« (warmen Kartoffeln) verwendet oder als Schabzigerbutter aufs Brot gestrichen.

Tête de Moine AOC

Schnittkäse
aus roher Kuhmilch
51% Fett i.Tr.

HERKUNFT UND GESCHICHTE

Schweizer Jura

Der Tête de Moine hat eine über 800-jährige Geschichte. Als Fromage de Bellelay wurde er bereits 1192 als Zahlungsmittel erwähnt. Den Namen Tête de Moine (Mönchskopf) verwendet man seit etwa 1790. Ob der heutige Name auf die Ähnlichkeit des typischen Abschabens und der Tonsur der Mönche zurückgeht oder auf die im Kloster gelagerte Menge Käse pro »Mönchskopf«, bleibt im Dunkeln. Während der Französischen Revolution wurden die Mönche vertrieben, die Hofkäsereien des ehemaligen Klosters fuhren aber mit der Käseherstellung fort.

HERSTELLUNG

Er wird heute in neun Dorfkäsereien hergestellt. Die Milch des Vorabends wird mit der Morgenmilch im Kupferkessel verrührt, erwärmt und mit Lab versetzt. Der entstandene Bruch wird nochmals erhitzt und in kleine zylindrische Formen gepresst. Die Laibe werden so lange gepresst und gewendet, bis keine Molke mehr austritt, und dann für 12 Stunden in ein Salzbad gegeben. Die jungen Käse reifen auf Fichtenbrettern 3–4 Monate im feuchten, kühlen Käsekeller. Dabei werden sie zur Bildung von Rindenschmiere mit einer Mischung aus Salzwasser und Bakterienkulturen gebürstet.

CHARAKTERISTIK

Zylindrische Laibe, 10–15 cm Durchmesser, Höhe mindestens 70, höchstens 100 % des Durchmessers. 700–900 g Gewicht. Die bräunliche Rinde ist fest, der Teig je nach Jahreszeit elfenbeinfarben (Winter) bis kräftig hellgelb (Sommer) und von geschmeidiger Konsistenz mit feinem Schmelz. Im Geschmack ist der Käse rein und aromatisch, mit fortschreitender Reifung würziger.

KULINARISCHES

Tête de Moine sollte geschabt werden – am besten mit der sogenannten Girolle. Zu hauchdünnen Rosetten gedreht, entfaltet der Käse sein ganzes Aroma und macht sich gut zum Aperitif oder auf dem Käsebuffet. Weintipp: Oeil de Perdrix, Pinot Noir oder Dôle Blanche sind klassische Begleiter. Auch ein ausdrucksvoller, mineralischer Chasselas aus dem Dézaley passt sehr gut.

Tomme Vaudoise

Weichkäse
aus Kuhmilch
45% Fett i.Tr.

HERKUNFT UND GESCHICHTE

Französische Schweiz (Waadt, Genf)
Die ersten Anzeichen für die Herstellung von Tommes stammen aus dem 17. Jh. aus Alphütten im Vallée de Joux. Für die kleinen Käsereien war die Fabrikation von Tommes eine Lösung für die Zeit, wenn wenig Milch anfiel. Erst im Jahr 1902 erschien der Ausdruck »Tomme Vaudoise« zum ersten Mal. Im 17. Jh. stellte man den Käse nur im Sommer in den Alphütten des Schweizer Juras her. Er wurde schnell so beliebt, dass man auch in den Dorfkäsereien im Tal mit der Produktion begann.

HERSTELLUNG

Typische Weichkäseproduktion aus roher oder pasteurisierter Milch. Die Reifezeit beträgt 7–10 Tage. Der Tomme Vaudoise wird aus Rohmilch hergestellt, welche zweimal täglich in die Käserei geliefert wird. Die Kühe werden hauptsächlich mit Gras und Heu gefüttert. Die Milch wird zu Käse verarbeitet, in Formen eingebracht und 5–8 Stunden abgetropft, ohne den Frischkäse zu pressen. Nach der Salzung oder dem Salzbad von 15–60 Minuten, werden die Laibe 7–14 Tage gereift. Bis zum gewünschten Reifegrad werden die kleinen Laibe regelmäßig gewendet.

CHARAKTERISTIK

Flachzylindrische Laibe, Durchmesser ca. 8 cm, Gewicht ca. 100 g. Zarte, weiße krustige Rinde mit Weißschimmel. Weicher bis fließender Teig, milder, leicht milchiger, mit zunehmender Reife feinwürziger Geschmack.

KULINARISCHES

Zu einem ganz jungen Tomme passen Weißweine wie Gutedel und Chardonnay, zu einem gereiften Käse passen auch Rotweine wie Salvagnin (Spätburgunder/Gamay).

Vacherin Fribourgeois AOC

Schnittkäse
aus roher Kuhmilch
48% Fett i.Tr.

HERKUNFT UND GESCHICHTE

Freiburgerland

Das Wort Vacherin soll von dem lateinischen Wort vaccarinus (kleiner Kuhhirt) abstammen. Auf der Alp half der Junge beim Melken und Pflegen der Kühe. Während sich die Erwachsenen um die riesigen Gruyère-Laibe kümmerten, pflegte der Junghirt seinen kleineren Vacherin-Käse. Früher wurde der Vacherin traditionell auf den Alpen hergestellt. Zu Beginn des 19. Jhs. begann sich die Produktion auf die Dorfkäsereien im Tal auszuweiten.

HERSTELLUNG

Gute Rohmilch, natürliches Lab, etwas Salz und Milchsäurekulturen sind nötig, um den Vacherin Fribourgeois herzustellen. Ähnlich wie der Gruyère reift dieser Käse bei relativ hoher Temperatur. Deshalb findet man Vacherin Fribourgeois und Gruyère oft gemeinsam im selben Keller, schließlich stammen beide Sorten aus der gleichen Region. Der junge Select reift 12 Wochen, in Extra-Qualität benötigt der Käse 17 Wochen zur Ausreifung.

CHARAKTERISTIK

Runde Laibe, Durchmesser 33 cm, Höhe 6–9 cm, Gewicht 7–7,5 kg. Rotbraune Naturrinde. Sein blassgelber bis elfenbeinfarbener Teig ist fein, geschmeidig-weich, leicht schmelzend und weist kleine Rund- und Schlitzlöcher auf. Der Geschmack ist cremig-würzig. Der Vacherin Fribourgeois Alpage wird nur im Sommer in den Alphütten nach althergebrachter Tradition hergestellt.

KULINARISCHES

Als einziger Schnittkäse schmilzt der Vacherin Fribourgeois bereits bei einer Temperatur von ca. 50 C°, wobei als Zusatz nur Wasser benötigt wird. Deshalb ist er die ideale Zutat zum Käsefondue.

Vacherin Mont-d'Or AOC

Weichkäse
aus Kuhmilch
50% Fett i.Tr.

HERKUNFT UND GESCHICHTE

Waadtländer Jura und Jurafuß

Der Vacherin Mont-d'Or ist eine Spezialität aus dem Jura, wo er in kleinen Käsereien nach alter Tradition hergestellt wird. Die Spitze des Berges Mont-d'Or befindet sich auf der französischen Seite des Jura, und die Kühe weiden sowohl auf der schweizerischen als auch auf der französischen Seite. Auch die AOC für diese Käsespezialität ist auf Frankreich (siehe dort) und die Schweiz aufgeteilt.

HERSTELLUNG

Seit enormen Problemen Ende der 1980er-Jahre stellen die Schweizer den Käse nicht mehr aus Rohmilch, sondern aus thermisierter Milch her, die sie mit Milchsäurekulturen ansetzen. Mit der Thermisierung werden die natürlichen Qualitäten der Rohmilch erhalten, die bakteriologischen Bedingungen aber verbessert. Die Verwendung von pasteurisierter Milch ist laut den geltenden AOC-Bestimmungen aber verboten. Traditionell wird er nur von Oktober bis April hergestellt. Etwa 15 Käsereien produzieren den schweizerischen Vacherin, und ein knappes Dutzend Affineure lassen den Käse in ihren Kellern ausreifen.

CHARAKTERISTIK

Weiche, wellige Rinde, bernsteinfarben bis rotbraun und von einem weißen Schimmelflaum überzogen. Runder, kleiner Laib in Tannenholzschachtel, Höhe 3–5 cm, Durchmesser 10–32 cm, Gewicht 400 g–3 kg. Der elfenbeinfarbene Teig ist cremig und dickflüssig, der Geschmack mild und delikat und vom Tannenrindengeschmack geprägt. Die Reifezeit beträgt etwa 1 Monat.

KULINARISCHES

Vacherin Mont-d'Or passt als typischer Dessertkäse oder warm aus dem Ofen. Man isst ihn zu Pellkartoffeln oder wie ein Minifondue mit Weißbrot. Zum Ofenkäse passen sehr gut Schweizer Weißweine. Roh und reif serviert, ist er ein Genuss mit kraftvollen Weißweinen aus dem Wallis wie Petite Arvine, Humagne Blanche oder gar einem Heida. Im Rotweinbereich kommen reife Pinot Noir sehr gut zur Geltung.

SAUER- UND BLODERKÄSE

Die Produktionszone von Sauermilchkäse (in der Schweiz nennt man ihn Bloderkäse oder Sauerkäse) umfasst Liechtenstein und Teile des Kantons St. Gallen. Die Bauern aus dem Obertoggenburg, Werdenberg und Fürstentum Liechtenstein lieferten den Fürsten, Äbten und Vögten ihre Abgaben auch in Form von Sur- oder Bloderchäs ab. In den historischen Angaben über die Lieferungen an das Kloster St. Gallen wird jeweils speziell erwähnt, wenn es sich um Labkäse handelte. Deshalb nimmt man an, dass es sich bei den restlichen erwähnten Käsen um Bloderkäse handelte. Die Bezeichnung Bloder- oder Ploderkäse ist nur im Toggenburg heimisch, wo die von selbst geronnene Milch im örtlichen Dialekt als Bloder (oder Ploder) bezeichnet wird.

Bloderkäse und Sauerkäse sind Magerkäse, die durch die Säuerung von Kuhmilch ohne Labbeimengung gewonnen werden. Die entrahmte Milch wird mittels Milchsäurebakterien dickgelegt. Die geschnittene Gallerte wird auf 45 °C erhitzt, manchmal werden etwas Vollmilch, Kräuter oder Gewürze hinzugegeben. Von Hand wird der Käse in die Form verbracht, bevor er gepresst und eventuell leicht gesalzen wird. Der Bloderkäse wird innerhalb von 3 Wochen nach der Produktion verzehrt. Er ist weiß, eher weich, ohne Löcher und hat einen porösen Teig. Sein Geschmack ist recht neutral und etwas säuerlich. Der Sauerkäse ist der große Bruder des Bloderkäses, muss aber mindestens 60 Tage reifen. Während dieser Zeit bürstet man ihn regelmäßig mit heißem Wasser. Durch diese Behandlung treten Milchproteine aus, die eine Art gelblich glänzende Rinde bilden. Der weiße, feine Teig des Sauerkäses ist härter als der des kleinen Bruders. Sein Geschmack ist sehr ausgeprägt und weist eine typische Ammoniaknote auf.

Bündner Bergkäse

Schnitt-/Hartkäse
aus roher Kuhmilch
45% Fett i.Tr.

HERKUNFT UND GESCHICHTE

Graubünden

In den alpinen Höhenlagen Graubündens gedeihen die Gräser, Blumen und Kräuter in besonderer Vielfalt und verleihen der Milch eine besondere Qualität.

HERSTELLUNG

Rund 500 Berghöfe liefern ihre Alpenmilch für die 13 Sennereien, die in über 1.000 m die Bündner Käsespezialität fertigen. Nach 3 Monaten Reife und Pflege werden die Laibe ins Tal gebracht, wo der Käse noch weitere Zeit lagert und anschließend in den Verkauf gelangt. Je nach Sorte variiert der Reifegrad zwischen 4 Wochen und 9 Monaten (Extra-Qualitäten).

CHARAKTERISTIK

Die Laibe wiegen etwa 5 kg. Junger, 2–4 Monate gereifter Bündner Bergkäse schmeckt mild, fast samtig, die bis zu 9 Monaten gereifte Extra-Qualität schmeckt aromatisch-würzig. Der helle, geschmeidige Teig zergeht fein auf der Zunge und ist umgeben von einer natürlichen, braunroten Rinde.

BESONDERHEIT

Die Produzenten vermarkten gemeinsam ihren Bündner Bergkäse unter dem Namen Piz Bever, benannt nach dem 3.200 m hohen Alpengipfel im Kanton Graubünden.

KULINARISCHES

Bündner Bergkäse eignen sich für warme Gerichte, man setzt sie für Gratins und Käsemischungen ein, reicht sie aber auch gerne als Dessertkäse. Passende Weißweine sind aromatische Riesling-Sylvaner der Ostschweiz oder ein saftiger Grauburgunder. Als Roter empfiehlt sich ein reifer Bündner Blauburgunder.

Sbrinz AOC

Hartkäse
aus roher Kuhmilch
45% Fett i.Tr.

HERKUNFT UND GESCHICHTE

Zentralschweiz

Die in der Zentralschweiz traditionell hergestellten Hartkäse wurden schon im 16. Jh. nach Brienz, dem wichtigsten Umschlagplatz für Sbrinz, gebracht, um von dort aus exportiert zu werden. Nach historischen Quellen benannten die Italiener den Käse nach dem Handelsplatz Brienz, und die Bezeichnung Sbrinz entstand. In der Schweiz wurde er auch »Spalenkäse« genannt.

HERSTELLUNG

Der Bruch wird bei einer Brenntemperatur von 54–57 °C nachgewärmt. Nach dem Pressen wird der Käse in die Form gebracht, mehrmals gewendet und so lange gepresst, bis keine Molke mehr austritt. Der fertige Laib kommt für 18 Tage in ein Salzbad, wird danach mehrere Wochen trocken gereift und bei 18 °C »abgeschwitzt«. In dieser Zeit verliert der Käse sehr viel Fett und Wasser. Danach wird er in kühlen Räumen zur weiteren Ausreifung hochkant gelagert. Sbrinz muss mindestens 16 Monate reifen, davon 12 innerhalb des geschützten Ursprungsgebietes. Die traditionelle Verarbeitung im Kupferkessel und die Verwendung von traditionellen Milchsäurekulturen tragen zum typischen Geschmack bei.

CHARAKTERISTIK

Runder Laib, Durchmesser 45–65 cm, Gewicht 25–45 kg. Vollmundiger, würziger und aromatischer Geschmack. Sehr harte, mürbe und bröckelige Konsistenz. Je älter ein Sbrinz ist, desto aromatischer und würziger wird sein Bouquet. In Form von hauchdünnen, gehobelten Rollen wird er auch vorverpackt angeboten.

KULINARISCHES

Sbrinz kann man hobeln, reiben oder mit einem mandelförmigen Spezialmesser in die sogenannten Möcklis brechen. Die dünnen Hobelscheiben werden gerne als Carpaccio gegessen, indem man sie auf hauchdünnen Scheiben Bündnerfleisch anrichtet und mit einer Vinaigrette beträufelt. Der salzige Käse passt gut zu Weinen mit etwas Restsüße wie Amigne flétrie oder Spät- und Auslesen. Reifer Sbrinz braucht im Rotweinbereich eine kraftvolle Begleitung wie Merlot aus dem Tessin.

ZIEGENFRISCHKÄSE AUS DEM TESSIN

Ziegenhaltung und Ziegenkäse spielen seit Jahrhunderten eine wichtige wirtschaftliche und kulturelle Rolle in den Berggebieten des Kanton Tessin. Heute werden über 10.000 Ziegen im Kanton gehalten, das entspricht 20 % der Ziegen in der gesamten Schweiz. Im Tessin fertigt man zwei Arten von Ziegenfrischkäse, den Büscium da carva und den Robiola. Im Tessiner Dialekt bedeutet Büscium Zapfen, und tatsächlich ähnelt die Form des Käses einem Flaschenkorken, wenn man ihn in Öl einlegt. Der Name tauchte erstmals nach dem Jahr 1920 auf, aber die Tradition der Ziegenfrischkäseherstellung ist in der Region viel älter. Die kleinen Ziegenkäse werden aus vollfetter Rohmilch oder thermisierter Milch hergestellt. Nach dem Abpressen wird der frische Käse in Beuteln aufgehängt, um die Molke abtropfen zu lassen. Nach 1 Tag wird der Käsebruch geformt, und schon 1 Tag später ist der Käse verzehrsbereit. Die geografische Zone für den Büscium da carva umfasst die Kantone Tessin und das Val de Mesolcina im Kanton Graubünden.

L'Etivaz AOC

Hartkäse
aus Rohmilch
mindestens 49% Fett i.Tr.

HERKUNFT UND GESCHICHTE

Alpes Vaudoises/Genfer See

Etivaz-Käse wird nur im Sommer gefertigt. Daher rührt auch sein Name. Er leitet sich ab vom französischen Wort für Sömmerung (estivage). Damit bezeichnet man den sommerlichen Aufenthalt der Kühe auf den hochgelegenen Bergweiden der Alpen. L'Etivaz ist aber auch der Name eines Dorfes im Herstellungsgebiet, in dem die Reifungskeller liegen. Anfang der 1930er-Jahre schlossen sich rund 30 Hersteller der Region als Genossenschaft zusammen, um ihren Käse in der Qualität zu verbessern und gemeinsam zu vermarkten. Der erste Käsekeller in L'Etivaz fasste 3.200 Laibe, heute bieten die Reifekeller in L'Etivaz Platz für 20.000 Stück.

HERSTELLUNG

Ausschließlich im Sommer, von Mai bis September, fertigen in rund 130 Bergsennereien (Châlets) kleine Käseproduzenten ihren Hartkäse. L'Etivaz wird traditionell im Kupferkessel über offenem Holzfeuer gekäst. Nach dem Pressen und Abtrocknen werden die Laibe einmal pro Woche hinab ins Tal in die Reifekeller des Städtchens L'Etivaz gebracht, wo sie regelmäßig gewendet und mit Salzwasser abgerieben werden. Dieser Reifevorgang dauert mindestens 135 Tage, Qualitäten

für die Exportmärkte reifen sogar 18 Monate.

CHARAKTERISTIK

Runder Laib mit einem Gewicht von 10–38 kg, Durchmesser 30–65 cm. Die Rinde ist bräunlich, der gelblich elfenbeinfarbene Teig fein, fest und geschmeidig. L'Etivaz schmeckt rein und aromatisch und weist ein fruchtiges Aroma mit leichter Haselnuss- und Rauchnote auf.

KULINARISCHES

Er kann für Fondue und andere warme Gerichte eingesetzt werden, schmeckt aber auch kalt. Weintipp: Weine der Region (u. a. Spätburgunder); es gibt zudem einen Wein mit der AOC L'Etivaz. Wunderbar harmonieren auch die Chasselas-Weine aus dem Waadtland wie Dézaley, Saint-Saphorin, Epesses oder Aigle.

Raclette du Valais AOC

Schnittkäse
aus roher Kuhmilch
50% Fett i.Tr.

HERKUNFT UND GESCHICHTE

Wallis

Im 16. Jh. schmolz man im Wallis Käse über dem Holzfeuer und schabte (französisch racler) den geschmolzenen Käse vom Laib ab. Seit 1874 ist der schmelzfähige Walliser Käse unter dem Namen Raclette bekannt.

HERSTELLUNG

Der Käsebruch wird vorgepresst und in Holzreifen oder Pressformen mindestens 6 Stunden gepresst. Das Salzen geschieht im Salzbad oder trocken von Hand. Die Bildung der Rindeschmiere wird durch die natürliche, in der Käserei vorkommende Rindenschmierkultur hervorgerufen. Die Käse werden anschließend zum Reifen auf rohen Rottannenbrettern gelagert.

CHARAKTERISTIK

Runder Laib mit 29–31 cm Durchmesser, 4,8–5,2 kg Gewicht. Die Naturrinde mit orangebrauner Farbe und leichter, feuchter Schmiere. Der homogene, feine Teig hat nur wenige, erbsengroße Löcher.

KULINARISCHES

Aufgrund seiner guten Schmelzeigenschaften eignet sich Raclette du Valais für Raclette, aber auch für Gratins. Im Wallis halbiert man den Laib und hält die Schnittfläche gegen die Wärmequelle. Die durch die Hitze geschmolzene Käseschicht wird mit dem Messer auf den warmen Teller abgestrichen. Dazu passt ein trockener Weißwein der Region wie ein Fendant, aber auch Weißweinspezialitäten wie Johannisberg, Malvoisie oder Petite Arvine.

VERWANDTE KÄSE

Raclette Suisse wird in mehreren Kantonen nördlich des Alpenkamms aus Kulturen mit speziellen Milchsäurebakterien hergestellt. Diese Kulturen sorgen für eine optimale Reifung und die gewünschten Schmelzeigenschaften. Raclette Suisse wird als runder oder eckiger Laib bzw. Block angeboten. Der Fettgehalt beträgt mindestens 45 % Fett i.Tr. Er schmeckt mild, leicht säuerlich und mit zunehmender Reifung aromatischer. Die optimale Verzehrreife liegt bei 3 Monaten.

HEISSER TIPP: FONDUE UND RACLETTE

»Bratchäs« nannten die Bewohner des Alpenlandes bereits im Mittelalter den Käse, der über offenem Feuer geschmolzen und dann mit dem Messer vom Laib abgeschabt wurde. Für das klassische Raclette rechnet man pro Erwachsenem 200 g Raclettekäse und 250 g Pellkartoffeln (festkochend), Cornichons, Mixed Pickles und Perlzwiebeln. Hinzu kommen, je nach Geschmack, Maiskölbchen, Salami oder Schinken. Der geschmolzene Käse kann mit Paprikapulver und Pfeffer bestreut werden. Das Käsefondue, das Schweizer Nationalgericht, wird traditionell im Caquelon (feuerfester Keramiktopf) zubereitet. Es besteht meist aus einer Mischung von zwei Sorten. Beliebt sind Gruyère und Vacherin Fribourgeois (moitié-moitié, Fondue fribourgeois) oder das Neuenburger Käsefondue aus Emmentaler und Gruyère. Mag man das Käsefondue würziger, eignet sich Appenzeller.

NEUENBURGER KÄSEFONDUE

Für 4 Personen

200 g Emmentaler
400 g Gruyère
1 Knoblauchzehe
0,3 l trockener Weißwein
1 TL Zitronensaft
1 gehäufter TL Speisestärke
1 Likörglas Kirschwasser
Muskatnuss, Pfeffer
1 kg in Würfel geschnittenes Baguettebrot

Zubereitung:
Käse grob reiben, Fonduetopf mit Knoblauch ausreiben, Wein hineingießen und auf dem Herd langsam vorwärmen. Zitronensaft dazugeben, erst danach den Käse. Alles zusammen unter ständigem Rühren bei guter Hitze auf der Herdplatte köcheln. Speisestärke im Kirschwasser auflösen und dazugeben, sobald das Fondue cremig ist. Mit etwas Muskat und Pfeffer aus der Mühle würzen.

ÖSTERREICH

Paradies für Bergkäse

Die Geschichte des österreichischen Käses beginnt mit den Kelten, die sich im 1. Jahrtausend v. Chr. im Alpengebiet niederließen und ihre Kenntnisse von Viehzucht und Alpwirtschaft mitbrachten. Ab dem 9. Jh. spielten die Klöster eine große Rolle bei der Käseerzeugung. Ende des 18. Jhs. entstanden die ersten Molkereigenossenschaften und verlagerten die Bergkäseproduktion von den Almen in die Täler.

Nach dem EU-Beitritt der Alpenrepublik ging es mit der Käseproduktion steil bergauf, und es entstanden viele interessante neue Käsevariationen. Auch wenn es inzwischen Schafs- und Ziegenkäse gibt und das Angebot an heimischen Frisch- und Weichkäsen umfassend ist, sind es vor allem traditionelle Käse aus den Bergregionen, die den Kern der österreichischen Käsevielfalt prägen.

Die Regionen Österreichs unterscheiden sich landschaftlich sehr stark. In Vorarlberg, dem westlichsten Bundesland, liegt das Herz der Berg- und Alpkäseproduktion. Schon lange werden in den Tiroler Bergen Grau- und Schottenkäse erzeugt. Heute ist Tirol für aromatische Hartkäse berühmt. Aus dem Salzburger Land stammen rund drei Viertel des österreichischen Bierkäses und ein Drittel des österreichischen Emmentalers. Auch die köstlichen Ziegenkäse aus der würzigen Milch der Bergziegen sind berühmt. Den ersten Platz in der Milchwirtschaft nimmt jedoch Oberösterreich ein, wo etwa die Hälfte der Milch erzeugt wird und zahlreiche große Käsereien ansässig sind. Die oberösterreichischen Klöster stellen wie bäuerliche Kleinbetriebe immer noch Käse nach alter Tradition her.

Linke Seite: Beste Voraussetzungen für guten Bergkäse: Kräuterreiche Almen wie hier im Zillertal.

Gailtaler Almkäse (g.U.)

Hartkäse
aus roher Kuhmilch
45% Fett i.Tr.

HERKUNFT UND GESCHICHTE

Gailtal, Kärnten

Die Käseerzeugung hat im Gailtal eine lange Tradition. Die ersten Hinweise auf Käse von den Almen des Gail- und Lesachtales stammen bereits aus dem 14. Jh. Auf 14 Almen erzeugen Sennerinnen und Senner den europaweit ursprungsgeschützten Gailtaler Almkäse aus der Rohmilch der Almen.

HERSTELLUNG

Es wird nur Kuh- und gegebenenfalls Ziegenrohmilch (bis maximal 10 %) verwendet. Morgens und abends werden die Milchkühe von der Almweide zum Stall gebracht und gemolken. Die frisch gemolkene Abendmilch wird abgekühlt und im Milchreiferaum in runde Behälter, sogenannte Stotzen, gefüllt. Über Nacht setzt die natürliche Milchreifung ein. Am nächsten Morgen wird sie im Käsekessel mit der frischen Morgenmilch vermischt, auf 32 °C erwärmt und mit Lab versetzt. Die geronnene Milch wird mit einer Käseharfe in linsengroße Stücke zerkleinert. Der Bruch wird so lange gerührt und erhitzt, bis die richtige Festigkeit erreicht ist. Dann wird er mit dem Käsetuch aus dem Kessel herausgehoben und in eine Käseform gefüllt. In einer Presse wird der Bruch langsam verfestigt. Der frisch geformte Käse wird für 2 Tage in ein Salzbad gelegt, dort bildet sich seine Naturrinde. Anschließend reift der Gailtaler im Käselager mindestens 7 Wochen, meist aber länger, heran.

CHARAKTERISTIK

Runde Laibe mit einem Gewicht zwischen 0,5 kg und 35 kg mit gelber, harter und trockener Naturrinde. Glatter gelblicher Teig mit geschmeidiger Konsistenz und geringer runder und gleichmäßiger Lochung. Kräftiger, feinwürziger, aromatischer Geschmack.

KULINARISCHES

Empfehlung MDM: Hierzu passen Weißweine der Rebsorten Grüner Veltliner, reife Rieslinge, weiße Burgunder. Im Rotweinbereich schmecken Pinot Noir und Zweigelt.

VERWANDTE KÄSE

Mondseer

ALPKÄSE UND BERGKÄSE AUS AROMATISCHER HEUMILCH

Die Produktion von Alp- und Bergkäse bildet einen wesentlichen Beitrag zur Existenzsicherung landwirtschaftlicher Familienbetriebe. Etwa 60 % aller österreichischen Bergkäse stammen aus Vorarlberg, doch auch in den Bundesländern Tirol, Steiermark, Salzburger Land und Kärnten werden schmackhafte Bergkäse hergestellt.

Während der Alpkäse nur im Sommer hoch oben auf den Almen in Sennhütten gemacht wird, findet die Herstellung des Bergkäses in modernen Käsereien im Tal das ganze Jahr über statt. Wenn die Senner die Milch ihrer Tiere direkt nach dem Melken auf der Alp zu Käse verarbeiten, spricht man vom Alpkäse. Wird die Milch aus den Bergregionen an die Sennereien im Tal zur Weiterberarbeitung geliefert, heißen die daraus gewonnenen Käse Bergkäse. Alle traditionellen Berg- und Alpkäse dürfen ausschließlich aus der sogenannten Heumilch hergestellt werden. Die Kühe fressen im Sommer nur Gras und würzige Almkräuter, im Winter Heu. Die Bauern, viele davon Biobauern, verzichten aus Überzeugung bei der Fütterung der Tiere auf gärendes Silofutter und erhöhen damit die Qualität der Milch.

Ob Alp- oder Bergkäse, ihr aromatisch-würziger Geschmack intensiviert sich mit zunehmender Dauer der Reifung, für die viel Handarbeit notwendig ist. Jeder Käseliebhaber sollte die verschiedenen Reifstufen (3, 4, 6, 10, 12 Monate) eines echten Bergkäses probieren, denn jede Reifestufe sorgt mit ihrer Aromenvielfalt für genussvolle Entdeckungen. Österreichs Berg-, Alp- oder Almkäse sind sehr vielfältig in ihrer Art, haben jedoch auch viele aromatische und geschmackliche Eigenschaften. Zu den jugendlichen, oft im Geschmack milden Käsesorten harmonieren die feinen Weißweine Österreichs perfekt. Grüne Veltliner aus dem Weinviertel, Wachauer Rieslinge, Sauvignon Blanc aus der Steiermark oder Burgundertypen aus dem Burgenland sind ebenso harmonisch wie fruchtbetonte Rotweine der Rebsorten Blaufränkisch, Zweigelt oder Pinot Noir. Zu den reifen, rezenten Käsetypen dürfen die Weißweine gerne opulenter sein oder eine deutliche Restsüße aufweisen. Feine Tropfen im Stil der »Smaragd«-Weine der Wachau bis hin zu den komplexen edelsüßen Gewächsen wie Ruster Ausbruch, Beerenauslesen oder Trockenbeerenauslesen des Burgenlands sind hier perfekt als Begleitung geeignet. Auch kraftvolle, opulente und reife Rotweine, besonders die Spezialitäten des Burgenlands, vertragen sich hervorragend mit den rezenten Käsespezialitäten der Alpenrepublik.

Pinzgauer Bierkäse (g.U.)

Schnittkäse
aus Kuhmilch
15% Fett i.Tr.

HERKUNFT UND GESCHICHTE

Pinzgau/Salzburger Land

Bereits 1650 wurde diese Käseart urkundlich erwähnt. Seine Entstehung verdankt der Pinzgakas, wie er dort genannt wird, der Not. Weil aus dem Rahm die kostbare Butter hergestellt wurde, machte man diesen Käse aus Magermilch. Um den Käse geschmacklich aufzupeppen, schlug man ihn während der Reifung in biergetränkte Leinentücher ein. Von dieser früheren Produktionsweise hat der Käse auch seinen Namen Bierkäse. Dass er mit seinem pikant-herzhaften Geschmack Durst auf ein Bier macht, ist dagegen reiner Zufall.

HERSTELLUNG

Die pasteurisierte Milch wird teilentrahmt, bevor sie verarbeitet wird. Die Käse reifen 6–8 Wochen, besonders feine Exemplare bis zu 3 Monate. Während dieser Zeit wird die Naturrinde mit Rotschmierebakterien behandelt.

CHARAKTERISTIK

Laib- oder Blockform, Gewicht 1,5–4 kg. Rotbraune Naturrinde, zartgelber Teig geschmeidiger Konsistenz mit gleichmäßiger Bruchlochung. Der pikant-herzhafte Geschmack verstärkt sich mit zunehmender Reife.

KULINARISCHES

Er schmeckt am besten wie anno dazumal mit Brot, Butter, Salz und Pfeffer und einem frischen Bier zur Brotzeit. Der Bierkäse ist aber auch unverzichtbare Zutat bei den regionalen Spezialitäten Pinzgauer Kasnocken und Kaspressknödel.

STEIERMARK – MURTALER STEIRERKÄS

Ursprünglich produzierten die Bauern diesen schnittfesten Kochkäse für den Eigenbedarf. Er wird aus gereiftem Magerquark hergestellt, dem Gewürze (Kümmel, Pfeffer), Kochsalz, Schmelzsalze und Milch zugefügt werden. Dadurch erhält der Murtaler Steirerkäs seinen typisch herzhaft-würzigen Geschmack, der oft noch mit Butter verfeinert wird.

Tiroler Alpkäse (g.U.)

Hartkäse
aus roher Kuhmilch
45% Fett i.Tr.

HERKUNFT UND GESCHICHTE

Tirol

Eine im Tiroler Landesarchiv liegende Urkunde aus dem Jahr 1544 weist auf die traditionelle Herstellung gut haltbaren Käses in der Region. Die Käsealmen werden milchwirtschaftlich bis zu ca. 2.500 m Seehöhe bewirtschaftet. Im Tiroler Oberland westlich von Innsbruck nennt man die Spezialität traditionellerweise »Alpkäse«, im Tiroler Unterland jedoch »Almkäse«.

HERSTELLUNG

Die Herstellung erfolgt nur im Sommer, wenn die Tiere auf den Almen weiden. Die Abendmilch wird in flache Gefäße (Holzgebsen) gefüllt und am nächsten Morgen entrahmt. Zusammen mit der frischen Morgenmilch wird sie mit Bakterienkulturen vorgesäuert und mit natürlichem Kälbermagenlab zum Gerinnen gebracht. Den vorgeschnittenen Bruch zerkleinern die Senner mit einer Käseharfe auf Erbsenkorngröße. Anschließend erfolgt das »Brennen«, wobei das Bruch-Molke-Gemisch unter regelmäßigem Rühren auf 50–54 °C erwärmt wird. Ist die gewünschte Konsistenz erreicht, wird die Bruchmasse aus dem Kessel gehoben, geformt und gepresst. Nach 1–2 Tagen im Salzbad reift der Käse bei hoher Luftfeuchtigkeit 4,5–6 Monate. Inzwischen wird er mit Salzwasser, dem teilweise Rotschmierekulturen zugesetzt werden, gewaschen. Es existieren auch Käsevarianten mit trockener Schmiere.

CHARAKTERISTIK

Die Laibe haben ein Gewicht von 30–60 kg. Die Rinde ist grifffest, gelb bis bräunlich und rissfrei, zum Teil mit einer dünnen, angetrockneten Schmiere überzogen. Der Teig ist schnittfest bis geschmeidig, elfenbeinfarbig bis hellgelb mit spärlicher, erbsen- bis kirschgroßer Lochung. Die zur Herstellung verwendete Milch hat wegen der alpinen Vegetation, der Höhenlage und der ausschließlichen Grünfütterung der Kühe besondere Geschmackskomponenten. Kräftiger, aromatischer und pikanter Geschmack.

KULINARISCHES

Empfehlung MDM: Weißweine sind auch hier die idealen Partner, wobei sich Grüner Veltliner mit seinem aromatischen Charakter als nahezu perfekt erweist. Auch Weine mit einer feinen Restsüße passen gut.

Tiroler Graukäse (g.U.)

Sauermilchkäse
aus Kuhmilch
2% Fett absolut

HERKUNFT UND GESCHICHTE

Seine Herstellung stellt in Tirol schon seit Jahrhunderten einen wichtigen Bestandteil bäuerlicher Esskultur dar. Er war sehr einfach herzustellen, und die bei der Butterherstellung anfallende Magermilch konnte sinnvoll verwertet werden. In vielen bäuerlichen Kochrezepten hat Graukäse einen festen Platz. Seinen Namen verdankt der Graukäse der bläulich bis grüngrauen Rinde, die manchmal von grauen Schimmeladern durchzogen ist.

HERSTELLUNG

Tiroler Graukäse wird aus entrahmter Roh- oder aus pasteurisierter Milch hergestellt. Sie wird durch Säuerung ohne Labzusatz eingedickt. Der Käse reift etwa 2 Wochen von außen nach innen, was den Teig in der Randzone meistens etwas trocken macht. Das Innere ist im gereiften Zustand speckig mit einzelnen, nicht durchgereiften Quarkstückchen. Im jungen Zustand ist Graukäse meist etwas topfig und bröselig. Je reifer er wird, umso geschmeidiger und saftiger wird sein Teig. Sein Kern wird gelb und speckig.

CHARAKTERISTIK

Kleinlaibe oder Stangen von 1–4 kg. Dünne, bläulich graue bis grüngraue Rinde mit leichten Rissen, teilweise Schimmeladern. Grau bis graugrün marmorierter Teig mit weißem Kern und bröseliger, brüchiger Konsistenz. Mit zunehmender Reife wird der Rand trocken und das Innere gelb und speckig. Nach 2 Wochen Reifezeit ist sein Geschmack rassig, scharf und leicht säuerlich. Graukäse zeigt eine regionenspezifische Ausprägung: Im Oberinntal ist er speckig und gut durchgereift, im Unterinntal eher topfig und nur sehr langsam reifend.

KULINARISCHES

Traditionell wird er als Graukäse sauer gegessen. Dazu schneidet man Graukäse in Scheiben, belegt ihn mit Zwiebelringen und würzt und mariniert ihn mit Salz und Pfeffer und Essig und Öl. Dazu serviert man kräftiges Bauernbrot und ein frisch gezapftes Bier.

VERWANDTE KÄSE

Der pikante Schottenkäse ist ein körnigharter Käse aus Molke und Buttermilch, der in Kugelform unterschiedlicher Größe hergestellt wird.

Tiroler Bergkäse (g.U.)

Fester Schnittkäse
aus pasteurisierter Kuhmilch
45% Fett i.Tr.

HERKUNFT UND GESCHICHTE

Etwa ab 1840 verbreitete sich die Herstellung von Bergkäse in Tirol. Die Haltbarkeit und die hygienische Sicherheit des Käses erlaubte den Transport auch zu Orten, die weit entfernt von den Tiroler Tälern lagen, in denen der Käse produziert wurde.

HERSTELLUNG

Tiroler Bergkäse wird aus Rohmilch von Kühen erzeugt, deren Fütterung überwiegend aus Grünfutter und Heu von Tiroler Almen und dem Bergland erfolgt. Die Verkäsung und Reifung der silofreien Rohmilch erfolgt in den Grundzügen wie beim Alp-/Almkäse, allerdings findet kein Vorreifen mit Milchsäurebakterien statt.

CHARAKTERISTIK

Runder Laib von mindestens 12 kg mit geschmierter, angetrockneter, braungelber bis brauner Rinde. Schnittfester bis geschmeidiger, mattglänzender Teig von Elfenbein- bis hellgelber Farbe mit spärlicher, erbsengroßer runder Lochung. Der Geschmack ist mild-vollaromatisch bis leicht pikant.

KULINARISCHES

Im Weißweinbereich sind Grüne Veltliner aus dem Weinviertel, Wachauer Rieslinge, Sauvignon Blanc aus der Steiermark oder Burgundertypen aus dem Burgenland gute Begleiter. Auch fruchtbetonte Rotweine der Rebsorten Blaufränkisch, Zweigelt oder Pinot Noir harmonieren zu den jungen Bergkäsetypen. Zu den reifen, rezenten Käsetypen dürfen die Weißweine gerne opulenter sein oder eine deutliche Restsüße aufweisen.

SCHAFSKÄSE AUS NIEDERÖSTERREICH

Frischer Schafskäse ist unverzichtbarer Bestandteil jeder Heurigenjause. Der Mostviertler Schofkas wurde für den Eigenkonsum produziert. Traditionell genießt man ihn mit einer Schicht Schnittlauch, gewürzt mit Salz und Pfeffer, und einem Glas Birnenmost. Der Waldviertler Selchkäse ist ein geräucherter Schnittkäse aus Schafsmilch, der 2 Monate reift.

Vorarlberger Alpkäse (g.U.)

Hartkäse
aus roher Kuhmilch
45% Fett i.Tr.

HERKUNFT UND GESCHICHTE

Vorarlberg/Alp- und Vorsäß-/Maisäßregionen

Im 18. Jh. wurde schon ein Großteil der Alpmilch zu Alpkäse verarbeitet. Seit dieser Zeit trägt der Käse auch seinen Namen. Zum Alpabtrieb im September werden die fertigen Käse ins Tal gebracht.

HERSTELLUNG

Der Vorarlberger Alpkäse wird ausschließlich im Sommer in der kurzen Alpungsperiode (3–4 Monate) direkt auf den Hochalpen von Hand gekäst. Die am Abend gewonnene Milch wird zur Aufrahmung sofort in kleinere Behälter (Holzgebsen oder Wannen) abgefüllt. Am darauf folgenden Tag wird der Rahm von Hand abgeschöpft. Gemeinsam mit der Vollmilch des nächsten Morgens kommt die Milch mit Milchsäurebakterien-Kulturen und Lab in den Kupferkessel. Der Käsebruch wird erhitzt, gepresst und zur guten Rindenausbildung regelmäßig mit Salzwasser behandelt. Der Alpkäse reift 3–6 Monate.

CHARAKTERISTIK

Der elfenbeinfarbene, geschmeidige Teig weist erbsengroße Lochungen auf. Im Geschmack ist er aromatisch und feinwürzig, mit zunehmendem Alter pikant.

KULINARISCHES

Ein Käse, der im Weißweinbereich gut zu nicht allzu säurebetonten Weißweinen passt. Die Rebsorten Grüner Veltliner, Weißburgunder, Grauburgunder und Chardonnay harmonieren sehr gut. Im Rotweinbereich sollten die Weine einen fruchtigen Geschmack mit wenig Gerbstoff aufweisen.

HEUMILCHKÄSE AUS DEM SALZBURGER LAND

Die Aromastoffe aus dem Heu geben der Milch und damit dem Käse seinen unverwechselbaren Geschmack. Der Flachgauer Heumilchkäse reift über mehrere Monate. Die Tennengauer Heumilchkäse aus dem Marmordorf Adnet werden in alten Steinkellern naturgereift.

Vorarlberger Bergkäse (g.U.)

Hartkäse
aus roher Kuhmilch
45% Fett i.Tr.

HERKUNFT UND GESCHICHTE

Im 14. Jh. begann mit der verstärkten Besiedelung des Vorarlberges auch die Milchproduktion und später die Käseerzeugung. Mitte des 18. Jhs. wurde in Vorarlberg bereits so viel Käse erzeugt, dass die Bevölkerung ihn nicht mehr allein verzehren konnte. Der Bergkäse wurde dann vor allem nach Italien verkauft. Im Jahr 1921 wurde durch die Vorarlberger Sennereien und Alpen eine Vermarktungsgenossenschaft gegründet, die auch heute noch für die nationale und internationale Vermarktung des Bergkäses zuständig ist. Die Rohmilch stammt ausschließlich von Erzeugern und Landwirten aus den Regionen Bregenzerwald, Kleinwalsertal, Großwalsertal, Laiblachtal (Pfänderstock) und Rheintal.

HERSTELLUNG

Dieser Käse wird ausschließlich aus Heumilch hergestellt. Die Milch wird täglich mindestens einmal an die Käserei angeliefert und dort unmittelbar verarbeitet. Es erfolgt kein Weitertransport von einer Käserei zur anderen. Die unbehandelte Milch wird teilweise entrahmt und mit Naturlab sowie einer besonderen Milchsäure- und Molkekultur dickgelegt. Der Käsebruch wird erhitzt und gepresst, dann kommen die Laibe für 2–3 Tage in ein Salzbad. Im Reifekeller lagert der Käse 3–6 Monate bei hoher Luftfeuchtigkeit. Zur typischen Rindenbildung und Geschmacksentwicklung werden die Laibe regelmäßig mit Salzwasser behandelt.

CHARAKTERISTIK

Laibe mit einem Gewicht von 8–35 kg und 10–12 cm Höhe. Geschmierte bis angetrocknete, braungelbe bis braune körnige Rinde. Der Teig ist geschmeidig und von matter bis glänzender, elfenbeinfarbener oder hellgelber Farbe. Kleine runde, gleichmäßig verteilte Löcher. Der Geschmack ist aromatisch, feinwürzig bis pikant und von der Vorarlberger Alpenflora beeinflusst.

KULINARISCHES

Wachauer Grüne Veltliner als Federspiel oder gar als Smaragd sind perfekt. Sankt-Laurent in reifem Stil aus dem Burgenland oder der Thermenregion sind ebenfalls gut geeignet.

ITALIEN

Viel mehr als Parmesan

Käse hat in Italien eine lange Tradition. Schon in alten römischen Stadthäusern gab es Käseküchen. Während die Germanen nur Weich- und Sauermilchkäse kannten, stellten die Römer bereits Hartkäse her. Statt mit Lab beschleunigten sie die natürliche Milchsäuregärung mit dem Saft der Feigenbaumrinde, zudem mit Distelsamen, Weinessig und Labkraut.

»Hier auf dem grünen Laube, wo süße Äpfel wir haben, siehe doch und mürbe Maronen und würzige Käse in Fülle«, singt Vergil in seinen Hirtengedichten. Käse war ein Hauptnahrungsmittel der bäuerlichen Bevölkerung, und zur Tagesration römischer Legionäre gehörten neben Getreide und einem halben Liter Wein auch Käse. Ein Fresko auf Schloss Assogne im Aostatal belegt, dass bereits im 14. Jh. in Italien mehrere Käsesorten angeboten wurden. Im 19. Jh. bedankt sich der Komponist Gioachino Rossini in einem Schreiben an den Marquis Antonio Busca für die Sendung von zwei Gorgonzola-Käsen. »Die Käse sind mir lieber als die Kreuze, Orden und Bänder, die mir freizügig von verschiedenen Fürstenhäusern Europas offeriert werden«, schrieb er.

Die heutige italienische Käsewelt ist vielfältig und verwirrend. Für einen Käsetyp gibt es unzählige lokale Varianten und Namen. Ferner sind unter einem Namen mehrere Sorten zu finden, je nach Herstellung, Reifedauer und Herkunftsort. Auch sind die Übergänge zwischen Weich-, Halbhart- und Hartkäsen oft fließend. Manche Käse werden als Frisch- oder Halbhartkäse hergestellt, bei längerer Lagerung werden sie jedoch zu Hartkäsen, die als Reibekäse dienen.

Linke Seite: Eines der berühmtesten Bauwerke der Welt: Der Schiefe Turm von Pisa.

RICOTTA
VON ROM AUS IN DIE GANZE WELT

Von Rom aus hat der Ricotta längst ganz Italien und die Welt erobert. Ursprünglich aus Schafsmilch, wird er längst auch aus der ergiebigeren Kuhmilch hergestellt. Ricotta aus Kuhmilchmolke (Ricotta vaccina) ist im Allgemeinen etwas weicher als Ricotta aus Schafsmilchmolke (Ricotta pecorina).

Ricotta wird meist frisch verzehrt. In einigen Gegenden genießt man Ricotta mit Vollmilch oder Sahne. Frischer Ricotta wird schnell sauer, wenn er nicht gekühlt aufbewahrt wird. Gereifter Ricotta lässt sich gut über Nudeln und andere herzhafte Gerichte reiben.

Gesalzener Ricotta hat im heißen Süden Tradition, weil er durch das Salzen haltbarer wird. Die Reifeperiode verlängert sich, bei gesalzenem Ricotta beträgt sie etwa 60 Tage. Diesen Ricotta salata kann man dann sogar als Hartkäse verwenden. Auf Sizilien trocknet man Ricotta in der Sonne (Ricotta secca) und verwendet ihn als Reibekäse.

In einigen Gegenden gibt es geräucherten oder gebackenen Ricotta. Der Ricotta Affumicata Carnica ist im Friaul, in Venetien und Trentino sehr beliebt. Der abgetropfte und ungesalzene Ricotta wird dazu über Buchenholzfeuer geräuchert und hat einen süßen, aromatischen Geschmack. Die Schwierigkeit, frischen Ricotta aufzubewahren, führte auf Sardinien zum geräucherten Schafsricotta, dem Ricotta Affumicata Sarda. Er wird vorher stark gesalzen, um den Alterungsprozess zu verlangsamen. Sein Geschmack ist würzig-pikant. Auch im Ossola-Tal räuchert man Ricotta, in diesem Fall über Wacholderholz. Den Ricotta Ossolana verzehrt man gerieben, vermischt ihn dazu mit Butter und Sahne und richtet ihn auf warmen Salzkartoffeln mit Schnittlauchröllchen an. Er schmeckt intensiv-aromatisch. In Apulien stellt man einen dem Bruss ähnlichen Ricotta Forte her. Dazu wird der Ricotta gesalzen und mit Sahne vermengt vergoren. Man isst die feste Creme mit dem kräftigen, pikanten Geschmack zum Brot oder zu Nudeln. Auf Sizilien kam man auf die Idee, Ricotta zu backen, um ihn haltbarer zu machen. Heute genießen die Sizilianer ihren Ricotta Infornata als Süßspeise, mit Zucker, Rosinen, kandierten Früchten oder Schokoladentropfen. Sein Geschmack ist süß und zart.

GRAPPA

Grappa, der feine Brand aus italienischen Trauben, hat eine beispiellose Karriere gemacht. Früher mussten die Grappa-Brenner mühsam von Weingut zu Weingut ziehen, um den Winzern vor Ort etwas zum Aufwärmen im Winter zu brennen, heute kommen anspruchsvolle Feinschmecker über weite Strecken zu den berühmten Grappa-Brennern. Nicht nur im Piemont und in Friaul-Julisch, Venetien brennt man hervorragende Grappas, auch die Lombardei, das Aostatal, Veneto sowie Trentino und Südtirol gehören zu den bedeutenden Erzeugergebieten. Trägt eine Grappa schlicht die Bezeichnung „Italienische Grappa", handelt es sich meist um einen Verschnitt aus verschiedenen italienischen Regionen. Im Friaul gilt die rebsortenreine Grappa aus dem Trester der süßen, aber ertragsarmen Picolit-Traube als absolute Spezialität. Junge Brände genießt man am besten leicht gekühlt aus hochstieligen Gläsern, ältere Grappas bei etwa 16–18 °C im Cognacschwenker.

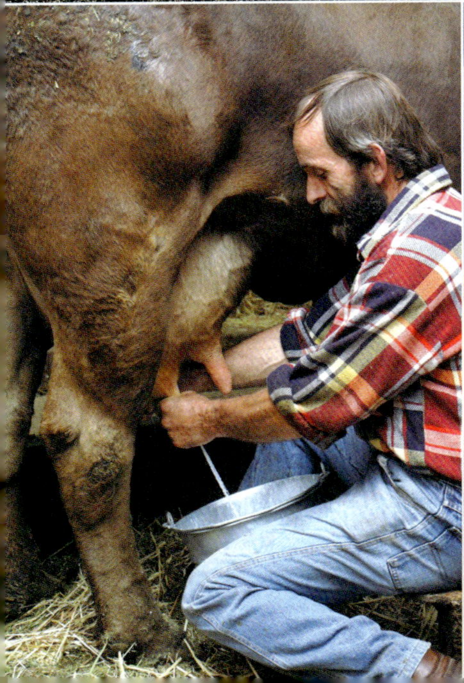

NORDITALIEN

Hochalpen und Mittelmeer

Wenige Reiseziele bieten so viel Abwechslung wie die Landschaften zwischen den Hochalpen und dem Mittelmeer mit Kulturstädten wie Venedig, Verona, Ravenna, Bologna und Mailand. Vom Wanderparadies Südtirol geht es hinunter in die riesige Schwemmlandebene des Po. Schmale Straßen winden sich hinauf in abgelegene Höhen, zu den gigantischen Felstürmen der Dolomiten. Vom beschaulichen Piemont, vorbei am Lago di Garda und Lago Maggiore, ist die Grenze zur Schweiz sehr nah. In Oberitalien finden sich Käseköstlichkeiten aus hoch gelegenen Bergregionen und weitläufigen Ebenen.

In Südtirol und im Trentino begeistern vor allem regionale Alm- und Bergkäsespezialitäten. In Venetien und Friaul gibt es viele köstliche Käsesorten wie Montasio, Pressato und Asiago.

Die Lombardei zählt zu den italienischen Käseparadiesen. Im Vala Padano, dem Tal des Po, wird ein großer Teil des Grana Padano produziert – des Konkurrenten zum Parmigiano Reggiano. Sahnige Genüsse wie Stracchino oder Mascarpone sind hier ebenso zu Hause wie Bagoss, Bitto und Branzi sowie Taleggio oder Provolone.

Westlich der Lombardei schließt das Piemont an, berühmt für seine Weine und Käse. Aus der Milch von Kühen, Ziegen und Schafen auf den hoch gelegenen Weiden und in tiefen Tälern entstehen zahlreiche Spezialitäten, und auch ein großer Teil der DOP-Käse hat hier seine Wurzeln. Aus dem Aostatal kommen der sanfte Fontina und viele Bergkäse wie Toma, Tomini oder Caprino. In der Emilia-Romagna ist der König der italienischen Käse, der Parmigiano Reggiano, zu Hause. Auch köstliche Weichkäse stammen aus dieser Region.

Linke Seite: Wein und feiner Käse – Feinschmecker lieben den Norden Italiens.

Fontina (g.U.)

Schnittkäse
aus Kuhrohmilch
45% Fett i.Tr.

HERKUNFT UND GESCHICHTE

Aostatal

Der Fontina und das Aostatal sind untrennbar miteinander verbunden. Schon im Mittelalter stellte man diesen Käse her, und in Dokumenten aus dem Jahr 1717 taucht die Bezeichnung Fontina zum ersten Mal auf.

HERSTELLUNG

Die rotbunten Kühe weiden nur auf hoch gelegenen Wiesen. Es wird zweimal pro Tag gekäst, jeweils mit der Milch aus einem einzigen Melkvorgang. Der Käsebruch wird erhitzt und 12 Stunden gepresst. In den ersten 3 Monaten werden die auf Tannenholz gelagerten Laibe täglich gewendet und abwechselnd gesalzen und mit Salzwasser gebürstet. Die 4–5 Monate währende Reifung erfolgt in Grotten, Stollen, ehemaligen Bunkern und in einem alten Kupferbergwerk, in dem etwa 22.000 Laibe lagern.

CHARAKTERISTIK

Zylindrische Form mit leicht konkavem Rand. Höhe 7–10 cm, Durchmesser 30–45 cm, Gewicht 8–18 kg. Die Rinde ist weich und elastisch, hellbraun oder orangefarben. Die kompakte, elastische, weiche Teigmasse ist strohgelb und hat nur wenige kleine Lochungen. Delikater, milder und feiner Geschmack. Junger Fontina schmeckt milchig und duftet nach Almweide, der ältere Fontina hat ein dezent nussartiges Aroma.

KULINARISCHES

Besonders der gereifte Fontina schmilzt leicht und wird deshalb gern für Fondues, Käsecremes und zum Überbacken verwendet. Berühmt ist die Fonduta Valdostana aus Fontina, Milch und Eigelb. Junger Fontina schmeckt auch als Tischkäse köstlich. Empfehlung MDM: Zu den Käsezubereitungen mit Fontina harmonieren die roten Weine des Piemont wie Barbera d'Alba. Zum jungen Fontina ist Arneis ein angenehmer Begleiter, ebenso die regionalen Weine aus dem Val d'Aosta.

VERWANDTE SORTEN

Auf die gleiche Art wie Fontina stellt man auf den Almen des Lystals und im mittleren Aostatal den würzigen Toma di Gressoney her. Nur noch wenige Almbauern halten die Produktion dieser Spezialität in den Sommermonaten aufrecht. Der halbfette Käse hat einen eigenen, salzigen und intensiv-pikanten Geschmack. Die jährliche Produktion dieses Käses beträgt lediglich 1.000–1.500 Laibe.

Bra (g.U.)

Schnitt-/Hartkäse aus Kuhmilch mit Anteil Schafs- und Ziegenmilch 32% Fett i.Tr.

HERKUNFT UND GESCHICHTE

Cuneo, Torino

Der Käse trägt zwar den Namen der Stadt Bra in der Gegend von Cuneo, wurde dort aber nie hergestellt. Die Geschichte des Bra ist eng mit dem Leben der Almhirten verbunden, für die er ein Grundnahrungsmittel war. Heute wird außer dem Bra d'alpeggio der Großteil des Bra in kleinen Molkereien im Tal hergestellt.

HERSTELLUNG

Entrahmter Kuhmilch werden kleine Mengen Schafs- und Ziegenmilch beigegeben. Der Bruch muss traditionell zweimal geschnitten werden, damit die Molke besser abfließen kann. In der Form wird die Masse gepresst und über mehrere Tage gesalzen. Weicher Bra (tenero) reift bis zu 45 Tagen, harter Bra (duro) bis zu einem Jahr.

CHARAKTERISTIK

Zylindrischer Laib, Durchmesser von 30–40 cm, Höhe 7–9 cm, Gewicht 6–8 kg. Bra tenero: Der Teig ist weich bis halbfest mit wenigen kleinen Löchern. Die Farbe variiert von Weiß bis Elfenbein. Die hellgraue Rinde ist glatt und regelmäßig. Angenehmer Geruch, leicht pikant, würzig. Bra duro: ocker- bis strohgelber, matter und bräunlicher Teig mit wenigen kleinen Löchern. Kräftige strohgelbe, harte und feste Rinde. Bra duro schmeckt leicht würzig und pikant, intensiv und aromatisch.

KULINARISCHES

Traditionell dient Bra als Tischkäse, älterer Bra auch als Reibekäse. Empfehlung MDM: Zum Duro passt ein reifer Piemonteser Rotwein, beispielsweise aus den Rebsorten Barbera oder Nebbiolo. Zum Tenero harmonieren junge, frische Piemonteser Weine, beispielsweise ein fruchtiger Barbera d'Alba oder ein moderner Dolcetto.

BESONDERHEIT

Mit etwas Glück findet man noch heute in einigen Gebieten der Provinz Cuneo Betriebe, die den Furmai Marçet, den »faulen Käse«, nach alter Sitte herstellen. In schlecht gelungene Bra-Laibe bohrt man tiefe Löcher und gibt frische Milch hinein. Danach lagert der Käse noch etwa 3 Monate bei Raumtemperatur und erhält dadurch einen pikanten Geschmack.

Castelmagno (g.U.)

Schnittkäse
aus Kuhmilch
mindestens 34% Fett i.Tr.

HERKUNFT UND GESCHICHTE

Cuneo

In einer Urkunde aus dem Jahr 1277 wird Castelmagno als Entgelt für den Pachtzins erwähnt. In den 1960er-Jahren ließ die Produktion stark nach, weil immer mehr Bergbauern zum Geldverdienen in die Stadt gingen. Inzwischen erlebt der Castelmagno eine neue Nachfrage, nicht nur in den italienischen Metropolen, auch in Paris und New York. Diese Rarität darf nur in drei Bergdörfern, die zusammen die Gemeinde Castelmagno bilden, erzeugt werden.

HERSTELLUNG

Die Abendmilch bleibt über Nacht in Holz- oder Steingutbehältern, die frische Morgenmilch wird dazugemischt. Manchmal mischt man der Milch auch etwas teilentrahmte Schafs- oder Ziegenmilch bei. Die Bruchmasse zerteilt man in Klumpen, gibt diese auf ein Tuch und hängt es für 20 Stunden an einen Haken, damit die Molke ablaufen kann. Dann kommt die Masse samt Tuch 3–4 Tage in einen Behälter zum Vorreifen, wird anschließend zerkleinert, gesalzen, in Formen gegeben und darin gepresst. Nach mehrmaligem Trockensalzen reift der junge Käse 2 Monate in feuchtkühlen Kellern oder Grotten. Beim länger gereiften Castelmagno kommt es nach 5 Monaten zu einer spontanen Schimmelpilzentwicklung.

CHARAKTERISTIK

Zylinderförmiger Laib mit etwa 15–25 cm Höhe und Durchmesser und 2–7 kg Gewicht. Beim jungen Castelmagno ist der Teig perlweiß bis elfenbeinfarben, die Konsistenz kompakt und mürbe. Die rötlich gelbe Rinde ist dünn, glatt und elastisch. Im Geschmack ist der Käse fein, zart und leicht salzig. Alter Castelmagno hat eine raue ockerfarbene Rinde. Der Teig ist ockergelb und durch die spontane Schimmelpilzbildung mit blau-grünen Äderchen durchzogen. Der Geschmack ist stark, voll, würzig und pikant.

KULINARISCHES

Relativ frisch verzehren, sein volles Aroma entfaltet er aber erst nach Entwicklung der Schimmelpilze. Empfehlung MDM: Reife Rotweine mit kraftvollem Charakter und milden Tanninen wie Barbaresco, Barolo und Nebbiolo d'Alba oder ein Moscato d'Asti harmonieren.

Gorgonzola (g.U.)

Weichkäse mit Innenschimmel aus Kuhmilch
48% Fett i.Tr.

HERKUNFT UND GESCHICHTE

Cuneo, Novara, Vercelli, Bergamo, Brescia, Como, Cremona, Lodi, Milano, Pavia

Dieser Edelpilzkäse wird um den Beginn des 12. Jhs. erstmals urkundlich erwähnt. Der Legende nach soll ein zerstreuter Käser einen Sack mit Käsebruch, den er an einen Nagel zum Abtropfen gehängt hatte, vergessen haben. Um seinen Fehler zu vertuschen, mischte er diesen Bruch mit neuer, dickgelegter Milch. Als der Käse fertig war, sah er, dass der Käse von grünem Schimmel durchzogen war, und er probierte ihn. Der Käse trägt zwar den Namen des kleinen lombardischen Dorfes Gorgonzola in der Nähe von Mailand, das Herz der heutigen Produktion liegt aber in den piemontesischen Provinzen Novara und Vercelli.

HERSTELLUNG

Der Käsebruch wird aus zwei Partien gemischt: erstens aus einer über Nacht abgekühlten und angesäuerten Partie, zweitens aus einer frischen und warmen. Diese Bruchmischung begünstigt die Bakterienbildung. Es entstehen kleine Hohlräume, in denen sich der Edelpilz bildet. Zur besseren Luftzirkulation durchsticht man die Laibe mit langen Nadeln. Gorgonzola reift 2–4 Monate.

CHARAKTERISTIK

Die hohen, zylindrischen Käse wiegen 6–13 kg, sind 16–20 cm hoch und haben einen Durchmesser von 25–30 cm. Raue, feuchte Rinde, im Alter rötlich. Den kompakten, weiß- bis strohgelben Teig durchziehen blaugrüne Schimmeladern. Die traditionelle Art des Gorgonzola ist der Piccante, sein Anteil an der gesamten Produktion liegt aber nur bei 10 %. Er hat einen kräftigen, pikanten Geschmack. In der Nachkriegszeit setzte sich der cremigere, mildere und frischere Gorgonzola Dolce durch.

KULINARISCHES

Empfehlung MDM: Eine Vendemmia Tardiva, ein Ramandolo oder ein edelsüßer Picolit, ebenso ein Moscato d'Asti passen gut. Auch Beerenauslese und Weine aus dem Sauternais sind feine Begleiter. Bei Rotweinen ist Vorsicht geboten, denn die salzigen und leicht bitteren Komponenten des Schimmels können die Gerbstoffe bitter erscheinen lassen.

KÄSECREMES, DIE ES IN SICH HABEN

In den armen Gegenden verwendete man die Käsereste in der Speisekammer für diese stark »duftende« Käsezubereitung. Die lokalen Käsevarianten sind so zahlreich wie die Schreibweisen: Brus, Bruzzu, Bruz bis Bross. Im piemontesischen Wörterbuch »El nuevo Gribaud« wird diese Spezialität als ein »in Schnaps aufgeweichter Käse« bezeichnet. Zur Herstellung werden kleine, gereifte Käsestückchen in Milch und Molke eingeweicht oder mit Milch, Sahne oder Ricotta vermischt. Um den Gärungsvorgang zu unterbrechen, gibt man in geringen Mengen hochprozentigen Alkohol hinzu. Die Käsecreme reift von 3 Monaten bis zu 1 Jahr. Die Farbe variiert je nach verwendetem Käse zwischen hellweiß (Raccoverano) und grau (Castelmagno). Anregender Geruch, pikanter bis würziger Geschmack. Als Getränk passen am besten die in der Zubereitung verwendeten Spirituosen oder auch ein kräftiger Rotwein wie Barbaresco, Nebbiolo d'Alba oder Rossese di Dolceaqua. Im Piemont gibt es ähnliche Käsecremes, zum Beispiel der mit Ziegenkäseresten hergestellte Cachat aus Cuneo oder der Sargnòn aus Biella. In Ligurien gibt es den Bruzzu ausschließlich aus Ricottaresten. Und aus Trient stammt der Pestolato, bei dessen Herstellung der Käse in einem Mörser zerrieben, dann vergoren und schließlich mit Schnaps vermischt wird.

ANDERE KÄSE AUS DEM AOSTATAL

Im Dialekt des Aostatals heißt Käse fromazdo. Früher war der traditionsreiche Valle d'Aosta Fromadzo (g.U.), ein klassischer Almkäse aus roher, entrahmter Kuhmilch, als Magerkäse fromazdo meigro bekannt. Im Schloss von Issogne kann man ihn auf einem Fresko von 1480 bewundern, das eine Käserei darstellt. Bei der üblichen Verarbeitung der Kuhmilch zu Hartkäse fügt man oft etwas Ziegenmilch, manchmal auch Kräuter hinzu. Der Käse wird in seiner Holzform leicht gepresst, trocken oder im Bad gesalzen und für 2–10 Monate in den Reifekeller gegeben. Die Laibe wiegen je nach Höhe (5–20 cm) und Durchmesser (15–30 cm) 1–7 kg. Die Rinde ist ziemlich dick und gelbgräulich, während die Käsemasse kompakt ist und über eine verstreute, kleine Löcherung verfügt. Im Frischezustand ist der Käse weiß und wird mit der Reife strohgelb. Der Käse duftet nach Milch und Bergkräutern, schmeckt im jungen Stadium herb-süß und wird in der Reife intensiver und leicht salzig. Ebenfalls von der Alm stammt der Reblec, ein Frischkäse, dem zuweilen Rahm hinzugefügt wird (Reblec de Crama). Die kleinen Kugeln sind bereits nach 12 Stunden zum Verzehr bereit.

Murazzano (g.U.)

Frischkäse
aus Schafs- und Kuhmilch
50–62% Fett i. Tr.

HERKUNFT UND GESCHICHTE

Cuneo

Das Herstellungsgebiet umfasst 43 Gemeinden in den Langhe in der Provinz Cuneo, wo schon die Ligurier diesen Käse herstellten. Hauptproduktionsort ist die Gemeinde Murazzano. Traditionell verwendet man zum Käsen die Milch der Alta-Langa-Schafe. Murazzano ist einer der berühmtesten *Robiola-Käse* aus dem Piemont.

HERSTELLUNG

Der Murazzano wird hauptsächlich in kleinen genossenschaftlichen Molkereien hergestellt. Der Mindestanteil an Schafsmilch muss 60 % betragen. Ist der Murazzano aus reiner Schafsmilch hergestellt, beträgt der Fettgehalt mindestens 53 % Fett. Der Käse wird trocken gesalzen, Die Reifezeit beträgt 7–10 Tage, zuweilen lässt man ihn bis zu 2 Monate reifen. Während der Reifeperiode müssen die Laibe täglich mit lauwarmem Wasser gewaschen werden.

CHARAKTERISTIK

Der 3–4 cm hohe zylinderförmige, runde Laib hat einen kleinen Rand. Sein Durchmesser beträgt 10–15 cm, sein Gewicht 300–400 g. Handelt es sich um ganz frischen Käse, ist das Äußere milchweiß, bei reiferem Käse weist es eine hellgelbe Patina auf. Der Teig ist stets milchweiß. Manchmal finden sich kleine, unregelmäßige Löcher. Der Murazzano besitzt einen feinen, zartduftenden und angenehmen Schafsmilchgeschmack, der bei reiferen Käsen etwas bitter sein kann.

BESONDERHEITEN

Wenn Murazzano als Hauptzutat in den Bruss kommt, in den nach etwa einer Woche Branntwein hinzugegeben wird, verwandelt sich der sanfte Weichkäse durch die erneute Gärung in eine pikante, starke und säuerliche Spezialität.

KULINARISCHES

Empfehlung MDM: Als Tischkäse ideal zur Cugnà, einer Traubenmostarde aus eingekochtem Most, der Früchte und Gemüse des Spätsommers hinzugefügt werden. Als Weine eignen sich Süßweine, etwa ein Moscato d'Asti.

Raschera (g.U.)

Schnittkäse
aus Kuhmilch
32% Fett i.Tr.

HERKUNFT UND GESCHICHTE

Cuneo

Der Käse ist nach dem Lago Raschera in den Valli Monregalesi benannt, wo er ursprünglich produziert wurde. Mit seiner quadratischen Form eignete er sich besonders gut für den Transport auf dem Eselsrücken.

HERSTELLUNG

Die Kuhmilch eines Tages wird gesammelt, auf 28–30 °C erwärmt und mit Lab dickgelegt. Die Zugabe von Schafs- oder Ziegenmilch ist erlaubt. Der Käser rührt den Bruch mit einem spatelähnlichen Gerät. Nach Ablaufen der Molke gibt er die Masse in ein Tuch und presst dieses samt Inhalt 10 Minuten. Der Bruch wird nochmals zerkleinert und im Tuch 1 Tag (runde Form) oder 5 Tage (viereckige Form) mit Gewichten beschwert. Die Laibe werden über mehrere Tage trocke gesalzen, die Oberfläche wird durchlöchert, damit das Salz besser eindringen kann. Die Reifezeit beträgt 3 Wochen bis 3 Monate.

CHARAKTERISTIK

Runde, zylinderförmige Laibe, 7–9 cm hoch, mit einem Durchmesser von 35–40 cm und 7–9 kg Gewicht. Alternativ quadratischer Käse mit einer Seitenlänge von 40 cm, 12–15 cm Höhe und 8–10 kg Gewicht. Er besitzt eine glatte graurötliche Rinde, die manchmal gelbe und rote Flecken zeigt, die mit zunehmender Reife stärker ausgeprägt sind. Der Teig ist weiß bis elfenbeinfarben und weist kleine, unregelmäßige Lochungen auf. Feiner, milder Geschmack, mit zunehmender Reife leicht pikant.

BESONDERHEITEN

Der in zehn Gemeinden in den Bergen rund um Cuneo in über 900 m Höhe erzeugte Raschera darf den Zusatz d'alpeggio (Almkäse) tragen.

KULINARISCHES

Empfehlung MDM: Der junge Raschera passt gut zu Weißweinen des Piemont wie Gavi oder Arneis aus den Langhe. Wird der Käse reifer, sollten die Weine kraftvoller sein, wie beispielsweise ein im Barrique ausgebauter und reifer Chardonnay. Rotweine mit reifen Tanninen wie Nebbiolo harmonieren ebenfalls zur reiferen Variante.

Robiola di Roccaverano (g.U.)

Frisch-/Weichkäse
aus Kuh-, Ziegen- und/
oder Schafsmilch
50% Fett i.Tr.

HERKUNFT UND GESCHICHTE

Alessandria, Asti

Schon die alten Römer sollen den Robiola nach gleichem Rezept wie heute hergestellt haben. Der Name Robiola steht für eine ganze Reihe runder, meist kleiner Käse aus Norditalien, besonders aus der Lombardei und dem Piemont. Er leitet sich wahrscheinlich von dem altlateinischen *rubium* für »rot« ab, weil die Rinde mit zunehmender Reife eine orangerote Farbe annimmt. Der Robiola di Roccaverano stammt aus der Umgebung des Städtchens Roccaverano im Piemont.

HERSTELLUNG

Beim Robiola di Roccaverano aus einer Mischung von Kuh- und Schafs- oder Ziegenmilch muss der Kuhmilchanteil unter 85 % liegen. Alternativ darf reine Ziegen- oder Schafsmilch verwendet werden. Zur Dicklegung benutzt man die Säure- oder Labgerinnung. Die natürliche Reifung dauert mindestens 3–14 Tage bei 15–20 °C. Um diesen Prozess zu beschleunigen, lässt man den Käse häufig in Wirsingblättern reifen *(Robiola incavolata)*.

CHARAKTERISTIK

Runde, flache Leibe, 10–14 cm Durchmesser, 4–5 cm Höhe, 400 g Gewicht. Der Teig ist weich, cremig und besitzt fast keine Rinde, mit zunehmender Reife wird der Teig strohfarben, und die dünne Rinde geht in Orange über. Frischer Robiola schmeckt angenehm säuerlich und intensiv milchig, gereifter markant und voll.

BESONDERHEITEN

Am schmackhaftesten ist Robiola aus reiner Ziegenmilch, die man aber nur selten findet. Robiola del Becco ist eine begehrte Spezialität aus Ziegenmilch. Dieser Käse wird nur von Oktober bis November hergestellt.

KULINARISCHES

Wenn der Robiola mindestens 2 Wochen gereift ist, lässt er sich in Öl mit Kräutern und Gewürzen aufbewahren. Frischer Robiola wird gut von ausdrucksvollen Weißweinen begleitet wie Gavi oder Chardonnay. Auch kräftige Pinot Bianco oder Pinot Grigio und Sauvignon Blanc harmonieren. Reifer Robiola passt zu Weinen mit aromatischem Charakter wie Muskateller oder Gewürztraminer.

ROBIOLA – GENUSS DER BESONDEREN ART

Während der piemontesische Robiola di Roccaverano ein milder Frischkäse ohne Rinde aus Kuh-, Schafs- und Ziegenmilch ist, hat der Robiola aus der Lombardei eine dünne Rinde und besteht meist nur aus Kuhmilch. Robiola ist in gut sortierten Supermärkten oder auf Märkten erhältlich. Er hat einen delikaten, aromatischen Geschmack und passt gut zu Brot, Pasta, Risotto oder Polenta. Der süße, frische und sehr fette Robiola d'Alba wird ausschließlich aus Kuhmilch hergestellt und im Allgemeinen ganz frisch verzehrt. Beim Robiola d'Alba alle ortiche handelt es sich um einen Robiola aus Alba, der einige Tage unter klein geschnittenen Brennnesseln ruht. Der kleinere Robiola delle Valsassina ist eher ein Mini-Taleggio aus der Valsassina und reift kürzer. Unter dem Namen Robiola delle Langhe findet man sehr kurz gereifte, süße und milchige, fast halbflüssige Frischkäse aus dem Gebiet der Langhe. Der Robiola di Vesime wird aus Ziegenmilch hergestellt und in allen Arten von Blättern gereift. In und um die Gemeinde Vesime findet man noch wenige Höfe, die diese Spezialität herstellen.

Toma Piemontese (g.U.)

Schnittkäse
aus Kuhmilch
35% Fett i.Tr.

HERKUNFT UND GESCHICHTE

Alessandria, Asti, Biella, Cuneo, Novara, Torino, Vercelli

Die Toma-Käse haben im Alpengebiet und im Piemont eine lange Tradition. Seit Anfang der 1990er-Jahre besitzt der Toma Piemontese als einziger Toma eine geschützte Herkunftsbezeichnung.

HERSTELLUNG

Zur Herstellung des Toma Piemontese wird ausschließlich Kuhmilch verwendet, die entweder als Vollmilch belassen oder entrahmt wird. Der Käsebruch wird auf 45–48 °C erhitzt und gepresst und trocken gesalzen. Der Käse reift in traditionellen Grotten oder in geeigneten Räumen bei einem Gewicht unter 6 kg mindestens 15 Tage, bei einem Gewicht über 6 kg mindestens 60 Tage. Auch Reifezeiten bis zu 1 Jahr sind nicht außergewöhnlich. Oftmals lagern die Tome unter einer Schicht von Berggräsern und Kräutern.

CHARAKTERISTIK

Im Allgemeinen zeigt sich Toma in zylindrischer Form mit leicht gewölbter Ober- und Unterseite. Höhe 6–12 cm, Durchmesser 15–35 cm, Gewicht 1,8–8 kg. Die Farbe der glatten und elastischen Rinde variiert beim vollfetten Toma von strohgelb bis rotbraun. Der Teig ist gelblich weiß, mit kleinen, gleichmäßig verteilten Löchern. Im Geschmack ist der vollfette Toma mild-süßlich und angenehm zart. Halbfetter Toma aus entrahmter Milch besitzt eine härtere Rinde mit intensiver strohgelber bis rotbrauner Farbe. Der gelblich weiße Teig mit sehr kleinen Löchern duftet angenehm und schmeckt intensiv und aromatisch.

BESONDERHEITEN

Unter der geschützten Herkunftsbezeichnung Toma Piemontese hat man alle in der Art ähnliche lokale Tome aus Piemont zusammengefasst.

KULINARISCHES

Empfehlung MDM: Als Tischkäse oder zum Kochen geeignet, passt Toma sehr gut zu kraftvollen Weißweinen wie ein im Barrique ausgebauter Chardonnay der Langhe. Reife Rotweine wie Barolo oder Barbaresco, aber auch aus anderen Regionen können ebenfalls harmonieren.

Bitto della Valtellina (g.U.)

Hartkäse
aus Kuh- und Ziegenmilch
45% Fett i.Tr.

HERKUNFT UND GESCHICHTE

Sondrio, Bergamo

Der Bitto, ein Nebenfluss der Adda, fließt durch das Veltlin-Tal. In dieser Gegend sind bis heute Ziegen zur Nutzung der gebirgigen Weiden unentbehrlich. Die ersten Urkunden, in denen Bitto als Käse erwähnt wird, gehen auf das 17. Jh. zurück. Bereits Jahrhunderte zuvor diente ein ähnlicher Käse zur Zahlung des Pachtzinses.

HERSTELLUNG

Etwa 70 Almhütten haben sich auf die Herstellung des Bitto spezialisiert. Der Kuhmilch wird ein kleiner Teil (maximal 10%) Ziegenmilch beigefügt, um die Milch schmackhafter zu machen. Der Teig wird erhitzt, gepresst und gesalzen. Junger Bitto reift 70 Tage, die mittlere Reifung dauert 3–6 Monate, abgelagerter Bitto reift etwa 1–3 Jahre und teilweise noch länger.

CHARAKTERISTIK

Die im Durchmesser 30–50 cm großen und 8–12 cm hohen Käse wiegen 15–25 kg. Die Rinde dunkelt mit zunehmender Reife nach. Der Teig ist von weißer bis strohgelber Farbe und weist eine leichte Lochung auf. Frischer Bitto schmeckt mild und delikat, gereift hat er einen intensiven, charakteristischen Geschmack.

BESONDERHEITEN

Mit seinen einzigartigen geschmacklichen Eigenschaften und der bäuerlichen Herstellung ist der Bitto eine echte Rarität.

KULINARISCHES

Jungen Bitto verwendet man zum Anrichten der typischen Buchweizennudeln (pizzoccheri) und zur Verfeinerung von Polenta. Gereifte Bitto können als Reibekäse verwendet werden. Empfehlung MDM: Zur Kombination eignen sich kraftvolle, reife Rotweine der Valtellina beispielsweise Grumello. Zu reifem Bitto ist auch ein gut gereifter Sfursat ein Genuss.

Crescenza

Frisch-/Weichkäse
aus Kuhmilch
48% Fett i.Tr.

HERKUNFT UND GESCHICHTE

Milano

Der Name des Käses geht wahrscheinlich auf das lateinische Wort carsenza (Fladenbrot) zurück. In der Tat besitzt dieser Käse die Eigenschaft zu gären und aufzutreiben, wenn er im Warmen aufbewahrt wird. Im Volksmund nennt man den Crescenza auch Stracchino (siehe Kasten).

HERSTELLUNG

Nach zweimaligem Rühren tropft der Bruch in Formen ab, trocknet über mehrere Stunden und wird anschließend in ein Salzbad gegeben. Die Crescenza reift normalerweise 5–10 Tage. Lässt man sie einige Wochen reifen, so bildet sich eine gräuliche Haut (passito).

CHARAKTERISTIK

Der Käse ist quadratisch, an den Seiten 18–20 cm lang, 4–5 cm hoch und wiegt bis zu 2 kg. Unter der weichen, pastenartigen Oberfläche zeigt sich ein milchweißer Teig. Buttrige, weiche Konsistenz. Der frische, sahnige und sehr dezente Geschmack kann manchmal süßliche bis zartbittere Nuancen aufweisen. Die im Winter erzeugte Crescenza ist sehr weich, fast dickflüssig, im Sommer ist sie fester, fast kompakt.

KULINARISCHES

Empfehlung MDM: Die Weißweine des Piemont, beispielsweise Arneis aus der Langhe oder Gavi, bilden eine angenehme Begleitung des Käses. Er harmoniert auch gut mit einem feinen Prosecco.

PIEMONT BERÜHMTHEIT VON DER ALM

Einer der ältesten und gleichzeitig einer der berühmtesten piemontesischen Käse ist der Bettelmatt della Valdossola. Dieser Kuhmilchkäse wird lediglich in der Zeit zwischen Juli und September hergestellt, wenn die Herden das frische Futter der über 2.000 Meter hohen Almwe den in der Val Formazza fressen. Der Bettelmatt ähnelt dem Fontina aus dem Aostatal und wird oft mit diesem verwechselt. Der 3–4 Monate gereifte Käse ist rund, hat einen 10–15 cm hohen Seitenrand und einen Durchmesser von 30–40 cm. Die Rinde ist rötlich und der butterartige Teig strohgelb mit deutlicher Lochung.

Formai de Mut (g.U.)

Schnittkäse
aus Kuhmilch
44% Fett i.Tr.

HERKUNFT UND GESCHICHTE

Bergamo, oberes Brembana-Tal
Das Alta Valle Brembana liefert die ideale Umgebung für die Rinderrasse Bruna Alpina, deren Milch zur Herstellung dieses Käses verwendet wird. Im lokalen Dialekt heißt formai Käse und mut Bergweide oder Alm.

HERSTELLUNG

Direkt nach dem Melken wird die Milch verarbeitet. Der sehr fein zerkleinerte Bruch wird erhitzt und anschließend nochmals gerührt. Es erfolgt ein erstes Salzen und Pressen. Nach dem Abtrocknen wird der Käse über 1–2 Wochen mehrmals trocken oder im Bad gesalzen. Junger Formai de Mut reift 40–45 Tage, beim alten Formai kann die Lagerung über ein halbes Jahr andauern.

CHARAKTERISTIK

Zylindrische Laibe, Durchmesser 30–40 cm, Gewicht 8–12 kg. Die dünne und strohgelbe Rinde nimmt bei reiferem Käse eine graue Farbe an. Der Teig ist elfenbeinfarben, kompakt und elastisch und weist viele Löcher auf. Delikater Geschmack mit dem Aroma von Gräsern und Kräutern.

KULINARISCHES

Traditionell isst man Formai de Mut mit Polenta. Empfehlung MDM: Für die jugendliche Variante des Käses eignet sich aufgrund der feinen Säure ein Weißwein gut, beispielsweise aus der Franciacorta. Die reifere Variante lässt sich gut von reifen Rotweinen, wie einem Franciacorta Rosso oder Valcalepio Rosso, begleiten.

TIRAMISÙ

Tiramisù ist nicht nur in ganz Italien Kult. Jede italienische Region nimmt für sich in Anspruch, das berühmte Dessert erfunden zu haben. Entsprechend viele Rezeptvarianten gibt es. Am meisten umstritten ist dabei die Wahl des Alkohols. Von Cognac über Marsala, Amaretto, Whisky und Rum bis hin zu Kaffeelikör – köstlich schmeckt die Tiramisù mit allen Alkoholarten.

Zutaten: 200 ml Sahne, 5 EL Zucker, 4 Eigelb, 500 g Mascarpone, 200 g Löffelbiskuits, 4 EL sehr starker Espresso, 4 EL Amaretto, Kakaopulver.

Die Sahne mit 1 EL Zucker steif schlagen und die Eigelbe mit dem restlichen Zucker cremig rühren. Löffelweise den Mascarpone unter die Eigelbe rühren und danach bei etwas verringerter Rührgeschwindigkeit die Sahne zugeben. Eine flache Form mit Löffelbiskuits auslegen. Espresso und Amaretto vermischen und vorsichtig die Biskuits damit beträufeln. Eine Lage Creme auf die Biskuits geben, wieder eine Schicht Biskuits auflegen, mit der Espresso-Amaretto-Mischung beträufeln und die restliche Creme darüber verteilen. Mit Kakaopulver bestreuen und für mindestens 1 Stunde kühlen.

Mascarpone

Frischkäse
aus Kuhmilchrahm
mindestens 60% Fett i.Tr.

HERKUNFT UND GESCHICHTE

Lodi, Abiategrasso

Der Name geht auf das Wort mascerpa zurück, das im lombardischen Dialekt so viel wie Ricotta oder Quark bedeutet.

HERSTELLUNG

Pasteurisierte Kuhsahne wird erhitzt und mit Zitronensäure oder Weinessig zum Gerinnen gebracht. Gut gekühlt, ruht die Gallerte für einige Stunden und wird dann von der Molke getrennt. Nach einer weiteren Ruhezeit entfernt man die restliche Molke. Innerhalb von 24 Stunden ist der Mascarpone verzehrfertig. Er wird nicht gesalzen und reift auch nicht.

CHARAKTERISTIK

Cremiger, weicher und weißer Teig, sahnig-frischer und buttriger Geschmack, manchmal leicht säuerliche Note.

BESONDERHEITEN

Italiens fettester Frischkäse. Da Mascarpone nicht aus Milch, sondern aus Sahne hergestellt wird, kann man ihn eigentlich nicht als »richtigen« Käse bezeichnen.

KULINARISCHES

Mascarpone verleiht vielen Gerichten einen intensiveren Geschmack, als es Sahne alleine könnte. Besonders Steinpilze entfalten bei Zugabe von Mascarpone ihr volles Aroma. Verfeinert mit Likör oder Zucker, schmeckt Mascarpone köstlich. Unverzichtbar zur Zubereitung von Tiramisù oder Torta di Gorgonzola (Gorgonzola gefüllt mit Mascarpone).

Grana Padano (g.U.)

Hartkäse
aus Kuhrohmilch
32% Fett i.Tr.

HERKUNFT UND GESCHICHTE

Die Geschichte des Grana Padano (grana bedeutet »körnig«) lässt sich bis ins 10. Jh. zurückverfolgen. Er wird heute in der Po-Ebene (pianura padana), in Teilen Piemonts, Venetiens und der Emilia-Romagna produziert. Das Herz der Produktion ist jedoch die Lombardei.

HERSTELLUNG

Der Grana Padano wird das ganze Jahr hindurch hergestellt. Man lässt die Milch von der Morgen- und Abendmilch eines Tages einige Stunden ruhen. Die Morgenmilch wird vorher entrahmt. Der Bruch wird auf 53–55 °C erhitzt. Wenn der Teig elastisch ist, wird die Käsemasse in zwei Formen aufgeteilt, tropft darin 2 Tage ab, um sie anschließend für 4 Wochen im Salzwasser zu baden. Anschließend reift der Käse mindestens 6 Monate, meist jedoch 1–2 Jahre bei einer konstanten Temperatur von 18–20 °C zum Hartkäse heran.

CHARAKTERISTIK

Die zylindrischen und leicht konvex gewölbten Käselaibe haben einen Durchmesser von 35–45 cm, sind 18–25 cm hoch und wiegen 24–40 kg. Die ölig glänzende, dunkel- oder goldgelbe Rinde umschließt einen harten, brüchigen Teig von weißer bis strohgelber Farbe. Als junger Käse (fresco) schmeckt er zart und delikat, als vecchio süßlich und intensiv.

BESONDERHEITEN

Jedes Jahr werden etwa eine Million Zentner Grana Padano hergestellt. Für 1 kg Käse braucht man 17 l Milch.

KULINARISCHES

Der körnige, harte Käse bricht unter dem Druck des mandelförmigen Hartkäsemessers in kleine Stückchen und Splitter. So schätzt man ihn als Tischkäse, aber auch als Reibe- oder Kochkäse. Empfehlung MDM: Zu jungem Grana sind Weißweine gute Begleiter, beispielsweise Pinot Grigio oder Chardonnay, Lugana oder Bianco di Custoza. Die reifere Käsevariante lässt sich gut mit kraftvollen, reifen Rotweinen mit zurückhaltendem Tannin kombinieren. Auch Weine mit einer feinen Süße passen, denn sie nehmen dem reifen Käse seinen salzigen Charakter.

Provolone Valpadana (g.U.)

Brühkäse
aus Kuhmilch (Pasta Filata)
45% Fett i.Tr.

HERKUNFT UND GESCHICHTE

Brescia, Cremona, Padova, Piacenza, Rovigo, Verona, Vicenza, Bergamo, Mantova, Milano, Trento

Der typisch süditalienische Käse soll in der Po-Ebene von süditalienischen Käsern während der österreichischen Besetzung Norditaliens eingeführt worden sein. In dem Namen ist das neapolitanische Wort *prova* (Probe) enthalten. Die prova wurde in siedendes Wasser getaucht, um festzustellen, ob der Käseteig schon gezogen werden konnte.

HERSTELLUNG

Für die Herstellung eines milden Provolone setzt man der Milch Kälberlab zu, soll der Käse pikanter werden, nimmt man stattdessen Lab vom Lamm oder Zicklein. Junger Provolone reift 1–2 Monate, je nach Größe kann die Lagerzeit aber auch bis zu 1 Jahr dauern. Die Käse werden mit einer dünnen Paraffinschicht überzogen, damit sie nicht zu sehr austrocknen. Häufig bindet man den Käse der Länge nach mit Bindfaden ab, an dem er später aufgehängt werden kann. Provolone ist auch geräuchert erhältlich.

CHARAKTERISTIK

Provolone Valpadana gibt es in verschiedenen Formen: als große Wurst *(salame)*, kleine Kugel *(mandarino)*, birnenförmig *(pera)* oder als stumpfen Kegel. Das Gewicht liegt je nach Form zwischen 1 kg bis weit über 30 kg. Die Rinde ist dünn und glänzend goldgelb oder gelbbraun. Der cremefarbene oder strohgelbe Teig erscheint beim Schneiden kompakt, glatt und beim lange gereiften Provolone blättrig. Junger Provolone schmeckt mild und leicht süß; nach 4 Monaten ist der Käse würzig und butterartig, nach 6 Monaten pikant und herzhaft.

KULINARISCHES

Empfehlung MDM: Zum jungen Provolone eignen sich frische Weißweine Norditaliens gut. Die gereifte Variante des Provolone kann auch mit reifen Rotweinen aus dem Norden Italiens harmonieren. Geräucherter Provolone ist ein Genuss zu jugendlichen, im Barrique ausgebauten Weißweinen mit deutlicher Holzwürze.

Quartirolo Lombardo (g.U.)

Weichkäse
aus Kuhmilch
46% Fett i.Tr.

HERKUNFT UND GESCHICHTE

Bergamo, Brescia, Como, Cremona, Lodi, Milano, Pavia, Varese

Bis zum Anfang des 20. Jhs. bezeichnete der Begriff quartirolo in der Lombardei einen Käse, der nur aus besonderer Milch hergestellt wurde. Diese aromatische Milch geben die Kühe, wenn sie die *herba quartitola* fressen, die letzten frischen Kräuter auf den Weiden nach der dritten Heumahd. Unter dem Namen Stracchino di Milano war er in Mailand besonders beliebt.

HERSTELLUNG

Heute wird Quartirolo das ganze Jahr über erzeugt, am besten schmeckt aber immer noch jener, der im Herbst gekäst wird. Die Milch wird ganz oder teilweise entrahmt und dickgelegt sowie anschließend in zwei Phasen zerkleinert. Die Bruchmasse wird in quadratische Formen gefüllt und gesalzen. Der Käse reift zwischen 5 und 30 Tagen.

CHARAKTERISTIK

Gewicht 1,5–3,5 kg, rechteckig und flach, Seitenlänge 18 x 22 cm, Höhe 4–8 cm. Kurz gereifter Quartirolo hat eine weiße bis strohgelbe Rinde, ist cremig, frisch und säuerlich. Mit zunehmender Reife wird der Quartirolo geschmeidiger und aromatischer, auch etwas bitter, und die Rinde geht ins Bräunliche über. Fester, kompakter Teig. Früher verzehrte man den Quartirolo erst nach einigen Wochen Reifung (Quartirolo Maturo), heute mag man ihn lieber frisch nach wenigen Tagen (Quartirolo a Pasta Tenera).

KULINARISCHES

Empfehlung MDM: In der Variante der »pasta tenera« eignen sich frische Weißweine gut zur Begleitung, in der »maturo«-Variante schaffen kraftvolle, reife Weißweine oder geschmeidige Rotweine mit zurückhaltenden Gerbstoffen eine angenehme Kombination.

Taleggio (g.U.)

Schnittkäse
mit Rotschmiere aus Kuhmilch
48% Fett i.Tr.

HERKUNFT UND GESCHICHTE

Bergamo, Brescia, Como, Cremona, Lodi, Milano, Pavia, Treviso, Novara

Seit vielen Jahrhunderten stellt man in der Taleggio-Talebene bei Bergamo diesen Käse her. Schon um 1200 wurde er in alten Schriften erwähnt. Er ist einer der wenigen italienischen Käse mit Rotschmiere.

HERSTELLUNG

Zur Herstellung des Taleggio nimmt man nicht entrahmte, meist pasteurisierte Kuhmilch und gibt Lab hinzu. Die Gallerte wird in zwei Schritten geschnitten und in Tücher gegeben, damit die Molke ablaufen kann. Nach dem Formen ruht Taleggio mindestens 40 Tage lang in kühler und feuchter Umgebung.

CHARAKTERISTIK

Flacher und fast quadratischer Laib. Er misst etwa 19 x 22 cm, ist meist 4 cm hoch und wiegt 1,7–2,2 kg. Die zur Schimmelbildung neigende, dünne, weiche gelb-rosa Rinde umhüllt einen homogenen, feinen, weichen und geschmeidigen, im Kern mürben Teig. Taleggio schmeckt fein-würzig, nach längerer Reifung pikant-würzig.

BESONDERHEITEN

Wegen des unterschiedlichen Mikroklimas und der verwendeten Milch schmeckt ein Taleggio aus den Bergen (Taleggio di Montagna) anders als einer aus dem Tal (Taleggio di Pianura).

KULINARISCHES

Empfehlung MDM: Taleggio passt zu heißer Polenta oder zu reifen Birnen mit Gewürztraminer oder Muskateller. Die Weine des Oltrepo-Pavese stellen eine angenehme Begleitung zum »roh« verzehrten Käse dar. Auch kräftige, im Barrique ausgebaute und gereifte Weißweine oder runde, samtige Rotweine können diesen berühmten italienischen Käse gut begleiten.

VERWANDTE SORTEN

Quasi eine Miniversion des Taleggio ist Robiola delle Valsassina. Der nur halb so große Käse nimmt das Salz besser auf und reift schneller durch. Vom Teig her verwandt ist der Erborinato di Artavaggio, ein halbfester Schnittkäse mit grünem Innenschimmel.

STRACCHINO – MILCH VON MÜDEN KÜHEN

Früher wurde der Begriff Stracchino für zahlreiche Käse mit längeren Reifezeiten und flacher, quadratischer Form verwendet, die dem Taleggio oder Quartirolo ähneln. Die Bezeichnung Stracchino findet sich auch bei anderen lombardischen Käsen, wie etwa beim Stracchino di Gorgonzola. Ursprünglich bezeichnete Stracchino einen Käse aus der Milch der Kühe, die im Herbst von der Alm ins Tal gebracht wurden. Dort kamen sie müde und erschöpft (strach) an. Die Milch dieser Kühe machte einen Stracchino besonders weich und cremig. Das Herstellungsgebiet für den zarten Frischkäse umfasst heute die gesamte Lombardei und Teile der Po-Ebene. Ein Stracchino ist rechteckig oder quadratisch, mit einer Seitenlänge bis 25 cm und einer Höhe von 3–5 cm. Weich und butterartig zergeht der Stracchino auf der Zunge und besitzt einen milden, süßlichen Geschmack. In der Lombardei gehört ein Stracchino zu jedem Festessen dazu.

KÄSE AUS LIGURIEN

Wenige, aber vorzügliche Käse aus Kuh-, Schafs- und Ziegenmilch kommen von der mit Kräuterduft geschwängerten Riviera in Ligurien. Aufgrund der kargen Landschaft spielt die Tierzucht in Ligurien nur eine kleine Rolle. Einer der bekannteren Kuhmilchkäse ist der Formaggio d'Alpeggio di Triora, ein 3–12 Monate gereifter, süß schmeckender Hartkäse, der im Sommer auch auf den hoch gelegenen Almen hergestellt wird. Probieren sollte man auch die vielen kleinen Ziegenkäse (Caprini) aus Ligurien, die frisch, 1–2 oder höchstens 6 Wochen gereift, natur oder in Kräuter und Öl eingelegt, aber auch mit Gewürzen überstreut angeboten werden. In der Gegend von Genua kann man eine Milchcreme mit dem ungewöhnlichen Namen Prescinseûa in kleinen Plastikbechern kaufen. Es ist ein joghurtähnlicher Käse, den man auf Brotfladen streicht. Mit Nusssoße vermischt, reicht man ihn zu Nudelgerichten.

ANDERE KÄSE AUS DEM VENETO

Morlacco ist ein typischer, nur noch selten zu findender Almkäse aus dem Grappa-Massiv. Er wird aus entrahmter Rohmilch gewonnen. Der Bruch wird erhitzt und in Formen gegeben, danach trocken gesalzen und etwa 2 Wochen gereift. Im Sommer, wenn die Kühe auf der Alm sind, findet man mit etwas Glück diesen salzigen, leicht säuerlichen Käse. Den traditionellen Hartkäse Pressato gibt es noch bei einigen Sennereien im Belluno-Tal. Der Name geht auf das Pressen des Käsebruchs zurück. Die Produktionsmethode ist uralt: Der aus fast vollständig entrahmter Milch gewonnene Bruch wird gepresst, die 9–14 kg schweren Käselaibe reifen 1–3 Monate. Angenehm milder, leicht süßlicher Geschmack. Dieser Pressato ist nicht zu verwechseln mit dem Asiago Pressato.

Valtellina Casera (g.U.)

Hartkäse
aus Kuhrohmilch
34% Fett i.Tr.

HERKUNFT UND GESCHICHTE

Das Veltlin-Tal bietet in seiner abgeschiedenen Lage ein ganz besonderes Mikroklima, und die typischen Käsesorten haben eine lange Tradition. Gegen Ende des 18. Jhs. entstand dort sozusagen die Almversion des Bitto, ein Käse, der größer und länger haltbar war als die bis dahin produzierten Sorten. Valtellina Casera darf nur auf den Almen rund um Sondrio, der Provinzhauptstadt Veltlins, hergestellt werden.

HERSTELLUNG

Die Produktion ist wie beim Bitto. Die Ausreifung dauert mindestens 60 Tage.

CHARAKTERISTIK

Die runden Laibe wiegen 7–12 kg, haben einen Durchmesser von 30–45 cm und eine Höhe von 8–10 cm. Sein Geschmack ist süß und intensiv. Typisch ist der Geruch nach Nüssen und Trockenfrüchten. Valtellina wird frisch und gereift angeboten.

KULINARISCHES

Empfehlung MDM: Zum jungen Valtellina empfehlen sich gehaltvolle Weißweine; reife Rotweine mit viel Schmelz, wie beispielsweise ein Sfursat, zum gereiften Käse.

Stelvio oder Stilfser (g.U.)

Schnittkäse
aus Kuhmilch
50% Fett i.Tr.

HERKUNFT UND GESCHICHTE

Der Stelvio oder Stilfser ist ein typischer Käse aus naturbelassener Milch von den Almen rund um das Stilfserjoch. Wegen seiner unverfälschten Qualität, Authentizität und Tradition im Ursprungsgebiet erhielt er als einziger Käse Südtirols die geschützte Herkunftsbezeichnung. Hersteller ist die Sennereigenossenschaft Milkon/Mila in Bozen, die von 5.000 Bergbauernhöfen beliefert wird.

HERSTELLUNG

Traditionell wird der Stilfser Käse zweimal wöchentlich mit einer schwachen Salzlösung gewaschen. Während der ersten 2–3 Wochen gibt man der Salzlösung eine lokale Mikroflora hinzu. Diese Bakterienstämme verleihen dem Käse nicht nur die spezielle Rindenfarbe, sondern auch die einzigartigen organoleptischen Eigenschaften. Die Reifezeit beträgt insgesamt 2 Monate.

CHARAKTERISTIK

Laibe von 8–10 kg, mit einem Durchmesser zwischen 36–38 cm, Höhe 8–10 cm. Die gelborange bis orangebraune Rinde umschließt einen kompakten, geschmeidig-weichen Teig. Von heller, strohgelber Farbe, mit unregelmäßigen, kleinen bis mittelgroßen Augen. Intensives Aroma, würzig-herzhafter Geschmack.

KULINARISCHES

Empfehlung MDM: Die Weine Südtirols harmonieren perfekt, zum jungen Käse aber eher ein Pinot Bianco, Pinot Grigio oder auch ein kühl getrunkener roter Vernatsch. Zum reifen Käse empfiehlt sich auch ein Gewürztraminer, ein kraftvoller Chardonnay oder ein reifer Pinot Nero.

Montasio (g.U.)

Schnittkäse bis Hartkäse
aus Kuhmilch
40% Fett i.Tr.

HERKUNFT UND GESCHICHTE

Friaul, Julisch-Venetien, Provinzen Belluno, Treviso, teilweise Padua und Venedig

Die Tradition des Montasio reicht bis ins 13. Jh. zurück. Damals stellten ihn die Benediktinermönche des Klosters von Moggio in den Karnischen Alpen her. Montasio ähnelt anderen Käsesorten der Karnischen Alpen, deshalb nannte man ihn früher einfach Carnia.

HERSTELLUNG

Die Milch vom Vorabend wird teilweise entrahmt, bevor sie mit der Milch vom folgenden Morgen vermischt wird. Die weitere Herstellung folgt dem üblichen Prozess der Hartkäseherstellung. Neben Gräsern und Kräutern der weidenden Tiere prägen besondere Kulturen, mit der die Milch geimpft wird, den Geschmack. Der Bruch wird erhitzt und gepresst. Junger Montasio (Fresco) reift 2–4, mittelalter Montasio (Mezzano) 5–10, alter Montasio (Stagionato) mindestens 10 Monate.

CHARAKTERISTIK

Zylindrischer Laib, 30–40 cm Durchmesser, 6–10 cm Höhe, 6–8 kg Gewicht. Der Geschmack ist beim jungen Käse mild, milchig und leicht süßlich und wird mit zunehmender Reife charaktervoller und aromatischer. Die Masse ist kompakt und blassgelb, mit einer charakteristischen homogenen Lochung und einer glatten, elastischen Rinde. Sie wird mit der Zeit körnig und mürbe, die Rinde trockener und dunkler.

KULINARISCHES

Junger Montasio eignet sich gut als Vorspeise mit Trockenobst, Nüssen oder den zahlreichen Birnensorten der Region. Alter Montasio kann als Reibekäse verwendet werden. Empfehlung MDM: Weißweine des Friaul wie Sauvignon Collio oder ein guter Prosecco passen zu jungem Montasio, zum reifen Montasio dagegen reifer Rotwein aus dem Friaul. Raboso Passito kann eine Überraschung mit einem Montasio Stagionato darstellen.

VERWANDTE ARTEN UND SORTEN

Ähnlich dem Montasio wird der Latteria Friulani gefertigt. Durch eine größere Bruchkörnung enthält er etwas mehr Feuchtigkeit. Die Latterias schmecken je nach Herkunftsgebiet immer verschieden, weil sich die Mikroflora und das Futter der Milchkühe unterscheiden.

Asiago (g.U.)

Schnitt- bis Hartkäse
aus Kuhmilch
44% Fett i.Tr. (Asiago Pressato)

HERKUNFT UND GESCHICHTE

Vicenza, Trient, Teile von Padua und Treviso

Bereits im Jahr 1000 war die Hochebene von Asiago (Provinz Vicenza) ein bekannter Weideplatz für Schafe, aus deren Milch der Asiago gemacht wurde. Die geschützte Ursprungsbezeichnung betrifft den gereiften Asiago d'Allevo und den jungen Asiago Pressato, zwei in der Herstellung unterschiedliche Variationen. Inzwischen erreicht der Pressato die vierfache Produktionsmenge des d'Allevo.

HERSTELLUNG

Die Milch stammt von Bergkühen der schwarzbunten und braunen Rasse. Für den Asiago d'Allevo verwendet man die Milch von zwei Melkvorgängen, die teilweise entrahmt wird. Nach der Gerinnung kommt der erwärmte Bruch für einige Tage in spezielle Holzformen ohne Boden (fascere), wird gepresst, kommt in ein Salzbad und schließlich in den Reiferaum. Asiago d'Allevo Mezzano reift 6 Monate, der Vecchio 1 Jahr, der Stravecchio sogar bis zu 2 Jahren.

Für die Produktion des Asiago Pressato verwendet man Vollmilch. Der Bruch wird direkt gesalzen, bei niedrigerer Temperatur nachgewärmt und anschließend gepresst. Der Bruch wird geschnitten, in die Form gefüllt und ein zweites Mal gepresst. Die Reifeperiode ist wesentlich kürzer, sie beträgt nur 20–40 Tage.

CHARAKTERISTIK

Asiago d'Allevo ist ein 9–12 cm dicker Laib mit 30–36 cm Durchmesser und einem Gewicht von 8–12 kg. Die glatte, elastische Rinde umschließt einen goldgelben kompakten Teig mit wenigen Löchern, der mit dem Alter härter und körniger wird. Junger Asiago schmeckt delikat nach Milch, mit zunehmender Reife wird der Käse würzig-pikant und sehr aromatisch. Asiago Pressato ist etwas höher und schwerer (11–15 kg). Er hat eine glatte strohgelbe Rinde mit weißer Teigmasse, die unregelmäßige, große Löcher aufweisen. Er schmeckt frisch und leicht süß.

KULINARISCHES

Jüngere Asiagos passen zu Weiß- oder Roséwein, gereifte Käse passen zu gereiften Rotweinen aus der Region.

Monte Veronese (g.U.)

Hartkäse
aus Kuhrohmilch
44% Fett i.Tr. oder
35% Fett i.Tr. (d'Allevo)

HERKUNFT UND GESCHICHTE

Verona

Der Monte Veronese ist einer der ältesten Almkäse Italiens, der schon seit langer Zeit von den Hirten gekäst wurde. Die Milch stammt ausschließlich aus den höheren Lagen der nach Süden gerichteten Monti Lessini, wo die Kühe länger als in anderen Voralpengebieten auf der Weide bleiben können.

HERSTELLUNG

Die Herstellung folgt dem üblichen Hartkäseverfahren mit erhitztem und gepresstem Teig. Monte Veronese gibt es in zwei Variationen. Der fettere, mit Vollmilch erzeugte Käse reift höchstens 2 Monate. Der traditionelle Monte Veronese d'Allevo wird aus teilweise entrahmter Milch hergestellt. Die magere Version kann sehr viel länger reifen, üblich sind 6 Monate bis zu 2 Jahre.

CHARAKTERISTIK

Die Käselaibe besitzen einen Durchmesser von 25–36 cm, eine Höhe von 6–11 cm und wiegen 6–9 kg. Mit zunehmender Reife wird die Rinde härter, trockener und dunkler. Der Teig ist strohgelb mit unregelmäßigen, kleinen Löchern und schmeckt würzig, intensiv bis leicht pikant.

BESONDERHEITEN

Die besonderen Eigenschaften bezieht der Monte Veronese aus den besonderen Boden- und Klimabedingungen in den Bergen um Verona. Das beschränkte Produktionsgebiet, die Verarbeitung von Rohmilch und die traditionellen Verarbeitungstechniken machen diesen Käse zu einem hochinteressanten Produkt.

KULINARISCHES

Klassischer Schnittkäse, der gern zur Polenta gereicht wird. Empfehlung MDM: Ein junger Monte Veronese wird perfekt von Weißweinen des Gardasees, beispielsweise Lugana, begleitet, ebenso von einem klassischen, ausdrucksvollen Soave. Mittelalt präsentiert sich der Käse gut mit den fruchtigeren Rotweinen des Valpolicella und des Bardolino. Als reifer, alter Käse sind ein gut gereifter Ripasso oder noch besser ein gereifter Amarone die sicheren Genussgaranten.

Parmigiano Reggiano (g.U.)

Hartkäse
aus Kuhmilch
32% Fett i.Tr.

HERKUNFT UND GESCHICHTE

Modena, Parma, Reggio Emilia, Mantova, Bologna

Schon im 13. und 14. Jh. war der Parmigiano in Parma sehr geschätzt. Der Dichter Francesco Maria Grapaldi lässt den Parmeseus Caseus in einer Abhandlung sagen: »Ich bin die edle Frucht der Milch von *parma*.« Sein Name bildet sich aus der adjektivischen Bezeichnung der Provinzen Parma und Reggio Emilia. Derselbe Käse wurde in der Provinz Reggio Emilia als »Reggiano«, in der Provinz Parma als »Parmigiano« bezeichnet. Erst 1934 einigten sich die Produzenten beider Regionen, ihren »Grana tipico« Parmigiano Reggiano zu nennen.

HERSTELLUNG

Die teilentrahmte Abendmilch wird mit der nächsten Vollmorgenmilch gemischt. Die Kühe dürfen nur mit pflanzlichem Futter aus der heimischen Landwirtschaft gefüttert werden. Bei 33 °C wird die Milch mit Lab dickgelegt. Der Bruch wird auf Korngröße zerkleinert und erneut erhitzt, damit sich Käse und Molke trennen. Nun kommt die Masse in eine mit einem Tuch ausgeschlagene Form und wird leicht gepresst, um Restmolke zu entfernen. Die Laibe bleiben für einige Wochen in Salzlake und trocknen danach einige Tage ab. Die Reifung dauert mindestens 1 Jahr. In dieser Zeit muss der Käse regelmäßig gewendet und gereinigt werden. Nach 1 Jahr spricht man vom jungen Käse (fresco), nach 2 Jahren vom alten Parmigiano Reggiano (vecchio), nach 3 und mehr Jahren von sehr altem Käse (stravecchio).

CHARAKTERISTIK

Goldgelber, dicker, leicht konvexer runder Laib. 24–30 kg Gewicht. Die ölig glänzende Rinde ist dunkel oder goldgelb. Der Teig ist hart, feinkörnig, strohgelb mit winzigen Lochungen, in denen häufig noch eine »Träne« Molke zu finden ist. Würziger, feiner Nussgeschmack.

KULINARISCHES

Empfehlung MDM: Sehr alter Parmigiano schmeckt gehobelt zu einem Glas Jahrgangschampagner. Die klassische Kombination ist Lambrusco. Zu jungem Parmesan passt der trockenere Typ des Lambrusco, zum alten Parmesan darf er Restsüße haben.

MITTELITALIEN

Rom, Toskana, Umbrien

Mittelalterliche, malerische Dörfer und Städte, die Toskana mit Kulturstädten wie Florenz und Siena, weite Strände und die Metropole Rom prägen Italiens Mitte. Hierzu gehört aber auch das grüne Herz Umbrien, das Latium und die stillen Bergdörfer der Marken. Ein echtes Naturparadies sind die Abruzzen mit den saubersten Stränden ganz Italiens.

In der zypressenbewachsenen Hügellandschaft der Toskana ist die Küche einfach und bodenständig. Das Olivenöl gilt als besonders gut und gibt den Fleisch- und Gemüsegerichten zusammen mit frischen Kräutern ihr Aroma. Vorzügliche Schafsmilchspezialitäten, allen voran der Pecorino, prägen die Käselandschaft.

Kunst und Schönheit der Landschaft zeichnen die beiden Regionen Umbrien und Marken aus. Hier gibt es Frischkäse aus Kuh- und Schafsmilch, die aber regional geblieben sind. Stattdessen haben schwarzer und weißer Trüffel, Olivenöl, Wein und exquisite Fleischqualitäten den kulinarischen Ruf geprägt.

Das angrenzende Latium ist eine Gegend mit herrlichen Landschaften, liebenswerten Städtchen und der Ewigen Stadt Rom. Die bekanntesten Milchprodukte aus dieser Gegend tragen den Namen Roms: Ricotta Romana und Pecorino Romano.

In den Abruzzen und Molise dominiert eine kräftig-herzhafte Küche. An der Küste kommt vorwiegend Fisch, im Landesinnern Fleisch auf den Tisch. In diesen Regionen, die lange Zeit durch hohe Bergketten vom Rest der Welt abgeschirmt waren, haben sich alte Traditionen noch weitgehend erhalten.

Linke Seite: Stille Bergdörfer und eine intakte Natur prägen Mittelitalien.

Pecorino Toscano (g.U.)

Hartkäse
aus Schafsmilch
45% Fett i.Tr.

HERKUNFT UND GESCHICHTE

Arezzo, Pisa, Massa Carrara, Livorno, Grosseto, Firenze, Prato, Lucca, Pistoia, Siena, Terni, Perugia, Viterbo

Diese Pecorino-Variante entstand in der Maremma-Ebene und im Hügelland bei Siena und Pisa. Pecorino Toscano ist der einzige Käse aus der Toskana mit geschütztem Ursprung. Das Produktionsgebiet umfasst auch Teile Umbriens und des Latium. In der Toskana selbst und weiter südlich bezeichnet man diesen Käse als cacio, eine spätere Form des lateinischen Wortes caseus, Käse.

HERSTELLUNG

Neben pasteurisierter Milch wird zunehmend wieder Rohmilch verwendet. Teilweise greifen die Erzeuger auf pflanzliches Lab zurück. Die Herstellung richtet sich nach der späteren Vermarktung des Pecorinos – frisch oder gereift. Je jünger der Käse verkauft wird, umso gröber wird der Bruch geschnitten. Für alten Pecorino wird der Bruch zusätzlich nachgewärmt. Weicher, junger reift mindestens 20 Tage, abgelagerter 4–6 Monate.

CHARAKTERISTIK

Zylinderförmiger Laib, 15–22 cm Durchmesser, 7–11 cm Höhe, 1–3,5 kg Gewicht. Frischer Pecorino hat einen hellgelben Teig und eine ebensolche Rinde, der Teig ist kompakt und hat wenige kleine Löcher. Beim gereiften Pecorino geht die Rinden- und Teigfarbe in Strohgelb über, die Konsistenz ist härter. Pecorino Toscano schmeckt selbst nach langer Reifeperiode mild, intensiv und süß.

KULINARISCHES

Empfehlung MDM: Man genießt Pecorino zu einem guten Glas toskanischen Weins. Gebackener Pecorino ist eine regionale Delikatesse mit vorzüglichem Geschmack, der sehr gut zu einem der modernen IGT-Weine der Toskana passt. Der scharfe, in Honig angerichtete Pecorino macht mit einem Glas Vinsanto Freude. Der jüngere Käse harmoniert dabei gut mit einem toskanischen Weißwein wie Pomino oder Vernaccia di San Gimignano. Reifer Pecorino verlangt nach einem reifen, opulenten Rotwein wie Brunello di Montalcino, und alter Pecorino passt zu Vinsanto.

Casciotta d'Urbino (g.U.)

Weichkäse
aus Kuh- und Schafsmilch
45% Fett i.Tr.

HERKUNFT UND GESCHICHTE

Pesaro, Urbino

Die Casciotta d'Urbino ist die einzige der vielen Casciotta mit einer geschützten Herkunftsbezeichnung. Schon Michelangelo war ein Liebhaber der Casciotta. Er ließ von seinen zahlreichen Gütern den Pachtzins in Form von Käse entrichten. Am meisten liebte er die in den Frühlingsmonaten erzeugten Käse, wenn das Gras noch zart war.

HERSTELLUNG

Die Caciotta oder Casciotta wird das ganze Jahr über hergestellt. Zur Produktion verwendet man überwiegend Schafsmilch (70 %), die man mit Kuhmilch vermischt. Die Schafsmilch muss von bestimmten Rassen stammen. Die Milch darf nur bei Melktemperatur gerinnen. Die Reifezeit beträgt 15–30 Tage.

CHARAKTERISTIK

Kleine zylindrische Laibe von 12–16 cm Durchmesser und einer Höhe von 5–7 cm. Sie wiegen 0,8–1,2 kg. Die dünne Rinde umschließt einen kompakten weißen bis strohgelben, brüchigen Teig mit wenigen Löchern. Milder Geschmack mit angenehmem Milcharoma.

BESONDERHEITEN

Der Begriff casciotta kommt von cacio und vom lateinischen caseus, in Mittelitalien eine Bezeichnung für einen kleinen Käselaib mit einem Gewicht von bis zu 1 kg. Der Käse kann frisch oder gereift sein. Meist verwendet man Schafsmilch oder ein Gemisch aus Schafs- und Kuhmilch, manchmal gibt es den Käse auch aus reiner Büffel- oder aus reiner Kuhmilch. Mit ihrem frischen und zarten Geschmack sind die Caciotte in Gegenden mit überwiegender Schafzucht eine beliebte Alternative zu den gereiften und würzigen Schafskäsen. Eine Vielzahl von lokalen Casciotte kommen aus der Toskana, Umbrien, Marken und Latium.

KULINARISCHES

Empfehlung MDM: Ein moderner, kraftvoller und ausdrucksstarker Orvieto passt zur jüngeren Variante, reife umbrische Rotweine zur gereifteren.

Ricotta Romana (g.U.)

Frischkäse
aus Schafsmilchmolke
50% Fett i.Tr.

HERKUNFT UND GESCHICHTE

Campagna romana

Der zarte, süße, aus der ländlichen Umgebung von Rom stammende Ricotta Romana ist eine der berühmtesten Ricotte. Inzwischen darf sich Ricotta Romana mit dem geschützten Herkunftszeichen schmücken. Forscher glauben, dass Ricotta der Käse war, der schon vor Christi Geburt mit Honig gesüßt wurde und den der römische Staatsmann Marcus Porcius Cato (geb. 234 v. Chr.) in seinem Werk »De Agricultura« erwähnt. Der Name ri-cotta geht auf das zweimalige Kochen zurück – das erste Mal, um die Milch für die Gerinnung zu erhitzen, das zweite Mal, um aus der Molke den Käse zu gewinnen. Ricotta Romana darf nur aus der Milch der Schafsrassen Siciliana, Comisana und Sarda gewonnen werden, der Produktionszeitraum ist begrenzt auf November bis Juni.

HERSTELLUNG

Ricotta wird aus der Molke des Pecorino Romano hergestellt, die mit Zitrone oder Essig gesäuert und zum Sieden gebracht wird, damit das Molkeneiweiß ausfällt. Die festen Bestandteile werden abgeschöpft und kommen in ein Sieb. Wenn der Ricotta abgetropft und ausgekühlt ist, kann er direkt verzehrt werden. Meist ist der Ricotta frisch im Handel.

CHARAKTERISTIK

Typische stumpfe Kegelform neben vielen Variationen. 300 g bis 2 kg Gewicht. Dünne, glatte Rinde, weicher elfenbeinfarbener Teig. Der Grundgeschmack ist süßlich, frisch und angenehm milchig mit einem cremigen Mundgefühl. Ungesalzen findet sich Ricotta als Ricotta tipo dolce im Handel, gesalzen als Ricotta salata, gereift und gesalzen als Ricotta tipo forte. Lange gereifte Ricotta wird hart (Ricotta secca) und als Reibekäse verwendet.

KULINARISCHES

Empfehlung MDM: Ganz frischer Ricotta verwendet man zur Füllung von Ravioli und anderen Pasta. Aber auch pur schmeckt der Ricotta. Am besten genießt man ihn zusammen mit Weißweinen, frischen Weißweinen zum Ricotta tipo dolce, kräftigere Typen zu Ricotta salata oder tipo forte.

WEITERE KÄSESPEZIALITÄTEN AUS MITTELITALIEN

Der Caciotta Romana aus dem Latium gehört zur großen Familie der Schafskäse, auch wenn einige Hersteller Schafs- und Kuhmilch gemischt verwenden. In Mittelitalien gibt es zahlreiche dieser kleinen, weichen caciotte, die selten über 1 kg wiegen. Caciotta kann frisch oder semistagionato (halbgereift) verzehrt werden. Nach dem Abtrocknen wird der Käse in Salzlake getaucht und reift etwa 14 Tage, teilweise auch 2 Monate. Aus den Abruzzen und Molise stammt der Caciocavallo di Agnone, ein Brüh- und Knetkäse aus Kuhmilch, der 3 Monate, aber auch 3 Jahre reifen kann. Die birnenförmigen Laibe werden paarweise zusammengebunden. Jung gereift, schmeckt der Käse süß und cremig, wird bei längerer Reifung jedoch pikanter. Der Caciofiore ist ein typischer Frischkäse Mittelitaliens. Für die Gerinnung nimmt man pflanzliches Lab aus der Artischocke. In den Abruzzen färbt man diesen Käse manchmal mit Safran ein. Berühmt sind die Scamorza aus den Abruzzen und dem Molise, aber auch aus der süditalienischen Basilicata haben diese birnenförmige Frischkäse Berühmtheit erlangt. Man nimmt an, dass der Name wie bei Mozzarella von dem Wort scamozzare (»abschlagen«) stammt. Scamorza-Käse werden häufig geräuchert. Zumeist reifen die süßen, cremigen und zarten Knetkäse nur einige Tage.

SÜDITALIEN
Griechen, Römer und Normannen

Küsten- und Berglandschaften von bezaubernder Schönheit, Städte voll praller Lebenslust, grandiose Zeugnisse der Geschichte von griechischen Tempeln über römische Ruinenstädte und normannische Kastelle bis hin zu üppigen Barockbauten – eine Reise durch Italiens südlichste Regionen bietet eine beeindruckende Vielfalt an Kulturerlebnissen und kulinarischen Highlights.

Im heißen Klima Kampaniens mit seiner quirligen Hauptstadt Neapel kommt der erfrischende süß-säuerliche Milchgeschmack des Büffelmozzarellas gerade recht. Aus Kampanien stammen aber auch andere köstliche Käse wie Provolone oder Caciocavallo. In Apulien, Kalabrien und der Basilikata lebt man vom Meer, von Weizen und Olivenbäumen. Für eine üppige Vegetation und ausgedehnte Rinderzucht ist es zu heiß. Genügsame Ziegen und Schafe kommen mit den kargen Weiden dagegen besser zurecht, was auch den großen Anteil der Schafs- und Ziegenkäse erklärt.

Die Sonneninsel Sizilien ist über die Jahrhunderte kulinarisch durch die verschiedenen Eroberer geprägt. Auf der Insel findet man viele Kühe, die die Milch für den berühmten Ragusano liefern. Ihren Pecorino genießen die Sizilianer am liebsten zu einem Stück Landbrot, mit Olivenöl beträufelt, dazu ein paar Zwiebeln, Tomaten, Oliven und natürlich ein Glas Wein. Doch die Insel der Hirten ist die wahre Heimat der Pecorini – meinen zumindest die Sarden. Tatsächlich finden sich hier für die Herstellung des Pecorino Romano ideale Bedingungen. Die Folge: Nur noch ein kleiner Teil des Pecorino Romano kommt aus dem Ursprungsgebiet Latium.

Linke Seite: Italiens Süden bietet eine beeindruckende Vielfalt.

Mozzarella di Bufala Campana (g.U.)

Brüh-/Knetkäse aus Büffelmilch 52% Fett i.Tr.

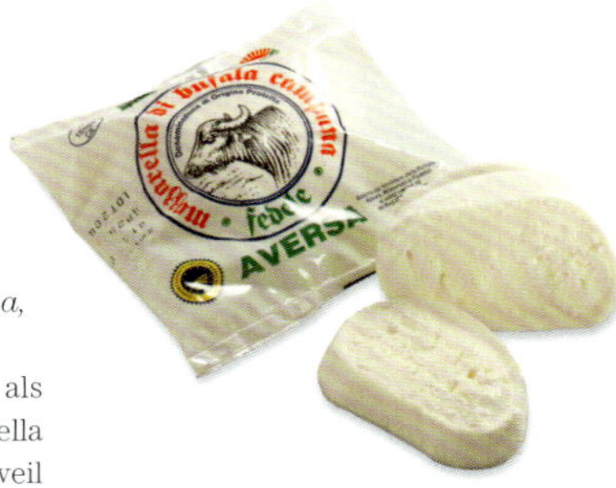

HERKUNFT UND GESCHICHTE

Caserta, Salerno, Frosinone, Latina, Napoli, Benevento, Roma

Bereits im 4. Jh. wird der Käse als »Mozza« erwähnt. Der Name Mozzarella stammt von mozzare, abschlagen, weil die einzelnen Portionen des Käses von der gekneteten Masse abgeschlagen werden. Mozzarella di Bufala wird nur aus der Milch schwarzer Wasserbüffel gemacht. Wasserbüffel werden in Italien seit dem 16. Jh. gehalten und dienten in den feuchten Flussniederungen als Arbeitstiere. Heute konzentriert sich die Büffelhaltung auf Süditalien. Nur Mozzarella di Bufala Campana trägt die geschützte Ursprungsbezeichnung.

HERSTELLUNG

Die Büffelmilch muss gerinnen, abtropfen und trocknen. Der Bruch wird grob zerkleinert und die krümelige Masse mit fast kochendem Wasser überbrüht. Es wird so lange geknetet und gerührt, bis sich die dampfende Masse in einen elastischen und geschmeidigen Teig verwandelt hat. Der Teig muss lange Stränge bilden, darf aber nicht reißen. Von dieser Masse schlägt der Käsemeister etwa 4 kg schwere, gleichmäßig große Stücke ab (mozzatura = das Abschlagen, Abschneiden). Die Portionen werden sofort zu Kugeln oder Zöpfen geformt und abgekühlt.

CHARAKTERISTIK

Die Form von Mozzarella variiert von kleinen mundgerechten Happen, Kugeln, Zöpfchen bis hin zu großen Zopfformen. Dementsprechend schwankt auch das Gewicht von 30–600 g. Der Teig ist porzellanweiß, elastisch, leicht körnig bis hin zu schmelzender Konsistenz. Beim Schneiden zeigt sich eine feinblättrige Struktur. Dabei fließt weißliche, nach Milchfermenten riechende Molke aus. Angenehm säuerlicher, erfrischender Geschmack.

BESONDERHEITEN

Mozzarella wird zuweilen über Weizenstroh, Laub oder Holz geräuchert. Dann heißt der Käse Mozzarella di bufala affumicata.

KULINARISCHES

Am besten schmeckt Mozzarella tagesfrisch und nicht gekühlt. Empfehlung MDM: Eine ideale Kombination ergibt sich mit einem feinen Weißwein, der nicht allzu viel Säure aufweisen sollte.

MOZZARELLA – EIN SIEGESZUG UM DIE WELT

Mozzarella schmeckt am besten, wenn er tagesfrisch verzehrt wird. Bei entsprechender Kühlung hält er sich in der Molke einige Tage im Kühlschrank. Bevor man die technischen Möglichkeiten hatte, Mozzarella in Salzlake einzulegen und in Plastik einzuschweißen, um den Käse länger haltbar zu machen, kamen nur die Bewohner Kampaniens und Apuliens in den Genuss des Mozzarella.

Wegen der großen Nachfrage gibt es Mozzarella heute auch aus einer Mischmilch von Kuh und Büffel oder aus reiner Kuhmilch – und das nicht nur in Italien, sondern auch in den USA, in Australien und in ganz Europa. In Italien heißt dieser Kuhmilchkäse *fior di latte* (Milchblume). Die Produktionsmethode ist dieselbe wie bei Mozzarella, die Portionen können kugel-, ei- oder birnenförmig sein. Sein Fettgehalt liegt bei 44% i.Tr. Die Konsistenz ähnelt dem echten Mozzarella: weißer Teig, mit einer Struktur übereinanderliegender Blätter, die beim Zerschneiden sichtbar wird. Rinde sehr leicht, weiß, glatt und glänzend. Gewicht zwischen 50 und 1000 g. Milder, leicht säuerlicher Geschmack.

In die Kategorie der Pasta Filata gehören auch andere italienische Käsespezialitäten, darunter die Familie der Provolone, Provatura oder Caciocavallo. Länger gereifte und deshalb harte Pasta-Filata-Käse nimmt man in Süditalien auch gerne zum Reiben.

Canestrato Pugliese (g.U.)

Hartkäse
aus Schafsmilch
45% Fett i.Tr.

HERKUNFT UND GESCHICHTE

Foggia

Schon bei Homer finden sich in der »Odyssee« Hinweise auf die Herstellungsart solcher Schafskäse. Polyphems Technik, den Käse in geflochtenen Körben aus Seebinse (canestri) zu trocknen, findet heute noch Anwendung.

HERSTELLUNG

Es wird ausschließlich die Milch von Schafen der Rasse Gentile di Puglia genommen, die von den Merinoschafen abstammen. Produktionszeit ist Dezember bis Mai. Der Bruch wird nur leicht erwärmt zum Abtropfen in die Körbe gegeben, von Hand in die Form gepresst und mit heißer Molke übergossen. Nach dem Abtropfen werden die Käse mit Meersalz trocken gesalzen und reifen kühl und trocken mindestens 3 Monate, zum Teil bis zu 1 Jahr. In dieser Zeit wird die Rinde regelmäßig mit Olivenöl oder auch Weinessig behandelt.

CHARAKTERISTIK

Größe und Gewicht der runden, 10–14 cm hohen Laibe variieren. Das Gewicht reicht von 7–14 kg. Typisch für das Äußere der Käse ist der Abdruck des Flechtwerks der Körbe. Strohfarbener, fester Teig, Der Geschmack ist intensiv und pikant.

BESONDERHEITEN

Die meisten Käse reifen in einem Korb aus einer apulischen Binsenart, deren charakteristischer süßlicher Geschmack sich mit dem Käse verbindet.

KULINARISCHES

Als Weinempfehlung bieten sich ein Salice Salentino Riserva, ein roséfarbener oder roter Castel del Monte, ein reifer Negroamaro oder ein anderer kräftiger Wein aus Süditalien an.

VERWANDTE ARTEN UND SORTEN

Früher wanderten die Hirten aus Apulien im Sommer in die Abruzzen, um die dortigen Weiden zu nutzen, und brachten ihre Art der Käseherstellung in die Region. Dadurch ähneln dem Canestrato Pugliese der Pecorino Abruzzese und der Incanestrato foggiano di Castel del Monte, ein typischer Pecorino aus Castel del Monte.

Caciocavallo Silano (g.U.)

Brüh-/Knetkäse
aus Kuhmilch
44% Fett i.Tr.

HERKUNFT UND GESCHICHTE

Crotone, Catanzaro, Cosenza, Avellino, Benevento, Caserta, Napoli, Isernia, Campobasso, Bari Taranto, Brindisi, Matera, Potenza

Ursprünglich wurde dieser Käse in der Hochebene von Sila erzeugt. Die Tradition, die miteinander verbundenen Käse »rittlings« über einen waagerecht angebrachten Stock zu hängen, könnte Ursprung des Namens sein. Caciocavallo Silano ist der einzige Caciocavallo mit geschützter Ursprungsbezeichnung.

HERSTELLUNG

Der Käse wird wie Pasta Filata hergestellt. Die Reifezeit beträgt 3 oder 6–12 Monate. Die Käse werden für die Reifung paarweise zusammengebunden und auf besonderen Trageböcken (a cavallo) aufgehängt. Je nach Reifeperiode und Verwendung von Ziegen- oder Kälberlab ergibt sich ein pikanterer oder milderer Geschmack.

CHARAKTERISTIK

Die Form erinnert an eine unregelmäßige Acht, kann aber auch die Form einer Birne sein, länglich und rund mit kurzem Hals. Ein Käse wiegt circa 2 kg. Eine dünne und glatte Rinde umgibt den weißen oder strohgelben, kompakten und glatten Teig. Charakteristisch ist sein voller Geschmack: Jung schmeckt er mild und süß, gereift würzig und pikant.

KULINARISCHES

Für vollen Geschmack und Aroma sollte man den Käse rösten oder mit Olivenöl und Gewürzen in der Pfanne zubereiten. Empfehlung MDM: In dieser Kombination passen reife Weine der Rebsorten Negromaro oder auch Nero d'Avola.

BESONDERHEITEN

Eine besondere Qualität erreicht der Käse, wenn er mit der Milch der fast ausgestorbenen podolischen Rinderrasse erzeugt wird (Caciocavallo Podolico). Deren Ernährung ist reich an aromatisch duftenden Pflanzen. Die podolische Rasse gibt wenig, dafür jedoch vorzügliche Milch. Weil podolische Kühe nur Milch geben, wenn sie ihr Kälbchen dabeihaben, ist der Produktionszeitraum auf Frühjahr bis Sommer begrenzt.

SARDINIEN UND SIZILIEN

Pecorino – ein Käse in 1.000 Variationen

Der berühmte Hartkäse aus Schafsmilch gilt als der älteste Käse Italiens und als einer mit 1.000 Variationen. Zahlreiche Zeugnisse belegen, dass der Pecorino bei den Sabinern (Latium) schon vor gut 2.000 Jahren auf den Tisch kam. Der Sage nach hat sich schon Romulus mit einem Pecorino aus Schafs- und Ziegenmilch gestärkt, als er Rom gründete. Wirklich überliefert ist die Herstellung eines gesalzenen Pecorino in allen Einzelheiten im Bericht des Lucius Moderatus Columella aus dem 1. Jh. v. Chr. Der italienische Begriff Pecora ist die Bezeichnung für Milchschaf, deshalb werden in Italien Käse aus Schafsmilch allgemein als Pecorino bezeichnet. Überall in Italien gibt es Pecorini: frisch, gereift, mild und pikant, in unterschiedlichen Größen und Formen, mit unterschiedlichen Milcharten und nach unterschiedlichen Methoden hergestellt. Der echte Pecorino besteht aber immer aus Schafsmilch. Hergestellt wird er vor allem in Mittel- und Süditalien, auf Sardinien und auf Sizilien, eben da, wo es große Schafherden gibt. Einige Pecorino-Sorten tragen eine geschützte Herkunftsbezeichnung: Pecorino Romano (Latium, Toskana, Sardinien), Pecorino Sardo (Sardinien), Pecorino Siciliano (Sizilien) und Pecorino Toscano (Toskana).

Linke Seite: Sardinien und Sizilien – das ist Dolce Vita.

MUSIKALISCHES BROT

Pecorino wird in der römischen und süditalienischen Küche als Reibekäse benutzt, mindestens aber genauso gerne zum Aperitif. Typisch sardisch wird der Aperitif, wenn man zu Pecorino-Stückchen das hauchdünne, knusprige Fladenbrot Pane Carasau reicht. Es schmeckt schon alleine, in große Stücke gebrochen, ganz köstlich. Noch besser wird es, wenn man großzügige Stücke Pane Carasau im Ofen noch einmal aufwärmt, auf einen Teller locker übereinanderschichtet, mit gehackten Rosmarinnadeln bestreut, etwas grobes Meersalz und wenig Olivenöl darübergibt. Aber Vorsicht: Pane Carasau kann süchtig machen. Hat man einmal mit dem Knuspern angefangen, gibt es meist kein Halten mehr. Als Getränk passen ausgezeichnet sardische Weinspezialitäten wie zum Beispiel ein Torbato Spumante oder ein roter Cannonau di Sardegna.

Pecorino Romano (g.U.)

Hartkäse
aus Schafsmilch
45% Fett i.Tr.

HERKUNFT UND GESCHICHTE

Roma, Rieti, Viterbo, Latina, Grosseto, Cagliari, Nuoro, Oristano, Sassari

Auch wenn die ländliche Umgebung Roms die Wiege der industriellen Verarbeitung des Pecorino Romano war, wird er heute zum Großteil auf Sardinien hergestellt. Hier weiden Millionen von Schafen in weitgehend intakter Natur, und es entstand dank tüchtiger römischer und neapolitanischer Geschäftsleute eine regelrechte Pecorino-Industrie.

HERSTELLUNG

Pecorino wird von November bis Juni hergestellt. Die Milch vom Vorabend wird mit der frischen Morgenmilch vermischt und zur Säuerung sofort nach der Anlieferung erhitzt und mit Milchfermenten angereichert. Daraufhin gibt man Lammlab hinzu. Die Dickete wird auf Korngröße geschnitten und bis 48 °C erwärmt. Die Molke tropft ab, die Masse kommt in eine zylinderartige Form und wird darin gepresst. 2 Monate werden die Käselaibe in mehreren Phasen von eigenen Salzmeistern trocken gesalzen. Anschließend reift Pecorino mindestens 5 Monate, wobei er regelmäßig mit Salzwasser abgerieben wird.

CHARAKTERISTIK

Zylinderartige Form mit einem Durchmesser von 25–35 cm, einer Höhe zwischen 20–35 cm und einem Gewicht von 22–33 kg. Traditionell ist die Rinde intensiv strohgelb oder dunkelbraun, wenn der Laib mit einer Schutzschicht aus Fett oder Bernsteinerde versehen wurde. Der Teig besitzt eine kompakte, körnige Konsistenz und ist weiß bis strohfarben. Charakteristischer, ausgeprägter Geruch und pikanter, leicht scharfer, salziger Geschmack mit wohlduftendem Aroma.

KULINARISCHES

In Rom liebt man zum Aperitif Fave Pecorino, in kleine Stückchen gebrochener Pecorino mit frischen, großen Bohnenkernen und etwas Salz. Dazu trinken die Römer gerne ein Glas roten Cerveteri aus Latium. Empfehlung MDM: Allgemein verlangt Pecorino nach einem kräftigeren Weißweintyp, der bei reifem Pecorino gerne auch deutliche Restsüße aufweisen darf. Wer gerne Rotwein zum Pecorino genießt, sollte auf einen reifen Charakter und zurückhaltende Tannine achten.

Pecorino Sardo (g.U.)

Hartkäse
aus Schafsmilch
35–40% Fett

HERKUNFT UND GESCHICHTE

Cagliari, Nuoro, Oristano, Sassari
Pecorino Sardo ist ein ganz typischer Pecorino von der Insel, und die Sarden sind stolz auf ihn. Die Geschichte dieser Käsesorte ist eigentlich uralt. Früher nannte man diesen Käse Semicotto (»halbgekocht«). So hieß er deshalb, weil man die Laibe zur besseren Haltbarkeit gleich nach dem Käsen kurz in kochende Molke tauchte. Der Pecorino Sardo erhielt als letzter der drei Schafskäse Sardiniens die geschützte Ursprungsbezeichnung.

HERSTELLUNG

Für den Pecorino Sardo wird die Milch der sardischen Rasse verwendet. Wie bereits beschrieben, taucht man die fertigen Laibe kurz in kochende Molke. Von diesem Käse gibt es zwei Varianten. Die milde Version (dolce) reift 20–60 Tage. Die kräftige Version (maturo) reift 2–6 Monate, falls er als Reibekäse bestimmt ist, sogar bis zu 12 Monate. Der Maturo kann auch geräuchert werden, was ihm dann einen noch ausgeprägteren Geschmack verleiht.

CHARAKTERISTIK

Der junge Pecorino Sardo misst 15–18 cm im Durchmesser, ist 6–10 cm hoch und wiegt 1,7–2,3 kg. Die Rinde ist dünn und glatt, weiß bis strohgelb, der Teig ist kompakt. Er besitzt einen delikaten, aromatischen Geschmack. Der Pecorino Sardo Maturo wiegt im Schnitt etwas mehr (bis 4 kg). Mit zunehmender Reife wird die Rinde dicker und geht ins Bräunliche über, der Teig ist fester. Reift der Käse etwa 8 Monate, bekommt er eine würzige und pikante Note.

KULINARISCHES

Empfehlung MDM: Zum jungem Pecorino Sardo passt ein Vermentino di Sardegna, zu gereiftem ein reifer, samtiger Cannonau di Sardegna.

Fiore Sardo (g.U.)

Hartkäse
aus Schafsmilch
40% Fett i.Tr.

HERKUNFT UND GESCHICHTE

Cagliari, Nuoro, Oristano, Sassari
Die Tradition dieses Pecorino ist uralt. Der Name Fiore Sardo – »sardische Blüte« – geht wohl auf die frühzeitliche Methode zurück, die Milch für den Käse mit der wilden Distel dickzulegen. Früher war Fiore Sardo der einzige Käse, der auch über die Insel hinaus bekannt war. Händler aus Neapel, Genua und Livorno kauften ihn in großen Mengen.

HERSTELLUNG

Für diesen Käse wird die Milch der sardischen Schafrasse verwendet. Sobald der Käsebruch in die charakteristischen kegelstumpfförmigen Behälter gegeben wird, gießt man kurz heißes Wasser über die Masse, um die Rinde dicker und widerstandsfähiger zu machen. Der frische Käse trocknet zuerst eine Weile über offenem Feuer und wird dabei leicht geräuchert. Im Keller reifen die Laibe bis zu 6 Monate nach. Während dieser Zeit reibt man den Käse mit Olivenöl ein, dem manchmal Schafsfett beigemischt wird. Diese Prozedur verhindert eine übermäßige Austrocknung der Rinde, einen Gewichtsverlust und die oberflächliche Schimmelbildung. Der Fiore Sardo ist einer der letzten italienischen Käse, deren Rinde mit einer solch natürlichen Schutzschicht versehen wird.

CHARAKTERISTIK

Die Form des Fiore Sardo gleicht zwei abgeschnittenen Kegeln, die mit der Unterseite zusammengesetzt sind. Ein Käse von 12–20 cm Durchmesser und 12–15 cm Höhe wiegt 1,5–4 kg. Unter der je nach Reifegrad kräftig gelben bis dunkelbraunen Rinde verbirgt sich der feste und frische, weiße oder weißgelbe Teig. Charakteristischer pikanter Geschmack mit vollmundigem Schafsmilcharoma, mit zunehmender Reifung stärker.

KULINARISCHES

Jung wird er als Tischkäse genossen, gereift dient er oft als Reibekäse. Auch hier passen Weine im Stil eines Vermentino zum jungen Käse und ein reifer Cannonau di Sardegna zum pikanten älteren.

Pecorino Siciliano (g.U.)

Hartkäse
aus Schafsmilch
48% Fett

HERKUNFT UND GESCHICHTE

Alle in Sizilien hergestellten Schafskäse heißen Pecorino Siciliano, allerdings verbergen sich hinter dieser offiziellen Bezeichnung je nach Fütterung der Tiere, Reifezeit oder Saison ganz eigene Spezialitäten, die der Sizilianer mit jeweils eigenen Namen beschreibt. Trotzdem bleibt dieser Käse immer derselbe: mythisch und traditionsgebunden, der, um mit Parandellis Worten zu sprechen, »wie jeder echte Sizilianer eine, keine und hunderttausend Eigenschaften in sich vereint«.

HERSTELLUNG

Der von Oktober bis Juni erzeugte sizilianische Pecorino reift mindestens 4 Monate, aber auch bis zu 2 Jahren.

CHARAKTERISTIK

Rundlich-zylindrische Form mit flachen Seiten. Die Käse erreichen ein Gewicht von 4–15 kg. Die Rinde ist je nach Reifezeit gelblich weiß bis bräunlich. Der Teig von fester Konsistenz ist bei im Winter erzeugtem Käse grauweiß, im Frühjahr und Sommer leicht gelblich. Er weist nur wenige, kleine Lochungen auf. Charakteristischer, ausgeprägter Geruch und herzhafter, würziger Geschmack.

BESONDERHEIT

Oft reichert man den Käse mit Pfefferkörnern an. Dann heißt er einfach Pipatu (gepfefferter Käse). Als Maiorchino oder Marzulinu bezeichnet man vor allem die frischen, ungesalzenen Käse, die im Frühjahr erzeugt wurden. Ein zarter und junger Pecorino Siciliano heißt Musciu, gleich nachdem er gesalzen wurde, nennt man ihn Primu Sali.

KULINARISCHES

Der Pecorino Siciliano findet als Reibekäse in sizilianischen Gerichten ebenso Verwendung wie als Tischkäse. Empfehlung MDM: Junger Pecorino lässt sich perfekt mit den Weißweinen Siziliens verbinden wie Cataratto oder Inzolia. Gereifter Pecorino passt zu einem modern vinifizierten Nero d'Avola, während ein alter Pecorino in der Kombination mit einem reifen, runden Marsala noch an aromatischer Komplexität gewinnt.

Ragusano (g.U.)

Brüh-/Knetkäse
aus Kuhmilch
44% Fett i.Tr.

HERKUNFT UND GESCHICHTE

Der Name Ragusano leitet sich von der Herstellungsprovinz Ragusa ab. Er gehört zur Gruppe der Caciocavallo-Käse, den mit einer Schnur zusammengebundenen, runden Käse aus Pasta-Filata-Teig. Wegen seines Aussehens nennt man ihn in Sizilien auch Caciocavallo, Provolone oder Scaluni (Stufe). In Sizilien sagt man von einem hinterlistigen Menschen, er habe »vier Gesichter wie ein Caciocavallo«. Tatsächlich hat der Ragusano vier Gesichter, nämlich vier Seiten, eine andere Form (quadratisch) als die bekannten Caciocavalli, die üblicherweise rund sind.

HERSTELLUNG

Der Ragusano wird wie eine klassische Pasta Filata hergestellt. Zum Reifen benötigt er 3 Monate bis zu 1 Jahr. Er hängt in Paaren gebunden über einer Stellage, manchmal wird er auch über Strohfeuer geräuchert.

CHARAKTERISTIK

Der Ragusano ist blockförmig mit abgerundeten Kanten (15–18 x 43–53 cm) und wiegt 6–12 kg. Die Rinde des jungen Käses ist von gelber bis goldgelber Farbe, die des älteren Ragusanos ist dunkelbraun. Sie umhüllt eine kompakte weiße bis strohgelbe Teigmasse, die nur wenige Löcher aufweist. Bis zu 6 Monaten gereift, schmeckt Ragusano mild und zart, länger gelagert würzig und pikant. Wegen der Größe der Laibe reift der Käse nur langsam durch, was ihm seinen charakteristischen pikanten Geschmack verleiht. Geräucherter Ragusano besitzt ein feinrauchiges Aroma

KULINARISCHES

Empfehlung MDM: Der junge Ragusano gewinnt in der Kombination mit sizilianischen Weißweinen, der reifere Käse kommt auch gut mit würzig-samtigen Rotweinen, beispielsweise Nero d'Avola, sehr gut zurecht. Die geräucherte Ragusano-Variante lässt sich entweder von einem trockenen Marsala oder einem im Barrique ausgebauten Chardonnay aus Sizilien begleiten.

PABELLON MUDE

SPANIEN

Vielfalt vom Feinsten

Die Käseherstellung in Spanien hat eine jahrtausendealte Tradition. Archäologen fanden Gerätschaften aus der Eisen- und Bronzezeit, die eindeutig der Käseherstellung dienten. Käse zählte in Spanien stets zu den Grundnahrungsmitteln. Trotz der nicht unbedeutenden Rinderhaltung im nördlichen Teil des Landes wird das Gros der spanischen Käse seit jeher aus Schafs- und Ziegenmilch hergestellt, oft in kleinen Familienbetrieben und nach jahrhundertealter Tradition. Gerade die spanischen Schafs- und Ziegenkäse bieten ein besonderes Geschmackserlebnis, sehr oft kräftig und intensiv, nicht selten aber auch sanft und mild.

Die Käsevielfalt ist so abwechslungsreich wie die Landschaften. Über 120 köstliche Sorten sind erhältlich, und fast jede Provinz hat ihre eigenen Spezialitäten von Frischkäse bis zum ausgereiften Käse, Käse aus Lab- oder Milchsäuregerinnung, Käse unterschiedlicher Form, Farbe und Größe, mit gravurgezeichneter Rinde und wunderschönen grafischen Elementen versehen, mit Schimmelrinde, geräuchert, gewürzt oder in Öl eingelegt. 26 davon tragen die geschützte Ursprungsbezeichnung der EU.

Linke Seite: Fast jede Provinz in Spanien erzeugt eine eigene Käsespezialität.

KÄSE AUS MISCHMILCH

Etwa die Hälfte des spanischen Käses wird aus gemischter Milch von Kuh, Ziege und/oder Schaf erzeugt. Die Kuhmilch liefert die nötige Milchmenge, den Grundgeschmack und die Säuerung, Ziegenmilch verleiht eine schöne weiße Farbe und einen leicht pikanten bzw. säuerlichen Geschmack. Schafsmilch schließlich verbessert den Käse hinsichtlich Geschmack, Konsistenz, Aroma und Fettgehalt.
Um bestimmte Qualitätsnormen zu garantieren, haben die Erzeuger und das spanische Landwirtschaftsministerium drei verschiedene Arten von Mischkäse definiert: Hispánico wird ausschließlich aus Schafs- (mindestens 30 %) und Kuhmilch (mindestens 50 %) hergestellt. Der Fettgehalt beträgt 45 % i.Tr. Ibérico ist ein Dreimilchkäse: Mindestens 50 % Kuhmilch, mindestens 30 % Ziegenmilch und mindestens 10 % Schafsmilch müssen enthalten sein. Auch beim Ibérico liegt der Fettgehalt bei 45 % i.Tr. Der Mesta muss zu mindestens 75 % aus Schafsmilch, zu mindestens 15 % aus Kuhmilch und wahlweise aus bis maximal 5 % Ziegenmilch hergestellt werden. Der Fettgehalt beträgt, bedingt durch den hohen Anteil von Schafsmilch, 50 % i.Tr. Der am häufigsten produzierte und in Spanien meistverzehrte Käse ist der Ibérico.

TAPAS – DIE QUAL DER WAHL

Wie wär's mit ein paar Mandeln oder Oliven, einem Stück Käse, Wurst oder luftgetrocknetem Schinken? Oder lieber ein paar kleinen, frittierten Meeresfrüchten, winzigen Paprikaschoten, in Öl gebratenen Steinpilzen, Spinatkroketten, zarten Salatherzen oder Tortillas? Die Auswahl an solchen leckeren Kleinigkeiten, die in Spanien ein Mahl einleiten oder auch ersetzen, ist fast grenzenlos. Es gibt sie kalt, warm, einfach oder raffiniert, gebraten, gedünstet, mariniert, gekocht, geschmort oder eingelegt. Hauptsache, sie können beim gemütlichen Zusammensein mit Freunden und einem guten Glas Wein unkompliziert nebenher an der Bar verspeist werden.

Wie genau die Tapaskultur in Spanien entstand, darüber streiten sich die Gelehrten. In Kastilien verweist man gerne darauf, dass der kastilische König Alfonso X. der Urheber der kleinen Portionen war, weil er sich auf Anraten der Ärzte beim Essen zurückhalten musste. Die Andalusier sind überzeugt, dass die Tapaskultur hier ihren Ursprung hat. Schließlich ist es im sonnigen Süden seit jeher Sitte, im Freien ein Glas Sherry zusammen mit kleinen Leckereien auf einem Tellerchen (tapa) zu genießen. Vielleicht brachten aber auch die Mauren die Tapaskultur aus ihrer Heimat nach Andalusien, wo das Anbieten kleiner Appetithappen noch heute als Zeichen der Gastfreundschaft gilt.

Oben: Bei vielen spanischen Käsen mischt man die Milcharten untereinander.

Rechts und unten: Die Auswahl an Tapas ist fast grenzenlos.

Ibérico

Schnitt-/Hartkäse
aus Mischmilch
45–50% Fett i.Tr.

Juan Manuel Sanz/© ICEX

HERKUNFT UND GESCHICHTE

Der bekannteste und auch mengenmäßig bedeutendste der drei Mischkäsetypen ist der Ibérico. Er entspricht am ehesten der klassischen Vorstellung von einem Mischkäse. Wegen seiner geschmacklichen Vorzüge ist er auch erfolgreich. Der Ibérico kann in allen spanischen Regionen hergestellt werden. Produzenten sind vor allem große Molkereien.

HERSTELLUNG

Man unterscheidet vier Reifestufen: jung (25–30 Tage), halbreif (50–60 Tage), reif (3 Monate) und alt (6 Monate). Nach abgeschlossener Reifung wird der Käse mit einer Paraffin- oder Kunststoffschicht überzogen, damit er nicht austrocknet und sein Gewicht behält.

CHARAKTERISTIK

Dem Manchego ähnliche Zylinderform, Höhe 15 cm, Durchmesser 30 cm, Gewicht 3–4 kg. Die Rindenfarbe variiert je nach Reifegrad: weiß oder hellgelb bei jungem, braun bei reifem und dunkelbraun bei altem Ibérico. Auch die Teigfarbe verändert sich je nach Reifegrad von elfenbeinfarben bei jungem bis strohgelb bei altem Käse. Halbreifer Ibérico schmeckt frisch und zartwürzig, mit zunehmender Reifung wird der Käse kräftiger und pikanter. Der Kuhmilchanteil verleiht dem Käse Volumen und leichte Säuerlichkeit, die Ziegenmilch macht ihn leicht pikant, und die Schafsmilch verleiht ihm Butterartigkeit und Aroma.

KULINARISCHES

Ibérico essen die Spanier gern zum Nachtisch mit Membrillo (Quittengelee). Empfehlung MDM: Zum Ibérico passen sehr gut Rotwein aus der D.O. Valdepeñas. Wird er mit Quittengelee serviert, kann auch ein traditioneller alkoholverstärkter Süßwein, beispielsweise ein Moscatel oder ein Likörwein aus Carinena, gut harmonieren.

Queso de Tetilla (g.U.)

Schnittkäse
aus Kuhmilch
45% Fett i.Tr.

HERKUNFT UND GESCHICHTE

Tetilla darf überall in Galizien hergestellt werden, auch wenn die Provinz La Coruña und Teile der benachbarten Provinzen Pontevedra und Lugo die ursprüngliche Heimat der »kleinen Zitze« sind. Tetilla wird auch Queso de Perilla, Queso de Teta, Queso de Teta de Vaca oder Queso Gallego de Teta genannt.

HERSTELLUNG

Sowohl kleine Familienbetriebe als auch große Molkereien erzeugen Tetilla aus roher oder pasteurisierter Kuhvollmilch. Die Milch liefern traditionell Kühe der regionalen Rasse Rubia Gallega, aber auch Friesenkühe, die sich beide speziell im Winter von Herbstrübenblüten ernähren. Der erwärmten Milch wird Lab hinzugegeben, der Bruch wird behutsam gepresst, gesalzen und geformt. Danach reift der Tetilla recht kurz, mindestens 7, meist aber 15–20 Tage an einem kühlen, nicht zu feuchten Ort.

CHARAKTERISTIK

Kegelförmige, nach innen oder außen gewölbte Form, ähnlich einer Zitze. Durchmesser an der Basis 9–15 cm, Höhe 10–15 cm, Gewicht 0,75–1,5 kg. Dünne, gelbe Rinde, kompakter, weicher, cremiger und elastischer Teig von strohgelber bis elfenbeinfarbener Tönung. Wenige unregelmäßige Löcher. Mild-cremig im Geschmack mit dem charakteristischen Aroma von Rübenblüten, leicht säuerlich und angenehm fett am Gaumen.

BESONDERHEITEN

In Santiago de Compostela am Ziel des Jakobsweges kann man in vielen kleinen Tante-Emma-Läden noch Tetilla und andere handwerklich erzeugte Käsesorten der Region kaufen.

KULINARISCHES

Die Spanier essen den Tetilla gern in Würfel geschnitten, mit etwas Quittenmark oder -paste. Gut passen dazu fruchtige Weißweine aus Rías Baixas oder Rote aus Rioja. Eine interessante Alternative bildet ein Rotwein aus der relativ neuen D.O. Valdeorras. In Galizien trinkt man Wein übrigens oft aus tazas, kleinen Porzellanschalen.

Queso do Cebreiro (g.U.)

Frischkäse
aus Kuhmilch
45–60% Fett i.Tr.

HERKUNFT UND GESCHICHTE

Der Cebreiro wurde schon im 18. Jh. von Feinschmeckern geschätzt. Dieser Bauernkäse stammt von den hohen Bergpässen Piedrafita und Becerreá in der Provinz Lugo, wo er in Handarbeit und nur in kleinen Mengen erzeugt wird. Am besten findet man ihn auf galizischen Märkten.

HERSTELLUNG

Normalerweise verwendet man für den Cebreiro ausschließlich Kuhmilch. In besonderen Fällen darf aber bis zu 40 % Ziegenmilch hinzugesetzt werden. Die Kuhmilch stammt von den Rassen Rubia Gallea, Pardo Alpina und Frisona. Cebreiro gibt es als Frischkäse oder leicht gereift.

CHARAKTERISTIK

Die markante Form erinnert an einen Pilz oder an eine zusammengedrückte Kochmütze. Typisch sind die dünne Rinde und ein Teig von weicher, cremiger Textur. Seine Konsistenz erinnert an Quark, doch ist sie trockener, kompakter und hat einen leicht körnigen Biss. Frisch, delikat, leicht säuerlich im Geschmack. Das Gewicht der Laibe schwankt, je nach Herstellung zwischen 0,5 und 2 kg. Im Schnitt misst der Cebreiro 10–13 cm Durchmesser an der Unterseite, die Oberseite erreicht 16–17 cm, die Höhe 2–5 cm.

KULINARISCHES

Cebreiro schmeckt sehr gut zu dem in der Region typischen Roggenbrot. Ein kulinarisches Erlebnis besonderer Art ist es, zum buttrigen Cebreiro einmal einen klassischen Cava zu probieren.

Arzúa-Ulloa (g.U.)

Weichkäse
aus Kuhmilch
45–48% Fett i.Tr.

Juan Manuel Sanz/© ICEX

HERKUNFT UND GESCHICHTE

Dieser Käse ist auch unter den Namen Queso de Ulloa, Queixo do Pais (Landkäse), Queso de Patela oder Queso Gallego bekannt. Er besitzt in Galizien eine lange Tradition und ist vor allem in seinem Herstellungsgebiet (bei Arzúa und Ulloa) beliebt, hat jedoch längst auch zahlreiche Liebhaber außerhalb der Produktionsgrenzen gefunden.

HERSTELLUNG

Verwendet wird Milch der Rinderrasse Rubia Gallega, die dichte, fette und süße Milch liefert. Die Herstellung ähnelt der des Tetilla, jedoch reifen Arzúa und Ulloa mit mindestens 15 Tagen eher etwas länger.

CHARAKTERISTIK

Kleiner, flacher Laib, Gewicht 0,3–2 kg, in der Regel 1 kg. Glatte, vollgelbe Rinde, kompakter, dabei elastischer und weicher, elfenbeinfarbener Teig. Zarter, buttriger, leicht säuerlicher Geschmack ähnlich dem des Tetilla, durch die längere Reife allerdings kräftiger im Aroma.

KULINARISCHES

Zu diesen Landkäsen passen junge, blumige Weißweine aus Galizien, besonders aus der D.O. Rías Baixas.

LA RIOJA

In der Sierra de Cameros, zwischen La Rioja und Soria, nahe der Grenze zu Kastilien-Léon, wird der Queso Camerano erzeugt. Der kleine, weiche Ziegenfrischkäse reift in Weidekörbchen, die gleichzeitig zum Ablaufen der Molke dienen. Er ist besonders würzig, aber nur etwa 10 Tage haltbar. Zusammen mit Quittenbrot oder Berghonig wird er als Dessert gereicht.

BLAUE KÖSTLICHKEITEN

Früher gab es viele picones, also Käse, die lange in natürlichen, feuchten Höhlen reiften und dabei den typischen Blauschimmel entwickelten. Heute ist die Bezeichnung Picón nur den Blauschimmelkäsen vorbehalten, die aus Rohmilch erzeugt werden und in den Naturhöhlen in der Umgebung Liébanas (Kantabrien), vor allem in den Dörfern Bejes und Tresviso, reifen. Der Picón Bejes-Tresviso (g.U.) wird nach traditioneller Methode von Hand aus gemischter Rohmilch von Kuh, Ziege und Schaf hergestellt. Picón muss mindestens 3 Monate in den Naturhöhlen reifen. Die zylinderförmigen Käselaibe wiegen 1,5–4 kg und haben einen Fettgehalt von 45–50 % i.Tr. Die leicht klebrige, feuchte Rinde umhüllt einen von graublauen Schimmeladern durchzogenen, weichen, etwas bröckeligen Teig mit ausgeprägtem, durchdringendem Geschmack und angenehmem Edelschimmelaroma. Es kommt vor, dass die Rinde einen orangefarbenen Schimmel aufweist und der Käse leicht unangenehm riecht. Kenner wissen das und entfernen daher einfach die Rinde.

Der Queso de Valdeón (g.g.A.) kommt aus dem Valdeón-Tal in den südlichen Ausläufern der Picos de Europa. Dieses Gebiet gehört schon zu Kastilien-León, ist schwer zugänglich und von hohen Bergpässen umgeben. Über mehrere Jahrhunderte bildete die Rinderzucht in der versteckten und verlassenen Gegend die Haupteinnahmequelle der Bewohner. Her wurde schon seit jeher Käse produziert, der dann in den Berghöhlen reifen konnte. Heute kommt die Milch der auf den fruchtbaren Weiden grasenden Kühe aus dem ganzen Tal nach Posada, wo dann nach traditionellen Methoden der hocharomatische, fette (50 % Fett i.Tr.) Blauschimmelkäse hergestellt wird und über Monate in den Naturhöhlen reift. Der zylinderförmige Käse misst im Durchmesser etwa 25 cm und in der Höhe etwa 12 cm. Er kann ein Gewicht bis zu 4 kg erreichen. Leicht feuchte, klebrige, bräunliche Rinde, weißlicher Teig, dicht von blauen Schimmeladern durchzogen.

Die Traube Pedro Ximénez ist süß, der Sherry daraus ideal zu Blauschimmelkäse.

Pikanter, aromatisch-intensiver, aber nicht zu kräftiger Geschmack. Leicht bröckeliger, schmelzender und fester Teig.

Der Gamonedo (g.U.) stammt ebenfalls aus dem Naturpark Picos de Europa, hat aber ganz andere Qualitäten. Sein Produktionsgebiet liegt an den nordwestlichen Gebirgsausläufern. Der Gamonedo entsteht aus Mischmilch von Kuh, Ziege und Schaf. Die Täler, in denen er produziert wird, sind weit und sonnig, das Futter ist dadurch noch aromatischer, und dies wirkt sich auf den Geschmack der Milch und des Käses aus. Der Gamonedo reift 2 Monate, besitzt einen Fettgehalt von 45–50 % i.Tr. und wiegt 1,5–5 kg. Durch das Pressen des Bruchs ist die Teigkonsistenz kompakter als beim Cabrales. Die Reifung erfolgt in weniger feuchten Kellern – die Blauschimmelmarmorierung ist dadurch wesentlich geringer. Da der Käse im ersten Reifemonat leicht geräuchert wird, ist die Rinde dicker und trockener. Der Geschmack ist leicht säuerlich und milchig mit einem Anflug von Raucharoma, der Teig ist leicht körnig und je nach Reifegrad halbfest oder fest. Der mild-pikante Geschmack des Gamonedo mit einem leichten Nachklang von Haselnuss passt im Übrigen sehr gut zu einem süßen Sherry, zu einem Muskateller oder zu einem Süßwein aus Málaga.

Das jüngste Mitglied der Blauschimmelkäse-Familie ist La Peral. Die Schöpfung des Besitzers einer kleinen Käserei in La Peral an der Zentralküste Asturiens wird inzwischen bereits in der vierten Generation hergestellt. Der Weichkäse aus Kuhmilch gewinnt durch einen Schuss Schafssahnemolke an Aroma und erinnert an gereiften Käse, obwohl er lediglich 6 Wochen lagert. Der zylinderförmige Käse wiegt 1–3 kg, besitzt einen Fettgehalt von 48–50 % i.Tr. Die Rinde ist feucht und leicht klebrig, darunter verbirgt sich ein weicher, heller, fast weißlicher und nur leicht marmorierter Teig mit angenehm säuerlichem, leicht pikantem, salzigem und sahneartigem Geschmack.

In der gehobenen Gastronomie sind die Blauschimmelspezialitäten heiß begehrt.

San Simón

Hartkäse aus Kuhmilch 45% Fett i.Tr.

Juan Manuel Sanz/© ICEX

HERKUNFT UND GESCHICHTE

Der San Simón wird in den westlichen Ausläufern der Kantabrischen Kordilleren, in der Gegend von Villalba in der Provinz Lugo traditionell als lange haltbarer Käse hergestellt und trägt den Namen des Ortes, in dem er entstand. Teilweiße heißt er auch Queso de San Simón de la Cuesta.

HERSTELLUNG

San Simón wird in einer birnenförmigen Holzform gepresst, was ihm seine charakteristische Form verleiht. Damit die Molke abfließen kann, presst man den San Simón mit der Hand und brüht ihn anschließend in Wasser ab. Danach muss er mindestens 3 Wochen reifen und wird anschließend leicht über Birkenholz geräuchert. Trotz der eher geringen Reifezeit besitzt er durch den starken Flüssigkeitsentzug einen voll entwickelten Geschmack. San Simón hält sich bis zu zwei Jahren.

CHARAKTERISTIK

Birnenförmig mit abgeplatteter Unterseite, Gewicht etwa 1 kg. Durch das Räuchern erhält der Käse eine geschlossene, wachsartige, feste und harte Rinde von kupferbrauner Farbe. Unverwechselbarer, kräftiger Geschmack und intensives, würziges Raucharoma zeichnen den San Simón aus. Der elfenbeinfarbene Teig ist fest und kompakt.

KULINARISCHES

Zu diesem Käse passt ein etwas fruchtigerer Rotwein aus Galizien wie zum Beispiel aus der D.O. Monterrei.

Beyos

Weichkäse
aus Kuh- und Ziegenmilch
45–50% Fett i.Tr.

Juan Manuel Sanz/© ICEX

HERKUNFT UND GESCHICHTE

Kommt man durch die imposante Schlucht von Los Beyos zwischen León und Asturien, könnte man meinen, dass hier kein Mensch zu leben vermag. Steil aufragende Felswände lassen kaum Platz für Ackerbau oder Weideflächen. Trotzdem finden in der schwer zugänglichen Landschaft in der Umgebung der Dörfer Amieva und Ponga Ziegen und Kühe ihr Auskommen. Hier ist auch der Beyos, auch Queso de los Beyos oder Beyusco, zu Hause, eine sehr alte Spezialität.

HERSTELLUNG

Der Käse entstammt handwerklicher Fertigung und wurde früher nur aus Ziegenmilch hergestellt. Die Milch konnte gemächlich im Schutz des Feuers gerinnen, man entzog dem Käse in aller Ruhe die Molke, salzte ihn von Hand und legte ihn in feuchte Vorratskammern, wo sich auf der Rinde weißer bis orangefarbener Schimmel bildete. Heute hat eine kleine Genossenschaft die alte Produktionsweise dieses feinen Käses übernommen, der mindestens 2 Wochen reift und jung verzehrt wird.

CHARAKTERISTIK

Kleiner Zylinder, Gewicht 500 g. Natürliche, gelbe bis orangefarbene Rinde mit leichtem grauem, unregelmäßigem Schimmel, heller, weißer Teig von feiner, cremiger Konsistenz mit ausgeprägt säuerlichem Aroma.

KULINARISCHES

Zu diesem Käse empfiehlt sich ein Rotwein aus der D.O. Cariñena.

Afuega'l pitu del Aramo

Weichkäse
aus Kuhmilch
45–48% Fett i.Tr.

HERKUNFT UND GESCHICHTE

Afuega'l pitu ist eine uralte Käsesorte und wahrscheinlich die älteste Spaniens. In der asturischen Sprache (Bable) bedeutet afuega'l pitu »am Halse kleben« oder »das Huhn ersticken«, was dann verständlich wird, wenn man die Konsistenz des Käses kennt. Glaubt man den Erzählungen, dann gab man in früheren Zeiten einem Huhn ein Stückchen der zum Formen bereiten Käsemasse zur Probe. War die Konsistenz richtig, verschluckte sich das Huhn an dem Stückchen, was das arme Tier nicht immer überlebte.

HERSTELLUNG

Die Milch wird mit natürlichen Milchsäurebakterien dickgelegt. Dies geschieht über längere Zeit bei niedrigen Temperaturen. Das Formen und Pressen erfolgt von Hand mithilfe eines Tuches. Während der Reifezeit, die mindestens 1 Woche beträgt, bildet sich ein natürlicher weißer Schimmel.

CHARAKTERISTIK

Kugelförmige, unregelmäßige Form durch das Pressen im Tuch, Gewicht um 500 g. Fetter, körniger und weicher, weißer bis gelblicher Teig. Frischer und zartmilder, leicht säuerlicher Geschmack mit einem Hauch von frischen Pilzen. Der frische Käse ist praktisch rindenlos, nach einer Woche bildet sich ein leichter weißer Oberflächenschimmel.

KULINARISCHES

Asturien und Kantabrien sind keine Weingebiete, doch gibt es dort einen wunderbaren, leicht bitteren Apfelwein, den Sidra, den man unbedingt zu diesem Käse probieren sollte. Wenn es Wein sein soll, dann am besten ein reifer, roter Rioja, zum frischen Käse harmoniert auch ein fruchtbetonter Weißwein aus der D.O. Rueda.

VERWANDTE KÄSE

Eine Variante dieses Käses nennt man Rojo del Aramo. Dafür vermischt man den Käsebruch mit süßem und scharfem Paprikapulver, was dem späteren Produkt einen kräftigeren Geschmack verleiht. Andere Varianten sind geräuchert und gewürzt.

Cabrales (g.U.)

Blauschimmelkäse
aus Rohmilch von Kuh, Schaf und Ziege
ca. 50% Fett i.Tr.

HERKUNFT UND GESCHICHTE

Picos de Europa

Der prominenteste Käse aus Asturien ist der Cabrales. Das Erzeugungsgebiet umfasst drei kleine Dörfer der Gemeinde Arenas de Cabrales. Als einziger Käse hier wird er per Hand und nur aus Rohmilch hergestellt.

HERSTELLUNG

Die cabraliegos (die Käseproduzenten) schwören auf die Vereinigung der drei Milcharten. Kuhmilch gibt die Säure, Ziegenmilch den pikanten Geschmack und Schafsmilch Buttrigkeit und Aroma. Der Bruch wird in haselnussgroße Stücke zerkleinert, in zylindrischen Formen gepresst, gesalzen und 1–2 Wochen an einem kühlen, luftigen Ort und unter regelmäßigem Wenden getrocknet, bis ein dichter, kompakter Teig entstanden ist und sich eine leichte Rinde ausbildet. Die Käselaibe reifen in Kalksteinhöhlen oder -kellern bei hoher Luftfeuchtigkeit und 4–8 °C über 3–6 Monate. In einem komplexen biochemischen Vorgang lassen Bakterien, Hefen und Schimmelpilze nach etwa 3–8 Wochen, manchmal auch erst nach 6 Monaten, einen von Schimmeladern durchzogenen Käse entstehen. Während des Reifeprozesses wendet und säubert man die Käse mehrfach. Der reife Cabrales wurde früher in Kastanienblätter gewickelt. Wegen EU-Bestimmungen wird nun Alufolie mit eingeprägtem Blatt verwendet.

CHARAKTERISTIK

Zylindrische Form, 18–30 cm Durchmesser, 1–4 kg Gewicht, 7–13 cm Höhe. Leicht klebrige, gelbbräunliche Rinde, Teig von butterartiger, fester und schmelzend-cremiger Konsistenz, von blaugrünen Schimmeladern durchzogen. Ausgeprägt aromatischer Geschmack, vollmundig, angenehm pikant und salzig. Je nach Jahreszeit besteht der Käse aus einem größeren Anteil an Kuh-, Ziegen- oder Schafsmilch und variiert im Geschmack.

BESONDERHEITEN

Cabrales wird nur in über 80 kleinen Käsereien in einer jährlichen Menge von rund 265.000 kg hergestellt. Den besten Cabrales bekommt man auf den Wochenmärkten der Region oder beim berühmten Käsemarkt von Arenas de Cabrales am letzten Sonntag im August.

Quesucos de Liébana (g.U.)

Frisch-/Weichkäse
aus Kuhmilch
45–50% Fett i.Tr.

HERKUNFT UND GESCHICHTE

Diese milden, einfachen und kleinen Käse (quesuco heißt kleiner Käse im kantabrischen Spanien) wurden früher von den Hirten selbst gekäst. Abgeschiedenheit der Dörfer im Bereich Liébana hat dazu geführt, dass die Rezeptur von Käserei zu Käserei leicht variiert. Die Käse entstehen hauptsächlich aus Kuhmilch, manchmal aber auch aus einer Mischung mit Schafs- und/oder Ziegenmilch.

HERSTELLUNG

Pasteurisierte Milch wird mithilfe von Lab dickgelegt. Die jungen Käse reifen mindestens zwei 2 Wochen, im Allgemeinen aber 20–30 Tage. Da sie nur leicht gepresst werden, weisen sie im Regelfall große Löcher auf.

CHARAKTERISTIK

Kleine, flache, zylindrische Laibe von etwa 500 g. Authentischer und unverfälschter Milchgeschmack. Mildes und butterartiges Aroma bei der ungeräucherten Variante. Geräucherter Käse schmeckt säuerlicher und reifer.

KULINARISCHES

Die Quesucos sind Käse mit einem ausgeprägten laktischen Abgang, insofern passt ein süßer Wein wie ein süßer Oloroso Sherry zur ungeräucherten Variante, zur geräucherten Variante auch ein Málaga oder Pedro Ximenés.

VERWANDTE KÄSE

Die Quesucos gibt es bei entsprechend kurzer Reife auch als Frischkäse. Dann sind sie körnig und schmelzen im Mund. Diese Variation heißt de Pido. Die milchigen und sehr fetten Käse mit butterähnlichem Aroma haben einen komplexen, ausgeprägten Geschmack. Aliva aus dem Quellgebiet des Deva war ursprünglich ein Ziegenkäse, wird heute aber hauptsächlich aus Kuhmilch erzeugt und mit Wacholderholz geräuchert. Sein weicher, gleichzeitig aber fester Teig ist wenig kompakt. Der Geschmack ist säuerlich und fett mit leichtem Nachgeschmack nach Geräuchertem.

Queso de Cantabria (g.U.)

Schnittkäse
aus Kuhmilch
45% Fett i.Tr.

HERKUNFT UND GESCHICHTE

Cantabria entstand im Zisterzienserkloster von Cóbreces, wo die Mönche bis heute diesen Kuhmilchkäse herstellen. Außerdem wird er in etlichen kleinen bis mittleren Käsereien und Familienbetrieben auf die traditionelle Weise hergestellt. Vor der Verleihung der geschützten Herkunftsbezeichnung war der Käse auch als Rahmkäse (Queso de Nata) bekannt.

HERSTELLUNG

In Kantabrien mit seinen immergrünen Wiesen und den ausgedehnten Wäldern mit Buchen, Eichen, Kastanien und Nüssen finden Milchkühe ideale Futterverhältnisse. Die sehr aromatische Milch der friesischen Rasse, die zur Erzeugung des Cantabria verwendet wird, bildet die Grundlage für Cantabria. Der nach der Dicklegung entstandene Teig wird erhitzt, gepresst und kommt dann in einen zylindrischen Behälter zum Abtropfen der Molke. Danach ruht der Käse 24 Stunden in einer Salzlauge. Cantabria reift nur kurz, mindestens aber 15 Tage.

CHARAKTERISTIK

Zylinderförmige oder rechteckige Form, Gewicht 0,5–3 kg. Weicher und sehr cremiger Sahnekäse mit ausgeprägtem Sahnearoma, der auf der Zunge zergeht. Schmeckt süß bis leicht säuerlich, butterartig, dabei aber leicht, mild und frisch.

KULINARISCHES

Cantabria harmoniert sehr gut mit Konfitüre oder Honig und wird meist als Dessert serviert. Entsprechend passt dazu ein gehaltvoller Muskateller-Wein.

IN JEDEM TAL EIN ANDERER KÄSE

Asturien und die Nachbarregion Kantabrien sind wahre Käsehochburgen. In Asturien, findet man viele kleine, zylinderförmige Ziegenkäse, die überwiegend durch Milchgerinnung gewonnen werden, und auch in den Bergen von León stellt man vergleichbare Käse her. Das Valle del Pas in Kantabrien war schon immer für Milchprodukte bekannt. Neben Käse ist die Gegend auch berühmt für ihren Käsekuchen. Mit Ausnahme des Cabrales, der in etwas größeren Mengen hergestellt wird, sind alle anderen Käse aus handwerklicher Herstellung nur in kleinen Mengen verfügbar, getreu dem Motto »jedem Tal seinen Käse«. Selbst in Spanien findet man diese Käse nur in Fachgeschäften, aber die Suche lohnt sich. Oftmals, wie beim Picón Bejes-Tresviso, helfen nur Beziehungen, um an diese Spezialitäten zu kommen, da ein Großteil der Produktion bereits im Voraus von den Restaurants aufgekauft wird.

SCHAFSKÄSEBESONDERHEITEN

Im Baskenland gibt es mit Gaztazarra (baskisch »alter Käse«), Quemón oder Picañoñ Käse, die ihren Namen dem typischen scharfen Geschmack verdanken. Beim Gaztazarra wird der frischen Käsemasse als Starter etwas alter Käse hinzugegeben. Dazu kommt noch eine geringe Menge Pacharán (Schlehenlikör). Der Gaztazarra ähnelt dem Tupí und bewahrt auch im verzehrsfertigen Käse seinen Likörgeschmack. Auch in Andalusien gibt es zwei charakteristische Schafskäse, die in sehr kleiner Menge produziert werden, wie den Calahorra (Granada) vom Nordabhang der Sierra Nevada und den Grazalema aus dem über 1.000 m hoch gelegenen, gleichnamigen Dorf in den Bergen von Cádiz.

Quark aus Schafsmilch, Cuajada, verzehrt man überall in Spanien frisch und ungesalzen, als Zwischenmahlzeit oder zum Nachtisch mit Zucker, Honig oder Konfitüre. Er ist körnig in der Konsistenz, leicht mehlig auf der Zunge und schmeckt angenehm süßlich. Im Baskenland nennt man diesen Schafsmilchquark Gaztanbera. Im Supermarkt findet man häufig industriell und meist aus Kuhmilch hergestellte. Einige Käsereien im Baskenland und in Navarra haben sich auf die Erzeugung von authentischer Cuajada aus Schafsmilch spezialisiert und bieten den frischen Käse in kleinen Tonkrügen oder Gläsern an.

PACHARÁN – GENUSS AUS SCHLEHEN

In Navarra sorgten früher oft die Großmütter auf den Bauernhöfen für eine ganz besondere Spezialität, indem sie regelmäßig im Spätsommer die blauschwarzen Früchte des Schwarzdornstrauches pflückten und diese liebevoll in Anisschnaps einlegten. Manchmal kamen noch eine Zimtstange und einige Kaffeebohnen hinzu. Dieser Ansatz wurde auf das gegen Süden ausgerichtete Fenstersims gestellt und ergab nach 2–4 Monaten Durchziehen einen überaus wohlschmeckenden Likör, den sogenannten Pacharán (Schlehen heißen auf Spanisch pacharánes oder endrinas). Die Navarresen lieben ihn nicht ohne Grund, denn er schmeckt und soll sogar vorbeugend gegen Herzinfarkt und Arteriosklerose helfen. Seit die navarresische Spezialität in ganz Spanien Freunde gefunden hat, kommen auch industriell hergestellte Pacharáns mit 25–30 Vol-%. auf den Markt. Inzwischen ist die Nachfrage so groß, dass die wild wachsenden Schlehen in Navarra nicht mehr ausreichen. Deshalb wird gezielt Schwarzdorn angepflanzt, und es werden zusätzlich Schlehenfrüchte importiert. Am besten schmeckt ein Pacharán gut gekühlt als Digestif oder als Mixgetränk mit Orangen- oder Ananassaft. Eiswürfel haben in einem Pacharán nichts zu suchen.

Idiazábal (g.U.)

Hartkäse
aus Schafsrohmilch
45% Fett i.Tr.

Juan Manuel Sanz/© ICEX

HERKUNFT UND GESCHICHTE

Navarra, Baskenland

Benannt ist der Idiazábal nach der gleichnamigen Ortschaft, die zur baskischen Provinz Guipúzkoa zählt. Er gilt als beliebtester Schafskäse aus dem spanischen Baskenland. Nach wie vor findet man im Baskenland Wanderherden mit den zotteligen Lacha-Schafen (baskisch: Latxa). Ein Großteil der Schafzucht hat sich inzwischen auf die umgebenden Gebirgshöfe (caseríos) verlagert.

HERSTELLUNG

Für den Idiazábal wird nur die unbehandelte, aromatische Milch der Lacha-Schafe verwendet. Der Bruch wird in reiskorngroße Stückchen zerschnitten, erneut erhitzt und 12–18 Stunden lang in einer zylindrischen Form gepresst. Nach dem Salzen reift der Käse mindestens 2, meist jedoch 3–5 Monate in feuchten Kellern. Der ausgereifte Käse ist auch als geräucherte Variante erhältlich. Das Räuchern mit Weißdorn- oder Kirschbaumholz verleiht dem Käse ein besonders markantes Aroma. In größeren Betrieben wird zum Räuchern meist Eichen- oder Buchenholz verwendet.

CHARAKTERISTIK

Meist zylindrische Form, Durchmesser 10–30 cm, Höhe 8–12 cm, Gewicht 1–2,5 kg. Ungeräuchert: gelbliche Rinde, beige- bis hellgelber Teig, schwaches Heuaroma, kräftiger, intensiver, vollmundiger, leicht pikanter, aber nicht scharfer Geschmack. Geräuchert: kupferfarben-bräunliche Rinde, kompakter, trockener, spröder, dennoch zarter Teig mit braunem Rand. Im Geschmack ist geräucherter Idiazábal etwas trockener und strenger, doch angenehm im Aroma. Seine besondere Charakteristik gewinnt er durch die Art des verwendeten Holzes.

KULINARISCHES

Lässt sich lange aufbewahren und ist ein guter Reibekäse für Nudel- oder Reisgerichte. Mit einem geräucherten Idiazábal harmoniert eine abgerundete, reife und kräftige Rioja Reserva oder Gran Reserva, auch ein üppiger Rotwein aus dem Priorat passt.

Roncal (g.U.)

Hartkäse
aus Schafsmilch
50% Fett i.Tr.

HERKUNFT UND GESCHICHTE

Das Produktionsgebiet des Roncal, das baskisch sprechende Roncal-Tal, liegt im Nordosten von Navarra und zählt mit seiner urwüchsigen Landschaft zu den beeindruckendsten Tälern der westlichen Pyrenäen. Die gesetzlichen Bestimmungen erlauben die Erzeugung nur in sieben Dörfern des Roncal-Tals: Uztárroz, Isaba, Urzainqui, Roncal, Garde, Vidángoz und Burgui. Die Schafzucht und die Käseproduktion lassen sich dort bis ins 13. Jh. zurückverfolgen. Roncal-Käse ist eng mit der Geschichte des jahrhundertealten Weidewechsels verbunden, der die Hirten aus dem Tal in den Süden Navarras führte, wo die Herden überwinterten, und im Sommer wieder zurück zu den Hochalmen der Pyrenäen. Dem Roncal wurde 1981 als erstem Käse die D.O. zuerkannt.

HERSTELLUNG

Verwendet wird Milch der Lacha- oder Aragón-Schafe. Die Tiere geben wenig Milch, die aber dank des guten Futters von bester Qualität, hohem Fettgehalt und sehr aromatisch ist. Zwischen Dezember und Juli verarbeitet man den Käse nach dem üblichen Herstellungsverfahren für Bergkäse (siehe Idiazábal) in kleinen Familienbetrieben oder in der Zentralkäserei von Roncal. Nach dem Salzen reift der Käse dann mindestens 4 Monate in natürlichen Höhlen, in die frische, feuchte Bergluft aus nördlicher Richtung einströmt.

CHARAKTERISTIK

Zylinderförmige Laibe, 1–3,5 kg Gewicht. Dicke, meist gelbe bis braune Rinde, weißer bis elfenbeinfarbener Teig, der eine kompakte, harte und porige Konsistenz ohne Löcher aufweist. Feinwürziger, kräftiger, leicht pikanter und butterartiger Geschmack, mit Aromen von Stroh, Trockenfrüchten und Pilzen. In Größe und Form gleicht der Roncal dem Idiazábal.

KULINARISCHES

Pimientos del Piquillo, gegrillte und danach handgeschälte und eingemachte Paprikaschoten, werden unter anderem mit Roncal gefüllt und als Tapa angeboten. Zum Roncal passt natürlich ein reifer Rotwein aus Navarra.

Queso Zamorano (g.U.)

Hartkäse
aus Schafsmilch
45% Fett i.Tr.

HERKUNFT UND GESCHICHTE

Zamora

Die Heimat des Zamorano liegt im Herzen des historischen Kastiliens, und im Norden der kastilischen Hochebene ist er das, was der Manchego im Süden ist. Etwa 14 kleine bis mittlere Käsereien stellen ihn her.

HERSTELLUNG

Es wird rohe oder pasteurisierte Milch der Schafsrassen Churra oder Castellana verwendet. Diese beiden Tierrassen sind optimal an das raue, extrem kontinentale Klima angepasst. Nach dem Gerinnen, dem anschließenden Zerkleinern des Bruchs und erneuter Erhitzung kommt die Käsemasse in spezielle Formen, wird gepresst und gesalzen. Anschließend reift der Käse mindestens 3 Monate, oft aber auch 1 Jahr und länger. Währenddessen wird er mehrfach gewaschen und gewendet. Käse, die nach traditionellem handwerklichem Verfahren aus Rohmilch hergestellt werden, tragen als Orientierungshilfe die Bezeichnung »Artesano«.

CHARAKTERISTIK

Zylindrische Form, bis zu 24 cm Durchmesser, 14 cm Höhe und 2–3 kg Gewicht. Die harte, gelblich bis dunkelbraun gefärbte Rinde trägt ein stilisiertes Zickzackmuster an den Seiten. Kompakter, je nach Reifestadium elfenbeinfarbener bis zartgelber Teig mit winzigen, gleichmäßigen Lochungen. Ausgeprägter kräftiger, vollwürziger Geschmack. Mit zunehmender Reife pikantere Note.

KULINARISCHES

In manchen Käsereien legt man den Zamorano zur Intensivierung des Aromas in Olivenöl ein. Ein Weißwein der Region, zum Beispiel ein Malvasia der D.O. Toro, oder ein Rotwein aus Ribera del Duero ergänzen das pikante Aroma hervorragend. In seiner Heimat genießt man ihn gerne mit anderen lokalen Spezialitäten wie dem berühmten Pata-Negra-Schinken.

VERWANDTE KÄSE

Ebenfalls aus Kastilien-León kommt der Schafskäse Castellano. Acht Provinzen der Region Kastilien-León haben das Recht, ihn herzustellen. Gewonnen wird er aus der Milch des kastilischen Schafes.

Queso Manchego (g.U.)

Hartkäse
aus Schafsmilch
50% Fett i.Tr.

HERKUNFT UND GESCHICHTE

Der bedeutendste und bekannteste Schafskäse Spaniens ist der Manchego. Das ausgedehnte Produktionsgebiet umfasst ein weites, trockenes Hochland in über 600 m Höhe südöstlich von Madrid. Für das Klima sind kalte, raue Winter und lange, trockene Sommer kennzeichnend.

HERSTELLUNG

Unabdingbar ist die Milch der Manchego-Schafe. Die klimatischen Bedingungen sorgen für eine fette, aromatische und leicht säuerliche Milch. Nach der Gerinnung wird der Bruch wieder erwärmt, über mehrere Stunden in Formen gepresst und schließlich gesalzen. Die anschließende Reifung erfolgt in kühlen Räumen bei 75–85 % Luftfeuchtigkeit und dauert je nach Reifestufe 2 (fresco) bis 6 (curado) Monate. Sehr alter Manchego (añejo) reift bis zu 2 Jahren und ist extrahart.

CHARAKTERISTIK

Zylinderförmiger Laib: Höhe 7–12 cm, Durchmesser 9–22 cm, Gewicht 1–3,5 kg. Harte, strohgelbe bis dunkelbraune Rinde, an den Seiten zickzackartig geprägt. Ober- und Unterseite weisen eine typische (Blumen-)Prägung auf. Fester, kompakter weiß- bis cremefarbener Teig mit vielen kleinen Löchern. Bei frischem Manchego ist der Teig geschmeidig, bei mittelaltem fester, bei altem hart. Je nach Reifestufe reicht der Geschmack von frisch und elegant bis zu leicht pikant-salzig und würzig-aromatisch. Angenehmes Schafsmilcharoma mit einer Spur von Heu- und Röstaromen.

KULINARISCHES

Zu Manchego-Käse passt Sherry Manzanilla. In Spanien isst man ihn gern mit Quittenmark, Feigen, Trauben oder Äpfeln. Besonders gut passt zum kräftigen Manchego knuspriges Bauernbrot und ein körperreicher, kraftvoller und reifer Rotwein aus der aufstrebenden D.O. La Mancha.

VERWANDTE KÄSE

Etwas günstigere Käse nach Manchego-Art werden aus einer Mischung aus Kuh- und Ziegenmilch erzeugt. Auch sie sind schmackhaft, dürfen aber nicht den geschützten Namen Manchego tragen.

La Serena (g.U.)

Schnittkäse
aus Schafsrohmilch
50% Fett i.Tr.

Juan Manuel Sanz/© ICEX

HERKUNFT UND GESCHICHTE

Das Produktionsgebiet ist die Gegend La Serena im Südosten der Extremadura. Das Serena-Tal bezeichnete man wegen seiner Abgelegenheit früher auch als das »Sibirien Spaniens«. Die Käse hier entstammen der Wanderhirtentradition. Nach deren überlieferten Verfahren wird auch die halbweiche Schafskäsespezialität La Serena hergestellt. Über 1.000 Viehzüchter liefern die notwendige Milch. La Serena zählt heute zu den gefragtesten, aber auch teuersten Käsen Spaniens.

HERSTELLUNG

Die Milch stammt ausschließlich vom Merino-Schaf. Früher überwinterten diese Tiere in der dehesa, dem mit jahrhundertealten Stein- und Korkeichen bestandenen Weideland der Extremadura. Sie ernähren sich bis heute von frischen Süßgräsern, Eicheln, Klee, Hülsenfrüchten und duftenden Wildkräutern, was der Milch eine einzigartige Qualität verleiht. Merino-Schafe geben extrem wenig, dafür jedoch sehr fettreiche Milch: insgesamt sind es nur 0,35 l pro Tag. Um 1 kg Käse zu erzeugen, ist die Tagesproduktion von 15 Merino-Schafen notwendig. Nur zwischen Herbst und Frühjahr, wenn die gemäßigten Regenfälle und das milde Klima den von der Sonne ausgedörrten Boden in üppige Grasweiden verwandelt, stellt man diese Schafskäsespezialität her. Zum Käsen wird die Rohmilch mit pflanzlichem Lab zum Gerinnen gebracht wird. Seit jeher verwendet man hierfür die Blütenstempel der Spanischen Artischocke, einer Distelart, die vom späten Frühjahr bis zum Sommerbeginn blüht. Man schneidet die Blüten ab und trocknet sie, dann entfernt man den Stempel und weicht ihn einen halben Tag lang in kaltem oder lauwarmem Wasser ein. Anschließend werden die Blütenstempel im Mörser zerstampft und noch einmal mit Wasser vermischt. Eine kleine Prise dieses pflanzlichen Labferments bringt etwa 10 l Milch zum Gerinnen. Der Bruch wird mehrfach behutsam ausgedrückt, gewendet und vorsichtig gepresst, damit die Molke abfließt. Nach dem Salzen kommen die Käse auf Regale aus Pappel- oder Eichenholz, wo sie täglich gewendet werden müssen, damit sie ordentlich durchreifen und »schwitzen«. Die Reife dauert mindestens 60 Tage.

CHARAKTERISTIK

Flacher, scheibenförmiger, runder Käse: Höhe 4–8 cm, Durchmesser 18–24 cm, Gewicht 1–2 kg. Strohfarbene, glatte, wachsartige Rinde, fester, kompakter, cremig-weicher Teig mit winzigen, vereinzelten Löchern. Weiche bis zart schmelzende Konsistenz. Eigenwilliger, unverwechselbarer Geschmack, den man als angenehm cremig, fett und intensiv aromatisch bezeichnen kann. Leicht bittere und säuerliche Note durch die Verwendung des pflanzlichen Labzusatzes.

KULINARISCHES

Zum La Serena und zur Torta del Casar passen ganz vorzüglich Weißweine aus der Extremadura (D.O. Ribera del Guadina) oder ein fruchtiger Albariño aus Galizien.

VERWANDTE KÄSE

Ebenfalls aus der Extremadura stammt die berühmte und in ganz Spanien einzigartige Torta del Casar (g.U.). Man produziert diesen Käse vor allem in dem kleinen Ort Casar de Cáceres und dessen Umgebung. Die cremig-weiche Spezialität wird ebenfalls aus Rohmilch der Merino-Schafe und durch Zusatz von pflanzlichem Lab gewonnen. Die Herstellung ähnelt der des Queso de la Serena. Es entsteht ein Käse, der äußerlich dem Serena gleicht, im Innern jedoch einen vollkommen weichen, dickflüssigen, hocharomatischen Teig enthält. Die Erzeuger käsen nur etwa 6.000–8.000 kg Torta del Casar pro Jahr. Entsprechend rar und teuer ist dieser Käse. Um die Torta del Casar richtig zu genießen, schneidet man mit dem Messer in die Oberseite des Käses ein kreisrundes Loch und hebt die Rinde an dieser Stelle ab. Durch diese Öffnung löffelt man den Käse und isst dazu vorzugsweise geröstetes Brot.

SCHAFSKÄSE AUS KASTILIEN-LEÓN

Ursprünglich wurde der Burgos, ein Frischkäse aus Schafsmilch, in den Dörfern rund um Burgos hergestellt und von den Bauern auf den lokalen Märkten zum Verkauf angeboten. Heute wird Burgos in ganz Spanien erzeugt. Trotzdem haben sich seine Merkmale nicht verändert. Der Käse hat die Form eines Kegelstumpfes und wiegt zwischen 1 und 3 kg. Der weiße, feuchte Teig schmeckt vollfett und süßlich und ist kaum gesalzen. Im Norden von Burgos liegt die Bureba, ein wildes Bergland, das zu den Ausläufern des Kantabrischen Gebirges zählt. Dort erzeugt man einen dem Burgos ähnlichen Käse, der aber wesentlich länger reift. Wie Burgos war auch Villalón ein wichtiges Handelszentrum, wo die Schafhirten aus Tierra de Campos jede Woche ihren Käse auf dem Markt anboten. Dieser Handelsplatz hat dem Schafskäse Villalón (man nennt ihn auch Pata de Mulo, was auf Deutsch »Maultierhuf« heißt) seinen Namen gegeben. Der Käse wird mit der Hand geformt, indem man die Bruchmasse auf einem Tuch ausrollt und darin presst. Der Villalón hat eine zylindrische, rohrartige Form. Unter seiner runzeligen Rinde verbirgt sich ein kompakter, trockener Teig mit säuerlichem und leicht salzigem Geschmack.

KUHMILCHKÄSE AUS ASTURIEN UND KANTABRIEN

Der zylinderförmige, pikante und feinkörnige Peñamellera entsteht in handwerklicher Herstellung in der Gemeinde Campo de Caso (Asturien) aus sehr fettreicher, dicker Milch. Es ist ein zarter Weichkäse aus Kuhmilch mit gewaschener Rinde. Über mehrere Tage hinweg walzt man ihn mit einem speziellen Rollholz, um die Molke zu entfernen. In seiner Heimat wird er gerne zu Gebäck und Honig gereicht.

Der kantabrische Kuhmilchweichkäse Las Garmillas war früher unter dem Namen Pasiego bekannt. Seit alters her wird er im Tal von Pas und in der Provinz Santander für den Hausverzehr hergestellt. Seine Empfindlichkeit und die kurze Haltbarkeit führten jedoch fast dazu, dass die Produktion zum Erliegen kam. Der Garmillas besitzt die Form eines unregelmäßigen, feinen Fladens. Er hat eine dünne Rinde, geprägt von den cerbellanes, kleinen Pflanzenstängeln, auf denen der Käse trocknet. Süßlicher, ausgeprägter Geschmack, mild und dennoch kräftig, fett und aromatisch.

EXTREMADURA – EXQUISITE KÄSE AUS SCHAFS- UND ZIEGENMILCH

Die Extremadura an der Grenze zu Portugal war im Mittelalter ein fast unbesiedeltes Grenzgebiet. Die Region beherbergt heute 15% des spanischen Ziegen- und Schafsbestandes. Von daher erstaunt es nicht, dass es hier hochinteressante, ausgesprochen exquisite Käsespezialitäten aus Ziegen- und Schafsmilch gibt, die man Ende April in Trujillo auf der bekannten Käsemesse (Feria del Queso) probieren kann. Weitere typische Spezialitäten aus der Extremadura, die sogar einen Herkunftsschutz genießen, sind Honig (Miel de Villuercas-Ibores D.O.), Paprikapulver aus geräucherten Paprikaschoten (Pimentón de la Vera D.O.) oder der Pata-Negra-Schinken.

Ibores (g.U.)

Schnittkäse
aus Ziegenrohmilch
50% Fett i.Tr.

HERKUNFT UND GESCHICHTE

Diese Ziegenkäsespezialität stammt aus dem Nordosten der Provinz Cáceres in der Gegend von Ibores und Almonte. In den wilden, fast unbesiedelten Bergregionen haben die Ziegen Weidegründe mit aromatischen Kräutern wie Thymian oder Rosmarin sowie Zistrosen und Steineichen. Die Milch der Ziegenrassen Serrana, Verata oder Retinta ist äußerst gehaltvoll und aromatisch.

HERSTELLUNG

Ibores darf nur aus Rohmilch hergestellt werden. Dabei legt man die Milch sowohl mit natürlichen Milchsäurebakterien als auch mit Lab dick. Oft machen die Ziegenhirten Ibores noch in Handarbeit und verkaufen ihn dann auf den Märkten von Trujillo oder Plasencia an Affineure, die ihn vor dem Verkauf noch etwa 2 Monate reifen lassen. Die Rinde wird mit Olivenöl eingerieben. Roter Ibores entsteht dadurch, dass man den Käse nach der Reifung mit Olivenöl einreibt und danach in Paprikapulver wälzt.

CHARAKTERISTIK

Zylindrischer Laib, 5–9 cm Höhe, 11–15 cm Durchmesser, 0,75–1,2 kg Gewicht. Die Rindenfarbe reicht von blass bzw. wachsfarben über dunkelocker bis rötlich-orange. Feuchter, luftiger und halbweicher bis halbfester Teig mit wenigen, unregelmäßigen Löchern. Der Ibores ist säuerlich im Geschmack mit kräftigem Aroma von Joghurt und geräucherten Kräutern. Zergeht butterartig auf der Zunge.

KULINARISCHES

Zum Ibores passt ein reifer Rotwein aus der D.O. Ribera del Duero. Zur Variante mit Paprika harmoniert ein Sauvignon Blanc aus Rueda oder dem Penedes.

VERWANDTE KÄSE

Eine ganze Reihe von Ziegenkäse aus der Extremadura ist dem Käse aus Ibores ähnlich, so der Quesailla, den die Ziegenhirten in sehr geringen Mengen vor allem im Winter und im Frühjahr herstellen. Er kommt aus der Gegend südlich von Badajoz, an der portugiesischen Grenze.

ANDALUSIEN – SHERRY

Etwa im 13. oder 14. Jh. entdeckten andalusische Seefahrer auf ihren Reisen, dass sich der andalusische Wein sehr lange konservieren ließ, wenn man etwas Weingeist hinzugab. Damit war der Sherry geboren. Seine Popularität in England hat der Sherry Sir Francis Drake zu verdanken, der 1587 Cádiz überfiel und gleich 2.900 im Hafen lagernde Sherryfässer einkassierte, um sie mit nach England zu nehmen. Durch die Engländer bekam der edle Tropfen den Namen Sherry. Ihnen gelang es nämlich nicht, die von den Arabern stammende Bezeichnung Xeris (so nannten die Araber die Stadt Jerez) korrekt auszusprechen. Ein Wein, der die Bezeichnung Sherry trägt, muss aus dem Dreieck der Städte Jerez de la Frontera, Sanlúcar de Barrameda und El Puerto de Santa María in der Provinz Cádiz stammen. In dieser Region wird zu 95 % die Sherry-Traube Palomino Fino angebaut, daneben noch die süßeren Sorten Pedro Ximénez und Moscatel.

Um Sherry zu gewinnen, wird der aus Palomino gewonnene Weißwein mit Weingeist verstärkt. Diese Mischung kommt anschließend in Eichenfässer. Sein erstes Jahr verbringt er in den dunklen, feuchten und kühlen Kellern der Bodegas. Während dieser Zeit entwickelt sich auf dem jungen Wein eine Hefepilzschicht, deren Beschaffenheit später bestimmt, zu welcher Sherry-Qualität die Weine letztlich werden. Nach 6–8 Monaten kann der Kellermeister bei einer ersten Verkostung die Qualität des Weines prüfen. Hierfür entnimmt er mit der Venencia, einem schmalen, silbernen Becher an einer langen Rute, jedem Fass etwas Wein und prüft ihn auf Farbe, Klarheit, Geruch und Geschmack. Weine mit besonders schönem Flor werden zum Sherry Fino mit typischer Würze und leicht bitterer Mandelnote. Weine ohne Hefeschicht werden zum Oloroso. In diesem Fall verstärkt man noch einmal mit Weingeist, um die Hefetätigkeit zu stoppen, und lässt den Sherry im Fass zu einem aromatischen und körperreichen Endprodukt weiter heranreifen. Ein Amontillado ist ein auch nach dem Absterben des Hefeflors weiter gereifter Fino. Für süße Sherrys gibt man einem Oloroso oder einem Amontillado Süßweine aus der Pedro Ximinéz- oder Moscatel-Traube zu.

Sherrys reifen traditionell nach dem Solera-Verfahren. Die Fässer mit den ältesten Weinen (soleras) liegen in den übereinandergestapelten Fassreihen ganz unten. Aus ihnen entnimmt der Kellermeister Wein und füllt die gleiche Menge durch Wein aus dem darüberliegenden Fass mit jüngerem Wein auf, bis schließlich die obersten Fässer mit jungem Wein aufgegossen werden. Die Reifezeit für Sherry beträgt mindestens 3 Jahre, bevor er in den Verkauf kommt. Meist reifen sie aber wesentlich länger.

KATALONIEN – ALTE TRADITIONEN WIEDERBELEBEN

In Katalonien finden wir den typischen Mató, der die weiche und milde Masse bezeichnet, die bei der Gerinnung von Ziegenmilch durch pflanzliches Lab (Herbacol) entsteht. Ziegenkäse haben in Katalonien eine alte Tradition, und immer mehr junge Leute, die von der Stadt aufs Land ziehen, lassen sie wieder aufleben. Mató ist ein salzloser Frischkäse in Form eines Kegelstumpfes (die Bruchmasse wird in kelchartige Keramikformen gegossen), der am selben Tag hergestellt und verzehrt wird: als Nachtisch oder Zwischenmahlzeit, mit Zucker, Honig (mel i mató), Anis, Trockenobst oder Konfitüre. Soll der Mató gereift angeboten werden, salzt man ihn leicht zur besseren Haltbarkeit und lässt ihn stärker abtropfen. Der Teig ist kompakt, sehr feucht und hat etwa die Konsistenz von Gelatine. Es gibt unterschiedliche Formate, die gebräuchlichsten sind die halbkreisförmigen, abgerundeten Matós, die durch das natürliche Abtropfen des Käsebruchs in Baumwoll- oder Leinentüchern entstehen.

Garrotxa oder Pell Florida

Frisch-/Weichkäse
aus Ziegenrohmilch
50% Fett i.Tr.

Juan Manuel Sanz/© ICEX

HERKUNFT UND GESCHICHTE

Dank einer kleinen Genossenschaft von Ziegenhirten aus La Garrotxa, einem Landstrich bei Girona in den Pyrenäen, wurde die Produktion wieder aufgenommen. Der gereifte Ziegenfrischkäse wird jetzt wieder in ganz Katalonien von handwerklichen Käsereien erzeugt. Der Name »Pell Florida« bedeutet »schimmelige Haut«. Der Garrotxa erlebte besonders durch junge Aussteiger, die von der Stadt aufs Land zogen, um dort von ihren eigenen Erzeugnissen zu leben, eine Renaissance.

HERSTELLUNG

Die Ziegenmilch wird mittels Milchsäurebakterien dickgelegt. Früher formte man den Käse in alten Tonformen. Dank eines feuchten Klimas mit hohem Niederschlag entwickelt sich der Schimmel (Penicillium glaucum) auf der Rinde von ganz allein. Die Reifezeit beträgt mindestens 3 Wochen.

CHARAKTERISTIK

Zylinderförmiger, an den Rändern leicht abgerundeter Laib, Gewicht 1–1,5 kg. Samtartige, durch den Schimmel bläulich-grau verfärbte Rinde. Weicher, cremiger Teig, zergeht butterartig auf der Zunge. Sehr milder, milchiger, frischer Geschmack mit Haselnussnote und Aromen von frischen Pilzen zeichnet diesen Käse besonders aus.

KULINARISCHES

In Katalonien verzehrt man den Käse meist zusammen mit den regionaltypischen Wurstwaren Salchichón de Vic, einer Hartwurst, oder Bufitarra, einer Brühwurst. Dazu passt ein Rotwein aus der D.O. Priorat.

VERWANDTE KÄSE

Die noch recht junge Käsekreation Montsec ähnelt dem Garrotxa sehr. Der Käse entstand in den 1990er-Jahren in einer Art Kommune in der Sierra del Montsec (Lérida). Der Montsec reift in feuchten Höhlen. Während des Reifevorgangs trägt man Asche auf die Rinde auf, wodurch sich eine Schicht aus grauem Schimmel und Hefe bildet. Wenn diese Schimmelrinde mit Asche bestreut ist, nennt man den Käse Cendrar.

Tronchón

Schnittkäse
aus Schafs- und Ziegenmilch
45–50% Fett i. Tr.

Juan Manuel Sanz/© ICEX

HERKUNFT UND GESCHICHTE

Katalonien, Aragón, Valencia, Teruel, Castellón und Tarragona.

Sein Herstellungsgebiet erstreckt sich von Aragón über den Süden Kataloniens und den Norden der Region Valencia. Tronchón ist ein winziges Dorf im Südosten von Teruel mit dem Ruf, guten Käse in einer ländlichen, unwegsamen und bergigen Gegend mit extremem Klima herzustellen. Jahrhundertelang gab es hier Mischherden aus Schafen und Ziegen. Schon Sancho Panza, Knappe Don Quixotes de la Mancha, pries die Qualitäten des Käses aus Tronchón. Die schöne Form und seine wunderhübschen Pflanzen- und Tiermotive trugen zu seiner Verbreitung auch außerhalb Tronchóns bei.

HERSTELLUNG

Der Käsebruch wird in Holzformen, die im Innern mit Tier- und Pflanzenmotiven versehen sind, gepresst. Er reift mindestens 45 Tage, oft auch bis zu mehreren Monaten.

CHARAKTERISTIK

Charakteristische zylindrische Form mit einer Vertiefung auf der Oberseite in der Mitte und einem Gewicht von 1–2,5 kg. Weicher, butterartiger Käse, milder, aber ausgeprägter Geschmack, angenehmes Butter- und Heuaroma. Helle, strohgelbe Rinde, elfenbeinfarbener, kompakter Teig.

KULINARISCHES

Gut ausgereifter Tronchón kann in Würfel geschnitten und angebraten werden. Dazu passt ein Rotwein aus der Region wie D.O. Campo de Borja oder ein frischer Rosé aus der D.O. Somontano.

VERWANDTE KÄSE

Das Ursprungsgebiet des Ziegenfrischkäses Cassoleta liegt in Nucía (Provinz Valencia). Er wird in der Levante in handwerklichen Betrieben, die mit Mischmilch arbeiten, hergestellt. Cassoleta findet man auch unter dem Namen Saladitro Valenciano, Queso de Puçol oder Queso de Burriana. Durch die spezielle Form, in der er gepresst wird, erhält der Käse das Aussehen eines Vulkans mit Krater.

Servilleta oder Tovalló

Frischkäse
aus Kuh- und Ziegenmilch
45–48% Fett i.Tr.

HERKUNFT UND GESCHICHTE

Der Käse wird in Costera de Ranes im Süden von Valencia hergestellt und hauptsächlich auf dem Markt von Xátiva verkauft. Servilleta bzw. Tovalló bedeutet Serviette oder Handtuch. Es ist noch gar nicht so lange her, da gingen die Ziegenhirten von Valencia jeden Morgen zum Weiden ihrer Herden durch die ländliche Umgebung und molken ihre Tiere nach Bedarf mitten auf der Straße. Aus einem Teil der Milch stellten die Frauen der Ziegenhirten feuchte und süßliche Frischkäse her und benutzten Servietten oder Handtücher als Form.

HERSTELLUNG

Die Käse werden in Tüchern, die zusammengeknotet und leicht ausgepresst werden, geformt. Auf diese Weise entsteht die typische abgerundete Form, die bis heute erhalten ist. Die Käseindustrie in der Region Valencia hat erfreulicherweise die alte Tradition, insbesondere die Herstellungsweise, wieder aufgenommen. Allerdings verwendet man heute eine Mischung aus Kuh- und Ziegenmilch. Die Ausformung der Käse erfolgt weiter von Hand. Die Reifezeit beträgt mindestens 15 Tage für einen jungen Käse, mittelalter Käse reift 1–2 Monate.

CHARAKTERISTIK

Form einer abgeflachten Kugel, auf der Oberseite sind die Abdrücke des Knotens im Tuch erkennbar. Frischer Servilletta ist außen weiß und hat praktisch keine Rinde. In gereiftem Zustand nimmt die Rinde eine gelb-orangefarbene Farbe an. Gewicht 0,5–3 kg. Ein weicher, aber fester Käse mit gelblicher Teigfarbe, im Geschmack süß-säuerlich, fett und cremig im Mund. Nur leicht salzig.

KULINARISCHES

In seiner Heimat backt man den Käse in Öl und isst ihn mit gebratenen Paprika. Dazu passt ein Muskateller aus der D.O. Alicante oder ein fruchtiger Rosé aus Navarra.

Queso de Murcia

Schnittkäse
aus Ziegenmilch
45–50% Fett i.Tr.

HERKUNFT UND GESCHICHTE

Das wichtigste Produktionsgebiet in der Region Murcia liegt im äußersten Westen rund um die Stadt Jumilla. Ziegenherden der murcianischen oder murcianisch-granadinischen Rasse weiden auf den weitläufigen, mit duftenden Kräutern bewachsenen Hochebenen. Queso de Murcia wird in zahlreichen kleinen handwerklichen Käsereien hergestellt. Der Käse aus Murcia ist eine recht junge Kreation, besitzt innerhalb Spaniens aber schon eine geschützte Ursprungsbezeichnung. Ende der 80er-Jahre unterstützte die Regionalregierung die Einführung und hat so auch erfolgreich den Untergang der einheimischen Ziegenrasse Cabra murciana verhindert.

HERSTELLUNG

Ein Großteil der Käse wird in der Zentralkäserei von Jumilla nach dem üblichen Verfahren der Schnittkäseherstellung erzeugt. Beim Queso de Murcia gibt es mehrere Varianten, die sich durch unterschiedliche Reifezeiten und Affinierung unterscheiden. Murcia-Käse reift mindestens 3 Wochen (fresco). Als curado muss er zwischen 1 und 2 Monaten reifen. Den Queso de Murcia al Pimentón reibt man während der Reifezeit mit Olivenöl und Paprikapulver ein. Für den Queso de Murcia al vino (g.U.) wird gereifter Murcia mit dem tanninhaltigen Rotwein aus Jumilla affiniert.

CHARAKTERISTIK

Zylinderförmiger Käse mit einem Gewicht von 1–2 kg und Zickzackmuster an den Seitenrändern. Der Murcia curado hat eine zarte, weiche Konsistenz und einen säuerlich-cremigen Geschmack. Er ähnelt in Form und Geschmack einem jungen Manchego. Murcia al Pimentón hat eine orangefarbene Rinde, ist weich und zart und besitzt einen angenehmen, leicht säuerlich-cremigen Geschmack. Queso de Murcia al vino ist durch die Rotweinbehandlung sehr viel zarter als der normale Murcia. Er hat ein leichtes Rotweinaroma, ist mild-süßlich und butterartig im Geschmack. Er hat eine dunkle, kräftige Braunfärbung.

KULINARISCHES

Der Frischkäse wird gerne für die Tapas verwendet. Murcia ist auch ein wichtiges Anbaugebiet für Kapern, die sehr gut zu diesem Käse passen. Beim Wein bietet sich die regionale D.O. Yecla an.

Mahón-Menorca (g.U.)

Hartkäse
aus Kuhmilch
38–45% Fett i.Tr.

HERKUNFT UND GESCHICHTE

Menorca

Bereits früh stellte man auf Menorca Käse aus Ziegen- und Schafsmilch her, um ihn in maurischer Zeit an die Berber zu verkaufen. Der Wandel hin zur Rinderhaltung erfolgte im 18. Jh. unter englischer Herrschaft.

HERSTELLUNG

Nach dem Gerinnen füllt man den Bruch in ein Tuch (fogasser), verknotet die vier Zipfel zu einem Beutel. In ihm drückt man die Molke heraus und taucht den Käse in Salzlake. Danach nimmt man den Käse aus dem Tuch und lässt ihn unter regelmäßigem Wenden reifen. Häufig reibt man die Rinde mit Butter oder Olivenöl, vermischt mit Paprikapulver, ein. Der Mahón reift 2–6 Monate. Häufig wird er von den afinadores, den Affineuren, als Frischkäse bei den Bauern gekauft, um ihn dann je nach Kundenwunsch durchreifen zu lassen.

CHARAKTERISTIK

Quaderform mit abgerundeten Ecken, Höhe 5–9 cm, Seitenlänge 20 cm, Gewicht 1–4 kg. Glatte, fettige Rinde von blassgelber bis orangeroter Farbe. Elfenbeinfarbener, fester Teig mit kleinen unregelmäßigen Löchern. Der Geschmack variiert je nach Reifedauer. Charakteristisch ist ein leicht säuerlicher, leicht salziger und markant-aromatischer Geschmack. Als curado hat er ein vollmundiges, angenehm würziges und kräftiges Aroma mit pikanten Nuancen. Halbreifer Mahón ist leichter, alter Mahón würziger im Geschmack.

KULINARISCHES

Je nach Reifegrad passen zu diesem Käse ein leichter Weißwein der D.O. Rueda, junge Roséweine aus Penedès oder Navarra, zum alten Mahón passt ein vollmundiger Rotwein der D.O. Binissalem aus Mallorca oder ein Rosé oder Rotwein aus dem Tramuntana-Gebirge auf Mallorca wie ein Castell Miquel.

VERWANDTE KÄSE

Unter dem Namen Mallorquín stellt man auf der Nachbarinsel Mallorca einen ähnlichen Käse her. Seit dem Einzug des Tourismus stellen die Mallorquiner diesen traditionsreichen Käse statt aus Schafs- auch aus Kuhmilch her.

Majorero (g.U.)

Schnittkäse
aus Ziegenmilch
55% Fett i.Tr.

HERKUNFT UND GESCHICHTE

Auf Fuerteventura gibt es mit dem Majorero vielleicht den besten Ziegenkäse der Kanaren. Der Name Majorero stammt von maxorata, der berberischen Bezeichnung eines der Guanche-Stämme, die als Ureinwohner der Kanaren gelten. Die Einwohner Fuerteventuras nennen sich selbst Majoreros. Der Majorero war der erste Käse mit Ursprungsbezeichnung auf den Inseln.

HERSTELLUNG

Die Majorero-Ziege ist ein anspruchsloses, dabei sehr anpassungsfähiges Tier und liefert dicke, aromatische Milch. Gelegentlich fügt man ihr zum Käsen etwas Schafsmilch hinzu. Der Käse wird nach alter handwerklicher Tradition hergestellt: Der Bruch wird nicht erhitzt, aber sehr stark gepresst. Es gibt mehrere Reifestufen: Frischkäse (tierno – 7–10 Tage gereift), halbreif (semicurado – 3 Monate gereift) und reif (curado – 4 Monate gereift). Gereifte Majoreros werden gelegentlich auch mit Olivenöl und Paprikapulver oder mit Gofio (geröstetes Weizen- oder Maismehl) behandelt.

CHARAKTERISTIK

Flacher Zylinder mit rhombenförmig gravierten Seiten und einem Gewicht von 1,2–4 kg. Die Rinde ist von Natur aus braun-gelblich. Wird sie jedoch wie oben beschrieben behandelt, erhält sie ein charakteristisches Aussehen. Ober- und Unterseite zeigen ein typisches Rillenmuster, das beim Formen durch die Verwendung von Riemen entsteht, die traditionell aus Palmblättern geflochten werden. Der Majojero ist ein eher fetter Käse mit kompaktem, cremigem, elfenbeinfarbenem Teig. Der Geschmack ist pikant und ein wenig säuerlich. Mit zunehmender Reife weist er interessante Röstaromen auf.

KULINARISCHES

Als Wein empfiehlt sich ein fruchtiger Weißwein aus Somontano oder ein älterer Rotwein aus der D.O. Valdepeñas. Auch ein Weißwein aus La Palma, dessen Bukett an Muskatnuss erinnert, passt ausgezeichnet.

DIE KANARISCHEN INSELN UND DER ZIEGENKÄSE

Jede der sieben Kanarischen Inseln vulkanischen Ursprungs ist eine Welt für sich. Hohe Berge wie auf Teneriffa und trockenes Lavagestein wie auf Lanzarote oder wüstenartige Landstriche wie auf Fuerteventura bieten extreme Bedingungen, unter denen nur ein Tier wie die Ziege heimisch werden konnte. So ist die Ziegenzucht auf den Kanaren traditionell sehr verbreitet. Aus der kanarischen Küche lässt sich Käse nicht wegdenken – die Kanaren haben den höchsten Pro-Kopf-Verzehr an Käse in Spanien. Jede Insel stellt dabei ihren eigenen typischen Käse her. Gewisse Gemeinsamkeiten gibt es aber dennoch: Alle Käse werden aus Rohmilch der kanarischen Ziege erzeugt. Es sind in der Regel zylinderförmige, große Käse aus gepresstem Teig mit einem Gewicht von über 3 kg. Die Rinde zeigt die charakteristische rautenförmige Prägung, die von der Umwicklung mit dem aus Palmblättern geflochtenen Gurt herrührt. Auf El Hierro dient der süßliche und fette Frischkäse zur Herstellung des typischen Nachtisches quesadilla, eine Art schaumige Käsetörtchen. Mit Sträuchern und Pinienrinde geräuchert, kann der Käse ausreifen und schmeckt dann angenehm mild und leicht säuerlich.

Der Queso Palmero (g.U.) oder Queso de la Palma (g.U.) aus La Palma ist nach dem Majorero aus Fuerteventura der zweite Insel-Käse, der eine D.O.P. erhielt Auf La Palma verzehrt man den Ziegenkäse frisch oder räuchert ihn mit Mandelschalen bzw. Piniennadeln, um ihn anschließend reifen zu lassen. Dann hat er eine butterartige Konsistenz mit herzhaftem, gleichzeitig mildem Geschmack. Der Käse wird aus der Milch der Cabra Palmera gewonnen, einer Ziegenrasse von der Insel, die einzigartig ist. Die Ziegen sind nicht nur Meister im Klettern, sondern sie leben auch äußerst genügsam. Sie liefern eine reichhaltige Milch, die sich ideal zum Verkäsen eignet. Vereinzelte handwerklich arbeitende Betriebe stellen den Palmero her.

Auf La Gomera räuchert man den Ziegenkäse mit Sträuchern und Heidekraut und lässt ihn etwa 2 Monate lang völlig ausreifen. Der pikante Käse wird vorzugsweise geraspelt und dient zur Zubereitung der almogrote, einer dicken Käsesoße, die man zu den papas arrugadas, den kleinen, runzligen Kartoffeln aus der Region reicht. Diese einheimische Kartoffelsorte, die traditionell in Meerwasser gekocht wird, wird auf den Kanaren zu praktisch allem serviert.

Die Einwohner Lanzarotes nennen sich Conejeros, was übersetzt so viel heißt wie Hasenjäger. Und so heißt der Käse der Insel denn auch Queso Conejero. Ihn gibt es in drei Varianten: mit öliger Rinde, mit Paprikarinde oder mit einer Rinde, die mit geröstetem Weizen- oder Maismehl behandelt wird. Diese Rinde verleiht dem Käse einen unnachahmlichen Geschmack. Als ungeräucherter Frischkäse schmeckt der Conejero leicht säuerlich und mild.

Auf Teneriffa dominiert Ziegenrohmilch bei der handwerklichen Herstellung. Industriell gefertigte Produkte bestehen oft aus Mischmilch. Meist konsumiert man den Käse frisch, er kann aber auch gereift verzehrt werden.

Die Heimat des Blütenkäses (Queso de Flor) ist das Dorf Guía im Nordosten Gran Canarias. Er wird in den Höhenlagen der Inseln erzeugt und besteht aus einer Mischung roher Schafs- und Kuhmilch, die mit Lab aus Distelblüten dickgelegt wird. Dieser Käse ist untypisch für die Kanaren, weil man dort hauptsächlich Ziegenkäse erzeugt und verzehrt. Nur in der Gegend von Guía werden Kuhmilchkäse erzeugt. Sie haben einen unverfälschten, vollmundigen Geschmack mit säuerlichem, butterähnlichem Aroma. In der Zeit von Januar bis Mai mischt man die Kuhmilch mit Schafsmilch. In bäuerlicher Herstellung wird der Queso de Flor aus einer Mischung von pflanzlichem und Ziegenlab gewonnen (Queso de Mediaflor)

CASA
1

PORTUGAL

Unbekannte Köstlichkeiten

Obwohl Jahr für Jahr Millionen Urlauber nach Portugal reisen, hat die hervorragende portugiesische Küche im Ausland nie wirkliche Popularität erlangt. Das ist schade, denn Portugal kann durchaus mit bemerkenswerten kulinarischen Spezialitäten aufwarten. Und dazu gehört auch Käse – oder wie die Portugiesen sagen queijo. Allerdings: Der weitaus größte Teil der portugiesischen Käseproduktion entfällt auf Standardsorten nach ausländischem Vorbild, die von den Niederlassungen großer internationaler Molkereikonzerne produziert werden.

Und Käse heißt für die Portugiesen in erster Linie Flamengo, ein milder Schnittkäse nach holländischer Rezeptur, auf den fast 50 % der gesamten Herstellung entfallen. Auf den Plätzen folgen weitere Sorten aus Kuhmilch oder einer Mischung aus Schafs- und Kuhmilch, die an Emmentaler und Camembert erinnern sowie Frisch- und Schmelzkäse. Vom leicht steigenden Käsekonsum profitieren inzwischen allerdings besonders die typischen, traditionellen Spezialitäten aus handwerklicher Herstellung. Über Jahrzehnte führten sie ein Schattendasein und drohten in Vergessenheit zu geraten, weil der Verkauf der Milch an Großmolkereien den Hirten und Bauern mehr Profit versprach. Heute aber werden die Rezepturen, die zum Teil bis ins 14. Jh. zurückreichen, von jungen, engagierten Molkereifachleuten wiederbelebt. Dabei dominieren fast überall Schafs- und Ziegenkäse, während Kuhmilchkäse fast ausschließlich in der Gegend um Lissabon und im Nordwesten Portugals erzeugt wird.

Linke Seite: Eine Straßenbahnfahrt in Lissabon ist eine Attraktion.

Queijo de Azeitão (g.U.)

Halbfester Schnittkäse aus roher Schafsmilch 45% Fett i.Tr.

HERKUNFT UND GESCHICHTE

Nähe Lissabon

Der edelbittere Azeitão verdankt seinen Namen einem kleinen Ort gleichen Namens am Fuß der Arrabida-Berge südlich von Lissabon, in dem ein zugewanderter Käser aus dem Norden Portugals Anfang des 19. Jhs. eine kleine Käserei errichtete.

HERSTELLUNG

Die einzigartige Kombination von Klima und Vegetation im Gebiet um die Städte Setubal, Palmela und Sesimbra verdanken die hier erzeugte Schafsmilch und damit auch der Azeitão ihre unverwechselbaren Besonderheiten. Reifezeit: rund 30–90 Tage. Typisch für die Herstellung von Azeitão ist die Dicklegung der Schafsmilch durch Lab, das aus Distelblüten gewonnen wird. Während des Reifeprozesses werden die Käselaibe immer wieder gewaschen und gewendet und erhalten so ihr typisches Äußeres.

CHARAKTERISTIK

Flachzylindrische Laibe, Durchmesser 7–9 cm, Höhe 4–5 cm, Gewicht 250–300 g. Dünne, gelbliche, oft harte und rissige Rinde. Der Teig ist anfangs cremig, später fließend. Edelbitterer und leicht säuerlicher Geschmack mit sehr delikatem Schafsmilcharoma.

KULINARISCHES

Empfehlung MDM: Moscatel de Setubal, auch Port- oder ähnlich gearbeitete Dessertweine bieten sich als Begleiter an.

Queijo de Cabra Serrano Transmontano (g.U.)

Hartkäse
aus roher Ziegenmilch
45% bis 60% Fett i.Tr.

HERKUNFT UND GESCHICHTE

Nordportugal

Im Norden Portugals, unweit der spanischen Grenze, wo es große Ziegenherden gibt, ist die Heimat des Cabra Serrano Transmontano. Selbst in Portugal ist dieser Käse wenig bekannt und wird nur in sehr kleinen Mengen von den Hirten selbst und ihren Familien produziert.

HERSTELLUNG

Zur Herstellung wird die unpasteurisierte Ziegenmilch mit tierischem Lab dickgelegt. Nach einer Reifezeit von mindestens 2 Monaten liegt der Wasseranteil in der fettfreien Trockenmasse bei nur noch 25–35 %, und so zählt Cabra Serrano Transmontano eindeutig zu den härtesten Käsen, die in Portugal produziert werden. Die Reifezeit beträgt mindestens 2 Monate.

CHARAKTERISTIK

Runder Laib, Höhe 5–6 cm, Durchmesser rund 20 cm, Gewicht 600–900 g. Feste Rinde, fester Teig, der fast schon bröckelt. Strenger, intensiver Geschmack nach Ziege, etwas für absolute Käsefans.

KULINARISCHES

Empfehlung MDM: In Portugal isst man ihn meistens in kleinen Stücken zu Brot und Wein. Durch die feste Konsistenz eignet er sich aber auch zum Reiben. Als Wein passt besonders gut der regionale Vinho Verde, der die Aromen des Käses fein unterstreicht, selber aber im Hintergrund bleibt.

Queijo de Castelo Branco (g.U.)

Weich-/Schnittkäse
aus roher Schafs- oder Ziegenmilch
45% Fett i.Tr.

HERKUNFT UND GESCHICHTE

Beira Baixa/Zentralportugal

Die genaue Ursprungsregion des Castelo Branco liegt im Süden der Serra da Estrela.

HERSTELLUNG

Die Dicklegung der Milch erfolgt durch Zugabe von Distelblütenenzymen. Nach dem Formen lagert der Käse in der Regel gut 40 Tage lang. Je nach Reifestadium lässt er sich als Weichkäse oder halbfester Schnittkäse bezeichnen. Gelegentlich wenden die Käser auch ein etwas abweichendes Herstellungsverfahren an, bei dem der Käse nach einigen Tagen Reifung mit Asche bestreut und dann 3 Monate unter regelmäßigem Abbürsten weiterreift.

CHARAKTERISTIK

Kleine, runde Laibe, Höhe 5–6 cm, Durchmesser 10–15 cm, Gewicht ca. 1 kg. Strohgelbe bis leicht rötliche Rinde. Weicher, geschmeidiger und leicht-gelblicher Teig. Geschmack: pikant-würzig nach Schafsmilch. Wird der Käse mit Asche behandelt, ergibt sich ein noch pikanterer Geschmack und strenger Duft.

BESONDERHEIT

Castelo Branco aus Ziegenmilch wird unter regional unterschiedlichen Namen als Frischkäse verkauft. Er kann noch über mehrere Monate gelagert werden, wird dann härter und bekommt einen intensiven Ziegengeschmack.

KULINARISCHES

Empfehlung MDM: Rot- und Weißweine aus der Region Beira Interior bieten sich als Begleiter an. Zu den reifen, intensiv aromatischen Käse passen Tawny-Ports.

Queijo Evora (g.U.)

Schnittkäse
aus roher Schafsmilch
45% Fett i.Tr.

HERKUNFT UND GESCHICHTE

Südwestportugal (Alentejo)

Die gleichnamige kleine Provinzstadt in der heißen, trockenen und kargen Provinz Alentejo (Südportugal) hat dem Evora seinen Namen gegeben. Die Rezeptur des Käses entstammt alter bäuerlicher Tradition, und noch bis weit ins 20. Jh. hinein wurde den Schäfern im Alentejo ein Teil ihres Lohns in Form dieser kleinen Käse ausgezahlt, die ihnen auch als nahrhafte Wegzehrung dienten.

HERSTELLUNG

Hauptsächlich in den Monaten November bis März. Wie die meisten portugiesischen Traditionskäse entsteht Evora in kleinen Käsereien aus Milch lokaler Tierrassen. Die Milch wird mit pflanzlichem Lab (Distelextrakten) dickgelegt. Die Reifezeit beträgt 30–90 Tage.

CHARAKTERISTIK

Winzige, runde Laibe von nur 60–90 g. Die Naturrinde ist weißlich grau bis gelblich. Je nach Reifedauer schnittfester bis harter Teig bei cremigem Kern, manchmal kleine Bruchlöcher. Der Geschmack ist säuerlich, kräftig bis scharf, oft salzig.

KULINARISCHES

Empfehlung MDM: Eine Besonderheit auf den Märkten im Alentejo sind in Olivenöl eingelegte, kleine Evora-Laibe. Die Portugiesen schätzen den Käse nach dem Essen oder als Zwischenmahlzeit. Gerieben ist er eine pikante Zugabe zu Nudeln, Soßen und vielen anderen Gerichten. Evora passt besonders gut zu Weißweinen mit leichter Restsüße oder zu kraftvollen, tanninmilden und reifen Rotweinen.

VERWANDTE KÄSE

Von der Herstellung her identisch, jedoch unterschiedlich in Form, Konsistenz und Größe ist der Schnittkäse Merendeira (120–300 g).

Queijo de Nisa (g.U.)

Schnittkäse
aus roher Schafsmilch
45% Fett i.Tr.

HERKUNFT UND GESCHICHTE

Nördlicher Teil der Region Alentejo

Der herkunftsgeschützte Queijo de Nisa wurde früher hauptsächlich von den Bauern im nördlichen Alentejo für den Eigenbedarf produziert. Seinen Namen verdankt er der kleinen Stadt Nisa, in der sich auch die meisten Nisa-Käsereien finden. Daneben darf er aber auch in Crato, Castelo de Vide, Marvão, Portalegre, Montforte, Arronches und Alter de Chão hergestellt werden.

HERSTELLUNG

Rohe Schafsmilch bildet die Grundlage der Herstellung. Ähnlich wie beim eng verwandten Evora wird sie mit Distelblütenextrakt dickgelegt. Der entstandene Bruch wird dann vorsichtig geschnitten, anschließend in Formen gegeben, aber nicht gepresst. Die Reifezeit beträgt im Schnitt 45 Tage.

CHARAKTERISTIK

Rund, unterschiedlich groß, bis 20 cm Durchmesser, Gewicht rund 1 kg, aber auch 200–300 g. Die Rinde ist weiß, manchmal auch leicht rötlich. Darunter verbirgt sich ein gelblicher, kompakter und geschmeidiger Teig, der oft kleine Löcher aufweist. Junger Nisa schmeckt mild nach Schafsmilch, mit zunehmender Reife wird er würziger. Queijo de Nisa hat zwar in der Herstellung viel mit dem Evora gemeinsam, entwickelt aber durch die meist deutlich größeren Laibe ein eigenständiges Aroma.

KULINARISCHES

Empfehlung MDM: Das Aroma des Nisa kommt besonders zur Geltung, wenn der Käse hauchdünn geschnitten wird. Eine Delikatesse zusammen mit Brot und einem angenehmen Weißwein, beispielsweise einem der modernen, fruchtbetonten Weißweine, die heute in Portugal erfolgreich ausgebaut werden. Zum reifen, würzigen Nisa harmoniert auch ein Wein mit Restsüße, etwa ein typischer Moscatel.

Queijo Rabaçal (g.U.)

Halbfester Schnittkäse aus Schafs- und Ziegenmilch 60% Fett i.Tr.

HERKUNFT UND GESCHICHTE

Zentralportugal/Küstenregion

Aus einer kleinen Küstenregion in Zentralportugal, die an die Region Beira Baixa angrenzt, stammt dieser herkunftsgeschützte Käse, dessen über 150 Jahre alte Rezeptur von den bäuerlichen Käsereien der Gegend bis in die heutige Zeit bewahrt wurde.

HERSTELLUNG

Die Mischung aus 80 % Schafs- und 20 % Ziegenmilch bildet eine wichtige Grundlage für die Rabaçal-Herstellung, die meist in sehr kleinen Hof- und Familienkäsereien erfolgt. Zur Dicklegung dient Lab aus dem Ziegenmagen. Die Reifezeit beträgt wenige Wochen.

CHARAKTERISTIK

Flacher, runder Laib, Höhe rund 4 cm, Durchmesser 10–12 cm, Gewicht 300–500 g, gelbliche Rinde. Der Käse hat einen hellen, fast weißen, relativ festen, aber dennoch geschmeidigen Teig mit wenigen kleinen Löchern. Im Geschmack liegt eine dezente Schärfe.

KULINARISCHES

Empfehlung MDM: Rabaçal, der am besten in den Monaten März und April schmeckt, wird in der Regel als Tafelkäse verwendet. Gute Begleiter sind aromatische Weißweine und leichte, fruchtige Rotweine.

QUEIJOS DA BEIRA BAIXA

Die Region Beira Baixa ist Heimat zahlreicher regionaler Käsespezialitäten, die zumeist aus Mischungen, hin und wieder aber auch aus reiner Schafs- oder Ziegenmilch hergestellt werden. Neben dem hier beschriebenen Castelo Branco tragen auch Queijo Amarelo da Beira Baixa und Queijo Picante da Beira Baixa das DOP-Siegel.

Queijo Serra da Estrela (g.U.)

Schnitt-/Hartkäse
aus Schafsmilch
45% Fett i.Tr.

HERKUNFT UND GESCHICHTE

Zentralportugal

Schon seit dem 12. Jh. wird dieser Käse von den Schäfern in den östlichen Bergregionen Zentralportugals hergestellt. Sein Name leitet sich vom fast 2.000 m hohen Gebirgsmassiv gleichen Namens im Gebiet Beira ab. Die handwerkliche Herstellung einiger weniger Laibe am Tag in kleinen Familienbetrieben ist noch immer typisch.

HERSTELLUNG

Als Gerinnungsmittel dienen Blüten und Blätter einer wild wachsenden Distelart. Verwendet wird ausschließlich die Milch der Schafrasse Bordaleira. Der Bruch wird von Hand zerkleinert und anschließend zum Reifen in Höhlen gebracht, wo er zunächst unter sehr feuchten, später eher trockenen Bedingungen reift. Vor dem Verkauf werden die Käse, auf denen sich leicht Schimmel bildet, gewaschen und oft zusätzlich auch mit Olivenöl eingerieben. Reifezeit 1–4 Monate.

CHARAKTERISTIK

Flache, runde Laibe, Gewicht 1–2 kg, Höhe 6–7,5 cm, Durchmesser 16–18 cm. Glatte, dünne, hellgelbe bis orangebraune Rinde. Bei kurzer Lagerung ist der hellgelbe Käse so weich, dass er sich problemlos streichen lässt. Bei längerer Lagerung wird er fester, bleibt aber immer geschmeidig. Geschmack und Aroma erhalten durch den dezent-süßen karamellartigen Charakter der Schafsmilch eine besondere Note. Junger Käse schmeckt sehr mild, nach längerer Lagerung zunehmend pikant und intensiv.

KULINARISCHES

Empfehlung MDM: Passende Begleiter sind Brot und je nach Reifegrad des Käses fruchtbetonte und sogar kräftige reife Rotweinen aus der angrenzenden Region Dão.

VERWANDTE KÄSE

Ähnlich sind der etwas pikantere Serpa (g.U.), der Schafsmilchbergkäse Alcobaça, der Queijo de Nisa (g.U.) und der Feliciano, ein Schnittkäse mit Naturrinde (45 % Fett i.Tr.).

Queijo Mestiço de Tolosa (g.U.)

Halbfester Schnittkäse aus Schafs- und Ziegenmilch 45% bis 60%. Fett i.Tr.

HERKUNFT UND GESCHICHTE

Östliches Zentralportugal

Die Herstellung ist auf den Amtsbezirk Portalegre mit den Gemeinden Tolosa, Castelo de Vide, Nisa, Marvão, Crato, Alter do Chão, Arronches und Montforte beschränkt. Dort hat sich eine spezifische und eigentümliche Technik der Käseherstellung entwickelt, die von alters her unverändert geblieben ist.

HERSTELLUNG

Schafs- und Ziegenmilch im Verhältnis 20:80, 40:60 oder 60:40 wird durch ein weißes Tuch passiert und entweder nach dem herkömmlichen Verfahren (Wasserbad über dem Holzfeuer und Umrühren) oder in speziellen Behältnissen erhitzt. Wenn die Temperatur der Milch 30 °C erreicht, wird sie mit Tier- oder Pflanzenlab dickgelegt, die Masse in Formen gefüllt und gepresst. Anschließend werden die Käse gesalzen. Nach 20–25 Tagen Reifung reiben manche Käser die Käse auf allen Seiten mit einer Mischung aus Paprikapulver und Wasser ein, was ihnen die charakteristische Farbe und den typischen Geschmack verleiht.

CHARAKTERISTIK

Laibe von 150–400 g mit einem Durchmesser von 7–10, die Höhe 3–4 cm. Der gelbe bis orangefarbene Teig ist gut gebunden, nicht sehr fest, mit kleinen Löchern. Der Käse besitzt einen etwas scharfen, klaren und pikanten Geschmack, sein Aroma ist angenehm und charakteristisch.

KULINARISCHES

Passende Begleiter sind Weiß- und Rotweine aus den angrenzenden Regionen.

Queijo de Serpa (g.U.)

Weich-/Schnittkäse
aus Schafsmilch
45% Fett i.Tr.

HERKUNFT UND GESCHICHTE

Äußerster Südosten Portugals

Die kleine Stadt Serpa im äußersten Südosten Portugals hat diesem reinen Schafskäse ihren Namen gegeben.

HERSTELLUNG

Serpa entsteht aus unpasteurisierter Milch von Merino-Schafen und wird zum größten Teil in den Monaten Januar bis April hergestellt. Zur Dicklegung dienen Blüten und Blätter der Cynara cardunculus, einer Distelart, die überall auf den Märkten angeboten wird. Die Serpa-Laibe sind oft in weiße Baumwolltücher eingewickelt. Die Reifezeit ist je nach gewünschter Konsistenz unterschiedlich lang.

CHARAKTERISTIK

Runde Laibe, Durchmesser bis 30 cm, Gewicht 200 g–2,5 kg. De Rinde ist leicht gelblich. Der Teig kann weich und fließend (amanteigada) bis hart (curado) sein und ist mit kleinen, unregelmäßigen Löchern versehen. Je nach Reifedauer sahnig-mild bis recht markant.

KULINARISCHES

Empfehlung MDM: Gehaltvolle Weine aus dem Alentejo. Zu sehr reifem Käse kann auch gut ein opulenter Moscatel getrunken werden.

WINZLINGE FÜR DIE HOSENTASCHE

Schaut man auf die typisch portugiesischen Käsesorten, dann fällt auf, dass viele von ihnen besonders klein sind und oft nur 40–90 g wiegen. Dafür gibt es einen plausiblen Grund, denn ihre geringe Größe und die lange Haltbarkeit hängen damit zusammen, dass sie früher hauptsächlich den Schaf- und Ziegenhirten als Verpflegung dienten.

Queijo Terrincho (g.U.)

Halbfester Schnittkäse
aus roher Schafsmilch
45% Fett i.Tr.

HERKUNFT UND GESCHICHTE

Nordportugal

Die Ursprungsregion des Queijo Terrincho im Norden Portugals schließt sich an die des Queijo de Cabra Serrano Transmontano an. Wie dieser wird auch der Terrincho nur in sehr kleinen Mengen produziert. Seinen Namen verdankt er der Schafsrasse Churra da Terra Quente (kurz Terrinchas). Die Rezeptur entstammt der bäuerlichen Tradition und wird in den kleinen Familienbetrieben von Generation zu Generation weitergegeben.

HERSTELLUNG

Zum Dicklegen der unpasteurisierten Schafsmilch verwenden die Käser tierisches Lab. Die Reifung unter eher feuchten Bedingungen dauert rund 30 Tage.

CHARAKTERISTIK

Kleine, flach-runde Laibe, Höhe 3–6 cm, unterschiedlicher Durchmesser bis zu 20 cm, Gewicht 0,8–1,2 kg. Die glatte Rinde umschließt einen weißen, homogenen Teig von weicher, geschmeidiger Konsistenz. Der Geschmack ist ausgeprägt und voll. Älterer Käse schmeckt sehr pikant.

KULINARISCHES

Kräftige rote und weiße Weine aus der Region.

PORTWEIN

Das eigens geschaffene Portwein-Institut beaufsichtigt und kontrolliert Herkunft und Qualität jeder Flasche Port. Seine Grundweine dürfen nur aus dem genau festgelegten Anbaugebiet stammen, das sich von der spanischen Grenze im Osten über eine Länge von etwa 100 km bis zu den Städten Vila Real und Lamego erstreckt.

Queijo São Jorge (g.U.)

Hartkäse
aus roher Kuhmilch
45% Fett i.Tr.

HERKUNFT UND GESCHICHTE

Insel São Jorge/Azoren

Auf der Inselgruppe der Azoren gab es schon im 15. Jh. kleine Rinderherden, und bis heute liefert Kuhmilch die Grundlage für Queijo da Ilha (Inselkäse), einen dem Cheddar ähnlichen Käse, der nach der Insel, von der er kommt, São Jorge genannt wird. Die Bewohner der letzten Zwischenstation auf dem Seeweg nach Amerika mussten nicht nur sich selbst mit Nahrungsmitteln versorgen, sondern auch die Vorräte der Seefahrer auffrischen. Noch heute ist diese Art des Reiseproviants bei Hochseeseglern, die die Azoren anlaufen, äußerst beliebt.

HERSTELLUNG

Grundlage für die Herstellung des São Jorge ist hochwertige, unpasteurisierte Kuhmilch. Die Produktion ist nahezu identisch mit der von Cheddar, wobei es von Käserei zu Käserei kleine Unterschiede gibt. So schwanken beispielsweise Temperaturen, Dickungs- und Nachsäuerungszeiten. Entsprechend sind auch die fertigen Käse von recht unterschiedlicher Qualität. Einfluss auf die späteren Eigenschaften und den Geschmack hat außerdem auch die Dauer der Reifung, die im Durchschnitt 3–5 Monate beträgt.

CHARAKTERISTIK

Zylindrische Laibe, Höhe 10–20 cm, Durchmesser 30–35 cm, Gewicht meist 8–12 kg. Die Rinde ist trocken, mehr oder weniger glatt, fest, manchmal rissig und gelblich braun. Der Teig ist geschmeidig und fest bis leicht bröckelig, mit unregelmäßig verteilten Schlitzlöchern. Im Geschmack ist der »Liebling der Seefahrer« kräftig bis pikant, gelegentlich sogar leicht scharf.

BESONDERHEIT

Wann genau sich die Rezeptur des Cheddars tatsächlich auf die Azoren verirrte, lässt sich heute nicht mehr exakt feststellen, wahrscheinlich jedoch zu Beginn des 19. Jh. Trotz der Ähnlichkeit in der Herstellung handelt es sich beim São Jorge um eine vollkommen eigenständige Käsesorte, die im Aussehen an Gouda, im Geschmack an Cheddar erinnert.

Queijo do Pico (g.U.)

Schnittkäse
aus roher Kuhmilch
45% Fett i.Tr.

HERKUNFT UND GESCHICHTE

Insel São Pico/Azoren

Dieser recht kleine Käse von der Insel São Pico, wo sich mit dem Monte Pico (2351 m) der höchste Berg der Azoren erhebt, präsentiert sich typisch portugiesisch. Hergestellt wird er bereits seit dem 18. Jh. in kleinen bäuerlichen Käsereien, verzehrt fast ausschließlich auf den Azoren selbst, in Portugal und Brasilien.

HERSTELLUNG

Die hochwertige Milch von Kühen, die draußen gehalten werden und ihre Nahrung auf üppigen, kräuterreichen Wiesen finden, bildet die Grundlage für die Herstellung. Das Dicklegen der unpasteurisierten Kuhmilch, der gelegentlich etwas Ziegenmilch beigemischt wird, findet mithilfe von tierischem Lab, meist aus dem Kälbermagen, statt. Der Käse reift mindestens 30 Tage.

CHARAKTERISTIK

Kleine, runde Laibe, Höhe 3–4 cm, Durchmesser 9–10 cm, Gewicht 500–800 g. Die glatte, gelbliche bis braune Rind umschließt einen geschmeidigen, weichen, hellgelben Teig. Angenehm milder, nicht allzu intensiver Geschmack. Queijo do Pico wird auf den Azoren meist unverpackt angeboten.

KULINARISCHES

Empfehlung MDM: Ein Käse, der sehr gut zu einer Vielfalt von unterschiedlichen Weinstilen harmoniert, angefangen vom frischen Vinho Verde passen als Begleiter genauso wie ausdrucksvolle Weißweine oder fruchtbetonte Rotweine.

GRIECHENLAND

Schafs- und Ziegenmilch

Oliven, Brot, Wein und Käse sind urtümliche Genüsse Griechenlands. Feta und andere Schafskäse stellten in den früheren ärmlichen Verhältnissen ein Grundnahrungsmittel für die griechische Bevölkerung dar. Schafskäse und Ziegenkäse finden sich in vielen Gerichten und verleihen ihnen den typisch griechischen, herzhaften Geschmack. Unverzichtbar ist Käse bei den beliebten Mezédes, den kleinen Happen, die man am Abend gerne mit Freunden in der Taverne bei einem Glas Wein genießt.

Die Griechen verwerten hauptsächlich Schafs- und Ziegenmilch für ihren Käse. Die Tiere finden in der reichen Flora der Weidegründe optimale Nahrung, und dies garantiert eine einmalige Milchqualität. Die Käseherstellung aus Schafs- und Ziegenmilch hat in Griechenland eine lange Tradition, Beschreibungen für die Zubereitung von Käse reichen bis in die Antike zurück. In Homers Odyssee wird beispielsweise beschrieben, wie in der Höhle des einäugigen Zyklopen Polyphem Schafe gemolken und die Milch zu Käse weiterverarbeitet wird, der in kleinen geflochtenen Körbchen ruht.

In der modernen Milchwirtschaft Griechenlands steigt der Anteil an Kuhmilchkäse stetig an. Doch für einen griechischen Käsefreund sind Schafs- und Ziegenmilchkäse immer die bessere Wahl. Die beliebtesten und bekanntesten Käse sind gleichzeitig die mit den längsten Tradition. Feta macht zwei Drittel der gesamten Käseproduktion aus. Jeder Grieche verzehrt im Schnitt 12 kg Feta pro Jahr.

Linke Seite: Auf den Inseln, wie hier auf Chios, dominiert die einfache traditionelle Küche.

Feta (g.U.)

Weichkäse
aus Schafs- und Ziegenmilch
45% Fett i.Tr.

HERKUNFT UND GESCHICHTE

Die Herstellung von Feta lässt sich bis ins Altertum zurückverfolgen. Für die Hirten war dieser einfache Käse die einzige Möglichkeit, die Milch von den umherziehenden Herden haltbar zu machen. Feta entsteht hauptsächlich in den Bergregionen, wo traditionelle Wandertierhaltung besteht. Zugelassene Erzeugerregionen sind Makedonien, Thrakien, Thessalien, Zentralgriechenland, Epiros, Peleponnes und Mytilini.

HERSTELLUNG

Feta darf nach den Ursprungsregeln bis zu 30 % Ziegenmilch enthalten. Traditionell legt man Feta in Holzfässer ein, dann heißt er Barelisia. Doch die meisten modernen Produzenten nutzen Stahlbehälter.

CHARAKTERISTIK

Rechteckige Blöcke von 2 kg. Der Weichkäse ist rindenlos und weich, aber noch schnittfest. Weißer, kompakter brüchiger Teig mit cremiger Textur. Der Geschmack ist leicht säuerlich-pikant und etwas salzscharf. Die Mischung mit Ziegenmilch gibt dem Feta ein stärkeres pikantes Aroma. Feta lässt sich nach einem Monat Reifezeit verzehren. Bei längerer Reife wird der Geschmack pikanter.

BESONDERHEIT

Seit Oktober 2007 darf nur noch Weißkäse aus den genannten Herkunftsregionen den Namen Feta tragen. Die aus Kuhmilch hergestellten Salzlakekäse, die nicht nur in Griechenland, sondern weltweit produziert werden, dürfen die Bezeichnung Feta nicht mehr benutzen. Diese Käse heißen inzwischen beispielsweise »Weißkäse in Salzlake gereift«.

KULINARISCHES

Er eignet sich zum Überbacken und für Füllungen, als sättigende Komponente im Bauernsalat oder einfach mit Oliven zum Landbrot. Zum Feta-Käse passt sehr gut ein dezent aromatischer Weißwein aus der Rebsorte Malagouzia oder aus Sauvignon Blanc. Ein reifer, samtiger Rotwein wie beispielsweise Nemea harmoniert ebenfalls. Probierenswert ist ebenfalls ein Ouzo.

Batzos (g.U.)

Schnittkäse/Hartkäse
aus Ziegen- und/oder Schafsmilch
45% Fett i.Tr.

HERKUNFT UND GESCHICHTE

Thessalien, Zentral- und Westmakedonien

Früher war Batzos weitverbreitet. Heute findet man ihn nur noch in einigen Gegenden Makedoniens.

HERSTELLUNG

Der Bruch aus Ziegen- oder Schafsmilch (auch gemischt möglich) wird geschnitten, gerührt und auf 45 °C erhitzt. Dann nimmt man ihn heraus und lässt ihn in einer großen Wanne abtropfen. Am nächsten Tag wird der Käse in Blöcke geschnitten und gesalzen. Nach fünf Tagen Ruhezeit kommen die Blöcke mit einer zehn- bis zwölfprozentigen Salzlösung in Metallbehälter, wo sie mindestens 3 Monate reifen.

CHARAKTERISTIK

Löchriger, weißer Teig mit vielen Löchern, pikanter Geschmack.

KULINARISCHES

Hier eignen sich die weißen Landweine aus der Region von Drama sehr gut, die aus modernen Rebsorten wie Sauvignon Blanc zusammen mit einheimischen Reben wie Assyrtiko oder Athiri gekeltert werden.

FETA

Feta (der Schnitt) ist in Griechenland praktisch Volksnahrungsmittel. In Salzlake eingelegt, hält er sich auch im heißen Klima monatelang. Lange Zeit nur in den Balkanländern bekannt, sorgte die Auswanderungswelle der Griechen für die weltweite Verbreitung des Käses.

Kefalotiri (g.U.)

Schnittkäse/Hartkäse
aus roher Schafs- und/oder Ziegenmilch
45% Fett i.Tr.

HERKUNFT UND GESCHICHTE

Makedonien, Peleponnes, Thessalien, Kreta, Epirus, Ionische Inseln und Kykladen

Kefalotiri gilt als der Vater der griechischen Hartkäse. Er ist bei den Griechen sehr beliebt. Seinen Namen hat er von seiner Form, die an einen Hut bzw. menschlichen Kopf (kefalo) erinnert. Im Gegensatz zu Feta gibt es Kefalotiri erst seit ein paar Hundert Jahren.

HERSTELLUNG

Der Bruch wird gepresst, anschließend gesalzen und noch einmal gepresst. Art und Dauer der Reifung variieren, doch in der Regel reift er 2–3 Monate in feuchten, kühlen Kellern.

CHARAKTERISTIK

Der etwa 10 kg schwere Käselaib hat je nach Milchmischung einen weißlichen bis gelblichen, recht festen Teig, der von vielen kleinen Löchern durchzogen ist. Ausgeprägter, stark pikanter und salziger Geschmack.

KULINARISCHES

Gereifte Kefalotiri finden als Reibekäse Verwendung. Als Begleitung kann ein Wein mit etwas Restsüße gut harmonieren.

VERWANDTE KÄSE

Der bekannteste Vertreter der Kefalotiri ist der von der Insel Kreta. Pindos heißt er, wenn er im Pindos-Gebirge hergestellt wird, der Skyros stammt von der gleichnamigen Insel, Vouscous wird auf Limnos erzeugt. Xynotiro kann ebenfalls als eine Art Kefalotiri angesehen werden.

Kasseri (g.U.)

Brühkäse
aus Schafs- und/oder Ziegenmilch

HERKUNFT UND GESCHICHTE

Makedonien, Xanthi, Lesbos und Thessalien

Seit dem 19. Jh. stellt man diesen Käse her. Man vermutet, dass der Käse über Bulgarien als Kaschkawal nach Griechenland eingeführt wurde. Insgesamt gibt es 14 Schreibweisen für den Kasseri. Nach dem Feta ist er der beliebteste Käse der Griechen.

HERSTELLUNG

Ganz frischer Kefalotiri ist der Rohstoff für den Kasseri. Der Kefalotiri wird in Streifen geschnitten und reift so einige Stunden vor. Danach gibt man die Käsestreifen in circa 70 °C heißes Salzwasser, in dem die Masse bearbeitet und geformt wird. Kasseri reift etwa 6 Monate.

CHARAKTERISTIK

Rindenlos, gelblich weißer Teig, butterartige Konsistenz, aromatischer, leicht pikanter Geschmack.

KULINARISCHES

Kasseri findet häufige Verwendung in dem traditionellen griechischen Gericht Saganaki. Er wird in Butter oder Olivenöl gebacken und mit Zitronensaft überträufelt. Er kann gut von Ouzo begleitet werden, harmoniert aber auch sehr gut mit modern vinifizierten Weißweinen wie Sauvignon Blanc oder Chardonnay.

OUZO

Jeder Griechenlandreisende kommt früher oder später in den Genuss eines Ouzos, dem weltberühmten Nationalgetränk der Griechen. Nach einem Essen schafft er nicht nur Platz im Magen, auch vorneweg zum Feta oder Kopanisti sollte man ihn einmal probieren. Ouzo wird nach traditionellem Rezept hergestellt, bei dem Traubenmost mehrfach destilliert wird. Der charakteristische Geschmack entsteht durch das Hinzufügen von Sternanis, Fenchel, Kardamom, Samen des Mastaca-Baumes, Ingwer, Anissamen, Angelikawurzeln oder Nelken. Jeder Hersteller hat sein eigenes Geheimrezept, und entsprechend überwiegt mal mehr der trockene, mal eher der lieblich-süße Charakter. Kenner genießen Ouzo nie gekühlt und immer mit Wasser verdünnt. So entwickelt sich das feine Aroma am besten. Wenn man zum Ouzo Wasser hinzugibt, »flockt« er aus, er wird trübe. In diesem Moment setzen sich nämlich die ätherischen Öle der Kräuter und Gewürze frei.

Graviera (g.U.)

Hartkäse
aus Kuhmilch
40% Fett i.Tr.

HERKUNFT UND GESCHICHTE

Agrafon, Naxos, Kreta

Graviera wurde als neuer Typ Hartkäse erstmals Anfang des 20. Jhs. im milchwirtschaftlichen Institut von Ionnina hergestellt. Heute zählt er zu den bekannten und beliebten griechischen Käsesorten. Inzwischen gibt es drei geschützte Herkünfte: Graviera Naxou (Naxos), Graviera Kritis (Kreta) und Graviera Agrafon (Agrava).

HERSTELLUNG

Klassische Herstellung nach Emmentaler Art. Graviera aus Naxos wird aus Kuhmilch gewonnen, der manchmal kleine Mengen an Schafs- oder Ziegenmilch beigegeben wird. Graviera aus Kreta und Agrafon wird dagegen aus Schafsmilch gewonnen, der ein kleiner Teil Ziegenmilch zugesetzt werden darf. Die Reifung geschieht, wie beim Emmentaler, mittels Propionsäurebakterien und dauert mindestens 3 Monate.

CHARAKTERISTIK

Aromatischer, fruchtig-milder und süßlicher Geschmack. Der Käse ist von weicher Konsistenz und verleiht ein cremiges Mundgefühl.

Formaella (g.U.)

Hartkäse
aus Schafsmilch
32% Fett i.Tr.

HERKUNFT UND GESCHICHTE

Arachova/Parnass

Dieser traditionelle Hartkäse wird seit über 100 Jahren in der Gegend des Berges Parnass und besonders um die Stadt Arachova hergestellt.

HERSTELLUNG

Normalerweise dient Schafsmilch zur Herstellung, manchmal mit einem Schuss Ziegenmilch. Nach der Gerinnung wird der Bruch erhitzt, in große Stücke geschnitten und in Formen gegeben. Diese gefüllten Formen kommen für eine Stunde in die heiße Molke. Die Form wird entfernt, danach gibt man die Käse nochmals für eine Stunde in heiße Molke. Danach nimmt man die Käse aus der Molke, lässt sie trocknen und bringt sie dann in die Höhlen des Parnass-Gebirges, wo sie über mehrere Monate reifen.

CHARAKTERISTIK

Formaella wird in kleinen zylinderförmigen Portionen von 400 g verkauft. Der traditionelle Formaella besitzt einen strengen und pikanten Geschmack.

BESONDERHEIT

Fast die gesamte Produktion findet ihren Absatz bei Einheimischen und Touristen, die im Sommer nach Delphi und im Winter zum Skifahren ins Parnass-Gebirge fahren. Leider ist der Käse dann gar nicht oder nur einige Tage gereift.

KULINARISCHES

Warum nicht einmal einen guten Retsina zu diesem Käse ausprobieren? Auch aromatische, kräftige Weißweine harmonieren sehr gut.

Mitzithra

Weich- bis Hartkäse
aus Schafs- oder Ziegenmilch
50% Fett i.Tr.

HERKUNFT UND GESCHICHTE

Wie die Römer beim Ricotta, so haben es auch die alten Griechen verstanden, alle Teile der wertvollen Milch zu nutzen. Mitzithra ist in Griechenland auch der Gattungsbegriff für Käse auf Molkebasis. Der Mitzithra wurde ursprünglich aus der übrig gebliebenen Molke des Kefalotiri oder Feta gemacht, der noch etwas Milch oder Sahne hinzugefügt wurde.

HERSTELLUNG

Allen gemeinsam ist die Verwendung erhitzter Molke, meist aus Schafs- oder Ziegenmilch und deshalb auch saisonal auf die Zeit zwischen Juni und Dezember begrenzt. Unterschiede in den einzelnen Sorten ergeben sich durch die Milchart, ob Milch oder Sahne zur Molke hinzugegeben wird, die Erhitzungstemperatur und den Säuregehalt der Molke.

CHARAKTERISTIK

Der Geschmack ist mild und frisch. Mitzithra kann frisch nach einigen Tagen als Weichkäse oder mehrere Monate gereift als Hartkäse verwendet werden.

KULINARISCHES

Als Begleitung eignen sich sehr gut milde, leichte Rotweintypen, zur reiferen Variante des Hartkäses sind kraftvolle Weißweine, aber auch Weißweine mit einer feinen Restsüße sehr gute Begleiter.

VERWANDTE KÄSE

Aus der Molke von Schafs- oder Ziegenmilch wird der Manouri (g.U.) hergestellt. Sein Produktionsgebiet umfasst Zentral- und Westmakedonien sowie Thessalien. Er ist der außergewöhnlichste traditionelle Molkekäse und wird seit über 100 Jahren hergestellt. Wegen seiner Cremigkeit und dem zarten Schmelz sowie seines milchigen, frischen Geschmacks erlangte er in Griechenland und den angrenzenden Balkanländern schnell große Beliebtheit. Für einen guten Manouri muss die Molke einen Fettgehalt von mindestens 2,5 % haben, dafür wird die Molke mit Rahm angereichert. Das Molke-Rahm-Gemisch wird unter Zugabe von Säuerungsmittels erhitzt und kommt dann in Stoffsäcke zum Abtropfen. Danach reift der Käse bei 4–5 °C.

ZYPERN

Während des Altertums war Zypern ein wichtiges Handelszentrum für die Ägäis, Syrien und Ägypten. Römer, Byzantiner und Araber, Türken und nicht zuletzt die Briten besetzten nacheinander die Sonneninsel. Heute sind drei Viertel der zypriotischen Bevölkerung Griechen, ein Viertel Türken. Beide Bevölkerungsgruppen sind religiös, politisch und räumlich getrennt, die streng bewachte Grenze verläuft mitten durch das pulsierende Zentrum von Nikosia. Trotz aller politischen Wirren, Zyperns Nationalkäse heißt sowohl im türkischen wie im griechischen Teil Halloumi.

Halloumi

Weichkäse
aus Schafsmilch
43% Fett i.Tr.

HERKUNFT UND GESCHICHTE

Halloumi gehört seit Jahrhunderten auf der östlichen Mittelmeerinsel zu den Grundnahrungsmitteln der Hirten und Bauern, die ihn in den Bergen Zyperns über offenem Feuer brieten. Heute wird er fast nur noch in großen Betrieben mit modernsten Methoden produziert.

HERSTELLUNG

Charakteristisch ist das Brühen und Kneten des Teiges und das Würzen mit frischen Minzeblättern. Wie Feta ist Halloumi als Block erhältlich und in Salzlake eingelegt. Die Reifezeit beträgt nur wenige Tage. Gekühlt ist er 3 Monate haltbar.

CHARAKTERISTIK

Weißer, elastischer Käse mit unverwechselbarem Minzegeschmack. Traditionell zusammengeklappte Form. Der Geschmack ist mild und leicht salzig.

KULINARISCHES

Schmeckt der Käse etwas zu salzig, so hilft das Einlegen in Milch. Zum gegrillten Halloumi passt am besten ein leichter Rotwein oder ein kräftiger Weißwein von der Insel.

VERWANDTE KÄSE

Der ursprünglich aus Zypern stammende Halloumi hat inzwischen viele Nachahmer gefunden, vor allem am östlichen Mittelmeer und in der Neuen Welt. Im Libanon und in Rumänien ist er als Beduinenkäse unter dem Namen Halloum bekannt, in Australien unter der Bezeichnung Halloumy und in Kalifornien als Haloumi.

TÜRKEI

Käse für die osmanischen Herrscher

Die Türken lebten in der Vergangenheit oft als Nomaden in Stämmen, die sich mit ihren Wanderherden (vor allem Pferde, Schafe und Ziegen) je nach Witterungsverhältnissen und Weidemöglichkeiten immer nur vorübergehend an einem Ort aufhielten. Die wichtigsten Lebensmittel und Handelsprodukte stellten sie auf Basis von Milch, Leder und Fleisch her. Produkte wie Ayran, Käse und Joghurt sind bis heute fester Bestandteil der türkischen Küche.

Die Türkei ist ein Käseland: ohne Käse kein Frühstück, Mittagessen oder Abendbrot und keine Einladung. Denn bei den traditionell gastfreundlichen Türken werden immer Mezeler gereicht, kleine Vorspeisen. Neben Oliven oder gefüllten Weinblättern gehört Käse zum festen Bestandteil einer Platte von Mezeler. Teils werden sie pur serviert, teils in den Vorspeisen verarbeitet.

Käseherstellung ist in der Türkei Frauensache. In den dörflichen Strukturen und innerhalb der Nomadenfamilien wird Käse in der Regel für den Eigenbedarf und den Verkauf auf lokalen Märkten gefertigt. Allerdings gerät diese Tradition des türkischen Käsehandwerks mehr und mehr in den Hintergrund. Das türkische Käseangebot reicht von traditionell gefertigten und nur auf lokalen Wochenmärkten verkauften Spezialitäten bis hin zu Sorten, die mittlerweile industriell produziert und national in Supermärkten verkauft werden. Auch in der Türkei wird die Milch in der Regel eingesammelt, teils von Bauernhöfen mit nur vier oder fünf Tieren. Dorfsennereien oder größere Käsereien stellen daraus den Käse her, der häufig den Namen des Ortes oder der Region trägt.

Linke Seite: Gastfreundschaft wird in der Türkei großgeschrieben.

Beyaz Peynir

Beyaz Peynir heißt der Käse des Bei, wie die Türken einen hohen Beamten nennen. Der häufig schlicht Beyaz oder nur Peynir (= Käse) genannte weiche Lakekäse aus Schafsmilch gehört zu den auch international bekanntesten türkischen Käsesorten. Von der Schwarzmeerküste stammend, wird er heute in verschiedenen Regionen der Türkei hergestellt. Den besten Ruf genießen Produkte aus Thrakien (Westtürkei) und Marmara. Wie auch sein griechisches Pendant, der Feta, ist Beyaz eine Art Nationalkäse. Sein Bruch wird einige Stunden gepresst, in Stücke geschnitten und wieder gepresst. Schichtweise werden die Stücke in Blechbehälter gelegt, gesalzen und mit Lake bedeckt. Darin kann der Beyaz bis zu 6 Monate konserviert werden. Vor dem Verzehr muss er entsalzt werden.

Mihalic

Mihalic wird zu den besten Käsen der Türkei gezählt. Er ist dem westlichen Gaumen weniger fremd als viele der eher »bodenständigen« türkischen Käse. Die klassische Mihalic-Region ist das Gebiet zwischen den Städten Balikesir und Bursa. Hier wird er aus der Milch einer heimischen Schafrasse hergestellt. Jung hat er einen milden Cheddargeschmack, unregelmäßige Löcher und eine weiße Farbe. Mit zunehmender Reife wird er fest und aromatischer, die Lochung regelmäßiger, der Teig flachsfarben. Mihalic kann durchaus bis zu zwei Jahre alt werden, dann lässt er sich ebenso gut reiben wie ein lang gereifter italienischer Pecorino. Die Reifung des Mihalic findet nicht in Tulum oder Teneke statt, sondern auf Brettern in Reifelagern mit hoher Luftfeuchtigkeit. Dabei entwickelt er eine Rinde, die mit zunehmendem Alter dicker und härter wird.

Mihalic schmeckt gut zu einem Roséwein oder in kleinen Stücken zu einem frischen Bier. Wer den dezenten Käsegeschmack mit einem starken Gegengewicht versuchen möchte, kombiniert Mihalic mit einem kräftigen Merlot.

Kaşar

Einer der bekanntesten türkischen Käse ist der Kaşar, ein Verwandter des auf dem Balkan und Osteuropa heimischen Kaschkawal. Einer Legende nach soll er mit den Kosaken in die Türkei gekommen sein. Vermutlich haben ihn jedoch Juden, die ihn traditionell hergestellt haben, nach Thrakien mitgebracht. Sie waren bekannt für ihre ausgezeichneten Käse, die sie bis etwa 1930 in der Nähe von Istanbul produzierten. Ursprünglich aus Schafsmilch hergestellt, gibt es heute immer mehr Varianten aus Kuhmilch. Kaşar ähnelt einem Gruyère oder einem Cheddar, er kann halbfest bis hart sein und von wenigen Monaten bis fast zwei Jahre reifen. Junger Kaşar (Yeni Kasar) wird industriell hergestellt, reift vakuumverpackt und hat eine rechteckige, kastenbrotähnliche Form. Der alte (eski) Kaşar wird in runden Formen gepresst und entwickelt eine Rinde, die für türkischen Käse eher ungewöhnlich ist, und schmeckt würziger als der junge Käse. Manche Kaşar -Varianten weisen reiskorngroße Löcher auf. Auf der recht dicken Rinde kann sich zuweilen spontan Edelpilz entwickeln.

Lor

Der Frischkäse Lor ähnelt etwas dem italienischen Ricotta. Er ist nur wenige Tage haltbar und schmeckt am besten, wenn er aus Schafsmilch gekäst wird. Da diese aber sehr fettreich ist, ersetzt man sie häufig durch Kuh- oder Ziegenmilch. Wegen des gering ausgeprägten Eigengeschmacks wird er in der türkischen Küche vor allem zum Kochen oder Backen verwendet und seltener als Tischkäse. Lor ist eine beliebte Zutat für die gefüllten und gebratenen Teigröllchen (sigara böregi).

Erzincan Peyniri/ Erzincan Tulumu

Dieser Tulum-Käse aus Schafsmilch ist nach seiner Herkunftsregion um die schöne Stadt Erzincan benannt. Er stammt noch aus der Zeit, als die Bauernfamilien zu Beginn des Sommers auf die kühleren Gebirgsweiden zogen und sich bereits im Sommer durch das Anlegen von Vorräten für den bevorstehenden Winter wappneten. Der Schafskäse aus den Bergregionen von Erzincan hat überall viele Liebhaber. Da er nur lokal gefertigt wird, ist dieser Käse eine rare Delikatesse. Der Erzincan kann bis zu 2 Jahre im Tulum reifen. Sein Teig ist feucht und relativ fest, wird aber mit zunehmendem Alter bröckeliger. Er hat ein pikant-kräftiges Aroma. Nach etwa 5–7 Monaten ist er reif für den Genuss, dann weist er ein würziges, vollmundiges Aroma und eine cremige Färbung auf.

LEDERSACK UND BLECHTROMMEL

Das Besondere an der türkischen Käseherstellung ist eng verbunden mit zwei Begriffen, die eigentlich nur die Behältnisse bezeichnen, in denen die Käse reifen. Aber sie stehen heute für zwei Käsegruppen, die im ganzen Land mit leichten lokalen Abweichungen hergestellt werden: Tulum und Teneke.

Ein Tulum ist ein naturbelassener Ledersack, in dem der Käse reift und dabei ein ganz besonderes Aroma und eine typisch feste Konsistenz entwickelt. Ursprünglich aus Ziegen- oder Schafleder hergestellt, besteht er heute vielfach aus einer Kunststofffolie. Darin wird der Käsebruch gepresst und gereift, je nach Sorte bis zu 2 Jahre lang. Der Tulum hat ein Fassungsvermögen von 12–14 kg. Insbesondere für solche Tulum-Käse, die bis zu 20 Monate reifen, wird mit Vorliebe die fettreiche Frühlingsmilch der Schafe vom Beginn der Laktationsphase gewonnen, die man gerne mit Kuhmilch verdünnt. Große rechteckige Käse, die in Blechtrommeln gelagert sind, nennt man nach diesen Metallbehältnissen Teneke. Sie werden darin gesalzen und sind gut haltbar.

Zopfkäse

Aus Südost- und Ostanatolien kommt der Zopfkäse, ein salziger Verwandter des Mozzarella. Er wird nach dem Pasta-Filata-Verfahren in aufwendiger Handarbeit gekäst und zu einem Zopf geflochten. Die Zöpfe kocht man kurz in Salzwasser auf und lässt sie 1 Tag im Salzbad reifen. Der sehr würzige Zopfkäse hat einen typisch salzigen Geschmack.

Salamura

Dem Kuhmilchkäse Salamura aus Anatolien begegnet man am häufigsten im Osten der Türkei. Gerne verwendet man ihn als eine Art »Puffer« gegen die scharf gewürzten Speisen arabischen Einschlags. Der milde Frischkäse, der in der Regel innerhalb von 12 Stunden nach seiner Fertigung verzehrt wird, ist ein beliebter Frühstückskäse. Salamura be-

deutet »in Salzlake konserviert«. Das trifft jedoch erst zu, wenn dem Käse zur längeren Haltbarmachung Salz beigefügt wird. Dazu wird er nach Teneke-Art in einem Blechbehälter aufbewahrt und gesalzen. In dieser Form gereift, wird er in der Regel in andere türkische Regionen exportiert und als Beyaz Peynir verkauft. Ungereift schmeckt er eher unauffällig, gilt aber aufgrund seines niedrigen Salzgehalts als sehr gesund. Salamura lässt sich vielseitig verwenden, ob als Brotaufstrich, Sandwichzutat oder als Vorspeise.

DIYARBAKIR

Geschätzte 200 Dörfer rund um die Stadt Diyarbakir produzieren Käse und Milchprodukte. Die meisten davon bestehen aus kleinen Bauernhöfen mit nur 25–30 Milchschafen. Diyarbakir zeichnet sich durch einen florierenden Markt aus, der auf Käse und Milchprodukte spezialisiert ist. Bedingt durch das kalte Klima ist die Käseherstellung enger an die Jahreszeiten gebunden als im wärmeren Westen. Viele Käse werden erst, abhängig von der später einsetzenden Laktationsphase, zwischen April und Juni gefertigt. Die beliebtesten Sorten in Diyarbakir sind der lokale Salamura und der Zopfkäse, der hier Örme heißt. Gerne setzt man in der Region für die Käseherstellung auch Kräuter (ot) ein. Diese Käse werden Otlu Peyniri genannt. Es gibt sie in unterschiedlichen Altersstufen von wenigen Tagen bis zu mehreren Monaten gereift.

ENGLAND

Geheimtipp für Gourmets

Spätestens mit den Römern wurde Käse ein verbreitetes Nahrungsmittel auf den Britischen Inseln. Um 1500 entwickelte sich die Käseherstellung in England zu einer regelrechten Industrie, nachdem sich seit 1066 unter dem Einfluss der Zisterziensermönche bereits eine vielfältige Käsekultur gebildet hatte. Anfang des 16. Jhs. hatte fast jede Grafschaft ihren eigenen Käsetyp. Die besten Käse dieser Zeit sollen aus Cheddar, Cheshire, Shropshire, Banbury, Suffolk und Essex gekommen sein. Regionale Besonderheiten verschwanden nach dem Zweiten Weltkrieg zunächst völlig, ehe sich die landwirtschaftlichen Betriebe wieder auf alte Traditionen besannen. Auf den Farmen Englands greift man wie in Schottland, Wales oder Nordirland auf überlieferte Rezepturen zurück. England, Schottland, Wales und Irland profitieren von nahezu idealen Voraussetzungen für die Milchwirtschaft mit einem vom Golfstrom begünstigten, milden Klima mit reichlich Niederschlägen. Die saftigen Weiden bieten dem Milchvieh eine reichhaltige Nahrungsgrundlage. Wurde in früheren Zeiten zum größten Teil Ziegen- und Schafsmilch für die Käseherstellung verwendet, entstehen heutzutage fast alle gängigen Käse aus Kuhmilch der typischen Rinderrassen. Neben Standardsorten der Großunternehmen kommen seit den 1980er-Jahren immer mehr teilweise handgefertigte Käsespezialitäten von Hof-, Bauern- und Kleinkäsereien auf den Markt. Hart- und Schnittkäse vor allem vom Cheddar-Typ und Variationen von ausländischen Erfolgskäsen wie Gouda, Emmentaler oder Maasdamer bestimmen aber nach wie vor den Markt.

Linke Seite: Die Käsespezialitäten vom Land sind mehr und mehr gefragt.

BLAUSCHIMMELRARITÄTEN

Aus den Grafschaften Derbyshire, Nottinghamshire und Staffordshire kommt der Buxton Blue cheese (g.U.), ein Hartkäse aus Kuhmilch in Zylinderform. Der rötliche Teig ist mit blauen Schimmeladern durchzogen. Der Milch setzt man besondere Starter- und Blauschimmelkulturen zu. Annatto sorgt für den rötlich gefärbten Teig. Der zerkleinerte Bruch wird heiß überbrüht und entwässert. Anschließend folgt das Salzen, Mahlen und Einfüllen der Käsemasse in Reifen, in denen der Käse geformt und gepresst wird. Buxton reift in einem Tuch und wird während der sechswöchigen Reifung immer wieder mit einer langen Nadel durchstochen, damit sich der Blauschimmel entwickelt.

Es gibt Hinweise dafür, dass der Dorset Blue cheese (g.g.A.) schon 1800 v. Chr. in Dorset produziert wurde. Im 18. und 19. Jh. verwendete man die entrahmte oder beim Buttern übrig gebliebene Milch zur Käseherstellung. Auch heute noch wird entrahmte Milch verwendet. Der halbfeste Schnittkäse mit leicht gepresstem Teig ist von fester, kompakter Textur und von unregelmäßigen blauen und grünen Schimmeladern durchzogen. Trockene, raue Rinde von bräunlicher Farbe. Pikanter, pfeffriger, mild-kräftiger Geschmack. Der Bruch wird geschnitten und während der Erwärmung gerührt, anschließend bleibt die Bruchmasse mit der Molke über Nacht stehen. Nach dem Abfließen der Molke wird der Käse in Blöcken so lange übereinandergestapelt, bis der richtige Säuregrad erreicht ist. Nach 4 Tagen Pressen und Abtrocknen in der Form kommt der Käse in den Reiferaum, wo er 3–5 Monate weitergepflegt wird. Nach 4 Wochen pikiert man die Käse zur Förderung des Schimmelwachstums.

Der Exmoor Blue cheese (g.g.A.), der in festgelegten Gebieten der Grafschaften Somerset und Devon produziert werden darf, wird mit traditionellen Methoden seit 1986 in Bauernhöfen gekäst. Der Blauschimmelweichkäse besitzt eine satte, gelbe Farbe und eine buttrige Textur. Die Rohmilch stammt ausschließlich von Jersey-Kühen, die sehr lange draußen auf den saftigen Weiden bleiben und aromatische Milch geben. Der Milch fügt man pflanzliches Lab und Blauschimmelkulturen hinzu. Der Käse wird pikiert und die Außenseiten mit Weißschimmellösung besprüht, danach kommt der Exmoor Blue 3–6 Wochen in den Reiferaum.

Auch der Dovedale cheese (g.U.) ist ein Weichkäse mit Blauschimmel. Er stammt aus Derbyshire, Nottinghamshire und Staffordshire. Die Milch aus den ausgewiesenen Gebieten wird mit Milchsäurebakterien, Lab und Blauschimmelkulturen angereichert. Nach dem Ablaufen der Molke und einem Salzbad durchbohrt man den Dovedale von oben nach unten, um die Schimmelkulturen zu fördern, und lässt ihn anschließend 3–4 Wochen reifen.

Cheshire

Hartkäse
aus Kuhmilch
48% Fett i.Tr.

HERKUNFT UND GESCHICHTE

Cheshire, Shropshire, Staffordshire

Cheshire gilt als einer der ältesten englischen Käse, wobei seine Rezeptur wohl bis auf die Kelten zurückgeht. Unter dem Namen Chester wird er in vielen Ländern nachgeahmt.

HERSTELLUNG

Die Herstellung ähnelt weitgehend der des Cheddar. Auch wenn die meisten Käse aus industrieller Produktion stammen, gibt es wieder eine ansehnliche Farmhouse-Produktion. Auf den Bauernhöfen wird Cheshire nach uralten, traditionellen Methoden gekäst und zum Reifen in Tücher eingebunden. Die Reifezeit beträgt mindestens 2–3 Monate, aber auch länger.

CHARAKTERISTIK

Zylinderform, Durchmesser und Höhe in der Regel 30 cm, Gewicht etwa 22 kg (deutliche Abweichungen kommen vor). Die Rinde kann mit Wachs überzogen sein, oft dienen auch Tücher der Naturrinde als Schutz. Der Teig ist von hellem Rohweiß und seidig-glänzend, die Konsistenz ist leicht krümelig und relativ feucht. Durch die Zugabe von Annatto kann die Teigfarbe auch eine kräftiggelbe oder auch leicht rötliche Färbung annehmen. Frischer und kräftiger Geschmack, leicht salzig mit einem an Orangen erinnernden Beigeschmack.

KULINARISCHES

Weinempfehlung MDM: Traditionell isst man Cheshire mit Johannisbeermarmelade. Auch hier kann man ganz klassisch mit Bier und Cider eine gute Kombination eingehen, jedoch ist ein restsüßer Weißwein mit viel Frucht ebenfalls eine gelungene Kombination. Für den Blue Cheshire lässt sich auch ein edelsüßer Wein einsetzen.

VERWANDTE KÄSE

Für den Verkauf in großen Mengen und in den in England so beliebten Portionspackungen wird meist ein festerer Cheshire mit geschlossenerem Teig gefertigt, der dann auch als Cheddary Cheshire bekannt ist. Sehr gesuchte Varianten sind der Blue Cheshire und der Shropshire Blue aus Rohmilch, beides halbfeste Edelpilzkäse.

Cheddar (g.U.)

Hartkäse
aus Kuhmilch
48% Fett i.Tr.

HERKUNFT UND GESCHICHTE

Somerset, Dorset, Devon und Cornwall (Südwestengland)

Die ersten Hinweise auf einen Käse aus dem Dorf Cheddar in der westenglischen Grafschaft Somerset finden sich 1170. Hunderte von Bauern- und Gutshöfen stellten dort und in den angrenzenden Regionen nach ihren eigenen Rezepten und Methoden Cheddar her, ehe es im 19. Jh. zu einer Verlagerung zur Großproduktion kam.

HERSTELLUNG

Für den West Country Farmhouse Cheddar wird nur Milch der Kühe aus dem Herkunftsgebiet verarbeitet. Farbstoffe, Aromen und Konservierungsstoffe sind nicht erlaubt. Nach dem Schneiden der Bruchmasse in kleine Würfel erfolgt das sogenannte scalding, das Erwärmen der Masse. Nach dem Ablaufen der Molke wird der Bruchkuchen in Blöcke geschnitten, die aufeinandergeschichtet werden, um nachzusäuern. In kurzen Abständen werden sie umgestapelt (cheddaring), um durch das Eigengewicht ein komplettes Auspressen der Molke zu erzielen. Die so behandelten Rohkäseblöcke werden zu Schnitzeln zerkleinert (milling). Dann fügt man Salz hinzu, gibt die zerkleinerte Masse in mit Tüchern ausgekleidete Formen und presst sie weitere 24 Stunden. Das Eintauchen der frischen, geformten Käselaibe in heißes Wasser fördert die spätere Rindenbildung. Der Käse wird mit Schweinefett eingerieben, mit einem Gaze-Tuch umhüllt und reift so mindestens 9 Monate. Seine vollendete Reife hat der Cheddar im Alter von 1–2 Jahren erreicht.

CHARAKTERISTIK

Zylinderförmige Laibe, Durchmesser 35–38 cm, Höhe 33–38 cm, Gewicht circa 27 kg. Trockene, feste Rinde. Kompakter, fester, cremeweißer Teig (im Alter etwas dunkler) mit wenigen schlitzförmigen Löchern. Üppiger, kräftig-herzhafter und leicht nussiger Geschmack.

KULINARISCHES

Weinempfehlung MDM: Zu einem gut gereiften Cheddar passen Bier (Bockbier und Guinness), Apfelwein (Cider, Cidre), gehaltvolle, gereifte Rotweine wie Bordeaux oder Burgunder, Cabernet Sauvignon oder Shiraz-/Syrah-Weine.

CHEDDAR – STOLZ DER BRITEN

Cheddar ist einer der beliebtesten Käsesorten überhaupt. Da weder Name noch Herstellungsverfahren (mit Ausnahme des West Country Farmhouse Cheddar) geschützt sind, wird er überall in der Welt nachgeahmt. Der weitaus größte Teil des Cheddar wird heute in modernen Großkäsereien produziert, wobei man sich bei den Methoden an die traditionellen Rezepturen anlehnt. Die Reifung erfolgt meist in Folie. Basis in der Industrieproduktion ist pasteurisierte Kuhmilch, die mit einer Starterkultur aus Milchsäurebakterien versetzt wird, um die Milch zu säuern, und anschließend mit Lab dickgelegt wird.

Dass vielfach mit dem natürlichen Farbstoff Annatto eingefärbter Cheddar auf den Markt kommt, hängt mit einer alten Tradition zusammen. Früher konnten sich nur die wohlhabenden Cheddar-Liebhaber den vergleichsweise teuren Käse aus Vollmilch mit seiner cremig-gelben Farbe leisten. Deshalb setzte man Käsen aus entrahmter Milch zunächst Safran, später Annatto zu. Heute wird immer noch eingefärbt, denn die Verbraucher mögen die intensive Farbe dieses Käses. Je älter der Käse, desto schärfer und würziger schmeckt er. Cheddar harmoniert sehr gut mit Obst und kann in der kalten und warmen Küche verwendet werden.

Derby und Sage Derby

Schnittkäse
aus Kuhmilch
48% Fett i.Tr.

HERKUNFT UND GESCHICHTE

Derbyshire

Derby gilt als erster industriell hergestellter Käse. In der Grafschaft gibt es inzwischen wieder einige kleinere Käsereien, die den Käse per Hand und nach alter Tradition herstellen. Der Brauch, dem Käse Salbei hinzuzufügen, stammt aus dem 17. Jh., als man die gesundheitsfördernde Wirkung von Salbei erkannte. Sage Derby gab es früher nur zu Festtagen wie Erntedank und Weihnachten.

HERSTELLUNG

Als Vertreter der Cheddar-Familie wird der Derby ähnlich wie die anderen Käse dieses Typs produziert, wobei sein Bruch weicher und flockiger ist, was sich beim reifen Käse in einer recht offenen Textur auswirkt. Beim Sage Derby werden dem Bruch gemahlene Salbeiblätter (sage) zugesetzt, die man entweder gleichmäßig im gesamten Bruch verteilt oder als abwechselnde Schichten zwischen »weißem« und »grünen« Bruch (also mit oder ohne Salbei) aufbaut. 1–6 Monate Reifezeit.

CHARAKTERISTIK

Runder Laib von bis zu 38 cm Durchmesser und 14 cm Höhe, 15 kg Gewicht. Blassgelbe Naturrinde (auch gewachst oder mit Kunststofffolie), beim Sage Derby gibt es außen auf den Flachseiten der Laibe hin und wieder das Muster von Salbeiblättern. Elastischer, glatter Teig, offene Textur. Reizvolle grüne Marmorierung beim Sage Derby. Der Geschmack ist buttrig, mild und aromatisch, Sage Derby ist etwas pikanter.

BESONDERHEITEN

In England erhält man Derby zudem in zahlreichen anderen Geschmacksvarianten wie mit dem Zusatz von Kräutern, Zwiebeln, Knoblauch, Rosinen oder Nüssen.

KULINARISCHES

Weinempfehlung MDM: Die Einheimischen trinken am liebsten Bier zu allen Derby-Varianten, aber auch aromatische Weißweine wie Muskateller, Gewürztraminer oder ähnliche Rebsorten passen. Rotweine sollten Frucht, jedoch wenig Gerbstoff mitbringen. Zu Salbei oder anderen Kräuterzutaten schmecken Weine mit Restsüße.

Lancashire cheese (g.U.)

Schnittkäse
aus Kuhrohmilch
48% Fett i.Tr.

HERKUNFT UND GESCHICHTE

Grafschaft Lancashire

Die Lancashire-Milch verfügt über eine außergewöhnlich hochwertige Qualität, die den von der Meernähe geprägten Charakter der hügeligen, grünen Landschaft besonders gut widerspiegelt.

HERSTELLUNG

Der Farmhouse Lancashire wird im traditionellen Verfahren nach Cheddar-Art hergestellt. Der Bruch von zwei oder oft sogar drei aufeinanderfolgenden Tagen, der schon leicht gesäuert ist, wird aufeinandergeschichtet, was zu einem vielfältigen Charakter im Geschmack und einer besonderen Konsistenz führt. Der traditionelle Lancashire reift mindestens 3–6 Monate.

CHARAKTERISTIK

Hohe Zylinderform, Durchmesser und Höhe bis zu 36 cm, auch kleine Laibe mit einem Durchmesser von 20 cm und einer Höhe von 15–18 cm, Gewicht bis zu 22 kg bzw. 4,5–5,5 kg. Die Rinde ist hart, dünn, hell und meist geölt, damit sie nicht reißt, und von einem gewachsten Leintuch überzogen. Junger Lancashire, auch Creamy Lancashire genannt, hat einen weißen, halbfesten, leicht krümeligen Teig. Zarter, leicht säuerlicher oder auch leicht salziger Geschmack. Erst mit zunehmendem Alter wird der Käse fester, härter und entwickelt sein volles, eigenwilliges und kräftiges Aroma (tasty Lancashire).

KULINARISCHES

Weinempfehlung MDM: Zum jungen Farmhouse Lancashire passen trockene, aromatische Weißweine, die reife Variante profitiert von der Begleitung eines edelsüßen Weines, auch ein feiner Tawny-Port harmoniert gut.

Red Leicester

Hartkäse
aus Kuhmilch
48% Fett i.Tr.

HERKUNFT UND GESCHICHTE

Leicestershire.

Der rotgelb gefärbte, lieblich süße Käse wurde bereits im 18. Jh. in großen Mengen hergestellt und hat auch bis heute mengenmäßig in Großbritannien große Bedeutung. Den Namen Leicester verdankt er der ursprünglichen Herstellungsregion in der berühmten Käsegegend Leicestershire. Um den echten Leicester von einer blassen Version der Kriegsjahre zu unterscheiden, erhielt er Ende der 1940er-Jahre den Namen Red Leicester.

HERSTELLUNG

Der dem Cheddar in der Herstellung eng verwandte Käse verdankt seine typische Farbe dem Zusatz des pflanzlichen Färbemittels Annatto, das den ursprünglich verwendeten Möhrensaft ersetzt hat. Reifezeit: 3–9 Monate.

CHARAKTERISTIK

Zylinderform, traditionell mit einem Durchmesser von 46 cm, einer Höhe von 10 cm, heute oft auch kleinere Käse beispielsweise mit einem Durchmesser von 30–34 cm und einer Höhe von 10 cm. Gewicht je nach Größe 13–18 kg. Der Käse ist meist rindenlos, man bekommt ihn aber auch mit einer dünnen, graubraunen Naturrinde. Der Teig ist fest, offen und von leuchtend rötlich oranger Farbe. Im Geschmack lieblich, mit zunehmender Reife süß.

KULINARISCHES

Red Leicester eignet sich besonders gut zum Dessert, kann aber auch gerieben werden und zum Überbacken dienen.
Weinempfehlung MDM: Feine Rotweine mit zurückhaltendem Gerbstoff, beispielsweise deutsche Spätburgunder oder Dornfelder, österreichischer Sankt Laurent harmonieren gut. Opulente Chardonnays, im Barrique ausgebaut, sind ebenfalls eine angenehme Ergänzung. Bier gilt als traditionelle Begleitung.

Single Gloucester (g.U.)

Schnittkäse
aus Kuhrohmilch
48% Fett i.Tr.

HERKUNFT UND GESCHICHTE

Gloucestershire

Seine Geschichte reicht weit in die Vergangenheit. Folgt man den Angaben der Käsehistoriker, zählte er bereits im 8. Jh. zu den bekanntesten Sorten und war wegen seines süßen und würzigen Geschmacks hochgeschätzt. Seit dem 16. Jh. ist seine Bedeutung ständig gewachsen. Single Gloucester wird heute nur noch von wenigen Betrieben handwerklich hergestellt. Sehr viel verbreiteter ist der Double Gloucester, der aber nicht ursprungsgeschützt ist.

HERSTELLUNG

Der Single Gloucester entsteht aus entrahmter Abendmilch und nicht entrahmter Morgenmilch, die Herstellung folgt dem Cheddaring. Die Ausreifung dauert 4–6 Monate.

CHARAKTERISTIK

Flacher Laib, Durchmesser bis 36 cm, Höhe 7–8 cm; Gewicht 14 kg (daneben auch wesentlich kleinere Varianten von 6–7 kg). Naturgereifte, dünne Schimmelrinde, manchmal geölt oder gewachst und mit Gaze umwickelt. Der Teig ist saftig, mit seidiger Struktur und strohgelb. Reiner, leicht süßlicher, milder, jedoch würziger Geschmack.

KULINARISCHES

Weinempfehlung MDM: Schon früher wurde er von den Bauern beim Heumachen gerne zusammen mit Brot und Apfelwein (Cider) genossen. Alternativ passen aromatische Weißweine.

VERWANDTE KÄSE

Der Double Gloucester ist doppelt so groß und schwer wie der Single. Er heißt Double, weil die Milch anders als beim Single nicht entrahmt wird. Er wird hauptsächlich im Südwesten Englands aus pasteurisierter Milch hergestellt. Traditionelle in Naturrinde gereifte Käse benötigen 3–6 Monate, foliengereift sind sie früher verzehrsbereit. Fester, kompakter Teig ohne Löcher, hellgelb. Ein hellorangefarbener Teig weist auf die Einfärbung mit Annatto hin. Geschmack ähnlich dem Cheddar. Zylinderförmig, Durchmesser 36 cm, Höhe bis zu 15 cm, bis zu 28 kg schwer.

Staffordshire Cheese (g.U.)

Schnittkäse
aus Kuhmilch
50% Fett i.Tr.

HERKUNFT UND GESCHICHTE

Staffordshire

Die Ursprünge dieses Käses reichen zurück in die Zeit der Zisterziensermönche, die sich im 13. Jh. in Staffordshire angesiedelt hatten. Die traditionelle Spezialität wurde bis zum Zweiten Weltkrieg produziert und erfuhr erst in den 1980er-Jahren eine Wiederbelebung. Die Milch stammt von Kühen aus den örtlichen Betrieben.

HERSTELLUNG

Das Geheimnis dieses Käses ist die cremige Milch und Sahne mit ihrem feinen Aroma von Gräsern und Kräutern der Weiden um Staffordshire. Die frische Rohmilch verbleibt über Nacht in einem gekühlten Raum von 0–5 °C. Am nächsten Tag wird Sahne hinzugegeben. Das Milch-Sahne-Gemisch wird mit einer besonderen Mischung aus Starterkulturen und Lab angereichert. Der entstandene Bruch wird geschnitten und unter Rühren nachgewärmt. Anschließend erfolgen das Salzen und das Formen. Das Einbinden in ein Tuch während der Reifezeit verleiht dem Staffordshire zudem eine ganz besondere Textur. Unter täglichem Wenden reift der Käse mindestens 2–4 Wochen, auch eine Reifezeit bis zu 12 Monaten ist keine Seltenheit.

CHARAKTERISTIK

Glatter, leicht bröckeliger Teig, je nach Reife halbhart oder hart. Cremeweiße Farbe, im Mund cremig, frisch und angenehm milchsäuerlich. Zylinderform von 8–10 kg. Der Käse wird in einem Tuch eingewickelt verkauft.

KULINARISCHES

Weinempfehlung MDM: Aromatische, trockene Muskateller, Gewürztraminer oder ähnliche Weintypen bilden eine angenehme Begleitung. Auch Rotweine mit Frucht und zurückhaltendem Gerbstoff sind eine geeignete Begleitung.

Blue Stilton (g.U.)

Halbfester Schnittkäse
aus Kuhmilch
48% Fett i.Tr.

HERKUNFT UND GESCHICHTE

Leicestershire, Derbyshire, Nottinghamshire (Mittelengland)
Stilton heißt nach dem Dorf in Cambridgeshire und gilt als König der englischen Käse. Der Legende nach erfuhr eine gewisse Elizabeth Scarbrow vor rund 300 Jahren das Rezept und begann, den bis dahin nach der Erfinderin »Lady Beaumont's Cheese« genannten Käse im größeren Stil herzustellen. Stilton wurde jedoch nicht in Stilton produziert, sondern dort in einem Gasthaus an die Reisenden verkauft. Dichter wie Daniel Defoe (»Robinson Crusoe«) und Alexander Pope, der ihm in seinem Werk »Imitations of Horace« ein Denkmal setzte, trugen zur Popularität bei.

HERSTELLUNG

Die genaue Herstellung wird von den wenigen Stilton-Produzenten geheim gehalten. Der pasteurisierten Kuhmilch werden (bis auf wenige Ausnahmen) Starterkulturen zugesetzt, in denen auch Blauschimmelkulturen enthalten sind. Der Bruch wird nicht gepresst, sondern kommt in reifenähnliche Formen mit seitlichen Löchern, woraus die restliche Molke unter regelmäßigem Wenden 1 Woche abtropft. Der Käse wird dann in ein Tuch gewickelt und später ohne Tuch 3 Monate gelagert.

CHARAKTERISTIK

Hohe Zylinderform, Durchmesser 15–23 cm, Höhe 30–39 cm, Gewicht 6,5–8 kg. Gelbliche Rinde mit weißen Flecken, später zunehmend bräunlich, rau und krustig. Cremiger, cremeweißer Teig mit fein verästelten blauen Adern, leicht bröckelig. Junger Käse schmeckt mild, gereifter pikanter, aber auch cremiger. Typischer anhaltend scharfer Nachgeschmack.

BESONDERHEITEN

Mit dem White Stilton (g.U.) gibt es eine junge Version ohne Blauschimmel. Er schmeckt mild und säuerlich frisch, hat jedoch keinen allzu ausgeprägten Charakter.

KULINARISCHES

Stilton passt gut zu Staudensellerie und Birne. Es ist Brauch, den Käse auszuhöhlen und mit Portwein oder Madeira zu füllen.

Swaledale cheese (g.U.)

Hartkäse
aus Kuh- oder Schafsmilch
45% Fett i.Tr.

HERKUNFT UND GESCHICHTE

Schon seit Jahrhunderten wird dieser Hartkäse in North Yorkshire hergestellt. Das Rezept wurde von Generation zu Generation weitergegeben. Heute beherrschen nur noch ganz wenige Menschen die Herstellung dieser Hartkäsespezialität.

HERSTELLUNG

Der ganze Produktionsprozess des Swaledale geschieht von Hand. Der Bruch wird unter Erwärmen gerührt und nach einer Ruhezeit in Blöcke geschnitten. Nach dem Abtropfen wird der Bruch nochmals geschnitten und aufeinandergestapelt. Anschließend bricht man den Käse in kleine Nuggets, bringt diese in eine mit Gaze ausgekleidete Form und presst die Masse sanft 18 Stunden lang. Die ausgeformten Käse reifen nach dem Bad im Salzwasser 3–4 Wochen.

CHARAKTERISTIK

Der Teig ist cremeweiß und mürbe, umgeben von einer grünlichen, blau-grauen Naturrinde. Manchmal ist die Rinde gewachst. Der Geschmack des Swaledales wird bestimmt von dem aromatischen Futter, das die Kühe und Schafe in dieser einzigartigen Zusammensetzung nur in dieser Gegend finden.

KULINARISCHES

Weinempfehlung MDM: Als Begleitung dieses Käses eignen sich kraftvolle Weißweine mit zurückhaltender Säure. Rotweine sollten viel Frucht und reife Tannine haben.

LONDONS FEINSTE KÄSEADRESSE

Ein absolutes Muss für jeden Käseliebhaber ist ein Besuch bei Paxton & Whitfield in der Jermyn Street 93 in London. Das bereits 1797 gegründete, traditionsreiche Käsefachgeschäft bietet nicht nur ein sehenswertes Ambiente, sondern auch ein fantastisches Angebot von Käsespezialitäten aus aller Welt. Der unübersehbare Schwerpunkt des Sortiments liegt auf den typischen englischen, schottischen und walisischen Käsen aus handwerklicher Herstellung.

Wensleydale

Schnittkäse
aus Kuh- oder Schafsmilch
48% Fett i.Tr.

HERKUNFT UND GESCHICHTE

Gegend um York

Wensleydale wurde zunächst von Mönchen hergestellt, die mit den Normannen in die Gegend um York kamen. Ursprünglich war es ein Schafskäse mit Blauschimmel (Blue Wensleydale). Heute dominiert die weiße Variante ohne Innenschimmel, die es allerdings erst seit etwas mehr als 100 Jahren gibt. Nachdem dieser schmackhafte Käse lange vollends zu verschwinden drohte, ist er in den 1990er-Jahren wieder stärker in den Blickpunkt gerückt.

HERSTELLUNG

Die Herstellung ähnelt der des Cheddar, wobei der Wensleydale in kleineren Käsereien und teilweise auch aus unpasteurisierter Kuhmilch (in bäuerlicher Produktion auch aus Schafsmilch) hergestellt wird. Die Reifung erfolgt in kühlen Kellerräumen. Um bei der blauen Variante das Wachstum des Blauschimmels zu begünstigen, werden die Blue-Wensleydale-Laibe mit Stahlnadeln pikiert. Die Reifezeit beträgt 3 Wochen beim weißen Wensleydale, beim blauen in der Regel 8–10 Wochen.

CHARAKTERISTIK

Meist Zylinderform, Durchmesser 20 cm, Höhe 30 cm, beim White Wensleydale meist identisch, hin und wieder aber auch Durchmesser von 8–10 cm, Höhe 8–12 cm, 4,5–5,5 kg. Leicht krümeliger, feucht-geschmeidiger Teig von heller Farbe mit kleinen unregelmäßig verteilten Bruchlöchern. Der blaue Wensleydale weist zudem blaue Schimmeladern auf. Weißer Wensleydale schmeckt säuerlich bis mild-aromatisch und hat ein leichtes Honigaroma, der blaue ist vollmundig, reich, frei von Säure und Bitterkeit. Der Blue Wensleydale zählt zu den härtesten Vertretern der Blauschimmelkäse.

KULINARISCHES

Weinempfehlung MDM: White Wensleydale wird in England gerne zusammen mit einem Stück Apfelkuchen gegessen. Dazu passt Apfelwein. Doch auch Bier und gehaltvolle reife Rotweine schaffen eine angenehme kulinarische Verbindung.

Caerphilly

Halbfester Schnittkäse aus Kuhmilch 48% Fett i.Tr.

HERKUNFT UND GESCHICHTE

South Wales

Erstmals im Jahr 1832 im gleichnamigen Dorf hergestellt, wurde der nur leicht gepresste Käse mit einem hohen Wasser- und Salzgehalt schnell zum beliebten Nahrungsmittel der Bergarbeiter in Wales, denn sie konnten durch den Verzehr ihren Flüssigkeits- und Salzverlust bei der Arbeit unter Tage gut ausgleichen. Gab es Kuhmilch im Überfluss, produzierte man neben dem Cheddar, der mehrere Monate reifen muss, zusätzlich Caerphilly für den kurzfristigen Bedarf.

HERSTELLUNG

Er ist eng verwandt mit den anderen Crumbles (Käse mit krümeliger Konsistenz) wie Cheshire oder Wensleydale. Nach dem Dicklegen der Milch wird der Bruch nur leicht gepresst und für einige Zeit in ein Salzbad gegeben, wodurch die Feuchtigkeit im Inneren eingeschlossen wird. Es entstehen die typischen Rundlaibe mit einem Gewicht von etwa 3,5 kg, wobei heute auch andere Größen hergestellt werden. Reifezeit 1–3 Wochen.

CHARAKTERISTIK

Flache Laibe mit circa 25–35 cm Durchmesser, 7–7,5 cm Höhe, 3,5–3,7 kg Gewicht. Die Rinde ist glatt, dünn und hell weißlich, der Teig fest und nicht hart, saftig, weiß und ohne Löcher. Als junger Käse schmeckt Caerphilly mild, frisch und leicht nach Zitrone. Mit zunehmendem Alter gewinnt er an Aroma, und an der Außenseite bildet sich ein dicker Schimmelbelag.

BESONDERHEITEN

Weil Caerphilly aus pasteurisierter Milch und industrieller Herstellung in der Regel nicht den typischen Charakter aufweist, greift man besser auf Käse aus der Farmhouse-Produktion zurück, der vielfach noch aus Rohmilch hergestellt wird.

KULINARISCHES

Weinempfehlung MDM: Trockene Weißweine mit frischer Säure passen gut zum jungen Caerphilly, zum Beispiel Riesling, Silvaner, Grüner Veltliner oder ähnliche Weintypen. Zum gereiften Käse sollten die Weine kraftvoller sein wie im Barrique ausgebauter Chardonnay, Gewürztraminer und Muskateller.

ROHMILCHSPEZIALITÄTEN

Die einzige traditionelle Sorte, die heute noch in Wales produziert wird, ist der Caerphilly. Dabei hat die Käseherstellung in Wales eine lange Tradition, und viele der früheren Käse ähnelten dem berühmten Caerphilly. Seit den 1980er-Jahren gibt es in Wales zunehmend Hofkäsereien, die sich auf die handwerkliche Herstellung von Bio- und Rohmilchkäse, darunter viele aus Schafsmilch, spezialisiert haben. Ein Zentrum der Produktion ist in Abergavenny, und nach langen Jahren Abstinenz wird auch in Caerphilly selbst wieder Käse erzeugt. Im Norden hat besonders die Halbinsel Lleyn einen guten Ruf für ihre erzeugten Käse erlangt.

Ein typischer Vertreter des walisischen Käseangebots ist Tyn Grug. Hergestellt aus Kuhrohmilch, ähneln Rezeptur und Produktion der des Cheddar. Nach fünfmonatiger Reifung entsteht ein runder, 7,5–15 kg schwerer Hartkäse mit körniger Textur und einem nussigen Aroma. Von der Herstellung vergleichbar ist der Llanboidy aus der Grafschaft Pembrokeshire, dessen scharfes Aroma mit zunehmendem Alter an Intensität gewinnt. Charakteristisch an den etwa 4,5 kg schweren Laiben ist die krustige, gelbliche Rinde mit leichtem Schimmelbelag. Dem Gouda ähnlich ist Teifi, ein Schnittkäse aus Rohmilch, der nach längerer Reifung sehr hart wird und dann einen sehr prägnanten Geschmack nach Sellerie entwickelt. Teifi wird auch geräuchert oder mit dem Zusatz von Brennnesseln oder Kümmel angeboten. Zu den wenigen Ziegenmilchkäsen gehört der Pant Ys Gawn, den es auch mit dem Zusatz frischer Kräuter, mit Schnittlauch, schwarzem Pfeffer oder Knoblauch gibt. Celtic Promise wiederum ist ein nur etwa 500 g schwerer, kloßförmiger und halbfester Schnittkäse aus Kuhrohmilch, der erst vor wenigen Jahren »erfunden« wurde. Er fällt durch seine fast orangefarbene Rinde und den pikanten Geschmack besonders auf.

SCHOTTLAND

Ausgeprägtes Traditionsbewusstsein

Unser Schottland-Bild ist geprägt von grandiosen Landschaften wie den Highlands mit schroffen Felsformationen, reißenden Flüssen und weiten Moor- und Heideflächen. Oder den Lowlands mit ihren sanft ansteigenden Hügeln, zwischen denen die Flüsse gemächlich durch Weiden mit Schaf- und Rinderherden ihre Bahn ziehen.

Ein ausgeprägtes Traditionsbewusstsein führt dazu, dass Rezepte ebenso wie Anbau- und Produktionsmethoden von Generation zu Generation weitergegeben werden. Das gilt auch für die Milchwirtschaft und die Käseherstellung. Bis ins 11. Jahrhundert hinein gab es bis auf den einen oder anderen frischen Käse kaum eine nennenswerte Käseherstellung. Erst die Klöster und die Wikinger beschäftigten sich intensiver mit der Herstellung von Käse. Später kamen die königlichen Güter hinzu. Heute verfügt Schottland neben dem Dunlop über rund 30 eigenständige Käsesorten. Einige davon, wie die Frischkäse Caboc oder Crowdie, der Hartkäse Isle of Mull oder die schottischen Cheddars, basieren auf traditionellen Rezepturen. Neuschöpfungen kleinerer Käsereien dagegen sind unter anderem Bishop Kennedy, Bonchester, Cairnsmore, Dunsyre Blue und Lanark Blue, Gowrie und St. Andrews.

Linke Seite: Das Eilean Donan Castle ist der Stammsitz des McRae-Clans.

Bishop Kennedy

Weichkäse
aus roher Kuhmilch
45% Fett i.Tr.

HERKUNFT UND GESCHICHTE

Perthshire

Den Bishop Kennedy, der auch als »schottischer Münster« bezeichnet wird, gibt es erst seit den 1990er-Jahren. Sein Name erinnert an einen schottischen Bischof aus dem 15. Jh. Seine Erfinder wollten einen typisch schottischen Käse kreieren und lehnten sich an klassische Rotkulturkäse wie den Munster an.

HERSTELLUNG

Die Herstellung ähnelt der für Weichkäse mit Rotschmiere. Während des Reifeprozesses wird der Käse mit einer speziellen Mischung gewaschen, die mit einem guten Teil Malt Whisky versetzt ist. Die Reifezeit beträgt 3–4 Wochen.

CHARAKTERISTIK

Flache, runde Laibe mit einem Gewicht von 1,3 kg. Rötliche, leicht schmierige Rinde, heller, gelblicher Teig mit sehr cremiger Konsistenz. Kräftig mit ausgeprägtem Nachgeschmack.

KULINARISCHES

Weinempfehlung MDM: Zum Bishop Kennedy passt ausgezeichnet ein malzbetontes Bier. Auch Apfelmost oder ein schottischer Whisky harmonieren ausgesprochen gut zu diesem Käse. Beim Wein ist aromatischen Rebsorten wie Gewürztraminer der Vorzug zu geben.

Caboc

Frischkäse
aus Kuhmilch
70% Fett i.Tr.

HERKUNFT UND GESCHICHTE

Schottland

Der Caboc, eine traditionelle und früher in Schottland recht verbreitete Käsesorte, galt bereits als ausgestorben, ehe er in den 1960er-Jahren wiederentdeckt und zu neuem Leben erweckt wurde.

HERSTELLUNG

Die Besonderheit in der Herstellung dieses schnittfesten Frischkäses der Doppelrahmstufe ist, dass die Rollen anschließend in geröstetem Hafer gewendet werden. Die Reifezeit beträgt nur wenige Tage.

CHARAKTERISTIK

Rollenform mit einem Gewicht von etwa 1 kg, rindenlos. Weißer, schnittfester Teig, leicht säuerlicher und nussartiger Geschmack.

KULINARISCHES

Empfehlung MDM: Die Schotten essen diesen Käse gerne zusammen mit Haferkuchen oder -keksen. Feinherbe oder leicht restsüße Weißweine, geschmeidige Rosé oder opulente, alkoholkräftige Weißweine mit Schmelz wie beispielsweise australischer Chardonnay, harmonieren gut.

Crowdie

Frischkäse
aus Kuhmilch
70% Fett i.Tr.

HERKUNFT UND GESCHICHTE

Schottland

Der überall in Schottland verbreitete Crowdie (gälisch auch Gruth) war schon in vergangenen Jahrhunderten weitverbreitet und wird heute meist individuell und nur in kleinen Mengen produziert. Die ursprüngliche Rezeptur wird den Wikingern zugeschrieben.

HERSTELLUNG

Gleich nach dem Dicklegen der entrahmten Milch wird der Käse in ein mit einem Tuch bespanntes Sieb gefüllt, damit die Molke abläuft. Nach einigen Stunden kommt er dann ungepresst in ein Becken und wird mit Salz vermischt. Häufig wird heute auch Rahm oder Double Cream dazugegeben, um den Fettgehalt zu erhöhen. Es gibt Varianten, die mit Hafer oder Pfefferkörnern bestreut sind. Die Reifezeit beträgt wenige Tage.

CHARAKTERISTIK

Crowdie wird in Portionen zu 125 g im Becher angeboten. Der Teig ist weiß und cremig, teilweise leicht krümelig. Der Geschmack ist mild, frisch und angenehm säuerlich.

KULINARISCHES

Die Schotten essen Crowdie sehr gerne zum Frühstück.

Dunlop

Hartkäse
aus roher Kuhmilch
48% Fett i.Tr.

HERKUNFT UND GESCHICHTE

Schottland

Die Erfindung des dem Cheddar ähnlichen Dunlop wird der Flüchtlingsfrau Barbara Gilmour zugeschrieben, die im 17. Jh. nach Ayr kam und auf ein Rezept aus ihrer irischen Heimat zurückgriff. Nach seiner Blütezeit im 18. Jh. geriet der Käse in Vergessenheit, ehe er vor knapp 20 Jahren durch Anne Dorward auf einem Bauernhof erstmals wieder hergestellt wurde. Dunlop ist der bekannteste schottische Käse.

HERSTELLUNG

Basis für die Herstellung ist die Milch der Ayrshire-Kühe. In manchem erinnert die Rezeptur des Käses, der mit pflanzlichem Lab dickgelegt wird, an den Cheddar. Dunlop benötigt 6–8 Wochen zur Reifung.

CHARAKTERISTIK

Zylinderförmige Laibe, Durchmesser 40 cm, Höhe 23 cm, Gewicht etwa 27 kg. Die natürliche Rinde ist dünn, relativ hell und mit Schimmel überzogen (bei vollreifen Käsen oft grau-grüner Schimmelbelag). Der Teig ist cremig-weiß bis hellgelb und von fester, aber dennoch weicher und geschmeidiger Konsistenz mit unregelmäßigen Bruchlöchern. Dunlop ist deutlich feuchter als Cheddar. Angenehm milder Geschmack, der auch bei längerer Lagerung erhalten bleibt.

KULINARISCHES

Empfehlung MDM: Dunlop wird meist recht jung sowohl pur als auch mit einem gebutterten Haferbrot gegessen. Als Getränk passen ein fruchtiger, aromatischer Rotwein oder ein dunkles Bier.

ANDERE KÄSESORTEN AUS SCHOTTLAND

Wie in England, Wales oder Irland genießen Cheddar und ähnliche Käsesorten auch in Schottland große Beliebtheit. Einige besondere Cheddar-Varianten sollen hier erwähnt werden. Orkney Extra Mature Cheddar stammt, wie der Name schon sagt, von den Orkneyinseln, reift mindestens 12 Monate und schmeckt besonders würzig und kräftig. Noch länger wird der von der Konsistenz ebenso an Parmesan erinnernde Seriously Strong Cheddar gereift, der als ausgesprochene Spezialität gelten kann. Auch der Isle of Mull von der gleichnamigen Insel im Westen Schottlands ist ein Käse aus der Cheddar-Familie und schmeckt äußerst würzig. Cairnsmore ist ein Hartkäse aus Schafsrohmilch mit einem nussartigen Geschmack und leichter Karamellnote. Ein Rohmilchweichkäse aus einem Radius von 90 km um den Peel Fell in den Cheviot Hills ist der Bonchester (g.U.). Die Milch muss von den dort lebenden Jersey-Kühen stammen. Der Käse wird nicht gepresst und reift 6–12 Tage. Weicher, goldgelber Teig und milder Geschmack mit dem feinen Aroma der lokalen Gräser und Kräuter. Der Teviotdale cheese (g.g.A.) stammt aus derselben Gegend und wird aus derselben gehaltvollen Rohmilch der Jersey-Kühe gekäst. Im Gegensatz zum Bonchester ist Teviotdale härter. Der Bruch wird mehrere Male gepresst und dann geformt, in ein Salzbad gegeben und 4 Tage getrocknet, anschließend 15 Tage gereift. Er besitzt eine weiße Schimmelrinde über goldgelbem Teig und einen milden, würzigen, leicht salzigen Geschmack. Dunsyre Blue aus der Region Lanarkshire zählt zu den wenigen Blaukäsen Schottlands, und der Lanark Blue aus derselben Gegend ist durch die Herstellung aus Schafsmilch eine wirkliche Besonderheit. Der mit dem französischen Epoisses vergleichbare St. Andrews kommt aus der Region Perthshire. Er wird aus roher Kuhmilch unter Verwendung von Rotkulturen hergestellt. Dank des stark milchsauren Dicklegens ist er relativ weich und später fast fließend.

Tradition wird in Schottland in Ehren gehalten, auch bei Käse.

IRLAND

Späte Blüte

Das Landschaftsbild Irlands ist von sich schier endlos hinziehenden sanften Hügeln mit satten, grünen Wiesen geprägt. Von der nach wie vor wenig belasteten Umwelt und dem gemäßigten Klima mit relativ kühlen Sommern und sehr milden Wintern profitieren rund eine Million Kühe. Fast 80 Prozent der landwirtschaftlich genutzten Flächen sind Weideland, und nicht nur die Iren meinen, dass es wohl nirgendwo in Europa günstigere Bedingungen für die Milchwirtschaft als hier gibt. Das erfolgreichste und sicherlich berühmteste Milchprodukt von der Grünen Insel ist die irische Butter, hergestellt aus dem Rahm der fast ganzjährig auf Wiesen weidenden Kühe. Konsumenten in aller Welt lieben ihre hohe Streichfähigkeit, die natürliche goldgelbe Farbe und den sahnig-würzigen Geschmack. Erstaunlicherweise hat dagegen Käse in Irland über Jahrhunderte fast keine Rolle gespielt. Erst nach dem Zweiten Weltkrieg änderte sich das, und die Iren begannen mit der Käseproduktion in größerem Stil, vor allem mit Imitationen europäischer Käsespezialitäten. Erst Ende der 1970er- und in den frühen 1980er-Jahren begann eine recht kleine Gruppe von Käsern, die typisch irischen Produkte zu fertigen, die wir heute kennen. Viele Sorten basieren auf fast schon vergessenen Rezepturen, andere sind neue Kreationen.

Linke Seite: Die Grüne Insel ist berühmt für ihre Milchprodukte.

Cashel Blue

Halbfester Schnittkäse
aus Kuhmilch
45% Fett i.Tr.

HERKUNFT UND GESCHICHTE

Gegend von Tipperary

Cashel Blue, benannt nach dem dortigen Rock of Cashel, einem weithin sichtbaren Granitfelsen, ist der einzige irische Blauschimmelkäse von nennenswerter Bedeutung.

HERSTELLUNG

Typischer Farmhouse-Käse und typische Herstellung von Blauschimmelkäse. Cashel Blue reift 8 Wochen.

CHARAKTERISTIK

Zylinderform, Durchmesser 15 cm, Höhe 12–13 cm, Gewicht bis zu 1,5–2 kg. Schimmelbewachsene, krustige Rinde, hellgelber, relativ weicher Teig mit Bruchlöchern, in denen sich der graugrünliche bis blaugrüne Schimmel verbreitet. Im Geschmack edelbitter, würzig und leicht salzig, dezente Schärfe.

KULINARISCHES

Empfehlung MDM: Zum Cashel Blue harmonieren sehr gut Weine mit feiner Restsüße. Riesling Auslesen, Vendanges Tardives aus dem Elsass, auch Tokaji Aszú mit mindestens 5 Puttonyos, oder Sauternes passen ausgezeichnet.

VERWANDTE KÄSE

Dem Cashel Blue eng verwandt ist der Chetwynd Blue.

Blarney

Schnittkäse
aus Kuhmilch
50% Fett i. Tr.

HERKUNFT UND GESCHICHTE

Irland

Als eine der wenigen Käsesorten der Grünen Insel kann der Blarney auf eine längere Tradition zurückblicken. Wegen seiner Ähnlichkeit mit Schweizer Käsesorten wird er oft als irischer Greyerzer bezeichnet.

HERSTELLUNG

Blarney reift 8–12 Monate.

CHARAKTERISTIK

Runde, flache Laibe, Durchmesser circa 35 cm, Höhe 8–10 cm, Gewicht 10 kg. Rötliche, harte Rinde, hellgelber, recht fester Teig mit kleinen runden Löchern. Im Geschmack mild, leicht säuerlich bis süßlich.

KULINARISCHES

Empfehlung MDM: Frische und fruchtige Weißweine wie Riesling, Grauburgunder oder Chardonnay harmonieren ebenso wie reife, kraftvolle Rotweine im Bordelaiser Stil.

Milleens

Schnittkäse
aus roher Kuhmilch
45% Fett i.Tr.

HERKUNFT UND GESCHICHTE

Cork

Der noch recht junge Milleens aus dem Umland von Cork hat in Irland schnell große Bekanntheit erreicht und zählt heute zu den beliebtesten Sorten der Käseliebhaber auf der Grünen Insel. 1978 haben Veronica und Norman Steele erstmals kleinere Mengen des Käses auf ihrer Farm im County Cork hergestellt.

HERSTELLUNG

Die Rezeptur des Milleens gleicht der vieler anderer Trappistenkäse. Reifezeit 3–4, am besten 10 Wochen.

CHARAKTERISTIK

Kleine, runde Laibe von 1,5 kg. Gewaschene, leicht rötliche Rinde, hellgelber, fester und geschmeidiger Teig. Süßsaurer, mild-aromatischer Geschmack. Auf dem Höhepunkt seiner Reife wird der Käseteig sehr weich, der Geschmack intensiver und kräftig bis würzig.

KULINARISCHES

Empfehlung MDM: Junger Milleens wird aromatisch gut von feinen, nicht zu trockenen Weißweinen und runden, fruchtbetonten Rotweinen begleitet. Zur gereiften Variante eignen sich Weine mit feiner Restsüße deutlich besser.

WEITERE IRISCHE KÄSESORTEN

Den raschen Aufschwung, den die irischen Molkereien und Käsereien in der zweiten Hälfte des 20. Jhs. erlebt haben, verdanken sie fast ausschließlich der Produktion und dem Export weltweit gefragter Sorten wie Cheddar, Gouda, Großlochkäse vom Typ Emmentaler oder Maasdamer und Trappistenkäse. Wer aber das Land bereist und Gelegenheit hat, vor Ort Käse zu verkosten, dem begegnen viele interessante Spezialitäten der Farmhouse-Käsereien. Der Ardrahan mit seiner gewaschenen Rinde aus West Cork erinnert an den Greyerzer, und das gilt auch für den Hartkäse Gabriel aus derselben Gegend, der eine Lochung wie Schweizer Käse aufweist. Aus Ziegenmilch gefertigt wird der nordirische Blauschimmelkäse Blue Rathgore ebenso wie der Hartkäse Corleggy, der eigens für Vegetarier entwickelt wurde und nur pflanzliches Lab enthält, oder der Ziegenschnittkäse Croghan (aus nicht pasteurisierter Ziegenmilch mit nussigem Geschmack). Coolea aus West Cork wiederum ist ein dem Gouda ähnlicher Kuhmilchkäse und etwas härter in der Konsistenz als die Schnittkäse Durrus, Orla oder der Rotschmierkäse Gubbeen mit seinem vollen, nussigen Aroma. Lavistown wiederum erinnert stark an Cheddar, was auch für den kleinen und lange gereiften Ryefield gilt.

coop

DÄNEMARK

Eingebürgerte Spezialitäten

Klimatisch und landschaftlich, historisch, sprachlich und kulturell gibt es viele Gemeinsamkeiten zwischen den skandinavischen Ländern. Dennoch haben sich die Menschen in diesen Ländern ein hohes Maß an Individualität bewahrt, so auch in Bezug auf die jeweils landestypischen kulinarischen Spezialitäten. Betrachtet man die in Dänemark hergestellten Käse, so stellt man fest, dass es kaum ursprüngliche Sorten gibt. Den Großteil der Produktion machen Nachahmungen und Abwandlungen ausländischer Sorten aus, die inzwischen oft dänische Namen tragen. Die Herstellung von Käse nach deutschen und holländischen Vorbildern begann schon vor Jahrhunderten. Später kamen Einflüsse aus England, Frankreich und der Schweiz hinzu, in den letzten Jahrzehnten überdies Rezepturen aus Ländern wie Griechenland und Italien. So verwundert es nicht, dass es kaum einen Käsetyp gibt, der in Dänemark nicht hergestellt wird.

Linke Seite: Das Wahrzeichen Dänemarks: Die kleine Meerjungfrau in Kopenhagen.

Danablu (g.g.A.)

Blauschimmelkäse
aus Kuhmilch
50% bis 60% Fett i.Tr.

HERKUNFT UND GESCHICHTE

Danablu ist heute der weltweit verbreitetste Edelpilzkäse aus Kuhmilch. Die Ursprünge reichen ins Jahr 1920 zurück, als man in Dänemark mit unterschiedlichen Schimmelpilzkulturen experimentierte. Entwickelt wurde dieser Käse von Marius Boel.

HERSTELLUNG

Dem aus vollfetter, pasteurisierter Kuhmilch entstandenen Käsebruch wird die Blauschimmelkultur Penicillium roqueforti zugegeben, die für das Entstehen der blau-grünen Schimmeladern sorgt. Der Käse reift relativ schnell (2–3 Monate). Für den Export wird er zusätzlich gesalzen.

CHARAKTERISTIK

Runde, hochzylindrische Laibe, Durchmesser 16–18 cm, gelegentlich auch rechteckige Blöcke. Gewicht in der Regel 3 kg. Gelbliche Naturrinde, nahezu weißer, mit Blauschimmeladern durchzogener Teig. Anfangs recht cremige Konsistenz, mit zunehmendem Alter schnittfest, später sogar bröckelig. In Aroma und Geschmack scharf, würzig, manchmal fast metallisch.

KULINARISCHES

Danablu schmeckt mit Obst, in Soßen oder zerkrümelt auf Salat. Wem Danablu zu intensiv oder salzig ist, der kann ihn zerkrümeln und mit Butter oder Rahm vermischen. Auf diese Weise lässt er sich gut aufs Brot streichen. Empfehlung MDM: Ideal harmoniert er zu feinen, edelsüßen Weinen, auch zu kräftigen, reifen Rotweinen oder zu Sherry mit einer feinen Süße.

Esrom (g.g.A.)

Schnittkäse
aus Kuhmilch
45% bis 60% Fett i.Tr.

HERKUNFT UND GESCHICHTE

In den 30er-Jahren des 20. Jhs. wurde der fast schon vergessene Esrom vom staatlichen Institut für milchwirtschaftliche Forschungen in Hillerø neu entwickelt. Nach seinem Vorbild nannte man ihn Port-Salut. Seinen heutigen Namen, der an die Rezeptur aus dem Kloster Esrom auf der Insel Seeland erinnert, erhielt er 1952. Die industrielle Herstellung in Großkäsereien dominiert, es gibt aber auch eine handwerkliche Erzeugung in kleinen (Bio-)Käsereien.

HERSTELLUNG

Der Käse reift etwa 3 Wochen bei regelmäßiger Schmierebehandlung.

CHARAKTERISTIK

Brotförmiger Laib, Höhe 4–5 cm, Länge 21–22 cm, Breite 10–12 cm, Gewicht 1,2–1,5 kg. Dünne Naturrinde, die auch mit gelbem Wachs überzogen sein kann. Weißlich gelber, geschmeidiger und elastischer Teig, viele kleine, unregelmäßig geformte Löcher. Junger Esrom schmeckt sehr mild, leicht süßlich. Mit zunehmendem Alter bekommt er ein kräftiges, pikantes Aroma.

BESONDERHEITEN

Esrom wird oft als dänischer Butterkäse bezeichnet.

KULINARISCHES

Der Käse kann mit oder ohne Rinde gegessen werden. Mit Rinde kommt die typische Würze weit stärker zum Tragen Empfehlung MDM: Als Begleiter kommen vor allem fruchtbetonte Weißweine leichte Rotweine, aber durchaus auch eir kühles Bier oder Apfelwein infrage.

Havarti

Schnittkäse
aus Kuhmilch
45% Fett i.Tr.

HERKUNFT UND GESCHICHTE

Havarti, heute eine der meistexportierten dänischen Käsesorten, wurde von einer Bäuerin mit dem Namen Hanne Nielsen erfunden. Mitte des 19. Jhs. machte sie eine Reise durch Europa und brachte von ihren Stationen zahlreiche Rezepturen, neue Methoden und Erkenntnisse für die Käseherstellung auf ihren Hof Havarti mit. Ihr größter Erfolg wurde der Käse Havarti, den sie sogar an den königlichen Hof verkaufte. Heute ist dieser einer der wichtigsten Artikel im Angebot der großen Molkereien, wird aber auch in bäuerlicher Produktion erzeugt.

HERSTELLUNG

Typische Herstellung für halbfesten Schnittkäse. Bis Havarti die richtige Reife besitzt, muss er rund 3 Monate lagern.

CHARAKTERISTIK

Viereckige, brotförmige Laibe, Höhe 5,5–12 cm, Seitenlänge bis 30 cm, Breite 12 cm, Gewicht 4–5 kg. Helle, gewaschene Rinde mit leichter Schmiere, oft mit Wachs oder Folie versehen. Weißer bis hellgelber, geschmeidiger Teig. Löcher von unregelmäßiger Größe und Form. Leicht säuerlicher Geschmack, der mit zunehmender Reife stark an Würze, Schärfe und Intensität gewinnt.

BESONDERHEITEN

Havarti gibt es in pikanten Varianten mit Dill oder Kümmel. Mit Rahm angereicherter Havarti hat eine weichere Konsistenz und einen milderen Geschmack.

KULINARISCHES

Empfehlung MDM: Zu einem jungen Havarti kann man perfekt einen fruchtbetonten Weißwein, beispielsweise Weiß- oder Grauburgunder, servieren. Zur reifen Variante gerne auch Rosés oder kräftige Weißweine, während zu den Varianten mit Dill oder Kümmel ein Aquavit puren Genuss bietet.

Danbo

Schnittkäse
aus Kuhmilch
45% Fett i.Tr.

HERKUNFT UND GESCHICHTE

Danbo ist eine dem Steppenkäse nachempfundene Käsesorte. Steppenkäse waren früher vor allem im südosteuropäischen Raum, in Österreich und in Russland sehr populär und finden sich dort heute noch, ebenso wie in Skandinavien und Deutschland. Danbo zählt in Dänemark zu den beliebtesten Käsesorten und ist überdies ein gefragter Exportartikel. In den USA nennt man ihn auch »König-Christian-II.-Käse«, was daran erinnert, dass dieser dänische Herrscher sich im 16. Jh. stark für die qualitative Verbesserung von Käse einsetzte und dazu holländische Fachleute ansiedelte.

HERSTELLUNG

Die Herstellung ähnelt der des Samsø (siehe dort). Er ist als Industrie- und Bauernkäse erhältlich. Die Reifung dauert mindestens 6 Wochen bis 2 Jahre.

CHARAKTERISTIK

Quadratischer Block, Seitenlänge 25 cm, Höhe 4–6 cm, Gewicht 6–7 kg. Trockene, gelbliche Naturrinde, meist mit hellgelbem oder rotem Wachs überzogen. Weißlich gelber, schnittfester Teig mit mittelgroßen Löchern. Je nachdem, ob Danbo mit oder ohne Käseflora gereift wird, schmeckt er unterschiedlich aromatisch.

BESONDERHEITEN

Besonders lang gereifter Danbo heißt Gammelost. Er gilt als Spezialität und überzeugt durch seinen intensiven Geschmack.

KULINARISCHES

Empfehlung MDM: Passende Getränke zu jungem Danbo sind leichte, fruchtige Weine wie Riesling oder Kerner, Roséweine oder ganz traditionell ein Bier. Zum reifen Danbo harmonieren aromatische Rebsorten wie Gewürztraminer oder auch Weine mit feiner Restsüße.

Samsø

Schnittkäse
aus Kuhmilch
45% Fett i.Tr.

HERKUNFT UND GESCHICHTE

Samsø erhielt seinen Namen von der gleichnamigen dänischen Insel, wo er ursprünglich von Schweizer Käsern als Kopie des Emmentalers hergestellt wurde. Seit dem 19. Jh. hat dieser Urahn mehrerer dänischer Käsesorten einen ganz eigenen Charakter entwickelt und ist trotz seiner alpenländischen Abstammung ein typisch skandinavischer Käse.

HERSTELLUNG

Herstellung ähnlich dem Emmentaler. Die Reifezeit beträgt 3 Monate, oft auch länger.

CHARAKTERISTIK

Runde (manchmal auch quadratische) Laibe, 9–10 cm Höhe, 40–45 cm Durchmesser, Gewicht 14–16 kg. Rindenloser Käse, blasser, geschmeidiger, elastischer Teig, wenige, etwa kirschkerngroße Löcher. Junger Samsø ist im Aroma nussartig und leicht süßlich, gelagerter Käse süß-sauer bis scharf mit spürbarer Haselnussnote. 6 Monate alter Samsø besitzt ein volles und reiches Aroma.

KULINARISCHES

Empfehlung MDM: Zu jungem Samsø passen Weine mit nussigen Noten wie Chardonnay, Grauer Burgunder, trockene Silvaner Spätlesen oder auch im Barrique gereifte Weißweine. Kräftige Roséweine oder das traditionelle Bier bieten ebenfalls viel Genuss.

VERWANDTE KÄSE

Fynbo (Schnittkäse von der Insel Fünen), Tybo (brotförmiger oder quadratischer Schnittkäse mit mildem, leicht säuerlichem Geschmack aus dem nördlichen Teil von Jütland), Molbo (kugelförmiger Käse aus Jütland mit leicht säuerlichem Geschmack), Danbo (siehe dort) und zahlreiche andere dänische Käsesorten.

Maribo

Schnittkäse
aus Kuhmilch
45% Fett i.Tr.

HERKUNFT UND GESCHICHTE

Maribo, benannt nach der gleichnamigen Klosterstadt, kommt von der Insel Lolland und ist nah mit dem finnischen Turunmaa verwandt. In Dänemark kann man ihn fast überall kaufen, während er im Ausland keine große Bedeutung hat.

HERSTELLUNG

Die Herstellung verläuft ähnlich wie bei anderen Schnittkäsen (Gouda, Edamer). Maribo wird meist in Folie gereift und insgesamt etwa 4 Monate gelagert.

CHARAKTERISTIK

Quadratische (38 x 38 cm) oder runde Laibe, 10 cm Höhe, Durchmesser 40 cm, Gewicht 14 kg. Meist rindenlos und mit Wachs überzogen. Gelblich weißer, relativ fester Teig mit zahlreichen kleinen, unregelmäßigen Löchern. Im Geschmack leicht säuerlich, erinnert ein wenig an Gouda. Maribo gibt es auch als kräftigere Variante mit Rotflora oder mit Kümmelzusatz.

KULINARISCHES

Empfehlung MDM: Zum jungen Maribo harmonieren feine, fruchtbetonte Weißweine, zur reiferen, kräftigeren Variante dürfen die Weine gerne aromatisch und kraftvoll sein. Maribo mit Kümmel sollte mit einem gut gekühlten Aquavit genossen werden.

HÖHLENKÄSE

Zu den besonders erfolgreichen Neuentwicklungen der dänischen Käsereiindustrie zählt der erst vor knapp 25 Jahren entwickelte Höhlenkäse. Das Besondere an der Herstellung von Höhlenkäse ist seine Reifung in einem alten dänischen Kalkbergwerk, wo ideale Temperaturen und eine konstante Luftfeuchtigkeit herrschen. Diese Bedingungen und der hohe Kohlensäuregehalt verleihen dem Höhlenkäse seine typischen geschmacklichen Eigenschaften. Nach alter Tradition werden die Laibe bei der mehrmonatigen Reifung in 35 m Tiefe nach wie vor von Hand gewendet.

SCHWEDEN

Schweizer standen Pate

Die Landwirtschaft und damit die Herstellung von Molkereiprodukten und Käse konzentriert sich auf die Mitte und den Süden des Landes, wo es ausreichende Weideflächen für Kühe und Ziegen gibt. Mönche und Missionare hatten bereits im 9. Jahrhundert Käserezepturen aus Mitteleuropa in diese Regionen gebracht, anfangs blieb die Käseherstellung großen Stils jedoch den Klöstern vorbehalten. So stammte bis ins 19. Jahrhundert der meiste im Land konsumierte Käse aus Importen. Erst Mitte des Jahrhunderts begann man mit Unterstützung Schweizer Experten auf den großen Bauernhöfen und Herrensitzen mit einer konsequenten Weiterentwicklung der Käsekultur. Aus den ersten Versuchen, Emmentaler herzustellen, entstanden Sorten wie der Herrgård, Svecia oder Västerbotten. Mit den gegen Ende des 19. Jahrhunderts aufkommenden Sammelmolkereien und unter zunehmendem ausländischem Einfluss wurde das schwedische Käsesortiment immer vielfältiger.

Linke Seite: Die felsige Küste Schwedens wird von zahllosen Inseln und Schären gesäumt.

Svecia (g.g.A.)

Schnittkäse
aus Kuhmilch
45% Fett i.Tr.

HERKUNFT UND GESCHICHTE

Der Name Svecia kommt vom gleichnamigen lateinischen Wort für Schweden. Es handelt sich um einen traditionellen, schwedischen Käse, dessen Rezeptur vermutlich aus Holland stammt.

HERSTELLUNG

Der mit Lab dickgelegte Bruch wird gepresst, aber nicht nachgewärmt, und dann in Formen gefüllt. Die Käselaibe lagern in der Regel 8–10 Wochen, oft aber auch bis zu 1 Jahr.

CHARAKTERISTIK

Runde Laibe, Höhe 11–15 cm, Durchmesser 30–35 cm, Gewicht meist 12–16 kg, teilweise auch als Block. Ohne Rinde, in Folie verpackt oder mit rotem oder gelbem Wachsüberzug. Hellgelber, in der Regel feuchter, geschmeidiger Teig mit zahlreichen kleinen Schlitzlöchern. Je nach Dauer der Lagerung im Geschmack mild-säuerlich bis kräftig-pikant. Ein einjähriger Svecia gilt als wirkliche Delikatesse mit frischem und doch sehr prägnantem Aroma.

KULINARISCHES

Empfehlung MDM: Junger Svecia harmoniert mit eher leichten und fruchtigen Weiß- und Rotweinen, länger gelagerter Svecia dagegen mit fülligen und trockenen Weißweinen oder mittelkräftigen, reifen Rotweinen aus Bordeaux, der Toskana oder der Rioja.

Hushållsost (g.t.S.)

Schnittkäse
aus Kuhmilch
60% Fett i.Tr.

HERKUNFT UND GESCHICHTE

Mehr als 700 Jahre reicht die Geschichte von Hushållsost zurück, dessen Name übersetzt nichts anderes als Haushaltskäse bedeutet. Früher war diese Käsesorte aus Südschweden eher außergewöhnlich, da sie im Gegensatz zu den sonst dort üblichen Käsen aus entrahmter Milch bzw. Molke hergestellt wurde. Aus dem ehemaligen Bauernkäse ist heute ein beliebter Standardkäse aus industrieller Herstellung geworden.

HERSTELLUNG

Mit Lab dickgelegte Milch, der Milchsäurebakterien beigegeben sind, bildet die Basis für die Herstellung. Der Bruch wird gepresst und die entstandenen Laibe anschließend in feuchten Reifekellern meist 1–2 Monate gelagert.

CHARAKTERISTIK

Kleine, runde trommelförmige Laibe, Höhe 10–15 cm, Durchmesser 13–14 cm, Gewicht 2–3 kg. Typisch ist die Naturrinde, doch wird der Käse auch foliengereift und damit rindenlos angeboten. Blasser, strohgelber Teig von glatter, offener Textur mit zahlreichen Schlitzlöchern. Frischer, angenehmer Milchgeschmack mit einer dezenten Note von Zitrone.

KULINARISCHES

Empfehlung MDM: Ideal passt dieser Käse zu einem frischen, trockenen oder feinherben Riesling, jedoch auch zu einem klassischen Weißwein der Rebsorte Chasselas.

MOLKEKÄSE

Auch in Schweden findet man eine beachtliche Produktion an traditionellen Molkenkäsen, die hier Mesost oder auch Getost und Getmesost heißen. Die traditionelle Variante hat ein sahniges Karamellaroma mit einem leicht bitteren Nachgeschmack. Bei einem Fettgehalt von lediglich 10–20 % i.Tr. gilt dieser Käse als außerordentlich kalorienarm.

Herrgård

Schnittkäse
aus Kuhmilch
45% Fett i.Tr.

HERKUNFT UND GESCHICHTE

Herrgård zählt in Schweden zu den beliebtesten Käsesorten überhaupt. Sein Name bedeutet übersetzt so viel wie Herrenhaus, und tatsächlich wurde er Ende des 18. und Anfang des 19. Jhs. ausschließlich auf den großen Höfen hergestellt. Ziel war es damals, eine den Schweizer Käsen entsprechende Sorte auf den Markt zu bringen. Noch heute weist Herrgård viele Ähnlichkeiten mit Emmentaler und Greyerzer auf.

HERSTELLUNG

Die Herstellung entspricht weitgehend der anderer Schnittkäse. Der fertige Käse reift 4–10 Monate.

CHARAKTERISTIK

Im Block oder als radförmiger Laib, Höhe 10–14 cm, Durchmesser 35 cm, Gewicht 10–14 kg. Naturrinde, häufig von Wachsüberzug geschützt, hellgelber geschmeidiger Teig mit mittlerer Lochbildung. Milder, leicht nussartiger Geschmack.

KULINARISCHES

Empfehlung MDM: Weil er leicht schmilzt, eignet sich dieser Käse gut zum Kochen. Trockene, fruchtige Weißweine und Rotweine mit wenig Gerbstoff sind ideale Begleiter.

Västerbotten

Hartkäse
aus Kuhmilch
45% bis 50% Fett i.Tr.

HERKUNFT UND GESCHICHTE

Dieser früher auch als Burträsk bekannte Käse wurde um 1860 im kleinen Städtchen Burträsk kreiert und anschließend überall in der Gegend nachgeahmt. Später erhielt der »König der schwedischen Käse« nach seiner Herstellungsregion den Namen Västerbotten.

HERSTELLUNG

Die Herstellung ähnelt der des Svecia, jedoch reift Västerbotten deutlich länger, wird oft über ein Jahr lang gelagert und ist daher auch wesentlich fester.

CHARAKTERISTIK

Laib mit leicht gewölbter Randseite, Höhe 14–18 cm, Durchmesser 40 cm, Gewicht 18–20 kg. Glatte, gewachste Rinde, vergleichsweise fester, oft fast krümeliger Teig. Mit kleinen Löchern. Sehr aromatisch, würzig im Geschmack.

KULINARISCHES

Empfehlung MDM: Durch den hohen Anteil an Trockenmasse lässt sich Västerbotten besonders gut reiben und in der Küche verwenden. Mittelschwere Rotweine, beispielsweise Dornfelder, Spätburgunder oder auch Cabernet-Sorten, aber auch reife Weine aus Bordeaux, der Toskana oder der Rioja passen gut.

DER NÖRDLICHSTE KÄSE DER WELT

Wenig bekannt, dafür aber umso interessanter ist Lappernas Renost, ein Käse aus der sehr fetthaltigen Rentiermilch, dessen Rezeptur auf eine jahrhundertealte Tradition zurückgeht. Wer einmal Gelegenheit hat, diesen Käse zu verkosten, sollte das unbedingt tun, denn es handelt sich um eine ausgesprochene Rarität. Das liegt daran, dass ein Rentier kaum mehr als 25 l Milch im Jahr gibt, was die Herstellung auf kleinste Mengen beschränkt. Die Lappen selbst essen Lappernas Renost übrigens am liebsten zusammen mit Kaffee, in den die kleinen Stücke vor dem Verzehr getunkt werden.

NORWEGEN

Pure Natur

Norweger bezeichnen ihre Heimat selbst gern als »das etwas andere Land im Norden Europas«. Die Norweger lebten in der Vergangenheit von der Landwirtschaft, doch nur ein kleiner Teil des Landes ließ sich landwirtschaftlich nutzen. So wagte man sich frühzeitig auf die Meere. So brachten wohl Seefahrer die ersten Käserezepte mit. Später sorgten hauptsächlich irische Mönche und Missionare dafür, dass sich die Käsekultur weiter ausbreitete. Ziegen im gebirgigen Landesinneren und Kühe auf dem hochwertigeren Weideland in Küstennähe liefern bis heute die Milch. Von den Schweizern lernten die Norweger vieles über Milchviehhaltung. 1856 entstand die erste genossenschaftliche Käserei, und 1928 gründeten die Landwirte eine Organisation, die den Export betreiben sollte. Als »Norske Meierier« (Norwegische Molkereien) ist sie noch immer tätig: Das Angebot reicht von traditionsreichen Sorten über inländische Standardkäse bis hin zu den mehr als 50 Sorten, die in den letzten zehn Jahren neu entwickelt wurden.

Linke Seite: Die Stabkirche Borgund ist eines der ältesten Holzgebäude Europas.

Jarlsberg

Schnittkäse
aus Kuhmilch
45% Fett i.Tr.

HERKUNFT UND GESCHICHTE

Das Fjordland ist die Heimat des bekanntesten norwegischen Käses, der seinen Namen den Jarle verdankt, den Fürsten der Wikingerzeit. Seine Herstellung beruht auf alten bäuerlichen Rezepten, die dem Emmentaler ähnlich sind. Nachdem der Jarlsberg schon fast vergessen schien, kümmerten sich die im ausgehenden 19. Jh. entstehenden Genossenschaften, unterstützt von Molkereiexperten der Universität Ås, erfolgreich um seine Wiederbelebung. Das geschah mit so viel Erfolg, dass Jarlsberg nicht nur in Norwegen ganz vorne auf der Beliebtheitsskala rangiert, sondern sich auch zu einem ausgesprochenen Renner im Export entwickelt hat.

HERSTELLUNG

Sommermilch von Kühen, die auf den saftigen Hochlandweiden grasen, bildet die Grundlage für die Produktion des Jarlsberg, der mindestens 100 Tage, oft aber wesentlich länger, in der Luft der Fjorde reift.

CHARAKTERISTIK

Große, runde Laibe, Durchmesser etwa 30 cm, Gewicht 10 kg. Glatte, gelb gewachste Naturrinde, schnittfester, goldgelber Teig mit unregelmäßigen, nussgroßen Löchern. Herzhaft, nussig, sahnig im Geschmack, etwas süßer als ein Emmentaler.

KULINARISCHES

Gute Schmelzeigenschaften, durch die er sich zum Überbacken oder für Fondue und Raclette eignet. Fruchtige Weißweine, Roséweine, leichte Rotweine, aber auch Bier stellen gute Begleiter dar.

Norvegia

Schnittkäse
aus Kuhmilch
45% Fett i.Tr.

HERKUNFT UND GESCHICHTE

Wie Jarlsberg verfügt auch Norvegia über eine recht lange Tradition. Seine Ende des 19. Jhs. in bäuerlichen Käsereien wiederbelebte Rezeptur geht ursprünglich auf den holländischen Gouda zurück.

HERSTELLUNG

Im Gegensatz zu den meisten Hart- und Schnittkäsen werden die Laibe im Reifelager nicht mit Salzwasser abgewaschen. Der Käse wird vor dem Verkauf mindestens 7 Monate gelagert.

CHARAKTERISTIK

Runde Laibe, Höhe 6–12 cm, Durchmesser 25–37 cm, Gewicht 4–12 kg mit trockener, gelblicher Rinde. Auch rindenlos als Block von 5–7 kg mit schwarzem Hartwachsmantel erhältlich. Die weißliche bis leicht gelbliche Käsemasse ist schnittfest und weist gleichmäßig verteilte Löcher auf. Nach langer Lagerung entwickelt sich ein ausgeprägter, pikant-sahniger Geschmack. Durch den Verzicht auf das Abwaschen mit Salzwasser schmeckt Norvegia wesentlich salzärmer als viele andere Käse.

KULINARISCHES

Empfehlung MDM: Da Norvegia leicht schmilzt, ist er zum Kochen sehr beliebt. Er wird sehr gut von fruchtbetonten Weißweinen wie beispielsweise Sauvignon Blanc begleitet, harmoniert aber auch zu mild-würzigem Rotwein wie beispielsweise Dornfelder, Blaufränkisch oder Lagrein.

Nøkkelost

Schnittkäse
aus Kuhmilch
45% Fett i.Tr.

HERKUNFT UND GESCHICHTE

Das holländische Rezept des Nøkkelost gelangte durch Seefahrer nach Norwegen. Sichtbar ist das bis heute an seinem Markenzeichen, den gekreuzten Schlüsseln, die auch den Leidener Käse schmücken. Der Name leitet sich vom norwegischen Wort für Schlüssel (nøkkel) ab. Nøkkelost wird bereits seit dem 17. Jh. in Norwegen hergestellt, heute meist industriell.

HERSTELLUNG

Ein von der Herstellung her typischer Kuhmilchschnittkäse. Aus dem Rahmen fällt die Zugabe von Gewürznelken. Die Reifezeit liegt bei rund 3 Monaten.

CHARAKTERISTIK

Runde, zylindrische Laibe, Höhe 8–15 cm, Durchmesser 30–40 cm, Gewicht 12–15 kg oder Blöcke von 5–7 kg. Leicht gelblicher, geschmeidiger, schnittfester Teig mit vielen kleinen Bruchlöchern und Gewürznelken, die dem milden Geschmack eine besondere Charakteristik verleihen.

KULINARISCHES

Empfehlung MDM: Nøkkelost schmeckt auch als geschmolzener Käse über Pellkartoffeln besonders gut. Die würzigen Komponenten harmonieren sowohl zu feinherben Rieslingen, zu Grünem Veltliner mit pfeffriger Würze, aber auch zu mildem Rotwein mit Barriquewürze, beispielsweise aus dem Languedoc. Bier ist der klassische Begleiter.

NORWEGER LIEBEN ZIEGENKÄSE

In Norwegen sind Käse aus Ziegenmilch besonders beliebt. Dazu zählt der Hardanger, den die Norweger auch Rosendal nennen. Der Bruch des Hardangers wird handgepresst, anschließend reift er mindestens zwei Monate und bekommt eine schwarze Wachsrinde. So wie er aussieht, heißt er auch: der schneeweiße Ziegenfrischkäse Snofrisk. Zur Herstellung verwendet man 80 % Ziegenmilch und 20 % Kuhsahne. Er schmeckt frisch und mild.

Gammelost (Gamalost)

Sauermilchkäse
aus Kuh- oder Ziegenmilch mit Blauschimmel
3% bis 5% Fett i.Tr.

HERKUNFT UND GESCHICHTE

Der Kuhmilchkäse stammt vom Hardangerfjord, eine Ziegenmilchvariante kommt vom Sognefjord. Warum dieser traditionsreiche Käse übersetzt alter Käse genannt wurde, liegt im Dunkeln. Manche erklären diesen Namen mit der langen Haltbarkeit, die es schon in vergangenen Jahrhunderten ermöglichte, ihn bis in den Winter hinein zu lagern. Er könnte aber auch mit dem grünbraunen Schimmel auf der Rinde zusammenhängen, der Gammelost schon frühzeitig lange gereift erscheinen lässt.

HERSTELLUNG

Sauermilchquark bildet die Basis dieses Käses. Entscheidend ist die Zugabe von Schimmelpilzkulturen, die den Käse mit einem zarten Flaum bedecken. Diese Kulturen werden nochmals in die Käsemasse gepresst oder geimpft, damit sich die Schimmelflora im gesamten Teig ausbreitet. Früher entwickelte sich der Schimmel durch die Rückstände der Vortagsproduktion in den Holzgefäßen mitsamt Schimmelpilzsporen von ganz allein.

CHARAKTERISTIK

Runde, zylindrische Laibe, Höhe 10–20 cm, Durchmesser 12–20 cm, Gewicht 1–3 kg. Harte, narbige, grünbraune Naturkruste, bräunlich gelber bis brauner, schnittfester Teig ohne Lochung, bei jungem Käse noch relativ weich, bei altem teils extrem hart. Je nach Reifestadium schmeckt er mehr oder weniger intensiv, stets jedoch würzig, kräftig und scharf. Duft und Geschmack hängen auch von der Milchart ab. Manchmal wickelt man den Käse in Stroh oder Tücher ein, die vorher in Gin mit Wacholderbeeren getränkt wurden. So reift er noch besser von innen heraus und wird vor unerwünschten Bakterien geschützt.

KULINARISCHES

Noch heute kochen die Bauern gelegentlich ein Stück Käse in Molke und trinken das Gemisch als Mittel gegen Husten und Schnupfen. Eine besondere Spezialität ist ein ausgehöhlter Laib, in den vor dem Verzehr Gin, Aquavit oder Bier gegeben wird. Empfehlung MDM: Zusammen mit klaren Schnäpsen und Bier wird er klassisch genossen. Reifer Port, Weine mit feiner Restsüße oder kraftvolle Weißweine passen alternativ.

FINNLAND

Raritäten

Käse wird in Finnland bereits seit dem 16. Jahrhundert hergestellt. Damals bestimmten frische, für den Eigenverbrauch produzierte Bauernkäse sowie ausgereifte Sorten von den Landgütern Ålands und den südfinnischen Inseln das Bild. Daneben gab es Käse aus Rentiermilch. Nur die wenigsten der früheren Käse blieben erhalten. Gewisse kommerzielle Bedeutung kommt allenfalls dem Turunmaa zu, ansonsten werden traditionelle Sorten nur auf Bauernhöfen in handwerklicher Herstellung gefertigt und sind schwer erhältlich. Mengenmäßig bedeutsam wurde die Käserei Mitte des 19. Jahrhunderts, als der Schweizer Käsemeister Rudolf Klossner auf Sippolas Herrenhof die Herstellung von Emmentaler einführte. Bald kamen Rezepturen aus den Nachbarländern, aus England und Holland hinzu.

Linke Seite: Die Uspenski-Kathedrale ist die größte orthodoxe Kirche Westeuropas.

Turunmaa

Schnittkäse
aus Kuhmilch
50% Fett i.Tr.

HERKUNFT UND GESCHICHTE

Turunmaa, auch Korsholm oder Ålands Special genannt, ist eine alte finnische Käsesorte, die schon im 16. Jh. auf den großen Landgütern hergestellt wurde und ihre Rezeptur vermutlich holländischen oder dänischen Vorbildern verdankt. Alle drei Namen verweisen auf die ursprünglichen Herstellungsgebiete.

HERSTELLUNG

Die Herstellung ähnelt der von Gouda. Rund 2–3 Monate dauert die Reifung.

CHARAKTERISTIK

Zylindrische Form, Höhe 20 cm, Durchmesser 22 cm, Gewicht rund 6 kg. Rindenlos mit glattem und schnittfestem, leicht gelblichem Teig mit vielen unregelmäßig verteilten Löchern. Anfangs mildsäuerlicher Geschmack, mit zunehmender Lagerung voll ausgeprägtes, leicht scharfes Aroma.

KULINARISCHES

Empfehlung MDM: Am besten harmoniert der Käse mit mittelkräftigen, trockenen Weiß- und Rotweinen. Zu länger gelagertem Käse passt auch ein kraftvoller, reifer Rotwein mit wenig Gerbstoff oder ein Wein mit feiner Süße.

Lappi

Schnittkäse
aus Kuhmilch
45% Fett i.Tr.

HERKUNFT UND GESCHICHTE

Im Herzen Finnlands, aus einer dünnbesiedelten Region mit intakter Umwelt, die für ihre Wälder und Seen bekannt ist, entsteht diese typisch finnische Käsesorte, die eng mit dem Edamer verwandt ist. Der Name des Käses leitet sich vom kleinen Ort Lapinlehti ab.

HERSTELLUNG

Lappi stammt meist aus industrieller Herstellung und reift etwa 5 Wochen.

CHARAKTERISTIK

Meist blockförmig (30 x 15 x 9–12 cm, Gewicht 4,5–5 kg) oder als etwas leichtere Kugel rindenlos (foliengereift oder gewachst), weißlich gelber, schnittfester Teig mit wenigen erbsengroßen Löchern. Ein eher milder, aber dennoch aromatischer Käse.

KULINARISCHES

Trockene, reife Weißweine mit zartem Bukett oder trockene, fruchtige, samtweiche Rotweine und Bier passen am besten zu diesem Käsetyp.

FINNISCHER EMMENTALER (SWISS FINLAND)

Die Emmentalerproduktion begann in Finnland schon Mitte des 19. Jhs., als der Schweizer Experte Rudolf Klossner die Methode ins Land brachte. Seit Jahren zählt Finnland zu den bedeutendsten Emmentalerherstellern weltweit. Die ausgezeichnete Qualität des Käses hat ihn zu einem Renner im Export werden lassen. Hauptabnehmer sind die USA. Die pasteurisierte Milch wird in riesigen Bottichen dickgelegt. Diese Bottiche liefern bis zu zehn und mehr 80 kg schwere Laibe, die dann 3–12 Monate gelagert, regelmäßig automatisch gewendet und gewaschen und anschließend portioniert und verpackt werden.

Juustoleipä

Frischkäse
aus Kuhmilch
unter 10% Fett i.Tr.

HERKUNFT UND GESCHICHTE

Juustoleipä wird in verschiedenen Regionen Zentralfinnlands sowohl in bäuerlicher als auch industrieller Fertigung hergestellt. Sehr selten findet man auch eine Variante aus Rentiermilch. Übersetzt bedeutet der Name so viel wie »Käsebrot«, was mit der Art der Herstellung zusammenhängt.

HERSTELLUNG

Der frischen Käsemasse aus Magermilch wird zunächst die Molke entzogen. Anschließend kommt der Bruch in eine flache Form und wird am Feuer oder im Ofen leicht geröstet. Dann lässt man ihn einige Tage reifen.

CHARAKTERISTIK

Juustoleipä, den es in unterschiedlichen Größen und Formen (meist mit circa 250 g Gewicht) gibt, weist unter der leicht gerösteten, bräunlichen Oberfläche einen fast weißen, cremig-glatten, weichen Teig auf. Er schmeckt mild bis leicht süßlich.

KULINARISCHES

Die Finnen bevorzugen diese Käsesorte zum Frühstück oder zusammen mit Marmelade oder Beeren auch zum Dessert. Kaffee, Säfte oder Milch harmonieren als Getränke besonders gut.

Ilves und Munajuusto

Frischkäse
aus Kuhmilch/Rentiermilch
45% Fett i.Tr.

HERKUNFT UND GESCHICHTE

Eine traditionelle, regionale Käsesorte, die man hier und da noch aus bäuerlicher Herstellung kaufen kann, ist Munajuusto. Aus industrieller Produktion trägt der Käse den Namen Ilves. Die traditionelle Variante wird auch aus der sehr fetthaltigen Rentiermilch produziert.

HERSTELLUNG

Der Milch werden Eier zugegeben. Anschließend wird sie erhitzt und zum Gerinnen gebracht. Wenn die Molke abgetropft ist, presst man den Bruch in Formen. Der Käse kann vor dem Feuer angeröstet werden, bevor er für kurze Zeit reift.

CHARAKTERISTIK

Ilves wird meist in Rundform mit einem Gewicht von 1–1,3 kg angeboten. Er ist ein relativ fester, weißlicher Frischkäse mit hohem Wassergehalt. Die blassgelbe Oberfläche weist durch das Rösten kleine und größere braune Flecken auf. Er schmeckt mild und leicht süßlich.

KULINARISCHES

Empfehlung MDM: Ein im Barrique ausgebauter Weißwein oder alternativ ein obergäriges Bier harmonieren besonders gut.

ISLAND

Aus der Wikingerzeit

Riesige Gletscher, hohe vulkanische Gipfel und endlose Lavafelder prägen das oft karge, gebirgige Landschaftsbild Islands. Immerhin gut 20 % der gesamten Fläche dienen als Weideland für mehr als 500.000 Schafe, knapp 70.000 Islandpferde und über 35.000 Kühe. In Island wird eine hochwertige, höchsten Standards entsprechende Milch erzeugt. Die ersten isländischen Käse, deren Ursprünge vermutlich bis in die Wikingerzeit zurückreichen, waren Schafsmilchkäse. Mit dem in vielen Sagen erwähnten frischen Molkenkäse Skyr hat sich einer dieser Käse bis heute erhalten.

Linke Seite: Die Hallgrímskirkja ist das Wahrzeichen von Reykjavik.

Skyr

Molkekäse
aus Kuhmilch
10% Fett i.Tr.

HERKUNFT UND GESCHICHTE

Schon in alten isländischen Sagen aus der Wikingerzeit finden sich die ersten Hinweise auf einen frischen Käse aus Schafsmilch. Skyr wurde früher auf allen Bauernhöfen zur Selbstversorgung der Bewohner hergestellt. Heute dienen statt Schafsmilch mehr und mehr pasteurisierte Magermilch, Molke oder Buttermilch von der Kuh als Grundlage. Die bäuerliche Herstellung gibt es zwar noch immer, der weitaus größte Teil des konsumierten Skyrs kommt aber inzwischen aus industrieller Produktion.

HERSTELLUNG

Ursprünglich wurde Skyr als Frischkäse ohne die Verwendung von Lab hergestellt. Zur Gerinnung fügte man der erwärmten Milch einfach etwas Skyr vom Vortag hinzu. Nach dem Ablaufen der Molke und dem Abtropfen konnte der frische Käse spätestens am nächsten Tag gegessen werden. Beim industriell erzeugten Skyr greift man zum Dicklegen auf Kälberlab zurück. Überdies werden der Milch spezielle Bakterienkulturen zugegeben, um Haltbarkeit und Qualität zu verbessern.

CHARAKTERISTIK

Geschmacklich lässt sich der weiche, weiße Skyr etwa zwischen Joghurt und Quark einstufen. Angeboten wird er in unterschiedlich großen Bechern und Behältern.

KULINARISCHES

Skyr isst man zum Frühstück oder Abendessen, als Dessert oder einfach zwischendurch, und zwar entweder naturbelassen, mit Zucker, mit Früchten vermengt oder mit Milch schaumig geschlagen.

VERWANDTE KÄSE

Avaxtskyr ist ein Skyr mit beigemischten Früchten. Bei Rjomaskyr handelt es sich um Skyr mit Sahnezusatz.

ANDERE KÄSESORTEN AUS ISLAND

Neben dem Skyr gibt es in Island noch etliche andere Käsesorten, die zwar fast alle auf importierte Rezepturen zurückgehen, aber dennoch ihren eigenen Charakter haben. Dazu zählen Mysingur und der braune, relativ sahnige Mysoustur aus erhitzter und entrahmter Kuhmilch sowie weitere Molkenkäse nach norwegischem Vorbild. In den modernen Molkereien entstehen zudem Varianten von Edamer (Barudostur), Tilsiter (Tilsitter), Emmentaler (Odalostur), Havarti (Buri), Brie (Dla-Brie), Blaukäse (Gradaost), Camembert und Port-Salut. Ihren hervorragenden Geschmack und ein ausgesprochen gutes Aroma verdanken sie der hochwertigen Milch.

時間旅行展
ODKRYWANIE CZASU
RMF
時間旅行展
ODKRYWANIE CZASU
RMF
PAŁAC KULTURY I NAUKI

POLEN

Schafskäse aus den Bergen

Durch die wechselvolle Geschichte Polens haben sich nur wenige traditionelle Käsesorten erhalten. Die wichtigsten Regionen für die Käseerzeugung sind die Gebirgslandschaften im Süden an der Grenze zur Tschechischen Republik und der Slowakei. Heute ist die Käseherstellung Polens sehr an westlichen Käsesorten wie Butterkäse, Weichkäse mit Weißschimmel oder Gouda orientiert. Es gibt aber auch traditionelle Käse, von denen der Oscypek und der Bryndza Podhalańska mittlerweile einen europaweiten Schutz genießen. Daneben hat sich auch der Podhalański, ein halbfester Schnittkäse aus Kuh- oder Schafsmilch mit kleiner Lochung und fester Rinde, erhalten. Manchmal wird dieser Käse leicht geräuchert. Der Tylzscki ist einer der wenigen übrig gebliebenen traditionellen Käse in Polen, die auch heute noch hergestellt werden. Er ähnelt dem Tilsiter, nach dem er auch benannt ist, und ist der einzige Käse, der nicht aus den Bergen im Süden des Landes stammt.

Linke Seite: Umstrittenes Wahrzeichen Warschaus: Der von Stalin erbaute Kulturpalast.

Bryndza Podhalańska (g.U.)

Weichkäse
aus Schafsmilch
38% Fett i.Tr.

HERKUNFT UND GESCHICHTE

Bryndza aus der Podhale-Region wurde zum ersten Mal im Jahr 1527 erwähnt. Die Herstellung von Schafskäse war in Podhale über Jahrhunderte hinweg untrennbar mit der Weideführung der Schafe verbunden. Nachdem die Schäfer alljährlich die Schafe für den Sommer hinauf auf die Almen getrieben hatten, verbrachten sie dort in den Bergen mehrere Monate und ernährten sich in diesem Zeitraum praktisch ausschließlich von Schafsmilch und deren Erzeugnissen. Das Wissen über die Grundlagen der Herstellungsweise von Bryndza Podhalańska wurde von Generation zu Generation weitergegeben und hat sich bis heute zu einer handwerklichen Kunst entwickelt, deren Beherrschung die Käseerzeuger dieser Region auszeichnet. Die Erzeugung ist ausschließlich im Kreis Nowy Targ (Neumarkt), im Tatra-Kreis (Powiat Tatrzański) sowie in sechs Gemeinden des Kreises Zywiec erlaubt. Diese Region im Tatra-Vorland wird traditionell als »Podhale« bezeichnet, weshalb der Käse den Namen Bryndza Podhalańska erhielt.

HERSTELLUNG

Der Bryndza Podhalańska wird nur im Zeitraum von Mai bis September hergestellt. Die Schafsmilch muss von der Schafrasse Polska Owca Górska (Polnisches Bergschaf) stammen. Soweit ein Anteil Kuhmilch verwendet wird (höchstens 40%), muss diese von Kühen der Rinderrasse Polska Krowa Czerwona (Polnisches Rotvieh) stammen. Nach dem Dicklegen mit Lab wird die Molke abgezogen, der Bruch wird fermentiert (vorgereift) und dann in kleine Brocken zerstoßen. Die bröckelige Käsemasse wird festgeklopft, mit Salz vermischt und in ein Gefäß gegeben. Der entstandene Brimsen (Bryndza) zeichnet sich durch eine besondere Qualität seiner Rohstoffe sowie der altüberlieferten und in dieser Form ausschließlich in der Podhale-Region bekannten und angewendeten Herstellungsmethode aus.

CHARAKTERISTIK

Weiße oder cremeweiße Farbe, teilweise zartgrüne Nuancen. Pikanter, mehr oder weniger salziger und bisweilen leicht säuerlicher Geschmack.

Oscypek (g.U.)

Brühkäse
aus Schafsmilch
45% Fett i. Tr.

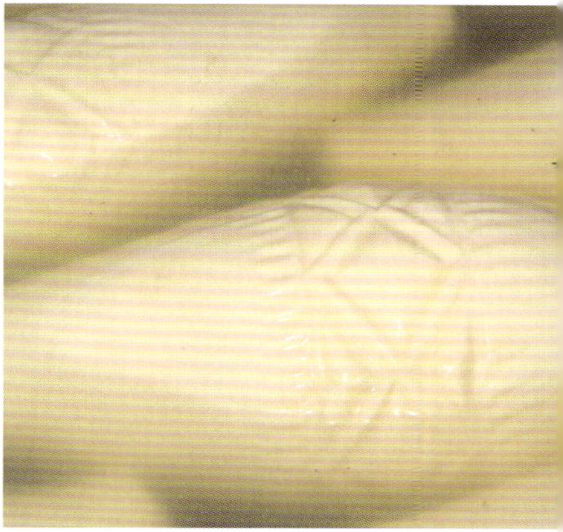

HERKUNFT UND GESCHICHTE

Im Nationalpark Hohe Tatra in der Region um Zakopane lebt eine der ältesten Schafhirtengemeinschaft Europas. Die Schafzucht lässt sich dort bis ins 13. Jh. zurückverfolgen und seit dem 14. Jh. lässt sich hier die Herstellung von Oscypek nachweisen. Hirten aus der Walachei, die sogenannten Batza, brachten aus den Karpaten die Schafzucht und die Technik der Milchverarbeitung mit.

HERSTELLUNG

Aus der frischen Schafsmilch wird auf den Sennhütten in den Bergen dieser geräucherte Hartkäse mit seiner Spindelform gefertigt. Für die Herstellung erwärmt man die Milch im Kupferkessel, legt sie mit Lab dick, schneidet den Käsebruch und füllt ihn in hölzerne Behälter, in die man heißes Wasser zugibt. Die Masse wird intensiv von Hand geknetet, wieder mit heißem Wasser gebrüht und weitergeknetet. Wenn ein elastischer Teig entstanden ist, wird er in die typische Spindelform, die im Innern mit geschnitzten Ornamenten versehen ist, gefüllt. Dadurch zeigen die Bergkäse auf ihrer Oberfläche charakteristische Muster. Im Anschluss wird der Käse auf Holzregalen in der Räucherhütte 2–3 Monate getrocknet und gereift.

CHARAKTERISTIK

Die Geschmacksnuancen erinnern an reife Kastanien. Der Käse wiegt zwischen 600–800 g und ist etwa 20 cm lang. In Polen wird dieser Käse gerne gegrillt gegessen. Durch den Rauch bekommt die Oberfläche einen goldenen Schimmer und der Teig seine charakteristischen Röstaromen.

BESONDERHEIT

Nach langem Streit über die Eintragung als geschützte Ursprungsbezeichnung sind sich Polen und die Slowakei darin einig, dass beide Bezeichnungen, Oscypek (Polen) und Slovenskýštiepok (Slowakei), rechtmäßig sind.

TSCHECHISCHE REPUBLIK

Des Bischofs Frühstück

Berühmte Kur- und Badeorte, zahlreiche Burgen, Schlösser, Kulturdenkmäler und historische Städte mit der Hauptstadt Prag machen das Land zu einem entdeckenswerten touristischen Anziehungspunkt. Die Tschechische Republik war im Gegensatz zur Slowakei immer eng mit Österreich und Deutschland verbunden, was sich auch in der Käsekultur niedergeschlagen hat. Der traditionsreichste Käse des Landes ist der Olmützer Quargel, ein kleiner Sauermilchkäse, der mit Rotschmiere reift. Abertam ist ein typischer Bauernkäse aus dem früheren Karlsbad in Böhmen. Der intensiv schmeckende, harte Käse in Kugelform wird aus Schafsmilch hergestellt und reift etwa 2 Monate. Daneben werden in tschechischen Molkereien europäische Standardsorten gefertigt.

Linke Seite: Im Herzen der Prager Altstadt steht die gotische Teynkirche.

Olomoucké tvarůžky

Sauermilchkäse aus Kuhmilch 10% Fett i.Tr.

HERKUNFT UND GESCHICHTE

Im Produktionsgebiet Haná mit dem Wirtschaftszentrum Olomouc in Nordmähren ist die Herstellung des Olmützer Quargels schon seit Ende des 15. Jhs. belegt. Erzbischof Johannes von Morara soll in seiner Residenz in Mähren diesen Käse schon vor 900 Jahren gerne zum Frühstück gegessen haben. Ab 1770 begann in Olmütz die kommerzielle Herstellung. Heute gibt es im 30 km entfernten Loštice, in dem sich auch ein Käsemuseum befindet, nur noch einen Hersteller. Der Olomoucké tvarůžky ist der einzige Käse tschechischen Ursprungs und heute eine der bekanntesten einheimischen Käsesorten. Die Ursprünge liegen im österreichischen Mähren, und so ist es nicht verwunderlich, dass auch Österreich, das den Olmützer Quargel schon seit weit über 100 Jahren erzeugt, Anspruch auf die »Erfindung« dieses Käses erhebt. Auch in Deutschland wird Olmützer Quargel seit Ende des Zweiten Weltkrieges hergestellt.

HERSTELLUNG

Olomoucké tvarůžky wird aus Sauermilchquark gewonnen. Der Quark ist von bröckeliger Konsistenz, hat große und feste Körner, besitzt eine kräftige Säure und eine hohe biologische Aktivität. Er wird gemahlen, unter Zugabe von Kochsalz verrührt und in geschlossenen Behältern vorgereift. Anschließend wird die Käsemasse mit veredelten Milchkulturen angereichert und geformt. In der ersten Stufe reifen die geformten Käse auf Rosten bei gleichbleibender Temperatur und Feuchtigkeit. In einer zweiten Stufe werden die Käse so lange gewaschen, bis sich die goldgelbe Schmiere gebildet hat.

CHARAKTERISTIK

Durch die besondere Mikroflora, die sich bei der Reifung an der Oberfläche entwickelt, entsteht der typische scharfe, pikante und komplexe Geschmack und Geruch. Je reifer der Käse, umso ausgeprägter sind diese Komponenten. Goldgelbe Schmiererinde, halbweicher bis weicher Teig mit deutlich hellem Kern. Typisch ist die Verpackung als Rolle von 125 g, die in mehrere Scheiben von jeweils 20–30 g unterteilt ist.

KASCHKAWAL – EIN KÄSE VERBINDET VÖLKER

Kaschkawal ist ein beliebter Schnittkäse, den man in vielen Ländern Osteuropas und des östlichen Mittelmeerraumes kennt und schätzt. In Bulgarien, der Türkei, in Ungarn und Rumänien gehört Kaschkawal zu den traditionellen Käsesorten. Der feste Käse wird entweder aus Schafsmilch oder aus Kuhmilch hergestellt und als Naturvariante, aber auch geräuchert angeboten. Seine Rinde ist glatt und trocken und je nach Variante entweder von einem hellen zarten Gelb oder der typischen bräunlichen Farbgebung eines geräucherten Käses. Sein Geschmack ist pikant, würzig und häufig leicht salzig. Der Kaschkawal gehört zu der Gruppe der Pasta-Filata-Käse, er wird also bei der Herstellung gebrüht. Der Schnittkäse eignet sich hervorragend als Brotbelag, für eine Käseplatte, als Zwischen-mahlzeit, zum Überbacken oder zum Salat.

SLOWAKEI

Eigenständig und charaktervoll

In dem kleinen Land mit seinen malerischen Landschaften spielt die Käsetradition eine wichtige Rolle. Die Slowakei war immer eng mit Ungarn und Osteuropa verbunden, und so erklärt sich auch, dass Schafskäse des Brimsen-Typs und Brühkäse nach Art des bulgarischen Kashkawal zum kulinarischen Erbe gehören. Aber wie die Anträge auf eine geschützte Ursprungsbezeichnung für Bryndza und Parenica zeigen, hat man in den Bergregionen des Landes eigenständige, sehr charaktervolle Käsespezialitäten geschaffen.

ANDERE KÄSESORTEN AUS DER SLOWAKEI

Ein gesalzener Brühkäse aus Kuh- oder Schafsmilch, hergestellt aus vielen dünnen Strängen, die an eine Peitsche erinnern und zum Teil kunstvoll geflochten werden, ist der Korbacik. Früher wurde er von den Bauern zu Hause produziert. Korbacik wird geräuchert und ungeräuchert angeboten. Seit Jahrhunderten stellen die Hirten in den Karpaten aus der Milch ihrer Schafe den Oschtjepka (45 % Fett i.Tr.) her. Inzwischen wird dieser Käse aber auch aus Kuhmilch oder einer Mischung aus beiden hergestellt. Traditionell fertigen die Schäfer ihren Käse selbst, indem sie aus Sauermilchquark große Kugeln von etwa 1 kg Gewicht pressen und formen, diese einige Tage in Salzlake reifen lassen und dann in einem Tuch zum Trocknen an die Decke ihrer Berghütte hängen. Anschließend wird der Käse über Holzfeuer geräuchert. Die dünne, bräunlich gefärbte Naturrinde zeigt den Abdruck des Tuches. Der schnittfeste Käse schmeckt süß und aromatisch.

Linke Seite: Ein nationales Kulturdenkmal ist der Martinsdom in Bratislava.

Slovenská bryndza

Frischkäse
aus Schafsmilch
25% bis 50% Fett i. Tr.

HERKUNFT UND GESCHICHTE

Das Produktionsgebiet umfasst die Bergregion der Slowakei, in denen Schafe der Rassen Valaška, Zošľachtená valaška, Cigája und Východofrízska ovca weiden und die Milch liefern. Fass-Schafskäse und Slovenská bryndza bildeten in den Bergregionen der Slowakei die Lebens-grundlage der dortigen Einwohner. In Zeiten von Milchüberschüssen stellten die Hirten auf den Almen einen einfachen Quark her, den sie zu Klumpen formten und im geschlossenen Holzfass reifen ließen. Im Jahr 1787 entstand in Detva der erste Betrieb zur industriellen Herstellung, und schon vor dem Ersten Weltkrieg wurde der Käse vor allem nach Ungarn und Österreich exportiert.

HERSTELLUNG

Die Basiszutat des Bryndza ist Schafsmilch-Klumpenkäse, die Zugabe von Kuhmilch ist erlaubt. Die 3–7 kg schweren Klumpen werden auf eine Unterlage gelegt, wo sie 2–3 Tage bei warmen Temperaturen nachsäuern und weitere 4–6 Tage reifen. Dann werden die Klumpen von den Almhütten in die Herstellungsbetriebe ins Tal gebracht, wo sie noch 3–5 Tage reifen. Dort werden die Klumpen gereinigt, zerkleinert und gemahlen. Anschließend werden sie zu einer weichen Masse verrührt und nachgesalzen.

CHARAKTERISTIK

Charakteristisch ist ein delikater Geruch und Geschmack, angenehm säuerlich nach Schafskäse mit einer leicht pikant-salzigen Note. Die geschmacklichen Eigenschaften ergeben sich durch die natürlich vorkommenden Mikroorganismen in der in dem Produktionsgebiet erzeugten Schafsmilch. Verkauft wird der Käse in kleinen Behältern, in abgepackten Quadern oder in einer wurstförmigen Plastikhülle. Die Konsistenz ist zart, streichfähig und leicht krümelig.

BESONDERHEIT

Es wurde ein Antrag auf Eintragung der geschützten geografischen Angabe bei der EU gestellt.

KULINARISCHES

Bryndza dient zur Zubereitung traditioneller Gerichte wie Brimsennockerl oder mit Brimsen gefüllte Piroggen (Bryndzové pagáiky, Pirohy plnené bryndzou).

VERWANDTE KÄSE

Brinza (Rumänien), Brynza (Ungarn), Bryndza Podhalańska (Polen).

Parenica

Brühkäse
aus Kuh- oder Schafsmilch
50% Fett i.Tr.

HERKUNFT UND GESCHICHTE

Parenica wurde erstmals zu Beginn des 18. Jhs. von Schafhalterfamilien für den Eigenbedarf hergestellt. Im 19. Jh. kam der Käse nicht nur im Gebiet der heutigen Slowakei, sondern auch in Wien und in anderen Städten auf den Markt. Im Codex Alimentarius Austriacus aus dem Jahr 1917, III. Teil, Wien, heißt es im Kapitel Käse auf Seite 180, Parenica sei ein gedämpfter, gezogener Käse, der aus heißem Wasser zu Streifen und Fäden gezogen und danach aufgewickelt und geräuchert wird. Der Ursprung liege eindeutig in Oberungarn, also in der Slowakei.

HERSTELLUNG

Nach der Säuerung werden die 3–5 kg schweren Schafskäseklumpen in kleinere Stücke von etwa 0,5 kg geschnitten. Diese werden in einen mit heißem Wasser gefüllten Holzkübel gelegt und so lange verstrichen, bis eine feine Käsemasse entsteht. Die so hergestellte Käsemasse wird herausgenommen, die restliche Flüssigkeit von Hand herausgepresst und darauf mehrmals auseinandergezogen und umgeschlagen. Aus dieser elastischen Masse zieht man Käsestreifen heraus und bringt sie mit der Handkante auf Holzbrettern in Form. Nach einem kurzen Eintauchen in Salzlake werden die Streifen von beiden Enden her gegen-einander zu einem S aufgerollt undmit Fäden zusammengeschnürt. Nach dem Abtrocknen erfolgt eine leichte Räucherung.

CHARAKTERISTIK

Verpackt in Einzelpackungen von 450–500 g, hat der Slovenská parenica die Form eines S mit einer Höhe von 5–8 cm und einem Durchmesser von 6–8 cm. Traditionell werden zwei Rollen mit Käsefaden zusammengebunden. Der Käse hat einen charakteris-tischen Geruch nach Schafsmilch und Rauch, im Geschmack ist er fein und angenehm salzig. Der elastische, weiße bis buttergelbe Teig hat eine faserige Struktur, und beim Auseinanderziehen bilden sich Fäden. Die Rinde ist nach dem Räuchern gelb bis braun.

BESONDERHEIT

Der Antrag auf Herkunftsschutz ist eingereicht.

UNGARN

Köstliches aus Schafsmilchquark

Ungarn blickt auf eine äußerst bewegte Geschichte zurück. Mit wechselnden Besetzern und Unterdrückern, vor allem mit der Jahrhunderte dauernden türkischen Herrschaft, kam auch der Brynza, ein fetaähnlicher Schafskäse in Salzlake, hierher. Ungarn hat tatsächlich wenige einheimische und traditionelle Käsespezialitäten. Eine nennenswerte Käseherstellung nach deutschem und schweizerischem Vorbild begann erst kurz vor dem Zweiten Weltkrieg mit vorrangig europäischen Standardsorten. Das ungarische Molkerei-Institut entwickelte darüber hinaus neue Käsesorten, unter anderem auch den tilsiterähnlichen Óvarí.

Der Óvári ist heute eine der bekanntesten ungarischen Käsesorten, hinter der sich ein Käse von der Art der Tilsiter verbirgt. Dieser mit Rotkulturen gereifte Käse besitzt einen typisch würzig-salzigen Geschmack. Anikó ist ein Weichkäse aus Kuhmilch. Auch die Herstellung des Kaschkawal, der traditionelle Brühkäse des Balkans, wird in Ungarn gepflegt. Parenyica Sajt ist ein gewickelter, leicht geräucherter Käse aus Schafsmilch, der manchmal auch aus Kuhmilch hergestellt wird. Schon vor Jahrhunderten stellten die Schäfer im Tatragebirge den Gomolya, einen einfachen Schafskäse her. Der traditionelle Hirtenkäse ist zart und luftig in der Konsistenz und schmeckt nach süßer Schafsmilch. Aus den Gomolya-Bruchklumpen entsteht in kleinen Molkereien dann der Liptauer, ein pikanter Brotaufstrich, den man nicht nur in der ungarischen, sondern auch in der tschechischen, slowakischen und österreichischen Küche kennt.

Linke Seite: Die Fischerbastei in Budapest ist eines der touristischen Highlights Ungarns.

ГРАЖДАНИНУ МИНИНУ И КНЯЗЮ ПОЖАРСКОМУ
БЛАГОДАРНАЯ РОССІЯ. ЛѢТА 1818

RUSSLAND

Schon im Mittelalter war in Russland eine Art Quarkkäse bekannt, der durch natürliche Milchgerinnung erzeugt wurde. Die erste Käserei entstand 1795 in Moskau, die Produktion war jedoch gering. Eine intensive Käseindustrie begann fast ein ganzes Jahrhundert später – um 1870. Innerhalb kurzer Zeit entwickelten sich große Molkereien in den zentralrussischen Gebieten Twer, Jaroslawl, Wologda, Nowgorod und Kostroma. Bis heute genießen Hartkäse wie Kostromskoj, Uglitschskij und Poschechonskij aus diesen Regionen landesweit einen guten Ruf. Bereits 1913 wurden in Russland rund 100 Käsesorten erzeugt. Die Produktion basierte auf Käsetechno-logien aus Holland und der Schweiz. Käsebezeichnungen wie Gollandskij (Holländischer), Schwejzarskij und Gouda lassen dies heute noch erkennen. Der beste Schwejzarskij, wie die russische Variante des Emmentalers heißt, wird übrigens bis heute im Nordkaukasus gekäst. Die dortigen Bergweiden weisen ähnliche Bedingungen für die Kühe wie die Schweizer Almen auf, meinen kaukasische Käsemacher. In der sowjetischen Zeit waren allerlei Schmelzkäse populär, in erster Linie dank ihrer günstigen Preise. Gleichzeitig gab es aber auch Elitesorten wie etwa den Sowjetskij. Seine Herstellung erfolgt bis heute im Gebiet Altaj, jedoch begrenzter als ursprünglich. Auf dem heutigen russischen Käsemarkt sind fast alle Käsesorten der Welt vertreten. Sehr beliebt sind neben einheimischen Rossijskij, Kostromskoj oder dem Schmelzkäse Druschba auch Gouda, Maasdamer, Edamer und Tilsiter. Halbfeste Schnittkäse und Schmelzkäse finden die größte Nachfrage.

Linke Seite: St.-Basilius-Kathedrale auf dem Roten Platz in Moskau.

Sowjetskij

Schnittkäse
aus Kuhmilch
50% Fett i.Tr.

HERKUNFT UND GESCHICHTE

Die Marke Sowjetskij existiert seit den 1930er-Jahren, die Herstellung basiert aber auf einem älteren Rezept des Schwejzarskij Syr – eines Schweizer Käses, der seit der zweiten Hälfte des 19. Jhs. ebenfalls im Gebiet Altaj produziert wird. Sowjetskij ist ein »Elitekäse«, und gehörte schon zu Zeiten der Sowjetunion zu den bekanntesten und meistproduzierten Sorten. Heute ist die Produktion auf wenige kleine Molke-reien im Altaj begrenzt.

HERSTELLUNG

Sowjetskij wird in den Molkereien der Berglandschaft Altaj hergestellt. Die Produktion erfolgt fast ausschließlich im Sommer und im Herbst, weil die Milch dem Käse nur in dieser Zeit den gewünschten Geschmack verleiht. Der Käsebruch wird geschnitten und noch einmal erwärmt. Die Bruchmasse wird zu großen Stangen geformt, gesalzen und reift 1 Monat lang in hölzernen Formen. Danach wird der Käse in eine Wachshülle verpackt und lagert weitere 4–6 Monate.

CHARAKTERISTIK

Würziger, süßlicher und nussartiger Geschmack. Der strohfarbene Teig ist homogen und geschmeidig, mit kleinen runden Lochungen. In den Löchern bilden sich manchmal sogenannte »Tränen«, die zeigen, dass der Käse durchgereift ist. Je länger der Käse gereift ist, umso ausgeprägter ist die Süße, und der Käse gewinnt etwas an Schärfe.

KULINARISCHES

In dünnen Scheiben geschnitten, isst man diesen Käse in Russland zum Frühstück, zu Mittag und zum Abendbrot. Dazu trinkt man Tee, Kaffee oder Kakao, halbtrockenen oder trockenen Weißwein. Wegen des süßlichen Geschmacks eignet er sich auch für die Zubereitung von Nachtischen.

Kostromskoj

Schnittkäse
aus Kuhmilch
40% bis 50% Fett i.Tr.

HERKUNFT UND GESCHICHTE

Kostromskoj begann man Ende des 19. Jhs. in der Wolgaregion Kostroma zu produzieren. Nach dieser Region ist dieser Käse auch benannt. Heute wird der Käse in mehreren Molkereien in Zentral- und Südrussland hergestellt.

HERSTELLUNG

Der Milch wird Salz, Reinzuchtsäurewecker und Lab zugegeben. Der Bruch wird bei niedriger Temperatur nachgewärmt. Die Reifung dauert mindestens 6 Wochen.

CHARAKTERISTIK

Runder Laib mit einem Gewicht von 5 oder 12 kg. Geschmack und Aroma sind dezent säuerlich. Wenn der Käse über 2 Monate gereift ist, wird der Geschmack ausgeprägter und leicht pikant. Geschmeidiger und homogener, cremefarbener bis hellgelber Teig mit ovalen oder eckigen kleinen Löchern. Dünne, eher weiche und elastische Rinde.

KULINARISCHES

Der Käse wird pur oder auf Brot gegessen, eignet sich aber auch gut zur Verwendung in der Küche.

USA

Rückschritt als Fortschritt

Um das Jahr 1700 brachten europäische Einwanderer ihre Kühe und die Käsekunst in die Vereinigten Staaten. Was auf kleinen Farmen für den Eigenbedarf begann, entwickelte sich vor allem mit der Einwanderungswelle im 19. Jahrhundert zu einer bedeutenden Industrie. Die USA sind heute weltweit der größte Käseproduzent, und die Vielfalt der Käsesorten so groß wie nie. Möglich war diese Entwicklung durch die industrielle Herstellung von Cheddar, Gouda, Brie und Camembert, Mozzarella, Provolone & Co. Auch der »processed cheese«, den John Kraft in den frühen Jahren des 20. Jahrhunderts kreierte, trug maßgeblich zur führenden Marktstellung bei. Käsesorten mit echtem amerikanischem Ursprung gibt es allerdings nur wenige.

Amerikas Käseerzeuger entwickelten in den vergangenen zehn Jahren ein neues Selbstbewusstsein. Die American Cheese Society setzt sich nach Kräften für die Förderung der Käsekultur ein, steht den Produzenten mit Rat und Tat zur Seite und vereint die Interessen der verschiedenen Seiten. Der Rückschritt in alte europäische Traditionen der Käseherstellung bedeutet somit einen enormen Fortschritt hinsichtlich Produktqualität und Käsekultur. Hier haben vor allem die Staaten Wisconsin, Kalifornien und Vermont die Nase vorn.

Zwar langsam, aber unaufhaltsam entdecken amerikanische Verbraucher, dass man Käse pur genießen kann und nicht nur zum Kochen, zum Schmelzen oder für Salate verwendet.

Linke Seite: Ein Geschenk Frankreichs: Die Freiheitsstatue im Hafen von New York.

KÄSE MIT STIL – DIE WICHTIGSTEN KÄSEKATEGORIEN IN USA

FRESH CHEESE – FRISCHKÄSE

Frischkäse kann aus jeder Milchart hergestellt werden, aber die Milch muss immer pasteurisiert sein. In die Kategorie gehören Italian Style Mascarpone und Ricotta, Chevre, Feta, Cream Cheese, Quark und Cottage Cheese

SOFT RIPENED CHEESE – WEICHKÄSE MIT WEISSSCHIMMEL

In den Vereinigten Staaten sind Weichkäse mit Weißschimmelrinde in der Regel aus pasteurisierter Milch. Zu dieser Kategorie zählen Käse im Stil des französischen Brie und Camemberts sowie Käse der Dreifachrahmstufe, die Triple Cremes.

SEMI-SOFT CHEESE – HALBFESTE SCHNITTKÄSE

Der Begriff »semi-soft« bezeichnet Käsesorten, die ein weiches und cremiges Inneres haben und kaum oder ganz ohne Rinde sind. Diese Käse besitzen im Allgemeinen einen hohen Wassergehalt. Ihr Geschmack reicht von sehr mild über pikant bis zu scharf. Abhängig von der Reifedauer können diese Käse sowohl aus roher oder pasteurisierter Milch hergestellt werden. In diese Kategorie gehören die meisten Blauschimmelkäse (Blue cheese), Colby, Monterey Jack sowie Käse im Stil des italienischen Fontina oder dänischen Havarti. Käse mit gewaschener Rinde fallen ebenfalls in diese Kategorie.

FIRM/HARD CHEESE – SCHNITT-/HARTKÄSE

Das Geschmacksprofil reicht von sehr mild bis scharf und pikant. Der Teig ist elastisch bei Schnittkäse und reicht bis zu Hartkäse zum Reiben. Diese Käse können sowohl aus roher als auch pasteurisierter Milch erzeugt werden. In diese Kategorie gehören Käse im Gouda-Stil, Cheddars,

Dry Jack, Swiss Style (Emmentaler), Gruyère-Stil, viele Tommes und Parmesan Styles.

BLUE CHEESE – BLAU- ODER GRÜNSCHIMMELKÄSE

Klassische Vertreter sind Käse im French Syle (Roquefort), Italien Style (Gorgonzola) oder Danish Style.

PASTA FILATA CHEESE – BRÜH- UND KNETKÄSE

Die Pasta-Filata-Käse sind vor allem italienischen Ursprungs und entsprechen am häufigsten den Vorbildern Mozzarella, Provolone und Scamorza.

NATURAL RIND CHEESE – KÄSE MIT NATURRINDE

In dieser Kategorie finden sich Käse, deren Rinde sich ohne Einfluss durch die natürliche Mikroflora bildet. Typische Vertreter sind die Tommes, die sich am französischen Tomme de Savoie orientieren, und Käse nach Art der französischen Mimolette. In diese Kategorie fallen auch Käse im Stil des englischen Stilton und Lancashire Cheese.

WASHED RIND CHEESE – KÄSE MIT GEWASCHENER RINDE

Die Rinde wird mit Salzlake, Bier, Wein, Brandy oder mit Rotschmierebakterien behandelt. Es sind Käse im Stil des französischen Epoisses und Livarots oder des italienischen Taleggios. Auch einige Sorten im Tomme-Stil, Triple Cremes und Weichkäse fallen darunter.

PROCESSED CHEESE – KÄSE-ERZEUGNISSE (SCHMELZKÄSE)

Der Begriff »processed« (verarbeitet) beschreibt Käseerzeugnisse, die aus den verschiedensten Käsesorten entstehen und mit Stabilisatoren, Emulgatoren und Geschmacksverstärkern angereichert werden, um die typische Konsistenz und lange Haltbarkeit im Regal zu gewährleisten. In diese Kategorie gehören American Cheese, Processed cheese spreads und Cheese flavoured spreads.

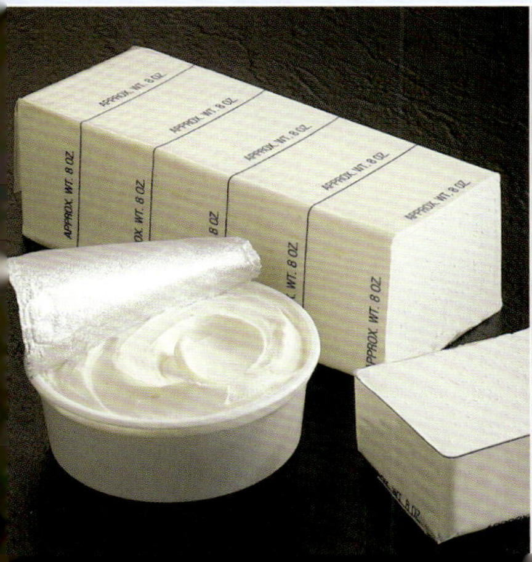

American Cheese

Der Lieblingskäse der Amerikaner ist quietschgelb oder orange, ziemlich klebrig und weich. Die Rede ist vom processed cheese, vergleichbar mit deutschem Schmelzkäse. Mister James L. Kraft erfand diesen Käseüberflieger, der bald die ganze Welt erobern sollte, Anfang des letzten Jahrhunderts in New York. Hier verkaufte Kraft seinen Käse von Tür zu Tür. Weil der Käse, je älter er wurde, umso stärker roch und der Anschnitt schnell austrocknete, suchte Kraft eine Lösung. Er experimentierte herum und fand schließlich auch eine. Cheddarkäse wurde zerkleinert, erhitzt, mit Annatto eingefärbt und zu einem Block geformt. Dieses Produkt war sofort ein Riesenerfolg. Als die Amerikaner in den 1940er-Jahren die Liebe zum Sandwich entdeckten, hatte Kraft eine weitere zündende Idee. Er schnitt den Käseblock in Scheiben vor und verpackte diese Scheiben wieder als Block. Die einzeln verpackten Scheiben, die sogenannten Cheese Singles, kamen 1965 auf den Markt und wurden ebenfalls schnell zum Verkaufshit. Die Schmelzkäsefamilie von Mr. Kraft wurde alsbald durch Velveeta, einen pasteurisierten streichfähigen Schmelzkäse in Blockform, und Cheez Wiz, ein streichfähiger Schmelzkäse im Glas, erweitert.

Cottage Cheese

Der körnige Frischkäse mit dem Namen Cottage Cheese wird ohne Labzusatz hergestellt, man lässt die erwärmte Milch selbstständig gerinnen. Den sehr weichen Bruch zerkleinert man in 0,5 cm große Würfel und erwärmt ihn in der Molke, bis er die gewünschte Konsistenz erreicht hat. Im Anschluss lässt man die Molke ablaufen. Die jetzt klumpige Masse wird mit kaltem Wasser gewaschen und die noch verbleibende Molke entfernt. Die körnige Masse wird gesalzen, mit Milch oder Rahm angereichert und je nach Wunsch mit Gewürzen oder Kräutern aromatisiert. Cottage Cheese besitzt eine cremige, körnige Konsistenz und einen leicht säuerlichen, delikaten und cremigen, recht neutralen Geschmack. Er wird in Eimern, Bechern oder Plastikbeuteln verkauft. Cottage Cheese schmeckt gut zu einem Roséwein oder in

AMBITIONEN EINER NEUEN GENERATION

Bei den Käsespezialitäten der »neuen« Generation wird Wert auf Individualität, Qualität und Authentizität der Produkte gelegt. Specialty Cheeses – Käsespezialiäten – werden in kleinen Mengen produziert, wobei das Hauptaugenmerk auf natürlichem Geschmack und natürlicher Teigbeschaffenheit liegt. Er kann aus allen Milcharten erzeugt werden und enthält oft natürliche Aromen und Zutaten, wie zum Beispiel Kräuter, Gewürze, Obst und Nüsse. Die Artisan Cheeses – Käse aus handwerklicher Herstellung – werden ebenfalls in kleinen Mengen und in erster Linie von Hand gekäst. Das besondere Augenmerk liegt dabei auf den Fähigkeiten des Käseproduzenten und der traditionellen Herstellungsweise. Nach der Definition der American Cheese Society muss ein Farmhouse Cheese – Käse vom Bauernhof – aus der Milch von Tieren gekäst werden, die auf dem Hof leben und somit aus der eigenen Herde des Farmers stammen. Zugekaufte Milch für die Produktion ist nicht erlaubt. Üblicherweise verwenden die Farmer Rohmilch, um den vollen Geschmack und das Aroma im Käse zu erhalten.

kleinen Stücken zu einem frischen Bier. Wer den dezenten Käsegeschmack mit einem starken Gegengewicht versuchen möchte, kombiniert Cottage Cheese mit einem kräftigen Merlot.

Cream Cheese

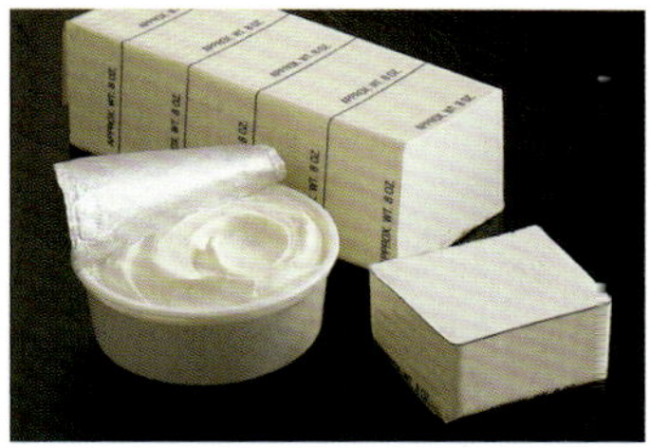

Cream Cheese wurde um 1880 populär. Zu dieser Zeit gab es eine revolutionäre technische Neuerung im Molkereiwesen. Durch einen Separator konnte die Molke auch im erhitzten Zustand sofort von den festen Käsebestandteilen getrennt werden. Der frische Käsebruch konnte demnach direkt heißt verpackt werden (und war damit sozusagen sterilisiert), was die Haltbarkeit des frischen Käses verdoppelte. Cream Cheese (er wird auch Neufchâtel Cheese genannt) hat eine weiche und cremige Textur mit einem vollen, nussigen, leicht süßlichen Milcharoma. Der sogenannte Neufchâtel ist etwas fester von der Konsistenz und hat einen geringeren Fettgehalt. Im Gegensatz zum Cottage Cheese muss dem Cream Cheese eine Starterkultur zur Gerinnung zugesetzt werden.

WISCONSIN

Käse als Teil der Geschichte

Der Bundesstaat Wisconsin ist der größte Käseproduzent in den USA. Käse gehört zur Geschichte Wisconsins, ist Teil seiner Identität und der ganze Stolz des Landes.

Wisconsins Aufschwung als Käseproduktionsland begann, als der Weizenanbau Mitte des 19. Jahrhunderts ins Stocken geriet. Der Boden war erschöpft, und Schädlinge setzten der Ernte immer mehr zu. Die Einwanderer, ein großer Teil in Wisconsin aus Deutschland und der Schweiz, brachten ihre Rezepte und Methoden des Käsemachens mit und machten sich an die Arbeit. Das Klima und die Landschaft waren für Viehhaltung ideal geeignet. Im Jahre 1910 überholte Wisconsin den Saat New York in der Käseproduktion, und 1922 gab es in Wisconsin schon 2.807 Käsereien. Über ihren Spitznamen »Cheesehead« ärgern sich die Einwohner von Wisconsin schon lange nicht mehr, sondern tragen ihn mit Stolz.

An der Universität Wisconsin wurde der erste Ausbildungsgang Amerikas für Molkereifachwesen gegründet. Die Wisconsin Cheese Makers Association besteht bereits seit über 100 Jahren und bietet als einzige die Zertifizierung zum Master Cheesemaker an. Der Bundesstaat im Mittleren Westen hat sich zum Ziel gesetzt, führend in der Produktion von Qualitätskäse zu werden. Der Fokus der Erzeuger liegt auf hochpreisigen Spezialitäten, auf handwerklicher Erzeugung, auf Bioprodukten und Käse mit sehr langen Reifezeiten. Aktuell machen hochwertige Spezialitäten schon 15 % der gesamten Käseproduktion Wisconsins aus, obwohl die engagierten Erzeuger erst vor fünf Jahren dieses Segment ernsthaft in Angriff nahmen.

Linke Seite: Größter Käseproduzent der USA ist der Bundesstaat Wisconsin.

Brick Cheese

Brick Cheese ist ein Wisconsin Original. Der Schweizer John Jossi stellte diesen Käse um 1877 erstmals her. Für den Brick verwendetet er das Rezept des Limburgers (Deutschland/Belgien), veränderte aber den Feuchtigkeitsgehalt, indem er den Käsebruch zwischen Backsteinen presste. Durch den geringeren Wassergehalt wurde der Käse milder. Von dieser Produktionstechnik ist auch der Name (Backstein = brick) abgeleitet. Auch die Form des Käses hat Ähnlichkeit mit einem Backstein. Brick wird aus Kuhmilch erzeugt. Der Teig ist halbhart, mit kleinen unregelmäßigen Löchern und offener Textur. Der Geschmack des jungen Brick ist mild, süß und buttrig. Lässt man ihn länger reifen, wird er würzig und pikant. Der Geruch ist weniger intensiv als beim Original. Die Rinde wird wie beim Limburger mit Rotschmiere behandelt.

Rötlich braune, etwas ausgetrocknete Rinde/Kruste, elfenbeinfarbener Teig, weicher als Cheddar, aber fester als Limburger, Zahlreiche, unregelmäßig verteilte Löcher. Im Geschmack deutlich mild und leicht süßlich. Reifezeit einige Monate, währenddessen entwickelt sich der Geschmack voll. Weintipp: Ein Bier aus amerikanischer Produktion harmoniert sehr gut. Bei den Weinen kann ein runder, reifer Chardonnay mit deutlichem Barriquecharakter gut eingesetzt werden. Auch aromatische Weine wie Viognier oder Gewürztraminer eignen sich gut.

Cheddar Cheese

Cheddar ist mit großem Abstand Amerikas Lieblingskäse. Mit knapp der Hälfte der Gesamtproduktion ist Wisconsin der größte Cheddar-Erzeuger der USA. Einen industriell hergestellten Cheddar gibt es in verschiedenen Reifegraden und verschiedenen Farben. Westlich des Mississippi bevorzugt man diesen Käse dezent orangerot gefärbt (mit dem natürlichen Farbstoff Annatto), östlich des Missisippi liebt man die cremeweiße Variante. Um die unterschiedlichen Reifestufen schon von außen zu erkennen, wählt man verschiedene Farben für die Wachshülle: Eine helle Wachsrinde steht für einen jungen, milden, weniger als 4 Monate gereiften

Käse. Der pikantere Vertreter reift zwischen 4 und 10 Monaten und trägt ein rotes Wachskleid. Ein voll ausgereifter, scharfer Cheddar muss länger als 10 Monate reifen. Die Reifedauer erkennt man an einem schwarzen Wachsüberzug.

Weintipp: Die junge Variante kommt mit Weinen aus Kalifornien wie Sauvignon Blanc, Chardonnay oder auch Viognier gut aus. Die reifere Variante verlangt nach viel Schmelz, so sollte der Chardonnay im Barrique ausgebaut sein. Bei Rotweinen sind saftige Pinot Noir aus Kalifornien oder Oregon sowie reife Merlots gut zur Begleitung geeignet.

Colby

Colby war der erste wirklich neue amerikanische Käse. Der 1874 vom Käsemacher Joseph Steinwand kreierte Schnittkäse sollte eine mildere, weniger trockene und festere Cheddar-Variante sein. Die Kreation trägt den Namen der Stadt, in der sie erstmals hergestellt wurde. Für diesen traditionellen, cremigen Käse in Block- oder Zylinderform verwendet man Vollmilch. Colby wird nach dem Cheddarverfahren hergestellt, wobei es aber einen wichtigen Unterschied gibt. Der Käsebruch wird separat in kaltem Wasser gewaschen, was das »Zusammenbacken« verhindert. Diese Behandlung macht die Teigbeschaffenheit des Colby wesentlich elastischer, als es beim Cheddar der Fall ist. Colby reift etwa 4 Wochen. Er gibt auf Druck nach und schmeckt mild und süß. Den nur kurze Zeit haltbaren Käse nimmt man gern als Snack, für Salate, für Sandwiches oder zum Kochen.

Colby Jack wird aus zwei Käsesorten gekäst, die dann in einem Käse vereint reifen, nämlich Monterey Jack und Colby. Im Teig mit der typischen orange-cremeweißen Marmorierung sind die beiden Sorten deutlich sichtbar. Colby Longhorn bezeichnet den 7,5 kg schweren Colby in Form eines schmalen, hohen Zylinders.

Weintipps: Die etwas fruchtbetonteren, aromatischen Weißweine der Finger Lakes wie Gewürztraminer, Riesling oder Sauvignon Blanc harmonieren ebenso gut wie Weißweine aus Washington State. Die Weine sollten allerdings nicht allzu viel Holzeinfluss aufweisen. Ein White Zindfandel mit seiner frischen Frucht ist ebenso empfehlenswert. Nur bei den Rotweinen wird es schwierig, Pinot Noir ist noch die beste Alternative.

Cold Pack Cheese

Ein Kneipenbesitzer aus Wisconsin erfand den Cold Pack Cheese, weil er seinen Kunden mit einem streichfähigen Käse für den Snack zwischendurch eine Freude machen wollte. Dieser Käse ist auch unter dem Namen Club oder Crock Cheese bekannt. Die Basis bildet meist

eine Mischung von gereiftem Cheddarkäse und nussigem Schweizerkäse, aber auch andere Mischungen sind üblich. Die verwendeten Käsesorten werden fein gemahlen, vermischt und oft auch mit anderen Zutaten (Gemüse, Obst, Wurst, Gewürze, Kräuter) aromatisiert. Die Mischung wird im Gegensatz zum Processed cheese weder erhitzt noch behandelt und muss deshalb auch im Kühlschrank aufbewahrt werden. Cold Pack Cheese schmeckt demzufolge immer nach dem Naturkäse, aus dem er zubereitet wurde.

Maytag Blue

Im Jahr 1941 begann die Familie Maytag in Iowa mit der Produktion von Blauschimmelkäse. Die Herstellungsmethode stammt von einem Wissenschaftler der Iowa State University. Der Maytag Blue war einer der ersten amerikanischen Käsesorten, die auf dem Bauernhof hergestellt wurden. Schnell brachte es dieser Käse aus der Milch der Holsteiner Kühe durch seine überragende Qualität und mit einer Reifedauer von 5 Monaten zu großer Bekanntheit. Maytag Blue ist der Liebling der Gourmetküche überall in den USA. Er eignet sich sowohl als Tischkäse als auch für Salatdressings. Immer noch wird Maytag Blue von Hand in kleinen Mengen auf der Maytag Familienfarm in Iowa produziert. Der zylinderförmige Käselaib ist feucht und krümelig, mit einem würzigen Geschmack und Lemon-Noten am Ende. Weintipps: Ein Late harvest ist die ideale Ergänzung, idealerweise mit zitrusfrischen Noten der Rebsorten Riesling oder Sauvignon Blanc.

ROHMILCH-KÄSE NUR GEREIFT

Die Vorschriften des Federal Department of Agriculture verlangen, dass jeder Käse, der weniger als 60 Tage reift, aus pasteurisierter Milch gefertigt sein muss. Käse mit einer Reifedauer von mehr als 60 Tagen können sowohl aus Rohmilch oder auch pasteurisierter Milch gekäst werden.

Oben: Wunderschöne Lage – die Hauptstadt Madison mit dem State Capitol.

Rechts: Die Indianer Wisconsins haben viel zu bieten.

Unten: Ein typisches Wohnhaus im Mittleren Westen.

1550

POWELL AND MARKET
5

KALIFORNIEN

Spanisches Erbe

Kalifornien hat sein Käse-Know-how den spanischen Missionaren zu verdanken, die aus Mexiko kamen und ihre Kühe und die Kunst des Käsemachens mitbrachten. Diese Käse waren die Vorläufer des Monterey Jack, ein »echter« Amerikaner, der wie kein anderer für die Käseproduktion in Kalifornien steht.

In Kalifornien wird seit über 200 Jahren Käse gemacht, etwa so lange, wie Wein angebaut wird. Um 1850, zu Beginn des Goldrausches, begann die industrielle Produktion, doch erst viel später, etwa ab 1970, boomte die Käseproduktion richtig.

Heute gibt es etwa 50 Cheesemaker, die vorwiegend aus Kuhmilch, aber auch aus Schafsmilch rund 130 verschiedene Käsesorten erzeugen. Die kalifornische Käseindustrie spiegelt die Extreme des Sonnenstaates wider. Es gibt auf der einen Seite Kleinstproduzenten, die von Hand feinste und vielfach prämierte Käse herstellen, und auf der anderen Seite hochmoderne Molkereien, die pro Tag mehrere Millionen Kilogramm Käse produzieren.

Im Jahr 1769 begründete der spanische Pater Junipero Serra die Agrarindustrie in Kalifornien. Er brachte nicht nur Obst und Gemüse, sondern auch Milchkühe und die Kunst des Käsemachens ins Land. Über 25 Sorten hispanischer Käse, die häufigsten sind Queso fresco, Panela und Cotija, werden in Kalifornien erzeugt. Neben den üblichen überall erhältlichen Cheddars und Bries fertigen Kaliforniens Käsemeister immer mehr kleine und feine Käsespezialitäten. Kalifornien belegt knapp hinter Wisconsin den zweiten Platz als Käseproduzent der Vereinigten Staaten.

Linke Seite: Kalifornien verdankt seine Käsekunst spanischen Missionaren.

Dry Jack

Die gereifte Variante des Monterey Jacks entstand wohl durch einen Zufall. Während des Ersten Weltkrieges, ließ der Käsegroßhändler D. F. DeBernardi in San Francisco eine Lieferung Monterey Jack aus Versehen zu lange liegen. Der Käse war hart geworden und ähnelte mit seinem blassgelben Teig und der bröckeligen Konsistenz dem italienischen Parmesan. Die etwa 4 kg schweren Käselaibe packte DeBernardi in ein mit Salzlake getränktes Tuch und rieb später die Rinde mit einer Mischung aus Öl, Pfeffer und Kakao ein. Die fast schwarze Beschichtung der Rinde war ein natürliches Konservierungsmittel und sah auch noch so aus wie die früher geschwärzte Rinde der italienischen Käse. Das »Versehen« kam genau zur richtigen Zeit, denn just in diesem Moment war die Lieferung von Hartkäse wie Parmesan oder Pecorino aus Italien kriegshalber unterbrochen, und der »trockene« Jack mit seinem fruchtig-süßlichen und nussigen Geschmack wurde von den Italienern in San Francisco schnell als Ersatz akzeptiert. Als nach Kriegsende wieder das italienische Original geliefert werden konnte, verlor Dry Jack an Bedeutung. Doch mit dem Stolz auf traditionelle heimische Produkte kam auch der Dry Jack wieder zu verdienten Ehren. Heute zählt er zu einem der besten Käse in den USA. Das Zentrum der Produktion liegt in Sonoma, wo der Käse von zwei Betrieben nach traditioneller Art hergestellt wird.

Californian Teleme

Ein kalifornisches Original ist Teleme, den 1920 griechische Einwanderer nach dem Vorbild des Ziegenkäses Touloumotyri entwickelten. In Ermangelung von Ziegenmilch verwendeten sie Kuhmilch. Mit dem jungen, sehr weichen, zart duftenden und aromatischen Kuhmilchkäse kreierten die griechischen Einwanderer in der Nähe von San Francisco eine ganz neue Variante. Die Naturrinde ist mit Schimmel und Hefen besetzt und wird mit Reismehl bestreut. Die Reifezeit beträgt mindestens 10 Tage und kann bis

2 Monate dauern. Weintipp: Ein frischer Weißwein aus Kalifornien, beispielsweise unoaked Chardonnay oder Sauvignon Blanc, aber auch Viognier harmonieren besonders gut. White Zinfandel ist, wenn nicht zu süß, ebenfalls ein guter Partner. Reifere Käse können auch mit Rotweinen harmonieren, die wenig Gerbstoffe und einen süßen Schmelz zeigen.

Monterey Jack

Nach der Legende erzeugten bereits spanische Missionare, die im 18. Jh. nach Kalifornien kamen, eine frühe Form des Jacks, den sie »Queso del Pais« (Landkäse) oder Country Cheese nannten. Nachdem die Missionare das Land verlassen hatten, führten die Farmersfamilien diese Art des Käsemachens weiter. Der Käse ließ sich selbst mit kleinen Mengen Milch und wenig Gerät wirtschaftlich herstellen. Etwa um das Jahr 1882 begann David Jacks, schottischer Einwanderer und Molkereibesitzer in Monterey, seinen Käse nach San Francisco und andere Märkte im Westen der USA zu verkaufen. Den Käse nannte er nach seinem Nachnamen und der Stadt seiner Herkunft: Monterey Jack. Seit seiner kommerziellen Vermarktung vor über 100 Jahren hat sich Monterey Jack zu einer der bekanntesten Käsesorten in den USA entwickelt. Über ein Drittel der insgesamt etwa 50 kalifornischen Cheesemaker produzieren Jack in allen Variationen. Der Schnittkäse kann sowohl aus Vollmilch oder entrahmter Milch gekäst werden. Junger Jack reift von 1 Woche bis zu 1 Monat.

Die weiche, milde Variante ist am bekanntesten, doch es gibt auch gewürzte und aromatisierte Variationen (zum Beispiel mit Pfeffer, Dill, Pesto, Zwiebeln, Knoblauch oder Jalapeño-Chili). Der Geschmack und die Konsistenz variieren mit der Reifedauer. Im Allgemeinen besitzt der Montery Jack einen milden, buttrigen Geschmack, der Teig ist von cremiger Konsistenz mit mittelgroßen Löchern und der Wassergehalt recht hoch. Montery Jack zeichnet sich durch hervorragende Schmelzqualitäten aus und ist deshalb beliebt in der Küche. Monterey Jack findet man auch unter den Bezeichnungen California Jack oder Sonoma Jack.

Weintipp: Ein Chardonnay, idealerweise aus Monterey, ebenso Pinot Noir oder Petite Sirah mit reifem Charakter harmonieren besonders gut.

VERMONT

Landidylle

Idyllisch geht es zu in Vermont. Weite, grüne Wiesen, saftige Weiden mit Kühen, Bauernhöfen und dazu das Panorama der Green Mountains. Die als vorbildlich geltende Milchwirtschaft Vermonts versorgt ganz Neuengland mit Milch und Milchprodukten.

Die Käserei in Neuengland hat eine lange Tradition. Bereits 1620 machten die ersten Siedler in Plymouth im Staat Vermont ihren eigenen Käse. Sie brachten nicht nur ihre Milchkühe, sondern auch ihre Kenntnisse und Geräte mit in ihre neue Heimat und versorgten sich mit Milch, Butter und Käse. Sie stellten Cheddar nach englischem Vorbild her, große Käseräder von einem halben Meter Durchmesser. Mit der Zeit verschwanden die bäuerlichen Milchbetriebe, und auch der größte Teil des Cheddars aus Vermont verkam zum Massenprodukt in Plastikfolie. Der gehalt- und geschmackvolle Cheddar der frühen Jahre wurde zur Rarität, dessen Tradition aber Familienbetriebe wie Crowley und Grafton Village Cheese Company oder auch größere Betriebe wie Cabot Creamery und Shelbourne Farms aufrechterhielten. Guter, teilweise jahrelang gereifter Cheddar aus Vermont hat heute den allerbesten Ruf. Das wiedererwachte Interesse an der traditionellen handwerklichen Herstellung vor einigen Jahren führte zu einer Renaissance der Bauernkäse auch in anderen Betrieben. An der Universität von Vermont gibt es sogar ein eigenes Institut für Forschung und Ausbildung in Sachen handwerklicher Käseherstellung. Besonders populär ist inzwischen auch die Produktion von Ziegen- (Chevre) und Schafskäse.

Linke Seite: Idyllisches Landleben mit grünen Wiesen und saftigen Weiden.

Vermont Cheddar

Schnittkäse aus Kuhrohmilch, 50 % Fett i.Tr. Vermont hat praktisch die Monopolstellung für die Cheddar-Erzeugung Neuenglands. Mit Annatto gefärbte, leuchtend orangefarbene Cheddars sucht man in Vermont vergeblich. Es gehört zu Vermonts Käsetradition dazu, Cheddar und alle anderen Käse nicht künstlich einzufärben. Die Milch stammt von Jersey-Kühen und wird als Rohmilch verkäst. Der Geschmack variiert von mild bis sehr kräftig und pikant, teilweise sogar scharf. Die Teigbeschaffenheit reicht je nach Alter des Käses von glatt über trocken bis hin zu fast krümelig. Die Cheddars reifen im Allgemeinen zwischen 6 und 36 Monate. Einen neuen Popularitätsschub erfuhr der Vermont Cheddar durch geräucherte Varianten oder solche, die mit Gewürzen oder Kräutern verfeinert sind. Junger Cheddar eignet sich ideal zum Verfeinern von Suppen und Soßen und kann vielseitig in der Küche verwendet werden. Das Gewicht kann bis zu 50 kg betragen.

Weintipp: Der junge, frische Käsetyp harmoniert ideal zu frischen Weißweinen wie Chardonnay ohne Holz und Sauvignon Blanc. Der reifere Cheddar verlangt nach opulentem, im Holz ausgebauten Chardonnay, nach reifen Rotweinen der Rebsorten Merlot, Cabernet Sauvignon oder Zinfandel.

Crowley

Crowley wurde erstmals im Jahr 1824 in Healdville im Bundesstaat Vermont hergestellt. Crowley ist das einzig verbliebene Original unter Vermonts Käsen. Die Rezeptur wurde seit 1882 immer wieder verändert und verfeinert. Auch heute noch wird er in der Käserei Winfield Crowleys hergestellt, nur von Hand und ganz ohne maschinelle Hilfe. Lediglich ein paar hundert Pfund werden am Tag produziert. Durch das Waschen des Bruchs mit Quellwasser wird dieser Käse besonders aromatisch, und die Verwendung von Rohmilch macht ihn weich und cremig. Crowley ist nicht annähernd so trocken oder sauer wie Colby oder Cheddar. Seinen charakteristischen kräftigen und robusten Geschmack entwickelt er nach einer Reifezeit von 6 Monaten.

Plymouth Cheese

Dieser Rohmilchkäse ist ein altmodischer Verwandter des Cheddars und typisch für die Bauernkäse der Kolonialzeit. Seine Geschichte reicht bis ins Jahr 1890 zurück. Der körnige Käse mit seiner rustikalen Naturrinde hat eine feuchte, cremige Textur und entwickelt komplexe, vollmundige Aromen. Hergestellt wird er in kleinen Mengen ausschließlich im kleinen Dorf Plymouth in runden Laiben von 1–20 kg. Der mit pflanzlichem Lab dickgelegte Bruch wird zuerst gewaschen und anschließend geknetet. Dann wird die Masse von Hand gesalzen und in Formen gepresst, um danach mindesens 2 Monate, meist aber viel länger, nämlich bis zu 12 Monate, zu reifen. Diese lange gereiften Käse werden jedoch nur in begrenzter Menge hergestellt.

Cougar Gold

Cougar Gold, ein Schnittkäse aus Kuhmilch, wurde 1948 in der Washington State University in Pullman entwickelt. Die US-Regierung wollte einen Käse in geschlossenen Behältern haben, der sich problemlos zu den Truppen in aller Welt verschicken ließ. Zu diesem Zeitpunkt gab es noch kein Plastik, und die Wachsummantelung wurde oft brüchig – der Käse verdarb. Heute wird Cougar Gold in der seit 1992 bestehenden universitätseigenen Molkerei produziert und verkauft. Die Hälfte der Produktion wird im Shop der Universitätsmolkerei direkt und von lokalen Großhändlern verkauft, die andere Hälfte weltweit verschickt.

Der Name leitet sich ab von Cougar (Puma), dem Universitätsmaskottchen, und dem Namen des damaligen Projektleiters N. S. Golding.

Das Ausgangsprodukt des Cougar Gold ist ein im Cheddaring-Verfahren hergestellter Käse. Normalerweise entwickelt dieser Käse im geschlossenen Behälter Reifungsgase, was die Blechbehälter zerbersten ließ. Golding entdeckte, dass die Gärung des Käses unterbunden werden konnte, wenn man bestimmte Milchsäurebakterienstämme zugab. Die Reifezeit im Blechbehälter beträgt mindestens 1 Jahr. Im ungeöffneten Behälter ist der Käse bei kühler Lagerung praktisch unbegrenzt haltbar. Cougar Gold wird in 900-g-Blechdosen abgepackt.

Obwohl Cougar Gold aus Cheddarkäse gemacht wird, schmeckt er nicht nach Cheddar. Er hat eine deutlich wahrnehm-

bare nussige Note, die an Gouda und Emmentaler erinnert, und schmeckt gehaltvoll und mit zunehmendem Alter recht pikant. Der weiße Teig ist glatt und von pikantem Geschmack. Weintipps: Hier bieten sich die Weine Washingtons an: von Riesling oder Sauvignon Blanc, ebenso wie unoaked Chardonnay zu den jungen Käsevarianten, der gereifte Käse harmoniert gut mit in Barrique ausgebautem Chardonnay sowie reifen Rotweinen der Rebsorten Merlot, Cabernet oder Pinot Noir.

Tillamook

In Tillamook County im Nordwesten Oregons hat das Käsemachen Tradition. Auf dem fruchtbaren Land weiden die zahlreichen Holsteiner, Jersey- und Guernsey-Kühe, die die Milch für diesen mittelreifen, exklusiven Cheddar-Käse liefern. Man sagt, dass dieser Cheddar einer der besten in den USA sei. Kurz nach ihrer Ankunft entdeckten die Siedler, dass die Milch ihrer Kühe in ihrer neuen Heimat von sehr hoher Qualität war. Gegen Ende des 19. Jhs. kam der Kanadier Peter McIntosh in diese Gegend und führte das Cheddar-Verfahren ein, was die Qualität des Tillamook noch steigerte. Dieser Käse wird ausschließlich aus Rohmilch gewonnen. In der Tillamook County Creamery Association, bei der die Tillamook-Produktion drei Viertel der Gesamtleistung ausmacht, sind heute 196 Molkereien zusammengeschlossen. Sie verarbeitet ein Drittel des gesamten Milchaufkommens im Staat Oregon. Weintipp: Im Barrique gereifte Chardonnays oder die berühmten Pinot Noirs aus Oregon sind unschlagbar als Begleiter dieser Spezialität.

CreoleCream Cheese

Die Frischkäsespezialität Creole Cream Cheese ist ein traditioneller Bestandteil der kulinarischen Tradition von New Orleans. Die Ursprünge seiner Geschichte liegen fast 200 Jahre zurück, als die ersten französischen Siedler in die Südstaaten kamen. Heute steht Creole Cream Cheese unter dem besonderen Schutz von Slowfood als erhaltenswertes Produkt der Arche des Geschmacks.

Oben und unten: Der Indian Summer in Neuengland mit spektakulärem Farbenspiel.

Rechts: Segeln im Lobsterparadies – auch das bietet Neuengland.

KANADA

Frankreich und England standen Pate

Kanadas Käserei begann, als die ersten französischen Siedler ins Land kamen. In Neufrankreich begannen die Franzosen mit der Käseherstellung vor allem von Weichkäsen nach den Rezepten und Traditionen ihrer Heimat. Mit der nächsten Einwanderungswelle kamen 1783 die Engländer. Sie beschränkten sich in erster Linie auf die Cheddar-Produktion. Die Produktion von Milch und Milchproduktion verbesserten das Einkommen der in ärmlichen Verhältnissen lebenden Farmer. Um die Nachfrage zu fördern und das Käseproduktionsgebiet um Ontario weltweit bekannt zu machen, beschlossen die Behörden, den größten Käse der Welt für die Weltausstellung in Chicago machen zu lassen. Mit erheblichem Aufwand gelang schließlich die Herstellung eines Riesencheddars von 11 t Gewicht. Bis 1964 war der kanadische Cheddar der größte Käse der Welt, dann übertrumpfte Wisconsin diesen Rekord für die Weltausstellung von New York mit einem 17 t schweren Käse.

Mit der Einwanderungswelle nach dem Zweiten Weltkrieg stieg die Nachfrage nach Feta, Mozzarella und Edamer, Provolone, Münster und Raclette, und schnell lernten die Käsemacher, auch diese Sorten zu produzieren. Wie in den USA, so ist auch in Kanada ein wachsendes Interesse für Spezialitäten und Käse nach dem Vorbild des traditionellen Käsehandwerks zu beobachten. In den Provinzen Ontario und Québec befinden sich über 80 % der kanadischen Milchfarmen.

Linke Seite: Kanada ist seit jeher der Inbegriff von Wildnis und endloser Weite.

Cheddar

Cheddar ist nach wie vor der Lieblingskäse der Kanadier. Es gibt ihn in allen Variationen, von mild bis sehr würzig. Cheddar macht über ein Drittel der gesamten Käseproduktion Kanadas aus. Einer der bekanntesten und der erste Markenkäse Kanadas ist der »Black Diamond Cheddar« mit seiner schwarzer Rinde. Er wird von der gleichnamigen alteingesessenen Firma in Ontario aus Rohmilch hergestellt. Die besten Cheddars reifen 18 Monate bis 2 Jahre.

Der industriell hergestellte kanadische Cheddar ist im Allgemeinen rindenlos, hat eine glänzende, glatte Oberfläche, eine leicht gelbe bis orange Färbung und einen glatten, leicht elastischen Teig. Charakteristisches Butteraroma, kräftig-nussiger Geschmack, der mit der Zeit intensiver wird. Altersstufen: mild (3 Monate gereift), medium (4–9 Monate gereift), sharp (von 9 Monaten bis zu 5–7 Jahren Reifezeit). Lange gereifter Cheddar besitzt einen stark säuerlichen Geschmack.

Weintipp: Auch ein kanadisches Bier kann man gut zu diesem Käse einsetzen. Doch Wein macht noch ein kleines bisschen mehr Spaß: beispielsweise ein Chardonnay von der Niagara Peninsula, der den nussigen Käsegeschmack noch hervorhebt. Interessant ist die Verbindung mit aromatischen Sorten wie Gewürztraminer. Riesling harmoniert sehr gut zu den jüngeren, frischeren Cheddary-Typen.

Dragons Breath

Ein oberflächengereifter Blauschimmelkäse mit schwarzer Wachsrinde. Die Konsistenz reicht von weich und cremig bis zu hart. Der Käse liegt einige Zeit in einer hochkonzentrierten Salzlake. Der Geschmack ist kräftig und pikant. Für den vollen Genuss entfernt man zu Hause die Wachsrinde, unter der sich der Blauschimmel befindet, und lässt den Käse dann einige Tage nachreifen, damit sich der Schimmel ausbreiten kann.

Weintipp: Die Weine als Begleitung müssen kraftvoll sein. Reife Weißweine bieten sich an, Restsüße durchaus erwünscht, und ein Icewine ist einfach köstlich als Begleitung.

Curds

Curds sind verschiedene, etwa traubengroße Käsestücke. Sie sind rindenlos, glatt und glänzend, von weißer oder orangener Farbe mit einer weichen und sehr elastischen Konsistenz. Im Allgemeinen werden diese frischen, cremigen Käsesnacks mit Milchgeschmack aus Cheddar, Swiss Cheese oder jungem Gouda hergestellt.

Marble

Der Marble ist ein Schnittkäse, der aus zwei Sorten besteht: Am häufigsten ist eine Kombination aus Brick Cheese oder weißem Cheddar mit einem orange eingefärbten Colby oder Cheddar. Rindenloser, glatter und glänzender Teig, weiß und orange marmoriert, geschlossener und kompakter Teig. Butteraroma, nussiger Geschmack, der je nach Verwendeten Käsesorten variiert.

Weintipp: Hier kommen die Weißweine der Niagara Peninsula oder aus British Columbia zum Einsatz, am besten Chardonnay mit etwas Holzwürze. Fruchtbetonte Pinot Noir harmonieren ebenfalls.

Niagara Gold

In der milden Weinbaugegend von Niagara liefert eine einzige Herde von Guernsey-Kühen die Milch für diesen üppig-gehaltvollen Weichkäse. Weicher, schmelzender, cremefarbener Teig mit goldbrauner Rinde. Nussige, erdige Aromen. Der junge Käse schmeckt mild und süß, in gereiftem Zustand erhält er einen strengen und pikanten Geschmack. Weintipp: Die Niagara Peninsula hat viele Weine als Begleiter anzubieten. Zum jungen Käse am besten ein trockener Weißwein wie Chardonnay, Sauvignon Blanc oder auch Riesling. Zum gereiften Wein dann gerne einen reifen, opulenten, barriquebetonten Chardonnay oder einen klassischen Pinot Noir der Region. Icewine der Rebsorte Vidal kann eine spannende Verbindung zum Käse darstellen.

Oka Cheese

Seit der Ankunft des Trappistenmönches Alphonse Juin im Jahr 1893 produzieren die Mönche im Kloster Oka unweit von Montreal ihren aromatischen Schnittkäse. Bruder Alphonse hatte als Käsemeister in Frankreich sein Handwerk gelernt und das Rezept für diesen Käse nach dem Vorbild des berühmten Port-Salut in seine neue Heimat mitgebracht. Oka ist einer der ganz wenigen, originären kanadischen Käse und sowohl im Land selbst als auch in den USA sehr beliebt.

Bei der Herstellung wird der Bruch gepresst, aber nicht erhitzt. Der Käse reift von außen nach innen. Die strohfarbene bis orangerote Naturrinde wird während der Reifung geschmiert. Die Reifung erfolgt nach wie vor im Keller des Klosters. Der Teig ist cremig, glatt, homogen und gibt auf Druck nach. Oka duftet rein und aromatisch und zeigt ein komplexes Aroma mit leichten Gäraromen. Der Geschmack ist nussig, fruchtig und frisch. Mit der Dauer der Reifung nimmt die Ausprägung dieser Geschmacksnoten zu. Am besten verwendet man Oka als Tischkäse, zum Kochen wird er wegen seiner guten Schmelzeigenschaften geschätzt.

Weintipp: Zum jungen Oka bieten sich Riesling und Sauvignon Blanc als Begleitung an, zum gereiften Oka kräftige Chardonnays oder ausdrucksvolle Pinot Noirs.

La Sauvagine

Im Herbst bevölkern mehr als 13 Millionen Enten, Gänse und Krickenten Quebéc. Diesen Zeitraum nennen die Kanadier Sauvagine. Der handwerklich erzeugte Weichkäse gleichen Namens besitzt einen rustikalen Geschmack. Dafür wird der Weißschimmelkäse zusätzlich mit Rotschmiere behandelt. Feuchte, orangefarbene Rinde, elfenbeinfarbener, schmelzender Teig. Im Geschmack ein leichter Hauch von Pilzen.

Weintipp: Aromatische Weine wie Gewürztraminer oder Vidal sind die idealen Begleiter, auch milde Rotweine mit zurückhaltenden Gerbstoffen können hier zum Einsatz kommen.

KÄSEERZEUGUNG IN QUÉBEC

Praktisch alle bekannten europäischen Sorten werden in Québec in großem Stil herge-stellt. In Quebec wird vor allem Kuhmilchkäse erzeugt, doch der Anteil an Ziegen- und Schafskäse steigt. Über 90 % des Milchviehs sind Holstein-Kühe, der Rest verteilt sich auf die Rassen Ayrshire, Jersey, Brown Swiss und Canadienne. Doch seit den 1980ern ist eine Rückkehr zur Natur und den traditionellen Werten festzustellen. Spezialitäten, Farmhouse und Artisan Cheese aus Kuh-, Schafs- und Ziegenmilch erleben eine Renaissance. In der französischsprachigen Provinz schossen kleine Käsereien wie Pilze aus dem Boden. Etwa 100 Betriebe produzieren Ziegenkäse in allen Formen und Geschmacksrichtungen. Schafskäse ist eine relativ neue, aber vielversprechende Nische für Québecs Cheesemaker. Zurzeit machen etwa zwölf Landwirte Käse aus Schafsmilch. Die Käsemacher in Québec zeigen viel Fantasie. Sie affinieren ihre Käse mit Starkbie oder Met, räuchern die Käse über Ahornholz. Die Käsekreationen tragen fantasievolle Namen wie Pied-de-Vent (Fuß des Windes) aus Îles de la Madeleine, Coureur des Bois (Buschläufer) aus Saint-Antoine-de-Tilly, Diable aux Vaches (Kuhteufel) aus Mont-Laurier, Fumirolle (Rauch) aus Côte-de-Beaupré.

MEXIKO

Spanische Vergangenheit

Mit den spanischen Eroberern kamen auch die Milchtiere und somit der Käse nach Mexiko. Bis dahin bestand die Ernährung der Mexikaner hauptsächlich aus Obst und Gemüse, Fisch und Geflügel. In vielen Teilen Mexikos hat sich eine eigenständige Käseproduktion entwickelt. In bäuerlicher Tradition fertigt man auch heute noch den Queso ranchero, der als Gattungsbegriff für verschiedene Käsesorten dient. Im Norden Mexikos wurde die Käseherstellung zu einem wichtigen Wirtschaftszweig. Etwa 1980 begann die Käseproduktion in großem Stil der inzwischen einheimischen Käsesorten, aber vor allem von Nachahmungen bekannter europäischer Käsesorten. Und so findet man auch in Mexiko Trappistenkäse, Camembert, Manchego, Edamer oder Hartkäse nach Gruyère-Art. Händler verkaufen zusätzlich zu den regionalen Spezialitäten die Käse aus den wichtigsten Käseregionen Oaxaca, Chiapas und Quertaro.

Neben dem allgegenwärtigen Oaxaca String Cheese (Queso Oaxaca) gibt es eine Vielzahl von Frischkäse, die in kleinen Töpfchen verkauft werden. Die besten Käse findet man aus bäuerlicher Herstellung auf den lokalen Märkten. Sie sind in Körbchen oder in Holzreifen gepackt, mit Schnüren zu Kugeln in allen Größen zusammengebunden, in Maisstroh verpackt oder in flachen, weißen Scheiben portioniert. Man sollte diese Käse unbedingt probieren, wenn sich die Gelegenheit dazu bietet. Mexikanische Käse aus industrieller Herstellung wie auch die Nachahmungen europäischer Originale finden sich vorverpackt in Supermärkten.

Linke Seite: Chichén Itzá auf der mexikanischen Halbinsel Yucatán.

Queso blanco

Frischkäse aus Kuhmilch. Verschiedene Größen und Formen, oft in Blockform. Der cremige, weiße Käse wird aus entrahmter Kuhmilch oder Molke hergestellt und ähnelt ein wenig Mozzarella und Hüttenkäse. Die Gerinnung erfolgt traditionell mit Zitronensaft, was ihm seinen frischen, unverwechselbaren Geschmack verleiht. Industriell wird er meist aus Vollmilch gefertigt, die mit Lab dickgelegt wird. Queso blanco nimmt man gerne als Füllung für Enchiladas. Er ist geprägt durch einen milden, cremigen Geschmack mit frischer Zitrusnote.

Queso Panela

Frischkäse aus Kuhmilch. Diesen Käse nennt man auch Queso de Canasta, weil er den Abdruck des geflochtenen Körbchens trägt, in dem er zum Abtropfen und Formen gegeben wird. Der weiche, schneeweiße, junge Käse nimmt leicht andere Aromen an. Er wird häufig mit einer Knoblauch-Chili-Paste überzogen oder zum Aperitif in gerösteten Avocado-Blättern serviert. Der Requeson ist ein Verwandter des Ricotta und wird auf den Märkten in frischem Maisstroh verpackt angeboten.

Queso fresco

Frischkäse aus Kuh- und/oder Ziegenmilch: Die Rezeptur des Queso fresco basiert auf der des spanischen Burgos (siehe dort). Der weiche, leicht zerbrechliche Käse wird einige Tage nach der Fertigstellung verzehrt. Der Geschmack ist sehr mild, frisch und angenehm säuerlich. Meist wird eine Mischung aus Kuh- und Ziegenmilch verwendet. Die Mexikaner nehmen ihn gerne zur Zubereitung von Enchiladas und Taquitos. Beim Queso Anejo handelt es sich um eine gereifte Version des Queso fresco. In jung gereiftem Stadium ist er weich. Wird der Bruch gesalzen, kann er sehr fest und hart werden. Man verwendet diesen aromatischen Käse gerne als Reibekäse in der Küche. Wird der Anejo mit Chilipulver behandelt, bekommt er eine rote Rinde und heißt Enchilado.

Wegen seiner guten Schmelzeigenschaften wird der Asadero gerne für das mexikanische Fondue (queso fundido) verwendet, das man vorzugsweise als Abendessen zu sich nimmt und mit einer Vielzahl von Zutaten genießt.

Oaxaca und Asadero

Brüh- und Knetkäse aus Kuhmilch. Oaxaca String Cheese, auch unter dem Namen Quesillo bekannt, wurde schon sehr früh auf den Farmen in Oaxaca im Süden Mexikos hergestellt. Es ist ein leicht schmelzender Frischkäse und sehr beliebt für die Herstellung der quesilladas (Tacos, die mit Käse gefüllt und erwärmt werden, sodass der Käse im Innern schmilzt). Der Oaxaca ähnelt in Eigenschaften und Herstellung dem italienischen Mozzarella. Es gibt ihn in verschiedenen Formen, als Kugeln, zu Kugeln gewickelten Strängen oder als ineinandergewickelte Streifen. Der Queso Asadero ist eine Abwandlung des Oaxaca und gleicht dem italienischen Provolone.

Hartkäse

Der Queso Chihuahua ist aus Kuhmilch und stammt aus der gleichnamigen Stadt im Norden Mexikos. Die Mennoniten produzierten als Erste diesen Käse, weshalb man ihn auch unter dem Namen Queso Menonita findet. Im Gegensatz zu den meisten mexikanischen Käsen ist er nicht weiß, sondern von blassgelber Farbe und variiert im Geschmack von mild bis leicht scharf. Er wird insbesondere für queso frito (panierter, gebratener Käse) verwendet. Ein recht scharfer, pikanter Ziegenkäse ist der Queso Cotija. Er wird im Alter bröckelig und hart, weshalb man ihn auch als »mexikanischen Parmesan« bezeichnet. Der Cotija wird gerne über Bohnen und Salat gestreut.

Asien

Tibet

In den Morgenstunden melken die Frauen die Dris (weibl. Yaks) und verarbeiten deren fettreiche Milch zu Joghurt, Butter und Käse. Aus der Buttermilch erzeugt man in der Himalajaregion einen krümeligen Käse, der getrocknet jahrelang haltbar ist und unterwegs in kleinen Würfeln als Proviant dient. Der Käse, der aus der frischen Vollmilch gewonnen wird, wird dickgelegt, der Bruch zwischen Steinen gepresst und von Wind und Sonne getrocknet.

Mongolei

Für den mongolischen Bjaslag wird Kuh- oder Yakmilch verwendet. Gekocht wird ihr statt Lab eine kleine Menge Kefir zugefügt. Nach dem Dicklegen hebt man die Gallerte mit einem großen Tuch heraus und lässt die Molke abtropfen. Die Masse wird in dem Tuch zwischen Steinen oder beschwerten Brettern gepresst, sodass ein Käse mit runder bis annähernd quadratischer Form von ca. 25 cm Durchmesser und 5 cm Höhe entsteht. Zur längeren Haltbarkeit schneidet man ihn in Streifen und trocknet ihn.

Viele mongolische Nomaden betreiben traditionelle Viehzucht und Milchwirtschaft.

Eezgii nennt sich eine eingedickte Käsemasse, die in der Mongolei gerne als Snack zwischendurch geknabbert wird. Der Geschmack ist leicht süßlich, und die harten Käsestücke hinterlassen ein leicht körniges, mehliges Gefühl auf der Zunge. Wie bei der Herstellung von Bjaslag wird die Milch mit etwas Kefir angesetzt. Nach dem Ablaufen der Molke wird die Masse so lange weitergekocht, bis alle Flüssigkeit verdampft ist. Die trockene Masse röstet man noch etwas auf dem Feuer, bis sie in goldgelbe Stückchen mit körniger Konsistenz zerfällt. Die Käsestücke sind dann so hart, dass sie dauerhaft in einem Stoffsack gelagert werden können.

Der süßliche Eezgii wird gerne als Snack zwischendurch genossen.

Eher feste, flache Quader aus getrocknetem Quark heißen in der Mongolei Aruul. Zur Herstellung lässt man die Milch zur Säuerung stehen, hebt den geronnenen Bruch mit einem Tuch heraus und lässt die Masse abtropfen. Anschließend gibt man die Masse zwischen zwei Holzbretter und beschwert das Ganze mit Steinen. Auf diese Art gepresst, bildet sich ein mehrere Zentimeter hoher, breiter »Kuchen«, den man in Stücke von etwa 10 cm Länge schneidet und

Aruul schneidet man in ca. 10 cm lange Stücke und lässt ihn in der Sonne trocknen.

auf einem Brett an der Sonne trocknen lässt.

Die getrockneten Aruul-Stücke sind nahezu unbegrenzt haltbar und extrem hart, sodass sie gelutscht werden. Der Geschmack variiert je nach Gegend und verwendeter Milch, liegt aber meist zwischen leicht süßlich und sauer. Unterwegs gehört Aruul neben Borts (getrocknetes Fleisch, in Streifen geschnitten oder gemahlen) zum unentbehrlichen Proviant der Hirten.

Indien

Der bekannteste indische Käse ist der Paneer, ein einfacher Frischkäse aus Kuhmilch, dessen Bruch je nach gewünschtem Festigkeitsgrad mehr oder weniger stark gepresst wird. Weil die Kühe den Hindus heilig sind, verwendet man kein Lab, sondern Zitronensaft oder Essig zur Säuerung. Die geronnene Masse gibt man in ein Tuch und presst die Molke heraus. Paneer wird meistens frisch und innerhalb weniger Tage verzehrt.

Philippinen

Auf den Philippinen ist der Kesong Puti sehr populär. Es handelt sich um einen körnigen Frischkäse. Der auch unter der Bezeichnung Filipino cottage cheese bekannte Käse wird aus der Milch der Carabao gewonnen, einer domestizierten Art des südostasiatischen Wasserbüffels. Die Milch wird mit Lab dickgelegt, der Bruch wird gesalzen. Der weiche Kesong Puti schmeckt salzig und leicht säuerlich. Er ist besonders zum Frühstück beliebt.

Japan

In Japan produziert man erst seit etwa 30 Jahren natürlich gereiften Käse. Doch seitdem nahm der Konsum kontinuierlich zu. Heute erzeugen etwa 80 japanische Farmer eigenen Käse. In der Anfangszeit kopierte man europäische Sorten, doch nach und nach kamen Kreationen mit typisch japanischen Aromen und Geschmackskomponenten hinzu. Der japanische Weichkäse Sakura reift auf den Blättern der japanischen Bergkirsche und erhält so sein einzigartiges Aroma. Auf der Oberseite ist der Käse mit einer Kirschblüte verziert. Ein anderer Weichkäse mit Namen Sakagura wird in Sake affiniert, um ihm ein besonders würziges Aroma zu geben.

China

In der Provinz Yunnan im Südwesten Chinas werden einfache, ganz flache

In Japan produziert man seit etwa 30 Jahren natürlich gereiften Käse.

Käse produziert. Der sogenannte Rubing cheese ist ein Ziegenfrischkäse, der in flachen Scheiben in der Pfanne gebraten wird. Zu diesem knusprigen Käse reicht man entweder Zucker oder schwarzen Pfeffer und Salz.

Ein anderer Käse aus Yunnan ist der Rushan. Der flache Käse mit ledriger Konsistenz wird meist aus Kuhmilch gewonnen. Zum Verzehr werden die Scheiben ebenfalls gebraten und dann um einen Holzstab gewickelt. Rushan findet man an Straßenständen als Snack. Er ist meist mit Schokolade, Honig oder Früchtemus gefüllt. Zur Gerinnung dient gesäuerte Milch vom Vortag oder auch Reisessig. Für die flachen Yunnan-Käse formt man aus dem Quark kleine Kugeln und erhitzt diese in der Molke. Die elastische Käsekugel wird auseinandergezogen und auf eine Bambusmatte gelegt. Den flachen Käse bedeckt man mit einer zweiten Matte und rollt den Käse auf. So kann der Käse frisch verzehrt werden. Wenn man ihn einen Tag trocknen lässt, hält sich der Käse sogar mehrere Wochen. Diese traditionell hergestellten Käse haben einen sehr geringen Laktosegehalt.

Armenien

In den Provinzen Aragazotn und Ararat, die von mächtigen Viertausendern beherrscht werden, wird der Motal, ein besonderer Käse aus Ziegenmilch und Wildkräutern, erzeugt. Den Käse bewahren die Hirten in Terrakottabehältern auf, die mit Bienenwachs oder Lavasi (einem traditionellen Brot) versiegelt und dann in kühlen, trockenen Kellern in Asche auf den Kopf gestellt werden. So hält sich der Käse viele Monate.

Afrika

Niger

Tchoukou ist ein traditioneller Käse aus der Sahelzone, der ausschließlich von Frauen produziert wird.

Namibia

In Namibia werden Milchprodukte nur in den regenreichen Gebieten hergestellt. Die meisten Käse werden importiert. Doch aus der Milch der Karakulschafe, Buren- und Zwergziegen, die sich hervorragend an die kargen Verhältnisse angepasst haben, wird lokal in kleinem Umfang Käse produziert.

Kapverdische Inseln

Auf den Kapverdischen Inseln stellen in dem fast unbewohnten Berggebiet Planalto di Bolona auf der Insel Santo Antão die Hirten Ziegenkäse von Hand her. Die Ziegen sind halbwild, das Lab erzeugen die Hirten selbst.

Mauretanien

Die kleine Molkerei Tiviski in der Hauptstadt Nouakchott produziert seit 1994 den Kamelkäse Caravane. Er ähnelt im Aussehen einem Camembert, im Geschmack einem Ziegenkäse. Der Käse ist für den europäischen Markt konzipiert, doch existieren bislang noch keine Regelungen für die Einfuhr von Produkten aus Kamelmilch.

Südafrika

In Südafrika bevorzugt man traditionell milden Käse. Aus industrieller Herstellung stammen meist verarbeitete Käsezubereitungen und Schmelzkäse. Südafrika produziert etwa 82 000 t Käse, davon über die Hälfte Cheddar und Gouda. Die restlichen Sorten verteilen sich auf andere Sorten nach europäischem Vorbild, am beliebtesten sind Mozzarella und Weißkäse in Salzlake (Feta), Feta-Käse und Sahne. Die neuen Spezialitäten orientieren sich vor allem an italienischen Sorten, aber auch solche nach französischem Vorbild werden immer beliebter.

Australien

Bis zum Ende der 1950er-Jahre wurde in Australien aus Milch lediglich Butter und Cheddarkäse gemacht. Mit der Einwanderungswelle nach dem Zweiten Weltkrieg begann die Produktion von anderen Sorten wie Blauschimmelkäse, Cream und Cottage Cheese, Camembert, Edamer, Feta, Gouda, Halloumi, Mozzarella, Parmesan, Pecorino, Provolone, Ricotta und Hartkäse nach Schweizer Art. Im Jahr 1994 gründeten junge Käsehersteller die Australian Specialist Cheesemakers' Association. In kurzer Zeit haben sich diese australischen Käsespezialisten einen internationalen Ruf für ihre Produkte erarbeitet, und der Anteil ihrer Produkte wächst jährlich um 10 %. Ihren Käse erzeugen sie neben Kuhmilch auch aus Schafs-, Büffel- und Ziegenmilch. Trotz der hohen Milchqualität, welche die auf den sauberen und intakten Wiesen weidenden Tiere liefern, ist in Australien die Herstellung von Rohmilchkäse leider verboten, womit viel vom eigentlichen Charakter und Aroma der sorgfältig gefertigten Käsespezialitäten verloren geht.

Neuseeland

Neuseelands Molkereiindustrie stellt alle Käsesorten her, vom gereiften Cheddar bis zum aromatischen Weichkäse, vom Gruyère bis zum Mozarella. Früher als in anderen Ländern der Neuen Welt stellte man in Neuseeland eigene Käsespezialitäten her, die keine Imitationen der europäischen Vorbilder waren. Einer der Vorreiter war Ross McCallum, der 1985 sein eigenes Unternehmen gründete: Kapiti Cheese. Seine Käsesorten trugen Maori-Namen und hatten alle einen eigenen, neuseeländischen Charakter. Erstaunlicherweise gibt es in Neuseeland wenig Schafskäse. Erst mit hipi iti, das in der Sprache der Ureinwohner »kleines Schaf« bedeutet, kam 1990 ein fetaähnlicher Schafskäse auf den Markt – mit durchschlagendem Erfolg.

Mittlerer und Naher Osten

Die Lebensbedingungen für Milchtiere sind in den trockenen Gebieten mit nur spärlicher Vegetation schwierig. Deshalb verwendet man zur Käseherstellung meist die Milch von Ziegen und Schafen, die sich der Umgebung angepasst haben. Schon seit Jahrtausenden produziert man in diesen Regionen einfache Käse auf Basis von Sauermilch. Man verzehrt sie entweder als Frischkäse oder trocknet sie zur Haltbarmachung. Meist sind die Käse ziemlich stark gesalzen. Zwar gibt es überall in den Ländern des Nahen

Schon seit Jahrtausenden werden einfache Käse aus Sauermilch produziert.

und Mittleren Ostens Käsefabriken, doch immer noch sind es Bauern, Nomaden und Beduinen, die den Käse auf ganz traditionelle Art zubereiten.

Ein typischer Beduinenkäse ist der aus Schafsmilch zubereitete Halloumi. Der leicht gelbliche, zähe Käse ist sehr haltbar und hat einen ziemlich salzigen Geschmack. Er ist überall im Mittleren und Nahen Osten verbreitet, ebenso wie der Labneh (laban = arabisch Joghurt) oder Lebenen. Den weichen, cremigen Frischkäse Labneh gewinnt man durch einfaches Entwässern der geronnenen, joghurtähnlichen Milch, die man vor dem Abtropfen im Tuch mit Salz verrührt. Oft wird er in Kräutern oder Gewürzen gewälzt. Der kugelförmige Käse wird am liebsten zum Frühstück gegessen. Die Käse nennt man im Libanon und in Israel Lebneh, in Syrien Lebney, in Jordanien Labaneh. Die generelle Bezeichnung im arabischen Sprachgebrauch für diese Art von Käse ist Gibne.

In allen Ländern des Nahen Ostens ist der Testouri sehr verbreitet. Er hat die Form einer Orange und wird aus Schafs- oder Ziegenmilch gemacht. Er ist leicht gesalzen und wird am liebsten als Frischkäse gegessen.

Syrien und Libanon

Im Libanon ist der Baladi, ein weißer Käse mit krümeliger Struktur, sehr beliebt. Dieser Käse, den man gesalzen oder ungesalzen erhält, wird aus Kuhmilch hergestellt. Auch Akkawi oder Ackawi wird ausschließlich aus Kuhmilch hergestellt. Er schmeckt mild und salzig, ist weich bis halbhart in der Konsistenz. Akkawi stammt ursprünglich aus Palästina. Ackawi ist heute die Bezeichnung für einen halbharten Käse aus der ganzen Nahostregion. Es ist ein weißer, glatter Teig mit mildem, salzigem Geschmack. Er wird als Tischkäse gegessen und schmeckt gut zu Obst. Akkawi ist einer der meistverkauften Käse bei den arabischstämmigen Amerikanern.

Der Darfiyeh ist ein traditioneller Ziegenkäse mit außergewöhnlichem Geschmack aus dem Berggebiet im Norden Libanons. Er wird von den Hirten und Bauern mit der Milch von Ziegen, die hier extensiv weiden, hergestellt. Der Käse reift in einem gesalzenen und gut gereinigten Sack aus Ziegenhaut (darrif). In die Ziegenhaut werden abwechselnd eine Schicht Käse und eine Schicht frischer Quark gefüllt, das Ganze wird gesalzen und anschließend luftdicht ver-

Im Mittleren und Nahen Osten verzehrt man Käse meist als Frischkäse oder getrocknet.

schlossen. Wegen seiner langen Haltbarkeit ist Darfiyeh trotz der saisonalen Produktion das ganze Jahr über erhältlich. Inzwischen wird versucht, diesen Traditionskäse auch in einer Molkerei im Agrarzentrum der North-René Moawad Foundation zu erzeugen, um ihn auch bei der Bevölkerung außerhalb der Region bekannter zu machen und so die Bauern durch den Verkauf in den Berggebieten zu unterstützen.

Wie viele Käse im Nahen und Mittleren Osten wird der Jibne baida, ein sehr salziger Hartkäse, vor dem Verzehr zuerst gekocht. Shanklish (Shinklish, Shankleesh, Sorke, oder Surke) ist ein typischer Kuhmilch- oder Schafskäse in Syrien und dem Libanon. Die tennisballgroßen Kugeln werden in Gewürzen oder Kräutern (meist Thymian) gewälzt und reifen in dieser aromatischen Hülle. Als Frischkäse ist er weich und mild, länger gereift wird er zunehmend hart und scharf. Besonders in Syrien wälzt man den Käse gerne auch in Chili.

Südamerika

Das Klima in den Höhenlagen der Anden ist für die Milchtierhaltung wenig geeignet. Am ehesten haben sich einfache Frischkäse durchgesetzt. Sie kamen den Lebensgewohnheiten entgegen und waren einfach zu produzieren. In Peru beispielsweise hängte man einfach einen Sack aus Tierhaut, in dem man den frischen Käsebruch aus Ziegenmilch gegeben hatte, in der Nähe des Feuers auf und ließ die Molke abtropfen. In Argentinien gibt es riesige Viehherden, doch die Tiere dienen in erster Linie als Fleischlieferant. Großen Einfluss auf die Käseherstellung in Argentinien hatten die italienischen Einwanderer. So ist es kein Wunder, dass die meisten argentinische Käsekreationen einen italienisch klingenden Namen haben. Der Argentinische Quartirolo ähnelt z. B. dem italienischen Mozzarella, der Reggianito oder Saltido ist ein ziemlich salziger Hartkäse im Parmesan-Stil. In Venezuela ist bei der Käsepalette eindeutig der spanische Einfluss zu spüren (Cuajada, der spanische Schafsmilchquark, wird hier aber aus Kuhmilch hergestellt). In Brasilien ist klar der portugiesische Einfluss spürbar.

GLOSSAR

Affinage, Affinierung, Affineur: »Verfeinerung«, Behandlung und Pflege des Käses während der Reifung. Der Begriff kommt von »affiner« (franz. = verfeinern). Affineure kaufen die frischen Käse und pflegen diese im eigenen Reifekeller.

Almkäse oder Alpkäse: Bezeichnet im Unterschied zu den Bergkäsen solche Käse, die ausschließlich auf den hoch gelegenen Almen im Sommer während der Weidezeit der Tiere hergestellt werden.

Annatto: Pflanzlicher Farbstoff aus dem Samen des Orleansstrauches. Verleiht zum Beispiel Cheddar die gelborange Farbe.

AOC: (franz.) Abkürzung für »Appellation d'Origine Contrôlée«, geschützte Ursprungsbezeichnung. Steht in Frankreich und in der Schweiz für Käse, die in einem begrenzten Gebiet nach traditionellen und handwerklichen Methoden hergestellt werden.

Artisanal: (franz.) Handwerkliche Herstellung.

Asche: Pulverisierte Holzkohle, mit der man in Frankreich oft Ziegenkäse bestäubt (cendré).

Bacterium linens: Bakterienstamm, der zusammen mit Salzwasser oder anderen Flüssigkeiten bei Käse mit gewaschener Rinde eingesetzt wird, um die Oberfläche mit Rotkultur zu besiedeln.

Bergkäse: Käse, der ganzjährig in den Bergen oder Bergtälern hergestellt wird. Die Milch wird meist in die größeren Milchbetriebe im Tal angeliefert und dort gekäst.

Bruch: Die flüssigen und festen Bestandteile der geronnenen Milch haben sich beim Bruch bereits getrennt.

Bruch brennen: Um die Bruchkörner für extrem lange haltbare Hartkäse noch stärker zu verfestigen und Flüssigkeit zu entziehen, erwärmt man die Bruchmasse. Je höher die Erwärmung, umso härter der spätere Käse.

Chèvre: (franz.) Ziegenkäse

Fett i.Tr.: Abkürzung für »Fett in der

Trockenmasse«. Da der Käse während der Reifung Feuchtigkeit und damit Gewicht verliert, verändert sich der Fettanteil im Verhältnis zum Wasseranteil und ist somit keine feste Größe. Die Trockenmasse verändert sich jedoch praktisch nicht während der Reifung.

Fettstufe, Fettgehalt: Einordnung der Käse nach ihrem Fettgehalt. Magerstufe ist weniger als 10 % Fett i.Tr. Doppelrahmstufe mindestens 60 % Fett i.Tr.

g.g.A.: Geschützte geografische Angabe.

g.t.S.: Garantiert traditionelle Spezialität.

g.U.: Geschützte Ursprungsbezeichnung.

Gallerte: Durch Säuerung und/oder Labzusatz geronnene (dickgelegte) Milch.

Kasein: Das in der Milch enthaltene Eiweiß.

Kulturen: Mischung ausgewählter Mikroorganismen, die bei der Käseherstellung eine bestimmte Aufgabe übernehmen.

Lab (tierisches), Labferment, Labenzym: Enzym, das man traditionell aus dem Kälbermagen gewinnt. Labferment ist aber auch im Magen anderer Jungtiere vorhanden. Labenzym bewirkt die Ausfällung des Kaseins und die Trennung des Käsestoffes von der Milch und kann Milch innerhalb kurzer Zeit in einen gallertartigen Zustand umsetzen.

Lab, mikrobiell: Labersatzstoff, der aus Schimmelpilzen gewonnen wird.

Lab, pflanzlich: Pflanzenextrakte, wie zum Beispiel der Saft des Feigenbaumes oder die Blütenblätter von Distelgewächsen, wurden schon im Altertum als Gerinnungshelfer der Milch benutzt.

Labmagen: Magen bei Widerkäuern, in das während der Verdauung das Labenzym abgesondert wird.

Laktase: Milchzucker spaltendes Enzym.

Laktationszeit, -stadium: Stillzeit, während der die Muttertiere Milch geben.

Laktose: Milchzucker.

Laktoseintoleranz: Fehlendes Laktaseenzym im Darm, ohne das der Mensch den Milchzucker nicht abbauen kann. Dies rührt daher, dass nach dem Abstillen, wenn in der Folgezeit keine Milch oder keine Milchprodukte konsumiert werden, dieses Enzym im Körper nicht mehr produziert wird.

Magermilch: Entrahmte Milch.

Mikroorganismen: Ermöglichen die Umwandlung von Milchzucker in Milchsäure.

Milchrasse: Auf hohen Milchertrag gezüchtete Tiere.

Milchsäure: Milchsäure lässt das Milcheiweiß ausfallen, bringt die Milch zum Gerinnen und schützt den Käse gleichzeitig vor Fäulnisbakterien.

Milchsäurebakterien: Sind in der frischen Milch und der Umgebungsluft von Natur aus vorhanden. Milchsäurebakterien sind maßgeblich an der Aromen- und Lochbildung im reifenden Käse beteiligt und beeinflussen sowohl Haltbarkeit als auch Qualität positiv. Milchsäurebakterien wandeln Milchzucker in Milchsäure um.

Milchtiere: Säugetiere liefern Milch für die menschliche Ernährung.

Molke: Der flüssige Teil der Milch, der sich nach der Gerinnung von den festen Bestandteilen (Bruch) trennt.

Molkeneiweiß: Kann nur durch Erhitzung auf mindestens 70 °C ausgefällt werden.

Natamycin: Die Rinde von Hart- und Schnittkäse enthält oft Spuren von Natamycin, ein auf der Oberfläche aufgetragener Konservierungsstoff, der vor Schimmelbefall schützen soll.

Pflegen: Bürsten, Waschen und Wenden der Käse, bis diese den gewünschten Reifegrad erreicht haben.

Propionsäurebakterien: Bakterienstamm, sorgt durch seine Fähigkeit, Kohlensäuregase zu bilden, für auffällig große Löcher im Käse.

Salzbad: Nach dem Abtropfen, Formen und eventuellem Pressen werden die Käse in eine 15–20%ige Salzlösung gelegt.

Salzen: Das Salz entzieht dem Bruch weitere Flüssigkeit und sorgt dafür, dass der Käse würziger wird und sich die Rinde verfestigt. Das Salzen kann trocken von Hand oder in einem Salzbad erfolgen.

Schimmelpilze, Schimmelkulturen: Ausgewählte Kulturen zur Bildung von Innen- oder Außenschimmel. Die bekanntesten sind Penicillium camemberti (sie sorgen für den weißen Schimmelflaum beim Weichkäse) oder Penicillium roqueforti (verantwortlich für die Grünschimmeladern im Roquefort).

Schmelzsalze: Schmelzsalze machen in Verbindung mit Hitzebehandlung einen Schmelzkäse physikalisch, chemisch und bakteriologisch stabil.

Serum: *Siehe* Molke.

Vorreifen der Milch: Erhöht die Labungseigenschaften der Milch. Zum Vorreifen werden der Milch Milchsäurebakterienkulturen zugegeben.

WFF: »Water fat free«, internationales Kriterium, nach dem anhand des verbliebenen Wassergehalts im Käse die Grundsorten (Hartkäse, Frischkäse etc.) unterschieden werden.

Zentrifugieren: Die Milch wird sehr schnell geschleudert, damit sich die Fettkügelchen als Rahm abscheiden. Zurück bleibt die Magermilch.

Ziger: Molkekäse.

LITERATUR

Androuet, Pierre
Guide du Fromage, Editions Stock, Paris 1971

Anifantakis, Emmanuel
Greek Cheeses – A tradition of centuries, National Dairy Comittee of Greece, Athen 1991

Chenel, Laura, Siegfried, Linda
American Country Cheese, Addison-Wesley Publishing 1989

Courtine, Robert
Larousse des fromages, Larousse, Paris 1973

Eekhof-Stork, Nancy
Der große Käseatlas – Geschichte, Sorten, Herstellung, Rezepte, Hallwag, Bern und Stuttgart 1979

ENIL (Hrsg.)
Les Fromages de la connaissance à la passion, Amicale des Anciens Elèves (ENIL), Mamirolle 1996
Eprim Edition, Crémier Fromager: www.fromag.com

Europäisches Amtsblatt, Europäische Gemeinschaften, 1998–2008
http://eur-lex.europa.eu

Fiori, Giacomo
Die Käse Italiens, Eos Editrice 1999

Greek Cheese
Hellenic Export Promotion Organisation

Gluatteri, Fabiano
Käse – Genuss und Vielfalt aus Europa, Kaiser, Klagenfurt 2006

Harbutt, Juliet
A complete illustrated Guide to the cheeses of the world, Lorenz Books, New York 1999

Harbutt, Juliet
Guide to the Finest Cheese of Britain, The Specialist Cheesemaker Association

Il Portale del Formaggio
www.formaggio.it

Italienisches Institut für Außenhandel
Formaggi, Käsespezialitäten aus Italien, ICE, Düsseldorf 1991

Kielwein, Gerhard, Luh, Hans Kurt
Internationale Käsekunde, Stuttgart 1979

Mair-Waldburg, Heinrich
Handbuch der Käse, Käse der Welt von A–Z, Eine Enzyklopädie, Volkswirtschaftlicher Verlag, Kempten 1974

Masui, Kazuko, Yamada, Tomoko
Französischer Käse, Dorling Kindersley, München 2007

Ministero Agricoltura e Foreste
DOC Käse aus Italien, Franco Angeli, Mailand 1992

Nantet, Bernard, Rance, Patrick, und andere
Alles Käse! Die besten Sorten der Welt, DuMont, Köln 1998

Olivier, Philippe
Fromages des Pays du Nord, Jean-Pierre Tailliendier, Paris 1998

Ridgeway, Judy
Käse – Das Handbuch für Genießer, Benedikt Taschen, Köln 2000

Runet, Pierre (Hrsg)
Histoire et Géographie des Fromages, Université de Caen, 1987

Sanz, Mariano, Canut, Enric
Käse aus Spanien, Vereinigung zur Förderung der Käse aus Spanien, APQE Madrid und ICEX Düsseldorf

Scholz, Wolfgang
Käse aus Schaf- und Ziegenmilch, Ulmer, Stuttgart 1995

Wisconsin Cheesecyclopedia
Wisconsin Milk Marketing Board 2006

DANK

Bernard Anthony, fromager et affineur, Vieux-Ferrette/Frankreich

Hermine Hackl, Agrarmarketing Austria (AMA), Wien/Österreich

Eva Gschösser, Agrarmarketing Tirol, Innsbruck/Österreich

Matthias Meichsner, aicep Portugal Global, Berlin

Arla Foods, Viby/Dänemark

Vanessa Henry, Bord Bia – Irish Food Board, Dublin/Irland

Handelsabteilung Botschaft der Republik Zypern, Berlin

Bundesministerium für Landwirtschaft, Ernährung und Verbraucherschutz, Referat Milch/Käse, Dr. Umstedt Angelika Metzen und Antje Preussker, CMA, Bonn

Renate van Dijk, CONO Kaasmakers, Westbeemster/Niederlande

Marianne Kalriis, Danish Dairy Board, Arhus/Dänemark

Marie Ange Cortellino, Photo Library — Information Division Food and Agriculture Organization of the United Nations (FAO), Rom/Italien

Armando Lopes, Fonseca, Hagen

Fromagerie Elisabeth Häfner, Saarbrücken

Dorothée Cocco, Fromi GmbH, Kehl

Selda Kirli, Garmo AG, Stuttgart

Genussregion Österreich

Pericles Alexandrakis, Griechische Botschaft, Handelsabteilung, Berlin

Elisabeth Häfner, Saarbrücken

Griechische Organisation für Außenhandel (HEPO), Athen/Griechenland

Gertrud Schmitz und Sarah Nühlen, ICE, Düsseldorf

Inge Adolphs (Düsseldorf), Juan Carlos Sanz (Madrid/ Spanien), Spanisches Generalkonsulat (ICEX)

Izabella Kaminska, IJHARS — Agricultural and Food Quality Inspection, Warschau/Polen

Josef Stemmer, Landesvereinigung der Bayerischen Milchwirtschaft, München

Graça Leite, Editorial Verbo, Lissabon/Portugal

Philippe Paranteau und Natacha Thévenin, Maison de la France, Frankfurt

Max Rubner – Institut (früher Bundesanstalt für Milchforschung), Kiel, Dr. Klaus Pabst (Öffentlichkeitsarbeit) und ganz besonders Gisela Kordes (Bibliothek)

Stephan Seul, Milch-Marketing, Bad Breisig

Milchindustrie-Verband (MIV), Berlin

Chuluun-Erdene Sosorbaram und Georg Mischler, www.mongolfood.info (Mongolei)

Käse-Import Müller-Moers, Moers

Natur Genuss Österreich

Norrost GmbH, Hanau

Aad Vernooij, NZO Niederländisches Büro für Milcherzeugnisse, Zoetermeer

Oberwalliser Landwirtschaftskammer, Visp (Schweiz)

Philippe Olivier, Affineur, Boulogne-sur-Mer/Frankreich

Nadine Maaßen, OTG Oberstdorf Tourismus GmbH

Margarete und Alois Payer, Ofterdingen http://www.payer.de

Helmut Pöschel, Würchwitz

Christopher Ratschka, Warschau/Polen

Anna Kurizina, www.Russland-Aktuell.ru, Moskau/Russland

Ovidiu Sopa, www.sibiul.ro und Oana Fofiu, Sibiul/Rumänien

Sopexa, Düsseldorf

Helena Lindmark, Claes Henriksson, Swedish Dairy Association, Uppsala/Schweden

Switzerland Cheese Marketing, Baldham Hannah Buck, The Specialist Cheesemakers Association, London/Großbritannien

Tholstrup Cheese, Ratingen

Frederik Vandermersch, VLAM, Brüssel/Belgien

Dietmar Wiedemann, Weidner – Käse GmbH, Friedberg/Bayern

Franz Wimmers, Herzogenrath (Pikantje van Antje)

Mary Litviak, Wisconsin Milk Marketing Board, Excelsior/USA

Dr. Kerstin Keunecke, ZMP Zentrale Markt- und Preisberichtstelle Bonn

Karin Zuck, European Cheese Center, Hannover

Nigel White, British Cheese Board, Surbiton, Surrey/England

Rakel Korsvuld, TINE B.A., Oslo/Norwegen

Gerhard Dürling & Jennifer McGinnis, igourmet.com

BILDNACHWEIS

Der Verlag dankt den Archiven, Organisationen und Fotografen für die erteilten Reproduktionsgenehmigungen und die freundliche Unterstützung bei der Realisierung dieses Buches. Der Verlag hat sich bis Produktionsschluss intensiv bemüht, alle weiteren Inhaber von Abbildungsrechten ausfindig zu machen. Personen und Institutionen, die möglicherweise nicht erreicht wurden und Rechte an verwertbaren Abbildungen beanspruchen, werden gebeten, sich nachträglich mit dem Verlag in Verbindung zu setzen.

© Abbaye Notre-Dame de Cîteaux: 169
© ADT du Haut-Rhin: 64, 154 re.
© Agrarmarketing Tirol: 307, 308, 309
© AKG Archiv für Kunst und Geschichte, Berlin: 117 u.
© APQUE, Madrid: 375, 385, 389, 390, 395, 401, 402, 403, 404 li.
© Arla Foods GmbH: 480, 481, 482, 484, 485
© Association fromages d'Auvergne: 114, 174 o. li. und. u. li.
© Assopiemonte DOP e IGP: 326
© Backensholz: 256
© Bayerisches Staatsministerium für Landwirtschaft und Forsten: 269
© Beemster: 224 li.
© Beer, Günter: 100, 103 o. und u. li., 107, 119, 123, 135, 147, 155, 158, 170 li., 184-185, 194, 203, 209, 214, 215, 332, 336, 345, 348 o. li., 373 u. li., 404 u. re., 405 , 449, 455, 460
© Belton Cheese Ltd.: 454
© BMLFUW/ Rita Newman: 304, 306
© Bruniaux, Phillippe: 161 u. re.
© Büschel, Christoph: 252 o. re. und u., 258 o. re. und u. re., 263
© CDT CALVADOS: 78 u. re., 103 u. re., 104 o. li. und u. li., 106, 109, 129
© C.R.T. Franche-Comté/CIGC: 148 o. re. und u. re.
© C.R.T. Franche-Comté/CPPR: 161 o.
© Cheeses from Wales: 461
© Chef John Folse & Company: 552 re.
© Claus, Helmut: 551 re.
© CMA-Bestes vom Bauern: 46, 58, 68, 72 li., 75, 85 li., 88 o. li., 251, 261, 268, 273, 275, 276, 277
© Comité Régional de Développement Touristique d'Auvergne: 174 o. re. und u. re.
© Connage Highland Dairy: 466, 467
© Consorzio del Formaggio Parmigiano-Reggiano: 16 li.
© Consorzio per la Tutela del Formaggio Spressa delle Giudicarie D.O.P.: 15 re., 73 re., 318 o. li. und u. li.
© CONSORZIO TUTELA DEL FORMAGGIO DOP RASCHERA/Fratelli Cravero: 327
© Consorzio Tutela Provolone Valpadana – Segreteria: 55
© CONSORZIO TUTELA QUARTIROLO LOMBARDO: 338
© Consorzio Tutela Taleggio: 17 li.
© Courtesy of Belgian Tourist Office NYC/USA: 236, 239
© CPPR: 157, 166
© Crowley Cheese, INC.: 550 re.
© CRT Champagne-Ardennes: 39, 148 o. li., 151
© CRT Midi Pyrénées - Dominique VIET: 42 re., 92 li., 93, 204
© CRT PACA: 117 o.
© Dairy Farmers of Canada: 556, 557, 558, 559
© Danish Dairy Board: 84 re.
© Del Monego, Markus: 96
© Dominé, André, Trilla: 170 re., 173, 189
© DOP Afuega'l Pitu: 382
© Dresdner Molkerei Gebrüder Pfund GmbH: 262
© Duarte Mil-Homens, António: 410, 411, 412, 413, 414, 415, 416, 417, 418, 419, 420
© Euro RSCG: 265
© Eschler, Gabi, www.casalp.ch: 282
© FAO: 12 re. (A. Odoul), 13 li., 566 li. (A. Mihich), 13 re. (X. Van der Stappen), 438 (Ami Vitale), 570 o. (C. Grace)
© Farge, Alain, www.cheese-reproduction.com: 128, 136, 137, 139, 140, 179, 206, 208, 213, 219
Fotolia.com: 20 (© Laurent Gehant), 28–29 (© Sergei Didyk), 66–67 (© Torsten Schon), 98–99 (© Marco Bonan), 104 u. re. (© Ingrid), 104 o. re. (© KaYann), 122 (© bluesky6867), 122 (© Living Legend), 126 (© lili.b), 130 (© Tartopom), 143 (© Ewa Brozek), 148 u. li. (© Graas Media), 220–221 (© Jean Yves Yan Lun), 246–247 (© Matt Apps), 258 o. li. (© beatuerk), 278–279 (© picture-optimize), 280 (© Janko Potzkei), 283 u. re. (© Bergfee), 283 u. li. (© Sven Käppler), 298 (© David Mathieu), 300–301 (© Peter Kunz), 302 (© Christa Eder), 312–313 (© Fidel Castor), 314 (© Philophoto), 324 (© macumazahn), 329 (© blende40), 341 (© Pier Paolo Sposato), 368–369 (© Pedro Ferreira), 370 (© Daiga), 373 o. (© Zothen), 387 (© Argonautis), 379 (© Teamarbeit), 406–407 (© Sulabaja), 408 (© Carmelo Florio), 434 (© Runamock), 436–437 (© Ilhan Balta), 444–445, 544 u. li. (© bilderbox), 446 (© Danielle Bonardelle), 462 (© Ralf Gosch), 469 (© IllusionistPM), 469 (© Michael Letschert), 469 (© Graham Lumsden), 470 (© raphael DIARA), 476–477 (© bernard CLOSS), 478 (© OSCAR), 486 (© Neugebauer), 492 (© Livio D), 498 (© junes), 504 (© Nouk), 507 (© Gérard DEFAY), 508–509 (© Marej Krajcovic), 510 (© FLIEGER67), 514 (© Katja Sucker), 517 (© Dreadlock), 518 (© Radovan Spurny), 522 (© Alfred Zedermaier), 524–525 (© Galina Barskaya), 526 (© Denis Babenko), 530–531 (© Notebook), 532 (© delepine antony), 538 u. li. (© Jaimie Duplass), 538 o. li. (© loraeverson), 538 u. re. (© Martin Lehotkay), 538 o. re. (© Tom Horan), 543 u. re. (© Piter Pkruger), 543 o. (© Soupstock), 543 u. li. (© Thomas Barrat), 544 o. re. (© Jens Hilberger), 544 u. re. (© Kerstin Jakumeit), 544 o. li. (© Sandor Jackal), 548 u. re. (© ne_fall_photos), 548 u. li. (© robert lerich), 548 o. re. (© Sarah McHattie), 548 o. li., 553 o. (© Home_Base), 553 u. li. (© James Steidl), 553 u. re. (© JT Koffenberger), 554 (© Andreas Edelmann), 560 (© Jürgen Reitz), 564–565 (© Washington Brando)
© France Charlier: 241

© Friesland Foods Cheese für Frico Kernhem: 234
© Fromi: 108, 110, 111, 112, 113, 115, 116, 118, 120, 121, 124, 125, 127, 131, 132, 133, 141, 144, 145, 150, 152, 153, 156, 159, 162, 163, 164, 167, 168, 171, 172, 176, 177, 178, 180, 181, 182, 183, 186, 187, 188, 190, 191, 195, 196, 197, 198, 199, 200, 201, 202, 207, 210, 211, 212, 216
© Garmo AG: 62 u., 440., 441, 442, 443
© Geska AG, Stefan Grob, Complecta GmbH: 288
© Paola Giagulli/Consorzio Monte Veronese: 346
© Courtesy of the Hellenic Foreign Trade Board, GREEK-GOURMETRAVELER magazine: 431, 432
© Highland Fine Cheeses: 465
© h.f.ullmann publishing GmbH: 248
© h.f.ullmann publishing GmbH/TLC Fotostudio GmbH: 165, 192, 217, 218, 292, 328, 335, 337, 339, 347, 356, 363, 364, 383, 391, 426, 457
© ICE: 16 re., 323, 367
© ICEX: 12 o. li., 63, 374, 377, 380, 381, 384, 388, 392, 398, 399 (Juan Manuel Sanz/Madrid), 15 li., 18 u. re. (Louisa Garnier), 65 (Ignacio Muñoz-Seca), 373 u.re. (Antonio de Benito), 378 li. (Piedad Sancho-Mata), 379 re. (Salvador Gascó)
© igourmet.com: 321, 350, 365, 366, 452, 483, 501, 502, 542 u., 552 li.
© Irish Dairy Board Cooperative Ltd.: 473
© Irish Food Board: 472, 474, 475
© Kaminska, Izabella: 513
© Karaa, Edward: 570 u.
© Käseherstellung M. Pott: 264
© Käserei Champignon Hofmeister GmbH & Co. KG: 272
© Käsestraße Schleswig-Holstein: 33 o. re.
© Kiedrowski, R., Halle: 258 u. li.
© Luxlait: 245
© Landesvereinigung der Bayerischen Milchwirtschaft (LVBM): 25 li., 32 u., 33 o. li. und u. li., 40 li., 48, 53, 57, 70, 78 u. li., 83, 88 o. re. und u., 92 re., 250, 266, 270, 274
© Meierei-Sarzbuettel: 255
© Milchindustrie-Verband e.V.: 18 u. li., 23 re., 25 re., 32 re., 33 u. re., 42 li., 72 re.
© Milet, C.: 146
© MILKON ALTO ADIGE: 343
© Mischler, Georg: 566 re., 567 li.
© Mjólkursamsalan Reykjavík: 506
© Molkerei Ammerland: 254, 257
© Molkerei Hüttenthal: 260
© Mottarella (Consorzio per la Tutela dei Formaggi Valtellina Casera e Bitto): 331, 342
© Mrozek/RUFO: 528, 529
© Museo Etnográfico de Cantabria (E. Bustamante): 10, 12 u. li.
© NBTC: 73 li., 224 re.
© Nicostrate, Xavier: 134, 138
© Nozomu MIYAJIMA: 567 re.
© NZO: 85 re., 95, 222, 226, 227, 228, 229, 230, 231, 232, 233, 235
© Oelbaum, Zeva: 546 re.
© OTG Oberstdorf Tourismus GmbH: 40 re., 41, 54
© Panarotto, Giovanni, Cola di Lazise (Verona): 359
© Quadroni, Guilia: 296
© Silva, Carlo: 333
© SOPEXA: 102
© Spanisches Generalkonsulat in Düsseldorf, Wirtschafts- u. Handelsabteilung: 378–379, 397
© Stapelfeldt, Werner: 422–423, 424, 428, 429, 430, 433, 435
© Stempell, Ruprecht: 46, 47, 316, 317, 318 o. re. und u. re., 320, 322, 325, 334, 344, 348 o. re. und u., 351, 353, 354, 357, 360, 362
StockFood: 8–9 (© Maximilian Stock Ltd), 22 (© Rees, Peter), 193 (© Leser, Nicolas), 271 (© Studio Bonisolli), 311 (© Koeb, Ulrike), 330 (© FoodPhotogr. Eising), 352 (© Lutterbeck, Barbara)
© Swedish Dairy Board: 488, 489, 490, 491
© Switzerland Cheese Marketing AG: 17 re., 184 [illegible]., 185, 284, 285, 286, 287, 289, 290, 291, 294, 295, 297, 299
© Syndicat Interprofessionnel Bleu de Gex: 43
© Syndicat Mont d'Or: 84 li., 161 u. li.
© The Swaledale Cheese Company: 458
© The Vermont Cheese Council/Photo courtesy of Ellen Ogden, www.vtcheese.com: 551 li.
© TINE BA, Norwegen: 23 li., 62 o., 494, 495
© Traditional Products Division Organic Farming and Regional Products Department Agricultural and Food Quality Inspection: 512
© Tupperware Deutschland: 78 o.
© Valio Ltd: 500
© Verein Sauerkäse-Bloderkäse: 293
© VLAM: 240, 242, 244
© Weidner Käse: 451
© Wensleydale Creamery: 459
© West Country Farmhouse Cheesemakers Ltd: 450
© Wisconsin Milk Marketing Board: 18 o., 30, 32 l, 35, 44, 50, 60, 534, 535, 536, 537, 540, 541, 542 o., 546 li., 547, 550 li., 562, 563
© www.lancashirecheese.com: 453

REGISTER

DIE WICHTIGSTEN KÄSE NACH KÄSEFAMILIEN*

*Teilweise gehören die einzelnen Käse mehreren Gruppen an (Beispiel: Roquefort ist ein halbfester Schnittkäse, ein Blauschimmelkäse, aber auch ein Schafskäse). Um Wiederholungen zu vermeiden, sind diese Käse derjenigen Kategorie zugeordnet, unter der sie am bekanntesten sind.

Weichkäse

Weichkäse mit Rotschmiere

Weichkäse mit Weißschimmel

DIE WICHTIGSTEN KÄSESORTEN NACH LÄNDERN UND REGIONEN

REGISTER ALPHABETISCH

T

U

V

W

X

Y

Z